21 世纪高等学校物流管理与物流工程系列教材

物流中心规划与设计
（第 2 版修订本）

主　编　周凌云　赵　钢
副主编　孔继利　鞠　红

清华大学出版社
北京交通大学出版社
·北京·

内 容 简 介

本书以物流中心项目立项、规划、设计、评价为主线，全面、系统地分析、研究了物流中心的规划设计内容、步骤及方法，并通过对国内外物流中心规划设计典型案例总结来展示相关理论的应用。

本书主要内容包括：物流中心概述、物流中心规划与设计基本理论、物流中心的选址、物流中心区域布置规划、物流中心仓储系统规划设计、物流中心分拣系统规划设计、物流中心配送系统规划设计、物流中心基础设施规划设计、物流中心设备规划设计、物流中心管理信息系统分析与设计、物流中心运营管理系统设计、物流中心投资与规划评价。

本书结构科学，叙述严谨，内容全面，系统性较强，图文并茂，通俗易懂，具有较强的针对性和实际可操作性。本书适合于普通高校物流管理与工程类、交通运输类等专业本科学生使用，也是物流理论研究者、物流规划设计及运营管理人员的难得的专业参考书。

图书在版编目（CIP）数据

物流中心规划与设计/周凌云，赵钢主编 . —2 版 . —北京：北京交通大学出版社：清华大学出版社，2014.5（2021.7 重印）

（21 世纪高等学校物流管理与物流工程系列教材）

ISBN 978 - 7 - 5121 - 1927 - 7

Ⅰ. ① 物… Ⅱ. ① 周… ② 赵… Ⅲ. ① 物流 - 物资管理 - 经济规划 - 高等学校 - 教材 Ⅳ. ① F252

中国版本图书馆 CIP 数据核字（2014）第 111692 号

责任编辑：郭东青　　特邀编辑：张诗铭

出版发行：清 华 大 学 出 版 社　　邮编：100084　　电话：010 - 62776969
　　　　　北京交通大学出版社　　邮编：100044　　电话：010 - 51686414

印 刷 者：北京鑫海金澳胶印有限公司

经　　销：全国新华书店

开　　本：185 mm×260 mm　　印张：23.5　　字数：587 千字

版　　次：2014 年 6 月第 2 版　　2021 年 7 月第 2 次修订　　2021 年 7 月第 6 次印刷

书　　号：ISBN 978 - 7 - 5121 - 1927 - 7/F·1365

印　　数：8 001 ～ 10 500 册　　定价：59.00 元

本书如有质量问题，请向北京交通大学出版社质监组反映。对您的意见和批评，我们表示欢迎和感谢。

投诉电话：010 - 51686043，51686008；传真：010 - 62225406；E-mail：press@ bjtu. edu. cn。

第 2 版前言

现代物流业具有很强的产业关联度和带动效应，它不仅涉及水路、公路、铁路、航空、管道五大运输方式经营企业，还涉及交通、运输、仓储、包装、通信等设备的制造和经营企业；不仅涉及农业、工业、货代、仓储、包装、堆场、电子商务、邮政、通信、银行、保险、消费者等生产经营和物流服务企业及用户，还涉及政府、税收、海关、检验检疫等管理部门。因此，现代物流业几乎涵盖了一产、二产、三产的所有领域和部门，无论在广度还是深度上都具有很好的发展前景，是国民经济的综合性和支柱性产业之一。为了适应我国逐步形成的多元化的商品流通格局，迫切需要发展与之相适应的现代物流体系。物流中心是现代物流体系的重要组成部分，是整个物流网络的支撑所在，其作为发展物流业的重要内容受到社会各界的重视。《物流业调整和振兴规划》（国发〔2009〕8 号）强调要优化城市交通、生态环境，促进产业集聚，努力提高城市的物流服务水平，带动周边所辐射区域物流业的发展，形成全国性、区域性和地区性物流中心和三级物流节点城市网络。

物流中心为现代物流提供了承载平台，是集约化经营的物流运作载体和网络节点，在现代商品流通中的作用极大，已成为连接生产与消费，化解供需矛盾，使空间和时间产生经济效益的主要机构和场所。它通过对商品的运输、保管、装卸、搬运、流通加工、配送、订单处理和信息处理等工作的统一运作与管理，能够压缩流通环节，减轻作业劳动强度，减少商品损耗，提高库存周转率，加速商品流通，降低流通成本，提高物流系统效率，保障服务质量。物流中心也是社会流通领域中重要组成部分，其拓展了流通产业的空间，为企业高效地配置流通资源，不仅对优化物流网络起着重要作用，而且对整个社会的流通基础设施发挥着衔接、协调、枢纽的作用。任何一个地区物流要素，诸如空港、码头、铁路、陆路、货运中心及各种商业网点流通基础设施能否发挥作用，实现预期的设计能力，现代物流中心发挥着倍增器的作用。因为，只有现代物流中心的中转和集散功能支持，才能放大流通基础设施的功用，切实降低物流的成本，改善物流状况，提高物流效率。

物流中心作为进行物流配送活动的主要基础设施，已成为今后相当一个时期我国物流设施规划、设计和建设的支点。目前，中国许多城市已具备了大力发展物流中心的经济环境和市场条件。近几年，各种形式的物流中心如雨后春笋般发展起来。从长远来看，在不断推进改革的条件下，中国物流中心的发展将进入一个新阶段，其前景十分可观。在这样的背景下，物流中心在我国已经不是"发展与否"的问题，而是"如何规划、怎样发展？"的问题了。

物流中心的选址、规划、筹建、运行与完善，涉及规划、交通、物资、商业、贸易、工业、建筑、农业、金融等多个部门、多个行业的企业。科学规划与设计物流中心，是物流中心成功运营的重要前提和保障。物流中心规划与设计是一项复杂工程，必须在详细调研分析基础上，基于系统的观点和思维方式，综合运用多学科理论知识及定性与定量相结合的研究方法，得出规划方案，并通过择优确定最终方案。

本书第1版《物流中心规划与设计》自出版以来，受到读者的广泛肯定和好评，销售情况良好，荣获2012年第三届"物华图书奖"。鉴于物流中心规划与设计理论与实践的快速发展，我们也清醒地认识到教材修订的紧迫性和必要性。因此，为了进一步适应高校教学需要，根据近几年来物流中心规划与设计理论发展情况、最新趋势及读者反馈的意见和教学中发现的问题，我们对本书进行了全面修订。本书内容取材于国内外大量的图书、文献和企业实际资料，反映了当前理论、技术发展的主流和趋势，具有重要的指导意义和实用价值。

本书由周凌云、赵钢拟订全书总体修订框架和编写原则，统筹全书细目、组织编写工作，最后由周凌云审订各章内容。本书各章编写分工如下：第1章、第2章、第12章由赵钢编写，第3章、第7章由鞠红编写，第4章及第8章～11章由周凌云编写，第5章、第6章由孔继利编写。由杨帅、王玲玲、陈蓉、陈艳等人负责文字校正工作。在本书编写过程中，参考了国内外专家、学者和工程技术人员的著作、书籍、报告和论文。在此，谨向他们表示最诚挚的谢意。

物流中心的规划设计要素众多，是一个非常复杂的科学问题，有许多内容和方法还需要研究。由于编写者学识水平所限，本书难免有错误或不当之处，恳请各位读者及专家不吝赐教。

编 者

2014 年 4 月

前　言

　　20世纪80年代中期以来，随着世界经济的全球化发展和科学技术的突飞猛进，物流作为现代经济的重要组成部分和工业化进程中最为经济合理的综合服务模式，在全球范围内得以迅速发展。物流业是融合运输业、仓储业、货代业和信息业等的复合型、新兴服务产业，具有强大的增值服务功能和广阔发展前景，被称为"现代物流革命"。

　　现代物流业具有很强的产业关联度和带动效应，它不仅涉及水路、公路、铁路、航空、管道五大运输方式经营企业，还涉及交通、运输、仓储、包装、通信等设备的制造和经营企业；不仅涉及农业、工业、货代、仓储、包装、堆场、电子商务、邮政、通信、银行、保险、消费者等生产经营及物流服务企业和用户，还涉及政府、税收、海关、检验检疫等管理部门。因此，现代物流业几乎涵盖了一产、二产、三产的所有领域和部门，无论在广度还是深度上都具有很好的发展前景，是国民经济的综合性和支柱性产业之一。现代物流已成为发达国家和发展中国家商品全球化生产、网络化配送销售的一项重要战略举措，其涉及领域广，吸纳就业人数多，促进生产、拉动消费作用大，在促进产业结构调整、转变经济发展方式和增强国民经济竞争力等方面发挥着重要作用。现代物流发展符合先进生产力发展的要求，已成为衡量一个国家、地区现代化程度和综合竞争能力的重要指标，国际上普遍把现代物流称做"第三利润源泉"和现代经济的"加速器"。

　　中国加入WTO、服务贸易领域的逐步开放、国际贸易的持续升温，特别是国际制造业逐步向中国转移，使我国的国民经济和对外贸易将逐渐融入到世界经济体系中。为了适应我国逐步形成的多元化的商品流通格局，迫切需要发展与之相适应的现代物流体系。发展物流业，是我国一个新的经济增长点，许多与物流有关的产业相继出现，作为物流活动载体的物流中心也日益得到人们的重视。《物流业调整和振兴规划》（国发〔2009〕8号）强调要优化城市交通、生态环境，促进产业集聚，努力提高城市的物流服务水平，带动周边所辐射区域物流业的发展，形成全国性、区域性和地区性物流中心和三级物流节点城市网络，促进大中小城市物流业的协调发展。

　　物流中心是物流系统重要组成部分，是整个物流网络的支撑所在，为现代物流提供了承载平台，在现代商品流通中的作用极大，已成为连接生产与消费，化解供需矛盾，使空间和时间产生经济效益的主要机构和场所。它通过对商品的运输、保管、装卸、搬运、流通加工、配送、订单处理和信息处理等工作的统一运作与管理，能够压缩流通环节，减轻作业劳动强度，减少商品损耗，提高库存周转率，加速商品流通，降低流通成本，提高物流系统效率，保障服务质量。

　　物流中心也是社会流通领域中的重要组成部分，其拓展了流通产业的空间，为企业高效地配置了流通资源，不仅对优化物流网络起着重要作用，而且对整个社会的流通基础设施发挥着衔接、协调、枢纽的作用。任何一个地区物流要素，诸如空港、码头、铁路、陆路、货运中心及各种商业网点流通基础设施能否发挥作用，实现预期的设计能力，现代物流中心发挥着倍增器的作用。因为只有现代物流中心的中转和集散功能支持，才能放大流通基础设施的功用，切实降低物流的成本，改善物流状况，提高物流效率。

物流中心作为进行物流配送活动的主要基础设施，已成为今后相当一个时期我国物流设施规划、设计和建设的支点。它的规划、筹建、运行与完善，涉及交通、物资、商业、外贸、工业、建筑、农业、金融等多个部门、多个行业的企业。科学规划与设计物流中心，是物流中心成功运营的重要前提和保障。物流中心规划与设计是一项复杂的系统工程，必须在详细调研分析基础上，综合运用定量与定性相结合的方法，得出规划方案，并通过择优选择最终方案。

本书主要介绍物流中心规划设计的具体内容、步骤、任务和方法。本书由周凌云、赵钢任主编，孔继利、鞠红任副主编，全书共 12 章，第 1 章、第 2 章、第 12 章由赵钢编写，第 3 章、第 7 章由鞠红编写，第 4 章及第 8 章至第 11 章由周凌云编写，第 5 章、第 6 章由孔继利编写，李佳成和李维国参加编写第 10 章，参加编写的还有周君、喻小贤、韩霜和王晓明。本书由周凌云拟定大纲和统稿，由杨帅、王玲玲、陈蓉、陈艳等人负责文字校正工作。在本书编写过程中，参考了国内外专家、学者和工程技术人员的著作、书籍、报告和论文。在此，谨向他们表示最诚挚的谢意。

物流中心的规划设计要素众多，是一个非常复杂的科学问题，有许多内容和方法还需要研究。由于作者水平有限，成稿时间仓促，书中不妥之处在所难免，敬请读者批评指正。

编　者
2010 年 11 月

目　　录

第1章

物流中心概述

本章要点

- 掌握物流中心、配送中心的基本概念；
- 掌握物流中心分类方法和主要类型；
- 理解物流中心与商贸中心、仓库、配送中心、物流园区的区别；
- 掌握物流中心的功能和作用；
- 掌握物流中心发展存在的问题。

 开篇案例

沃尔玛物流中心

沃尔玛百货有限公司（以下简称"沃尔玛"）由美国零售业的传奇人物山姆·沃尔顿先生于1962年在阿肯色州创立。经过四十余年的发展，沃尔玛已经成为美国最大的私人雇主和世界上最大的连锁零售商。目前沃尔玛在全球十个国家开设了超过5 000家商场，员工总数160多万人，分布在美国、墨西哥、波多黎各、加拿大、阿根廷、巴西、中国、韩国、德国和英国10个国家。沃尔玛的业务之所以能够迅速增长，并且成为现在非常著名的公司之一，其原因之一就是拥有完善的物流配送系统。

沃尔玛物流中心一般设立在100多家零售店的中央位置，也就是配送中心设立在销售主市场。这使得一个配送中心可以满足100多个附近周边城市的销售网点的需求；另外，运输的半径既比较短又比较均匀，基本上是以320 km为一个商圈建立一个配送中心。

沃尔玛各分店的订单信息通过公司的高速通信网络传递到配送中心，配送中心整合后正式向供应商订货。供应商可以把商品直接送到订货的商店，也可以送到配送中心。有人这样形容沃尔玛的配送中心：这些巨型建筑的平均面积超过11万 m²，相当于24个足球场那么大；里面装着人们所能想象到的各种各样的商品，从牙膏到电视机，从卫生巾到玩具，应有尽有，商品种类超过8万种。沃尔玛在美国拥有62个以上的配送中心，为4 000多家商场提供服务。这些中心按照各地的贸易区域精心部署，通常情况下，从任何一个中心出发，汽

车可在一天内到达它所服务的商店。

在配送中心，计算机掌管着一切。供应商将商品送到配送中心后，先经过核对采购计划、商品检验等程序，分别送到货架的不同位置存放。当每一样商品存储进去的时候，计算机都会把它们的方位和数量一一记录下来。一旦商店提出要货计划，计算机就会查找出这些货物的存放位置，并打印出印有商店代号的标签，以供贴到商品上。

灵活高效的物流配送使得沃尔玛在激烈的零售业竞争中技高一筹。沃尔玛可以保证，商品从配送中心运到任何一家商店的时间不超过48小时，沃尔玛的分店货架平均一周可以补货两次，而其他同业商店平均两周才能补货一次。通过维持尽量少的存货，沃尔玛既节省了存储空间，又降低了库存成本。

思考题：沃尔玛物流中心建设对沃尔玛集团的成功起着什么作用？

1.1　物流中心的产生

1.1.1　物流中心的概念

物流中心（Logistics Centre）与配送中心（Distribution Centre）都是英译而来的，一般来说，两者在本质上没有太大的区别。因为它们都是现代物流网络中的物流节点，也有人称其为物流据点、流通中心、分销中心、集配中心等。在现代物流网络中，这些节点不仅执行一般的物流职能，而且越来越多地执行指挥调度、信息处理、作业优化等神经中枢的职能，是整个物流网络的灵魂所在。因此，又被称为物流中枢或物流枢纽。

"Logistics Centre"多在亚洲地区使用，欧洲、美国也有使用但比较少，他们多用"Distribution Centre"，即我国所称的"配送中心"，在西方"Distribution Centre"的使用比"Logistics Centre"普遍得多。物流中心是物流网络的节点，具有物流网络节点的系列功能。把握物流中心的含义、类型、功能与地位，是依托不同层次物流设施展开物流活动，指导物流运营与管理的基础。物流中心是物流系统中的基础设施，它的规划、筹建、运行与完善，涉及交通、物资、商业、外贸、工业、建筑、农业、金融等多个部门、多个行业的企业。不同部门及企业对其内涵及外延的理解不尽一致。

物流中心一词是政府部门、许多行业、企业在不同层次物流系统化中应用得十分频繁，而不同部门、行业、企业的人们对其理解又不尽一致的重要概念。概括起来，对物流中心的理解可以归纳为以下几种表述。

（1）物流中心是从国民经济系统要求出发，所建立的以城市为依托、开放型的物品存储、运输、包装、装卸等综合性的物流业务基础设施。这种物流中心通常由集团化组织经营，一般称为社会物流中心。

（2）物流中心是为了实现物流系统化、效率化，在社会物流中心下所设置的货物配送中心。这种物流中心从供应者手中受理大量的多种类型货物，进行分类、包装、保管、流通加工、信息处理，并按众多用户要求完成配货、送货等作业。

（3）物流中心是组织、衔接、调节、管理物流活动的较大的物流据点。由于物流据点的种类很多，但大都可以看做是以仓库为基础，在各物流环节方面提供延伸服务的依托。为了与传统的静态管理的仓库概念相区别，将涉及物流动态管理的新型物流据点称之为物流中心。这种含义下的物流中心数目较多、分布也较广。

（4）物流中心是以交通运输枢纽为依托，建立起来的经营社会物流业务的货物集散场所。由于货运枢纽是由一些货运站场构成的联网运作体系，实际上也是构成社会物流网络的节点，当它们具有实现订货、咨询、取货、包装、仓储、装卸、中转、配载、送货等物流服务的基础设施、移动设备、通信设备、控制设备，以及相应的组织结构和经营方式时，就具备成为物流中心的条件。这类物流中心也是构筑区域物流系统的重要组成部分。

（5）国际物流中心是指以国际货运枢纽（如国际港口）为依托，建立起来的经营开放型的物品存储、包装、装卸、运输等物流作业活动的大型集散场所。国际物流中心必须做到物流、商流、信息流的有机统一。当代电子信息技术的迅速发展，能够对国际物流中心的"三流"有机统一提供重要的技术支持，这样可以大大减少文件数量及文件处理成本，提高"三流"效率。

综上所述，在更一般的意义上，物流中心是指设在中心城市、交通枢纽或商品集散地，以专门组织商品实体流通为职能，从事商品转运、存储、流通加工、分类包装、配送、信息服务等功能，实现一体化运作的物流据点。物流中心是传统仓库功能和形态适应现代化物流发展要求演变的产物。此外，现代化物流条件下，广义的物流中心还可指集交通运输、存储、流通加工、包装为一身的中心城市。

随着现代物流的不断发展，人们对物流中心的认识也在不断提高。国家标准《物流术语》（GB/T 18354 - 2006）对物流中心是这样定义的："从事物流活动且具有完善信息网络的场所或组织。应是本符合下列要求：主要面向社会提供公共物流服务；物流功能健全；集聚辐射范围大；存储、吞吐能力强；对下游配送中心客户提供物流服务。"国家标准对配送中心的定义："从事配送业务且具有完善信息网络的场所或组织，应基本符合下列要求：主要为特定客户或末端客户提供服务；配送功能健全；辐射范围小；多品种、小批量、多批次、短周期。"

由上述两则定义和其特点可以看出：物流中心是综合性、地域性、大批量的物资位移集中地，它集商流、物流、信息流和资金流于一体，成为产销企业间的中介。配送中心是以组织配送或供应、执行实物配送为主要职能的流通型节点，它既有集货中心的职能，又有分货中心的职能。为了优质、高效地配送，它还有较强的流通加工能力，也可以说配送中心是集货中心、分货中心和加工中心的高度综合。由此可见，配送中心是物流中心的一种主要形式，两者有区别又高度关联，因此有些场合产生了"物流中心"的提法。

1.1.2 物流中心的形成

20 世纪下半叶，由于科学技术的不断进步和经济的不断发展，人类开发利用自然资源的规模在迅速扩大，货物运输量急剧增加，运输业得以迅速发展，企业面临着缩短交货周期、提高产品质量、降低成本和改进服务的压力，市场竞争日益激烈。为了适应不同层次的消费需求，零售业中连锁经营、专卖店、无店铺销售等各具特色的业态应运而生，为商品流通提供了多样化的渠道，促使生产、销售结构发生了变化，同时也推动了流通环节的高效化和重新组合。物流配送得到长足发展，传统的仓储概念被逐渐打破。作为物流节点的仓库从原来的单一保管功能迅速向收货、分货、装卸、流通加工、配送等多种功能方向发展，港口、码头、货站、城市仓库等物流节点都在扩展自己的功能，许多物流节点逐渐演变为现代的物流中心。物流中心是随着社会生产的发展和社会分工的细化而产生的，其之所以受到经济发达国家和众多商家的青睐，并得以迅速发展和完善，基本上是基于以下几方面的原因。

1. 传统流通体系改革的需要

传统的流通体系结构不合理，多环节、低速度、大损耗及"三流"（商流、物流、信息流）分割，制约了整个国民经济的发展。此外，传统的物流设施（仓库、运输线路等）布局不合理，影响了商品的正常流通。

2. 货运量迅速增长的推动

随着科学技术的进步和迅速发展，人类利用自然资源的规模也在迅速扩大，资源分布的不均衡性、经济技术发展的不平衡性等因素导致原料、材料、产品在世界范围的大量流动。货流量增加，促进了运输的增长，也加快了仓库向物流中心拓展的步伐。

3. 道路交通发展与解决城市道路拥挤的需要

经济繁荣、人口增长速度加快，带来了严重的"城市病"，交通拥挤则是最突出的一个。加快道路建设，合理地组织运输，提高运输效率，减少社会运输需求，成为解决这一问题的重要措施。经统一规划、合理布局的社会化物流中心，采取集中货源、合理配送的方式，可以最有效地利用车辆，减少货运需求。同时城市道路和干线公路的发展，大大缩短了货物运输时间，从而改变了物流节点的布局和规模，众多小仓库消失了，取而代之的是专业化的物流中心。

4. 降低企业物流成本的迫切要求

在市场竞争日益激烈的今天，原材料和劳动力价格利润空间日益狭小，劳动生产率的潜力空间也有限，加工制造领域的利润趋薄，靠降低原材料消耗、劳动力成本或大力提高制造环节的劳动生产率来获取更大的利润已较为困难。因而，商品生产和流通中的物流环节成为继劳动力、自然资源之后的"第三利润源泉"，而保证这一利润源泉实现的关键是降低物流成本。拥有自备仓库的厂商觉得必须将仓储业务交给专业仓储企业去做，以此来减少自己在仓储方面的投入，增加生产资金，扩大生产规模；同时也要与仓储运输企业密切合作，来减少产品的库存量，减少产品成本的资金占用。

5. 商品流通量急剧增加

随着科技的进步与发展，人类开发利用自然资源的规模在迅速扩大，资源分布的不均衡性，各国经济技术发展的不平衡性，导致原料、材料、产品在世界范围的大量流动。货流量的增加，促进了运输业的增长，也促进了作为物流节点的仓库功能的变化，从原来的单一保管功能发展到收货、分货、装卸、加工、配送等多种功能。

6. 运输方式与运输工具发生了巨大变化

使用单一的运输工具不需要货物在运输工具之间进行转换，但当汽车、火车、铁路、飞机、轮船等多种运输工具和多种运输方式融合在一起时，就需要运输工具的转换。货物在运输工具之间的转换使物流业务变得异常复杂。不同货物的同一流通方向、同一货物的不同流通方向、不同货主的同一流向货物、同一货主的不同流向货物、不同运输工具之间的转换交接，使得物流节点必须拥有足够的场地、泊位、铁路专用线、站台、仓库等才能完成这些工作，这些因素要求物流节点发展成为物流中心。

7. 物流技术发展的支撑

自动识别技术、计算机技术、信息传递技术、卫星定位技术及货物递送、分拣、装卸、运输等技术的发展，使得大型物流中心有了先进的信息技术、物流设施和物流设备支持，从而使规模处理成为可能。

此外，随着仓库作业自动化、机械化和管理水平的提高，仓库单体体制建设朝着大型化方向发展，而在城市中心地区，大面积的可用于大型仓库建设的土地越来越少，必然迫使其向城市中心用地以外地区寻找新的发展空间，这就在一定程度上导致了集中布局的物流中心的出现。

8. 大量新的贸易形式的出现

随着激烈的商业竞争，超市、仓储超市、连锁商业、专卖店等新的贸易形式大量出现，贴近顾客、低价格销售的营销方式导致了物流中心的产生。现代物流中心的主要服务对象中依然是商业企业占据相当大的比例，物流中心这种新的物流流通方式为企业提供增值服务、降低运作成本，也是它在商业界得以迅速推广的重要因素。

9. 城市经济发展的需要

城市是一个国家或地区的政治、经济、文化中心，也是物流集结之地。城市经济的发展，对物流中心的形成及类别、功能起着至关重要的作用。城市经济规模的扩大，需要较大的物流场所与之适应，那种较小的单一功能的仓库也就被规模较大的多功能的物流中心所取代；同时由于城市中心地价昂贵，交通不畅等因素的影响，促使物流节点向城市边缘转移，向交通的主干线节点靠拢，并由单一的仓储功能向物流中心的多功能方向转变。

1.2　物流中心的分类与比较

1.2.1　物流中心的分类

1. 从隶属关系角度分类

1）生产企业自办的物流中心

这类物流中心一般由规模较大的跨国公司出资兴建，其目的是为本公司生产的产品进行实体分配。在发达国家这类物流中心数量比较多。例如，德国林德公司所建物流中心，建筑面积为 12 000 m^2，主要从事林德产品的维修零部件服务。日本的小松、日产、松下、丰田、资生堂、菱食、东芝、三菱、王子等知名公司，都拥有自己的物流中心和运输工具，有的还拥有专用码头。这些大的生产企业规模很大，大得足以使零部件、产成品的运输、仓储部分独立出来，成为物流中心。可以预见，尽管第三方物流日渐被人们接受，大企业的自办物流也不会消亡，因为这种物流中心有本企业产品的支持。

2）商业企业自办的物流中心

有的专家又将这种物流中心细分为批发商的物流中心和零售商的物流中心，其实完全可以归为商业企业物流中心。这类物流中心有的从事原材料、燃料、辅助材料的流转，有的从事大型超市、连锁店的产品配送。如沃尔玛、麦德龙、家乐福、易初莲花等大型零售企业自办了配送中心，这种配送中心的辐射半径 150　200 km。

3) 仓储、运输企业设立的物流中心

仓储企业天然可以成为物流中心，因为它是物流的节点，拥有土地、库房、站点和装卸设备，功能的扩展使它演变成物流中心。运输企业设立物流中心，是因为它需要物流节点以整理、配载、换载货物，达到扩大功能、节约物流成本的目的。美国的 APA 运输公司在纽约就拥有这样的一个物流中心，该物流中心占地约 50 000 m²，建有一个 20 000 m² 的流转库，每天分拣着公司运来的送往纽约市和纽约市送往外地的货物。这里运输业务是主营业务，保管、分拣业务成了延伸业务。由此推及，轮船公司、邮政部门、铁路运营公司、机场及航空运输企业都可拥有自己的物流中心。

4) 社会化的物流中心

这种物流中心往往为中小工商企业服务或为物流公司服务。此类物流中心或由政府出资，或由众多企业集资建成。该类物流中心拥有公共使用的装卸货平台、设备、设施，拥有可以分割产权或分割成单元的库房。西班牙马德里内陆港物流中心，拥有几十幢独立仓库，由众多物流企业在经营，经营的品种有原料、工业品、生活用品、邮件、包裹、报纸等。德国不来梅物流中心有 52 家物流企业进驻。东京和平岛物流中心更是由多家物流企业、生产企业、商业企业共同使用的物流中心。

2. 根据作业特点分类

1) 流通型物流中心

这是一种基本上没有长期存储功能，仅以暂存或随进随出方式进行配货、送货的物流中心。这种物流中心的典型作业方式是，大量货物整进并按一定批量零出，采用大型分货机，进货时直接进入分货机传送带，分送到各用户货位或直接分送到配送汽车上，货物在物流中心仅做短暂停滞。

2) 加工配送型物流中心

加工配送型物流中心以加工产品为主，因此，在其物流配送作业流程中，存储作业和加工作业居主导地位。由于流通加工多为单品种、大批量产品的加工作业，并且是按照用户的要求安排的，因此，对于加工配送型的物流中心，虽然进货量比较大，但是分类、分拣工作量并不太大。此外，因为加工的产品品种较少，一般都不单独设立拣选、配货等环节。通常，加工好的产品可直接运到按用户户头划定的货位区内，并且要进行包装、配货。

许多资料都介绍到物流中心的加工职能，但是加工配送型物流中心的实例目前并不多见。我国上海市和其他城市已开展的配煤配送，配送点中进行了配煤加工；上海 6 家船厂联建的船板处理配送中心、原物资部北京剪板厂都属于这一类型的物流中心。

3) 批量转换型物流中心

一般情况下，批量转换型物流中心主要以随进随出方式进行分拣、配货和送货，产品以单一品种、大批量方式进货，在物流中心转换成小批量，商品在物流中心仅做短暂停滞。

3. 根据服务区域分类

1) 城市物流中心

城市物流中心是以城市区域为配送范围的物流中心。由于城市范围一般处于汽车运输的经济里程内，这种物流中心可直接配送到最终用户，且常常采用汽车进行配送，所以，这种物流中心往往和零售经营相结合。由于运距短、反应能力强，因而从事多品种、少批量、多用户的配送较有优势。

2）区域物流中心

区域物流中心是以较强的辐射能力和库存准备，向省（州）际、全国乃至国际范围的用户配送的物流中心。这种物流中心规模较大，一般而言，用户也较大，配送批量也较大，而且，往往是配送给下一级的城市物流中心，也配送给营业所、商店、批发商和企业用户，虽然也从事零星的配送，但不是主体形式。

4. 根据物的流向分类

1）供应物流中心

供应物流中心是专门为某个或某些用户（如联营商店、联合公司）组织供应的物流中心。例如，为大型连锁超级市场组织供应的物流中心代替零件加工厂送货的零件物流中心，使零件加工厂对装配厂的供应合理化。我国上海地区 6 家造船厂的钢板配送中心，就属于供应型物流中心。

2）销售物流中心

销售物流中心是以销售经营为目的、以配送为手段的物流中心。建立销售物流中心大体有 3 种类型：第一种是生产企业为本身产品直接销售给消费者而设立的物流中心，在国外，这种类型的配送中心很多；第二种是流通企业作为本身经营的一种方式，建立物流中心以扩大销售，我国目前拟建的物流中心大多属于这种类型，国外的例证也很多；第三种是流通企业和生产企业联合的协作性物流中心。比较起来，国外和我国的发展趋势都向以销售物流中心为主的方向发展。

5. 根据服务的适应性分类

1）专业物流中心

专业物流中心大体上有两个含义：一是服务对象、物流技术是属于某一专业范畴，在某一专业范畴有一定的综合性，综合这一专业的多种物资进行配送，例如，多数制造业的生产资料物流中心、销售物流中心，我国目前在石家庄、上海等地建的物流中心大多数采用这一形式；专业物流中心第二个含义是，以某一物流功能或某些物流功能为主要职能、需求"以特取胜"的物流中心。

2）柔性物流中心

柔性物流中心在某种程度上是和第二种专业物流中心相对立的物流中心，这种物流中心不向固定化、专业化方向发展，而向能随时变化、对用户要求有很强适应性、不固定供需关系、不断发展新的客户方向发展。

6. 根据物流中心功能划分

不同类型的物流据点在物流链管理中的主要功能或侧重点亦有所差别，诸如集货、散货、中转、加工、配送等，由于物流中心分布的地理位置及经济环境特征，这种主要功能差别带有区域经济发展要求的特点。总结现有的物流设施，典型的物流中心主要有以下几类。

1）集货中心

此类物流中心拥有较大规模的仓储设施和仓储功能，是将分散生产的零件、生产品、物品集中成大批量货物的物流据点。这样的物流中心通常多分布在小企业群、农业区、果业区、牧业区等地域。

集货中心的主要功能是:

- 集中货物,将分散的产品、物品集中成批量货物;
- 初级加工,进行分拣、分级、除杂、剪裁、冷藏、冷冻等作业;
- 运输包装,包装适应大批量、高速度、高效率、低成本的运输要求;
- 集装作业,采用托盘系列、集装箱等进行货物集装作业,提高物流过程的连贯性;
- 货物仓储,进行季节性存储保管作业等。

2)送货中心

此类物流中心将大批量运抵的货物换装成小批量货物并送到用户手中的物流据点。送货中心运进的多是集装的、散装的、大批量、大型包装的货物,运出的是经分装加工转换成小包装的货物。此类物流中心多分布在产品使用地、消费地或车站、码头、机场所在地。其主要功能是:

- 分装货物,大包装货物换装成小包装货物;
- 分送货物,送货至零售商、用户;
- 货物仓储等。

3)转运中心

此类物流中心是实现不同运输方式或同种运输方式联合(接力)运输的物流设施,通常称为多式联运站、集装箱中转站、货运中转站等。转运中心多分布在综合运网的节点处、枢纽站等地域。这类物流中心的主要功能是:

- 货物中转,不同运输设备间货物装卸中转;
- 货物集散与配载,集零为整、化整为零,针对不同目的地进行配载作业;
- 货物仓储及其他服务等。

4)加工中心

此类物流中心将运抵的货物经过流通加工后运送到用户或使用地点。这类物流据点侧重于对原料、材料、产品等的流通加工需要,配有专用设备和生产设施。尽管此类加工工艺并不复杂,但带有生产加工的基本特点,因而对流通加工的对象、种类均具有一定的限制与要求。物流过程的加工特点是将加工对象的仓储、加工、运输、配送等形成连贯的一体化作业。这类物流中心多分布在原料、产品产地或消费地。经过流通加工后的货物再通过使用专用车辆、专用设备(装置)及相应的专用设施进行作业,如冷藏车、冷藏仓库、煤浆输送管道、煤浆加压设施、水泥散装车、预制现场等,可以提高物流质量、效率并降低物流成本。

5)配送中心

此类物流中心是将取货、集货、包装、仓库、装卸、分货、配货、加工、信息服务、送货等多种服务功能融为一体的物流据点,也称为配送中心(城市集配中心)。配送中心是物流功能较为完善的一类物流中心,应分布于城市边缘且交通方便的地带。

6)物资中心

此类物流中心是依托于各类物资、商品交易市场,进行集货、存储、包装、装卸、配货、送货,信息咨询、货运代理等服务的物资商品集散场所。一些集团企业的物流中心,就是依托于各类物资交易市场而形成的。我国一些有影响的小商品市场、时装市场、布匹市场等也初步形成了为用户提供代购、代储、代销、代运及其他一条龙相关服务的场所和组织,有的已经成为全国性的小商品、布匹、时装等的专业性物流中心。目前，此类物流中心的电子信息技术应用水平还很低。

7）保税物流中心

保税物流中心是封闭的海关监管区域，具备口岸功能，其分为 A 型和 B 型两种。

A 形保税物流中心，是指经海关批准，由中国境内企业法人经营、专门从事保税仓储物流业务的海关监管场所。

B 形保税物流中心，是指经海关批准，由中国境内一家企业法人经营，多家企业进入并从事保税仓储物流业务的海关集中监管场所。

7. 根据物流中心设计类型划分

根据物流中心设计类型，物流中心可分为 I 形、L 形及 U 形。而在介绍不同类型的物流中心之前，先要明白当定义一个物流中心属 U 形时，并不是指该物流中心的建筑外形呈 U 形，而是指该物流中心的内部运作流程呈 U 形，特别是货物的流向。

1）I 形物流中心

I 形物流中心拥有独立的出、入货台，分别分布在物流中心的两旁，直入直出。由于 I 形物流中心的运作流向是呈直线型的，各运作动线平行性进行，因此无论是人流或是物流，相互的碰撞交叉点相对来说是最少的，可降低操作人员和物流搬运车相撞的可能性。

I 形物流中心存在的最大问题是出、入货台相距甚远，增加货物的整体运输路线，降低效率，但是由于直线型的流程较为简单，操作人员比较容易适应，可以弥补该方面的不足。此外，由于出、入货台分布在物流中心的两旁，需最少两队保安小组负责两个货台的监管，增加了人员投入及运作成本。

I 形物流中心特别适合一些快速流转的货物，进行集装箱或是货物转运业务。目前，香港地区 I 形物流中心并不多，较典型的是采用 I 形概念设计出来的香港国际货运中心（HIDC）。香港国际货运中心的日通、华记、新兴物流，香港机场货运中心（AFFC）内智傲物流，以及深圳盐田港美集物流等的物流中心都属于此类型。

2）L 形物流中心

需要处理快速货物的物流中心通常会采用 L 形的概念设计，把货物出入物流中心的途径缩至最短，货物流向呈 L 形。L 形物流中心与 I 形物流中心有些类似，同样拥有两个独立货台、较少碰撞交叉点、适合处理快速流转的货物。

L 形物流中心存在的限制之一是除了 L 形流向范围内的货物外，其他功能区的货物的出入效率会相对地降低。因此，采用这种类型的物流中心通常是同时处理"快流"及"慢流"的货物，把"快流"的货物存储在 L 形流向范围内，把"慢流"的货物存储在 L 型流向范围外，按货物的搬运频率有效利用物流中心内的各功能区。

这种类型的物流中心特别适合进行交叉式作业（cross-docking），处理一些"即来即走"或是只会在物流中心停留很短时间的货物。香港地区 L 形的物流中心较少，在国内就比较常见，如深圳嘉里盐田港物流中心。

3）U 形物流中心

U 形物流中心的设计概念主要来自高速公路的循环运输线，该类型物流中心的出、入货台会集中在同一边。U 形物流中心各功能区的运作范围经常重叠，交叉点也比较多，降低运作效率。

另外，由于进出物流中心的货物在同一个货台上进行收发，容易造成混淆，特别是在繁忙时段及处理类似货物的情况下。解决的方法可以是组建不同操作人员小组，分别负责货物出、入物流中心事宜。可是这样一来，由于货物出入物流中心的繁忙时段可能会有不同，因此极可能产生另一个问题，就是不能有效地充分利用人力资源。

由于 U 形物流中心的出、入货台集中在同一边，只需在物流中心其中一边预留货车停泊及装卸货车道。一方面，可以更有效利用物流中心外围空间；另一方面，也可以集中货台管理，减少货台监管人员数目。对于地少、人工费用高的香港地区来说，这一类型的物流中心是最常见的，如亚洲货柜物流中心内的佐川急便（Sagawa）、近铁国际（KWE）、泛亚班拿（Panalpina）、捷迅（Soonest）等。

8. 根据处理货物种类分类

根据物流中心处理货物种类不同，也可将物流中心分为食品物流中心、日用品物流中心、医药品物流中心、化妆品物流中心、家电产品物流中心、电子（3C）产品物流中心、书籍产品物流中心、服饰产品物流中心、汽车零件物流中心、农产品物流中心、钢材物流中心、水产品物流中心、建材物流中心等。

1.2.2 物流中心与其他设施的比较分析

1. 物流中心与商贸中心的比较分析

准确把握物流中心的含义及其在物资流通中的地位与功能，必须把物流中心和商贸中心区别开来。物流中心和商贸中心都是商品交换发展的产物，是进一步扩大商品流通不可缺少的重要条件。

两者有一定的联系，也有明显的区别。物流中心和商贸中心的区别，首先，表现在业务范围不同。物流中心的基本业务是：承办各地过境物资的中转、存储、发运；组织合理运输；进行经济合理的流通加工；为用户开展物资配送；收集、处理、传递商贸物流信息。而商贸中心的基本业务是：同生产企业开展展销、联销、经销；开展代购、代销、托运、函购信托；开辟多种流通渠道，实行多种经营方式，可批发、零售，可现货交易，可期货交易；收集、处理、传递商品交易信息，进行市场调查、预测预报，开展信息咨询服务。由此可见，商贸中心是以产需连接和购销活动为主的商流组织形式，而物流中心则是以商品实体的物理移动为主的物流组织形式。其次，从交换的内容看，商贸中心是货币价值和有形商品价值的交换，而物流中心是无形劳务价值同货币价值的交换。再次，从交换的方式看，商贸中心的交换是交换双方（或三方）在同一时间、同一地点完成的，而物流中心的交换，则需要在不同的时间、不同的地点才能完成。

商贸中心和物流中心的联系表现在：一方面，物流中心是商贸中心存在的基础。商品交换的最终目的是实现商品使用价值的交换，可以说，价值的交换只是使用价值交换的手段。如果不能实现商品实体的移动，商流中价值的转移则不能顺利进行下去。物流中心的布局与设计的合理与否，物流设施是否配套齐全，都直接影响物资实体的流转，从而影响商贸中心的资金周转和经营成果。因此，商贸中心的业务开展在一定程度上受到物流中心的制约，商贸中心的形成要以物流中心的形成为基础。另一方面，物流中心要以商贸中心为依托。物流要以商流为前提，在商品经济社会中，没有商流的物流是极少的，商品价值的交换为物流劳务的交换提出了需求。物流中心只有以商贸中心为依托才能进一步发展扩大。因此，物流中心的经营必须方便购销，为商贸中心的经营提供优质服务。

1）物流中心强调供应链管理理念的应用

传统的仓储企业在部门、地区分割，相互封闭的局面下完成从接收物资到发放物资的活动，所以它的业务范围有限，与货主的关系是临时、随机和不固定的。

物流中心为有效地完成物流活动，提高自我竞争优势，它强调与供应商及客户的合作，重视供应链成员间的紧密联系。物流中心不仅重视与生产厂家保持紧密的伙伴关系，还及时了解客户的需求信息，实现厂商和客户的沟通，与货主企业结成战略伙伴关系。通过综合实现从供应者到消费者的供应链的运作，使物流与信息流达到最优化。

2）物流中心的作业内容趋向多功能化

传统的仓储业务只是物流中心作业的组成部分。现代物流中心跳出了传统仓储具体业务环节的圈子，在更大范围、更高层次上对传统储运业务进行优化和扩展。物流中心集中了所有的物流功能，成为具有多种物流功能的流通形式和作业体系。现代物流中心通过先进的管理、技术和现代化信息网络，对商品的采购、进货、存储、分拣、配送等业务进行了科学、统一、规范的管理，使商品运动过程达到高效、协调、有序。

3）物流中心的作业方式趋向自动化、智能化

传统的仓储作业主要是通过人工使用众多的仓储设施、机械来完成，所以作业强度大、劳动生产率低，物流作业的差错多，商品在库滞留时间过长，物流成本高。

现代化的物流中心实现了物流作业的自动化和智能化，信息系统是物流中心的灵魂。通过通信网络、企业内部网，物流中心实现其与供应商或制造商的联系、与下游客户之间的联系，以及其内部各部门的联系；通过专家系统、机器人等相关技术实现物流作业过程的运筹和决策，如库存水平的确定、运输（搬运）路径的选择、自动导向车的运行轨迹和作业控制、自动分拣机的运行、物流中心经营管理的决策支持。在先进的信息处理系统的基础上，物流中心向其客户提供极好的服务，赢得客户的信赖。

4）物流中心的服务内容趋向多样化

传统的仓储业务只负责与物资实体移动有关的包装、装卸、存储、运输等"物流"工作，而一般不参与与转移物资所有权有关的采购、销售、结算等"商流"工作。

具有信息化、社会化和现代化特征的物流中心把商流、物流、信息流三者有机地结合在一起，使商流和物流在信息流的指令下运作，物流中心畅通、准确、及时的信息保证了商流和物流的高质量与高效率。其中，一些创新性的业务活动随之产生，如融合物流与资金流的金融创新业务。

2. 物流中心与传统仓库比较分析

1）仓库是社会物资的"蓄水池"

仓库是储藏、保管货物的设施总称，它是为了防止物资丢失和损坏，设置在地面上或水面上专供保管物资的场所。自从人类社会生产有剩余产品以来，就产生了"仓库"这个概念。其实"仓"最早是储藏谷物的仓廪；"库"最早是储藏兵器、食物的库房，后来人们合二为一，凡是储藏物资场所均称为仓廪。"仓库"在英语中有"Storage"和"Warehousing"两个词，"Storage"多用于原料的储藏。"Warehousing"多用于成品的保管。另外，保管和储藏没有很显著的区别，一般储藏用于原材料，保管用于成品。

从社会经济活动来看，无论生产领域，还是流通领域都离不开仓库。现代化的仓库如同"蓄水池"，不断进货，不断发货，快速周转，以货物周转率为主要绩效评价指标之一。在我国，每年有数万亿吨的商品、物资保管或存储在生产及流通中的各个环节中，成为千千万万个"蓄水池"，以保证生产和流通的正常运行和经济建设的发展。随着社会和技术的发展，商品、货物的数量和种类越来越多，但是存储的时间却越来越短，而且货品在仓库不只是存储和保管，还有诸如分拣、包装等加工增值过程。

2）物流中心是现代化的物流据点

在物流系统中，分为物流路线和物流据点，物流路线主要指运输路线，物流据点包括：车站、码头、物流中心、配送中心等，其中物流中心是现代化的物流据点。

物流中心是从供应者手中接受多种大量的货物，进行倒装、分类、保管、流通加工和信息处理等作业，然后按照众多订货者的要求备齐货物，以令人满意的服务质量，进行配送的设施。在全国范围内展开的连锁经营（超级市场、便利店等）将全国划分为几大区域，每个区域内设置一个专业的物流中心，对本区域内所属店铺和配送中心所需的商品组织备货与配送。物流中心对庞大的商品种类实行严格的管理，为了防止脱销或缺货，而不间断地进行订货、进货、配送作业。对于食品类商品，特别是生、鲜食品要求存货区保持一定的温湿度，使其保持良好的新鲜度及良好的食用品质。

物流中心是联结生产与消费的流通部门，是产生时间和空间效用的物流设施，在流通中发挥着重要作用。

3）由"保管型"仓库到"动管型"物流中心

根据经济的增长，流通功能在不断地发生变化，例如，我国在供不应求的计划经济时代，是流通功能比较单纯的时代，仓库的主要作用是储藏，而且储藏的色彩特别浓，储藏的物品几乎不动，甚至有的商品在仓库中一"住"就是数年。因此，这种储藏在物流学中也称为"死藏"（Dead Storage）。仓库的类型较多，有为生产存储的原材料仓库；有保管零部件的零部件仓库；有保管成品的成品仓库等各种各样的仓库。另外，在生产商和批发商的仓库中，存储着很多种类的货物，这些仓库根据顾客需求，具有接受订货、集货、配货、发货、流通加工等功能，具有这些功能的仓库被称为配送中心或物流中心。这些仓库相对于"死藏"也被称为流动储藏（Live Storage）。一般保管型仓库的库存周转率较低，流动型仓库的库存周转率较高。

在物流中心内，尽可能地缩短从接受订货到将货物配送给顾客的时间周期是非常重要的，所以，物流中心的作业必须是快速的、高效的，因此重视保管的仓库和重视作业效率的物流中心的功能内容有着很大的区别。在我国，传统的仓库要想适应现代化物流，特别是供应链管理，就必须由保管转变为"动管型"，即"动态管理型"。把缩短订货、发货周期，为顾客服务，提高作业效率等功能要素作为重点，并逐步将其改造为配送中心或物流中心。

相对于重视保管效率的保管型仓库，动管型物流中心不仅仅重视保管效率，更重视顾客服务，缩短订货、发货周期等，特别是作业效率被物流中心视为管理的重点。

3. 物流中心与配送中心、物流园区的比较分析

物流中心是综合性、地域性、大批量的物资实现物理位移的集中地，它把商流、物流、信息流和资金流融为一体，成为产销企业之间的中介。配送中心则是以组织配送性销售或供应，执行实物配送为主要职能的流通型节点。物流基地是在配送中心中，为了能做好送货的编组准备，需要采取零星集货、批量进货等种种资源收集工作和对货物的分拣、配备等工作，因此，配送中心也具有集货中心、分货中心的职能。为了更有效地、更高水平地实现配送，配送中心往往还有比较强的流通加工能力。此外，配送中心还必须执行货物配备后送达客户的使命，这是和分货中心只管分货不管运达的主要不同之处。由此可见，如果说集货中心、分货中心、加工中心的职能还是较为单一，那么配送中心的功能则较全面、完整，也可以说，配送中心实际上是集货中心、分货中心、加工中心功能的综合，并有了"配"与"送"的有机结合。这样，配送中心作为物流中心的一种主要形式，有时便和物流中心等同起来了。

物流园区在国内和国外还没有统一通用的定义，不同国家对其的称谓也不一样。物流园区（distribution park）泛指符合相关条件的（进入企业及标准或规则）一家或多家企业或单位（运营主体和投资主体）采用相关设施设备（物流设施）管理和从事具有特定功能物流活动（物流功能和服务）在一定区域空间上（土地规模）集中布局的场所，是具有一定规模和综合服务功能的物流集结节点。物流园区将众多物流企业聚集在一起，实行专业化和规模化经营，发挥整体优势，促进物流技术和服务水平的提高，共享相关设施，降低运营成本，提高规模效益。其内涵可归纳为以下三点。

（1）物流园区是由分布相对集中的多个物流组织设施和不同的专业化物流企业构成的具有产业组织、经济运行等物流组织功能的规模化、功能化的区域。这首先是一个空间概念，与工业园区、经济开发区、高新技术开发区等概念一样，具有产业一致性或相关性，拥有集中连片的物流用地空间。

（2）物流园区是对物流组织管理节点进行相对集中建设与发展的具有经济开发性质的城市物流功能区域。作为城市物流功能区，物流园区包括物流中心、配送中心、运输枢纽设施、运输组织及管理中心和物流信息管理中心等适应城市物流管理与运作需要的物流基础设施。

（3）物流园区也是依托相关物流服务设施，进行与降低物流成本、提高物流运作效率和改善企业服务有关的，流通加工、原材料采购和便于与消费地直接联系的生产等活动的具有产业发展性质的经济功能区。作为经济功能区，其主要任务是开展满足城市居民消费、就近生产、区域生产组织所需的企业生产、经营活动。

物流中心、配送中心、物流园区是三种不同规模层次的物流节点，它们主要区别体现在以下三个方面。

① 从规模来看，物流园区是巨型物流设施，其规模最大，物流中心次之，配送中心最小。

② 从流通货物来看，物流园区的综合性较强，专业性较弱。物流中心在某个领域综合性、专业性较强，具有这个领域的专业性。配送中心则主要面向城市生活或某一类型生产企业，其专业性很强。

③ 从节点功能来看，物流园区的功能十分全面，存储能力大，调节功能强。物流中心的功能健全，具有一定的存储能力和调节功能。而配送中心的功能较为单一，以配送功能为主，存储功能为辅。

1.3 物流中心的功能与作用

1.3.1 物流中心的功能

1. 基本功能

1）集货发货功能

这一功能就是将分散的、小批量的货物集中起来，便于集中处理的功能。生产型物流中心往往从各地采购原材料、零部件，在进入生产组装线之前，总要集货，以便按生产的节拍投入物料。同时，生产企业的产成品和零配件也要集中保管、分拣、发运。商业型物流中心需要采购几万种商品进行集中保管，按店铺销售情况进行分拣、包装、配送、补货，以满足消费需求。社会公共型物流中心则实现货物的转运、换载、配载、配送等功能。

集货发货功能要求物流中心一般具有实现长短途两种运输方式货物交换的平台和工具，如码头、站台、库房、吊车、传送设施、分拣设备等，还要求物流中心自己拥有或租赁一定规模的运输工具，建立健全的运输网络。

2）存储功能

物流中心需要有仓储设施，但客户需要的不是在物流中心存储商品，而是要通过仓储环节保证市场分销活动的开展，同时尽可能降低库存占压的资金，减少存储成本。因此，公共型物流中心需要配备高效率的分拣、传送、存储、拣选设备。

3）装卸搬运功能

这是为了加快商品在物流中心的流通速度必须具备的功能。公共型的物流中心应该配备专业化的装载、卸载、提升、运送、码垛等装卸搬运机械，以提高装卸搬运作业效率，减少作业对商品造成的损毁。

4）包装功能

物流中心的包装作业目的不是要改变商品的销售包装，而在于通过对销售包装进行组合、拼配、加固，形成适于物流和配送的组合包装单元。

5）流通加工功能

物流中心根据客户需要，将材料进行简单加工，方便客户的运输和精加工。物流中心必须具备的基本加工职能，能制作并粘贴条形码、剪切、弯折、称重等。物流中心常常与固定的制造商或分销商进行长期合作，为制造商或分销商完成一定的加工作业。

6）配送功能

物流中心根据客户需求，将货物按时按量送至客户。配送的核心是配，既有配货的含义，也有配载的含义。可以为同一用户配送多品种多规格的货物，也可以是一台车次为不同用户配送一种或多种货物。可以为商业经销、最终客户配送生活资料，也可以为生产厂商配送原材料、零部件。有的学者根据不同的配送方式将配送分为专业配送、综合配送、共同配送、经销配送、供应配送等。

7）物流信息处理功能

由于物流中心现在已经离不开计算机，因此将在各个物流环节的各种物流作业中产生的物流信息进行实时采集、分析和传递，并向货主提供各种作业明细信息及咨询信息，这对现代物流中心是相当重要的。

2. 增值服务功能

从一些发达国家的物流中心具体实际来看，物流中心还具有以下主要增值性功能。

1）商品展示与贸易功能

在日本及其他发达国家的物流中心里，还具备商品展示和贸易功能，东京和平岛物流中心就专门设立了商品展示和贸易大楼。这也是物流中心向高级阶段发展的必然趋势，因为货物只有卖出去才能有价值。

2）结算功能

物流中心的结算功能是物流中心对物流功能的一种延伸。物流中心的结算不只是物流费用的结算，在从事代理、配送的情况下，物流中心还要替货主向收货人结算货款等。

3）需求预测功能

自用型物流中心经常负责根据物流中心商品进货、出货信息来预测未来一段时间内的商品进出库量，进而预测市场对商品的需求。

4）物流系统设计咨询功能

公共型物流中心要充当货主的物流专家，因而必须为货主设计物流系统，代替货主选择和评价运输商、仓储商及其他物流服务供应商。国内有些专业物流公司正在进行这项尝试，这是一项增加价值、增加公共物流中心的竞争力的服务。

5）物流教育与培训功能

物流中心的运作需要货主的支持与理解，通过向货主提供物流培训服务，可以培养货主与物流中心经营管理者的认同感，可以提高货主的物流管理水平，可以将物流中心经营管理者的要求传达给货主，也便于确立物流作业标准。

随着信息技术在世界范围的普遍应用，物流成为制约商品流通的真正瓶颈。现代物流中心应该更多地考虑如何提供增值性物流服务，这些增值性物流服务是物流中心基本功能的合理延伸，其作用主要是加快物流过程，降低物流成本，提高物流作业效率，增加物流的透明度等。提供增值性服务是现代物流中心赢得竞争优势的必要条件。

1.3.2　物流中心的作用

从现代物流活动的功能体系考虑，物流中心作为物流枢纽的作用是十分明显的，其对于生产和生活的意义与作用可以归纳为以下几个方面。

1. 使供货适应市场需求变化，提高物流调节水平

各种商品的市场需求在时间、空间、需求数量上都存在大量随机性，而现代化生产、加工无法完全在工厂、车间来满足和适应这种情况，必须依靠配送中心来调节、适应生产与消费之间的矛盾与变化。物流中心既可以通过集货，积少成多，大批量供货，还可分货，即以大分小，分散供应，从而解决生产需求数量间的矛盾，有利于资源开发利用，活跃市场，满足各种形式的生产和需求。

2. 整合资源，实现物流资源的优化配置

我国传统的物流基础落后，物流资源比较分散，物流设施和设备多分布在交通、商业等各个部门，处于附属地位，不以赢利为目的。物流资源的分散化和无序化，需要一种先进的流通形式来组织；闲置和浪费的不合理物流资源，需要一种先进的流通组织来开发和利用。

物流中心以市场为调节机制、以经济效益为目标，让企业自主地组织管理物流活动，可以突破部门和行业界限的束缚，实现物流资源的合理配置。

3. 促进社会专业化分工，提高企业经济效益

随着社会大生产及经济全球化的发展趋势，社会分工变得更加明确。物流中心以自身优势承担了生产企业、流通企业某些流通性活动，创造了商品的时间价值和空间价值（季节差价、地区差价的形成）。有利于生产和流通企业降低库存，降低对物流设施的投入，节约流通费用，加快资金周转，提高生产企业的经济效益。

此外，物流中心也为物流企业提供了一个公平合理的竞争环境，为物流企业提供了新的发展空间，推进了物流企业向专业化的发展。促使物流企业不断提高企业经营能力和服务质量，保持其核心竞争力，提高物流企业经济效益，避免物流企业"小而全"，四面出击的经营局面。

4. 提高物流集约化程度、创造规模效益

物流中心是物流集约化经营的结晶，它以物流活动为主来组织商品流通活动，可以运用战略性的管理思想和专业化的优势，统筹物流活动的各个环节，借助于现代化的物流技术和手段，进行有序、有效、系统化的组织管理，它是实现物流业和整个流通领域由粗放型经营向集约化经营转变的重要工具。物流中心利用其专业化的设施设备、专业的物流工作和专业的核算体系，能提高物流组织活动的专业化水平，适应社会大流通的需要，可以将社会物流资源相对集中，形成较大的规模，创造巨大的规模效益，提高物流的组织化水平，促进经济增长方式的快速转变。

5. 提高流通组织化程度和现代化水平

现代物流活动由于物资物理、化学性质的复杂多样化，交通运输的多方式、长距离、长时间、多起终点，地理与气候的多样性，对保管、包装、加工、配送、信息提出了很高的要求。只有集中建立物流中心，才有可能提供更加专业化、更加优质的服务，并通过物流中心内的"三流"（商流、物流、信息流）有机结合，推动流通领域的科技开发和现代化管理技术的运用，从而提高流通组织化程度和现代化水平。

6. 有利于城市的可持续发展

随着社会经济的不断发展，城市内部和城市之间的交往日益频繁，城市的物流量也随之不断扩大。物流量的增加一方面要求通畅的物流渠道，提高物流设施的容量和效率，另一方面也要求调整物流空间分布，有效控制交通需求。通过合理地规划城市物流中心，可以有效组织物流企业的有序布置，从而调整物流空间分布，实现物流点线有机结合，改善交通需求的空间分布，缓解城市交通压力，同时避免城市交通紊乱、交通规划协调困难等问题，保证城市的可持续发展。

物流除了会给城市带来交通压力以外，还会不可避免地产生大量的噪声污染。通过对物流中心的集约作用，可以将分散在城市中的物流企业及物流设施整合到一起，促进物流废弃物的集中处理，降低对城市环境的破坏或影响，尽量满足城市可持续发展的要求。

7. 促进地区经济的快速增长，完善城市功能布局

物流中心同交通运输设施一样，是经济发展的保障，是吸引投资的环境条件之一，也是经济增长的内部因素，物流中心的建设可以从多方面带动经济的健康发展。

此外，随着经济的高速发展，原先靠近市中心的大型物流中心由于无法支付高昂的地价

纷纷外迁到地价较低的城市边缘地带，造成物流用地性质发生变化，城市用地结构急需调整。因此，物流中心的规划建设，也为城市用地结构的调整和城市功能布局的完善创造了有利条件。

8. 实现有效衔接，扩展联合运输

一是衔接不同的运输方式。物流中心一般都布置在公路、铁路、港口、空港等不同运输方式的衔接处，因此有利于发展公铁、海陆、陆空等多式联运，减少了多次搬运、装卸和存储环节，缩短了物流时间，提高了物流速度和准时服务水平。通过散装整车转运、集装箱运输等，减少装卸次数、占有时间，既可加快物流速度，又可降低货物破损率。

二是衔接不同的包装。物流中心根据运输和销售的需要变换包装重量、方式，可以免除用户大量接货增加库存和反复倒装之苦。

9. 有利于物流信息的收集、处理和反馈

物流中心不仅是实物的集聚中心，而且是信息的汇集中心。由于物流中心连接产、供、销，辐射面广，具有很强的信息汇集功能，通过大量信息的收集、整理、快速反馈，为商品的流通提供决策依据，对物流起到指挥监测作用。

1.3.3　物流中心的地位

不同性质的物流中心在不同范围物流链管理中所起的作用不同。完整意义上的物流中心应当成为现代流通的承载平台、运输网的依托、物流链管理的中枢和区域经济的枢纽。

1. 物流中心是现代流通的承载平台

现代物流以运输合理化、仓储自动化、包装标准化、装卸机械化、加工贸易一体化、管理网络信息化为标志。现代物流中心作为连锁企业的后勤经济部门，为现代物流提供了承载平台，在管理运作中起着关键作用，已成为连接生产与消费，化解供需矛盾，使空间和时间产生经济效益的主要机构和场所。现代物流中心的运作能够实现最少的环节、最短的运距、最低的耗损、最高的效益。现代物流中心拉长了流通产业的链条，拓展了流通产业的空间，为企业高效地配置了流通资源。

2. 物流中心是运输网的依托

随着现代运输手段的发展和运用，货物的空间效用、时间效用已得到高度地注意和充分地运用。完整意义上的物流中心已成为选择运输手段所需考虑的重要因素，例如，在欧洲，运输手段选择的一般概念范围是：从物流中心（运输枢纽）至 250 km 范围选择 3 h 可完成送达的厢式车；从物流中心至 300 km 范围，3 h 到达可选择货车；从物流中心至 320 km 范围，由 4 h 的铁路运输完成或 3 h 高速铁路运输实现。从物流中心至欧洲任何地方或城市之间在 3 h 内，可利用航空运输作为实现时空效率的手段。物流中心作为物流网的依托，能够使线网骨骼与业务经营的血肉合为一体。

3. 物流中心是物流链管理的中枢

物流链管理可以分不同层次或范围来认识物流中心，企业物流链管理是非常具体的，如品种、数量、时间、场所等。更大范围的物流链管理在某些重要的物流环节如运输、过境运输等管理中，物流中心始终在物流链管理中处于中心地位，在物流链运作中起指挥中枢作用，指导并能控制物流链合理运作。随着电子信息技术对此支持水平的提高，物流中心在物流链管理中的中枢地位能够完全确立。

4. 物流中心是经济的枢纽

现代物流中心在社会流通领域占有重要部分，是整个物流网络的支撑所在，不仅对优化物流网络起着重要作用，而且对整个社会的流通基础设施发挥着衔接、协调、枢纽的作用。任何一个地区物流要素，诸如空港、码头、铁路、陆路、货运中心及各种商业网点流通基础设施能否发挥作用，实现预期的设计能力，现代物流中心发挥着倍增器的作用。因为只有现代物流中心的中转和集散功能支持，才能放大流通基础设施的功用，切实降低物流的成本，改善物流状况，提高物流效率。从某种意义上讲，现代物流中心的缺失，必然会导致区域内基础设施等流通要素资源的浪费；现代物流中心发育不健全，也会严重影响基础设施功用的有效发挥。

1.4 物流中心的发展

1.4.1 我国物流中心发展现状

1. 我国物流中心发展历程

20世纪80年代初，我国才引入物流的概念。我国作为一个发展中国家，物流业起步较晚，物流社会化程度低，物流管理体制混乱，机构多元化。这种分散的多元化物流格局，导致社会化大生产、专业化流通和集约化经营优势难以发挥，规模经营、规模效益难以实现，设施利用率低，布局不合理，重复建设，资金浪费严重。由于利益冲突及信息不畅通等原因，大量物资不能及时调配，滞留在流通领域，造成资金沉淀，发生相当多的库存费用。另外，由于我国物流企业与物流组织的总体水平低，设备陈旧，损失率大，效率低，运输能力严重不足，形成了物流发展的"瓶颈"，制约了物流的进一步发展。

1986年，物流系统开始在河北省石家庄市进行"三定一送"（定时、定点、定量、送货上门）的物资配送供应方式。随后，产生了一批试验性质的物流中心与配送中心，从而揭开了我国开展配送和发展建设物流中心的序幕。

1992年，原商业部从适应商品经济的发展、加速商业储运业社会化、合理化和现代化、构建高效通畅的网络化物流体系出发，就商品物流中心建设试点工作组织了广泛、深入的论证。并在全国范围内选择了部分大中型商业储运企业和批发企业进行了大型物流中心和区域化商品配送中心建设试点。

1996年，原国内贸易部发出了《关于加强商业物流中心发展建设工作的通知》，指出了发展建设物流中心的重要意义，提出发展建设的指导思想和原则等。同时，还印发了《商业储运企业进一步深化改革与发展的意见》，提出了"转换机制，集约经营，完善功能，发展物流，增强实力"的改革与发展方针。确定了向现代化物流中心转变、建设社会化的物流中心、发展现代物流网络为主要发展方向。

1996年以后，随着连锁商业的发展，商品配送中心建设在全国部分大中城市纷纷展开。北京、上海、广州等地的商品配送中心建设成效尤其突出。上海华联超市公司配送中心，在为集团内各超市、连锁店提供全方位配送服务、促进其全面发展的同时，自身在设施、管理、技术和业务经验方面也得到了不断完善。承担着为上海产品开拓全国市场使命的上海一百集团，正在建设旨在为集团已在全国各地发展或准备发展的上百家大中型连锁商店承担供配货任务的一百集团供配货中心系统。该系统由以市内外环线为基准，以市区的东、南、西、北、中五大区域为单元，以便利交通、合理配送为前提的 5 个大型供配货中心和 1 个大型物流中心构成。进入 21 世纪以来，我国各地城市为构筑现代流通平台，集聚物流，加快经济发展，纷纷大力发展物流中心：2005 年 9 月 15 日，民航快递广州物流中心在广州新白云国际机场隆重奠基；2006 年 11 月 25 日，珠海最大的农副产品批发物流中心将在前山物流园区奠基；2009 年 9 月 30 日河北医药物流中心开工奠基；2011 年 1 月 24 日，贵阳西部化工物流中心项目正式启动；2012 年 4 月 8 日，新华联合物流中心项目奠基启动……

近年来，随着市场经济的快速增长，特别是连锁商业的发展和电子商务的普及，各种形式的物流中心如雨后春笋般发展起来。据不完全统计，目前全国共有各种类型上规模、专业性的物流中心 1 000 多家。其中，上海和广东数量最多，发展也最为成熟。

2. 我国物流中心发展存在的问题

总体来看，我国物流中心存在着经营分散，社会化程度低，物流布局不合理，物流技术含量低等问题。

1）体制弊端

目前在我国经济领域中存在的部门分割、地区分割等现象，严重阻碍了现代化物流中心的发展。由于各部门、各地区都从自身的利益出发，存在一种"肥水不流外人田"的思想，在制定发展规划时，缺乏必要的统筹与协调，缺乏综合性规划。较为常见的是铁路与公路等运输部门都组建了自己的物流中心，但这些物流中心横向联系少，资源不能共享，造成重复建设与资源的利用率低。

专业化分工和协作是物流中心赖以生存和发展的基础环境，条块分割和区域封锁却严重制约着现代化物流中心的建设和发展。主要表现在产业结构趋同化，即各地区没有很好地根据当地的实际情况，建立起能发挥本地区优势的产业，做到与其他地区优势互补。这种不合理性降低了地区间的比较优势，减少了商品流通的相对规模，使物流中心的生存空间受到相当挤压，增加了物流中心开展业务的难度，削弱了物流中心可能带来的比较利益。

2）物流中心信息化程度较低

目前，我国的物流中心在获取信息的手段和技术等方面与国外物流中心相比，有很大的差距。尽管我国的物流中心也已经开始了物流中心网络化建设，但其网络的覆盖面还远远不能满足需求。在信息化时代，没有及时、准确、全面的信息支持，物流中心的成功运作是相当困难的。

3）物流中心的社会化程度较低

目前我国的生产企业、流通企业中的"大而全"、"小而全"现象和思想仍然存在，这些企业一般都拥有自己的物流体系，这就造成了我国物流中心的规模小而分散，社会化、组织化程度低，在物流配送的各环节上衔接配套差，物流服务功能不完善。

4）物流中心的信誉有待提高

目前我国的物流中心还远远没有实现规模经营，因此带来的信誉问题是不可避免的。物流中心不能按照事先与客户达成的协议，圆满完成物流服务，从而使自己在客户中的声誉受到影响，这种现象经常出现。这将对该物流中心未来的发展带来严重影响。

3. 部分城市物流中心规划建设

目前有 10 多个城市将发展物流作为支柱产业，50 多个物流中心在规划和建设之中，其中北京、天津、上海、广州、西安投资都在千亿元以上。

1）北京市物流中心规划建设

北京市"十五"计划纲要把"现代物流"作为现代服务业"十五"发展的重点。《北京市"十一五"时期物流业发展规划》要求在六环路附近重点规划建设物流基地，在五环路附近重点规划建设物流中心，在四环路附近重点规划建设配送中心，形成物流基地、物流中心和配送中心由远及近、相互依托、协调发展的空间格局。

"十一五"期间，北京市要结合二级货运枢纽布局，在五环路及五大物流方向的交汇处附近重点规划建设 10 个左右的物流中心。

- 西南方向（京石高速公路、107 国道）规划建设王佐、五里店、首钢建材物流三个物流中心；
- 东南方向（京津塘高速公路、京沈高速公路）规划建设十八里店物流中心；
- 正东方向（京通快速路）规划建设宋庄物流中心；
- 东北方向（京密路、机场高速、京承高速公路）规划建设怀柔新城物流中心、顺义李桥物流中心；
- 西北方向（八达岭高速公路、110 国道）规划建设清河物流中心和马池口物流中心。
- 物流中心的占地规模控制在 0.5　1 平方千米。

2）天津市物流中心规划建设

"十五"期间，天津市投入 50 多亿元建设 12 个物流中心、两大物流区及其他各类配送中心。以天津港南疆散货物流中心和北疆集装箱物流中心为代表的 12 个物流中心投入建设，其中天津港南疆散货物流中心占地 12 平方千米，投资达 23 亿元。两大物流园区是天津港保税区国际物流运作区和滨海国际机场空港物流园区。目前，天津港保税区国际物流区已形成一定规模，空港物流区已投入建设。

"十一五"期间，天津在建设完成开发区工业物流园区、保税区国际物流运作区、天津港散货物流中心、天津港集装箱物流中心、天津空港国际物流园区、天津空港物流加工区、天津邮政物流中心和天津市物流货运中心的基础上，还要建设完成东丽区的东部物流基地，西青区的西部物流基地及位于海河下游的多功能物流加工园区等一批为专项工业或为工业区综合服务的物流中心，完成工业消费品、生产资料和食品三大商贸物流基地的建设。

此外，天津构筑两个大型的面向中心城区的物流中心以满足城市配送需求。一是对已有的北辰货物物流中心进行扩建，扩展服务功能，提高配送效率；二是在外环线以内，靠近津塘公路、大毕庄公路主枢纽及海河沿岸范围内选择适当位置，整合现有配货场站，形成一个以中心城区商贸业为服务对象、辐射全国的物流中心，共同为中心城区的都市型综合服务业经济带提供快捷、准确、一体化的物流服务。

3）上海市物流中心规划建设

上海市把现代物流业作为本市发展现代服务业的重点之一，2001 年，上海市政府发布了《上海市"十五"现代物流产业发展重点专项规划》，有力地促进了本市现代物流业的发展。2007 年 4 月，市政府正式印发了《上海市现代物流业发展"十一五"规划》。"十一五"期间上海现代物流业发展的总体目标是：到 2010 年确立现代物流业作为上海支柱产业的重要地位，初步建成国际重要物流枢纽和亚太物流中心之一。物流业增加值年均增速保持在 10% 以上；物流业增加值占全市生产总值的比重超过 13%；全社会物流总费用与生产总值的比例，在 2005 年 15.5% 的基础上下降 1 2 个百分点。

上海市"十一五"物流节点总体规划如下：一是进一步加快建设四个重点物流园区，即深水港物流园区、外高桥物流园区、浦东空港物流园区、西北综合物流园区的开发建设，提升园区功能，促进保税物流发展；二是重点推进四个专业物流基地，即国际汽车城物流基地、化学工业区物流基地、临港装备制造业物流基地、钢铁及冶金产品物流基地的建设，大力发展为制造业生产服务的专业化物流；三是合理布局区域性物流基地和配送节点，结合各区县物流业发展的实际，逐步形成层次清晰、相互衔接、运作高效的现代物流网络，促进本市现代物流业与区域产业发展相适应，与城市居民生活需求相适应。

4）广州市物流中心规划建设

广州领改革开放之先，加之毗邻港澳地区的优越地理环境，使全市物流业得到了很好的发展。在新的战略规划中，广州将在物流这一环节寻求更大突破，以期成为中国乃至亚太地区最大的物流中心。在将广州建设成为最大物流中心的规划中，广州新白云国际机场也将在其中扮演重要角色。在建中的新机场将建成华南地区航空枢纽港。建成后，将不仅仅解决广州以往的空中交通矛盾，还将使广州成为一个重要的航空货运中转站。未来的广州更准备建设辐射全国和海外的 4 个大型物流中心。在广州北部地区，将结合新白云国际机场、铁路、公路等对外交通优势，建设发展一个商贸物流中心；在南部地区，将结合龙穴岛深水港、疏港铁路、疏港公路等重大工程的建设，发展一个仓储物流中心；在西部地区，基于组合城市概念下广佛都市圈的长远发展，将在芳村建设一个商品物流中心；在东部地区，将充分利用现有的黄埔港、新沙港等设施，结合产业发展布局，建设一个生产资料物流中心。

四大物流中心集商贸物流、仓储物流、商品物流、生产资料物流于一身，将使广州建成中国南方国际物流中心和全球物流体系的重要节点。

5）西安市物流中心规划建设

西安作为东西部商品聚散中枢的地位优势，结合生产资料和生活资料多为东进西运的流向特点，以公路、铁路交通运输为主、航空交通运输为辅的实际情况，合理整合与专业化商品密切相关的各种物流资源，规划建设 7 个专业物流中心。

- 纺织品、服装物流中心，位于西安市纺织城西北部，该中心将成为西部地区最大的纺织品、服装存储、加工、批量转运的基地。
- 韦曲科技物流中心，位于绕城高速公路以南、韦曲组团西北角，依托韦曲科技园和西安市南郊高等院校、科研院所，为西安信息产业发展提供高新技术产品的存储和流通服务。
- 三桥汽车物流中心，位于西安宝鸡高速公路后围寨立交和铁路南环线，交通优势明显，该中心将成为西部地区汽车，机电产品及其配件产品的最大的存储、转运基地。
- 草滩果品物流中心，依托华圣果业和西安农业综合开发区，将成为西部地区水果农副产品存储、加工、分拣、包装和转运的基地。
- 北石桥物流中心，主要依托现有西安铁路西货站北的大片仓储区和西安中储公司，铁路、公路交通联系便捷，靠近市中心区商贸流通和生产企业，将发展成为日用消费品、食品类等工业产品物流集散中心。
- 中储物流中心，依托现有中储西安物流公司和其方便的铁路和城市道路联系，使其发展成为钢铁、家电产品和纸制品类为主的专业物流中心。

● 新丰镇物流中心，距西安 30 千米，有我国西北地区最大的铁路编组站，占地 3 平方千米，将为西安市集货物中转、仓储配送、货运代理、信息服务为一身，业务辐射省内外的大型现代配送中心。

1.4.2 国际上物流中心发展的趋势

随着社会的进步和经济的发展，物流中心将进一步发展，而且以计算机技术等高科技手段为支持，形成系列化、多功能的供货活动形式。今后物流中心的发展趋势将主要体现在以下几个方面。

1. 物流中心配送区域进一步扩大

建设专业物流中心，实施物流配送的国家已不限于发达国家，许多发展中国家也按照流通社会化的要求实行了物流配送制，并且积极开展物流配送。就发达国家而言，物流配送的活动范围已经扩大到了省际、国际和洲际。

2. 物流中心共同配送进一步发展

无论是物流配送的种类和数量，还是物流配送的方式、方法都得到了迅猛的发展。同时，由于经济发展带来的货物种类急剧增加，消费向小批量、多品种转化，销售行业竞争激烈，传统的做法被淘汰，销售企业向大型化、综合化发展，使得物流配送的数量增加也非常迅速。另外，随着物流配送货物数量增加，物流中心除了自己配送外，还采取转承包的配送策略。而且，在物流配送实践中，除了独立配送、直达配送等一般性的配送形式外，又出现了"共同配送"、"即时配送"等配送方式。共同配送是经长期的发展和探索优化出的一种追求合理化配送的配送形式。这样，物流配送方式得到了进一步发展。

3. 物流中心技术水平提高，作业效率进一步提高

物流中心的各项作业经历了从手工劳动、半机械化、机械化到自动化四个阶段。进入 21 世纪以来，各种先进技术特别是计算机的应用，使物流中心基本上实现了自动化。发达国家普遍采用了诸如自动分拣、光电识别、条形码、定位追踪、无线射频等先进技术。并建立了配套体系和配备了先进的设备，如无人搬运车、分拣机等，使物流中心服务的准确性和效率大大提高。有的工序因采用先进技术和先进设备，工作效率提高了 5 到 10 倍。在日本，有的物流中心人均搬运作业每小时可达 500 个托盘，分拣能力已达 1.45 万件。目前，一些先进国家正朝着集成化和智能化发展。我国物流中心处在起步发展阶段，物流中心存在着人力、机械和自动控制作业等多种方式。随着经济发展水平的提高和物流技术的完善，机械化、自动化、集成化、智能化技术将是我国物流中心的发展方向。

4. 物流中心集约化程度明显提高

物流中心是集约化经营的物流运作载体和网络节点，在社会经济生活中发挥重要作用，特别是对推动物流产业发展具有重要作用。资源的集聚为集约化经营创造了条件，集约化经营带来"整合"效应。多个系统、企业乃至地区的商品物流中心，从突破自身制约条件、维持和开拓市场、最大限度地创造效益和获得发展的意图出发，携起手来，开展交叉配送。或者多个系统、企业或地区联合共建物流中心，实现集约化配送，"以市场换市场"，优势互补，资源共享，最终构造出辐射全社会的物流服务网络，形成"物畅其流"的大同世界。据有关资料介绍，美国通用食品公司已用新建的 20 个配送中心取代了以前建立的 200 个仓库，以此形成了规模经营优势。由于物流配送企业相对集中，故物流配送系统处理货物的能力有了很大提高。

5. 物流中心管理规范化与经营集团化

随着物流的产业化发展，物流业将逐步走向成熟，按照物流中心发展的规律进行规范化管理将是大势所趋。发达国家物流中心发展的成功经验证明，实行物流中心的集团化、网络化，将成为物流中心的发展方向。特别是跨地区、跨部门、跨企业的集团化、网络化组织经营，对发挥物流系统效率，提高物流经营效益，实现信息共享，降低全社会物流成本等，具有重要的意义。

6. 物流中心标准化建设加速

物流标准化不仅是物流系统化的前提，而且还是和国际接轨的前提，因此无论是物流装备，还是物流系统建设与服务，必须首先满足标准化的要求。物流中心的标准化必须和物流整个系统的标准化具有一致性，统一性。物流中心的标准化涉及物流中心库房的设计建造、装卸存储等硬件的标准化以及包括票据标准化等的软件标准化。硬件标准化要能够适应门到门的直达配送。信息与服务的标准化是实现电子数据交换，实现信息化和服务优质、规范的基础。

7. 绿色物流中心建设成为趋势

节能环保的绿色物流中心主要体现在以下几个方面。第一，使用更少的能源。如，在屋顶安装光伏设备，利用太阳能发电；推广新能源运输、配送车辆；推进低碳照明、低碳制冷和供暖。第二，高效利用水资源。如，在屋顶安装雨水收集系统，雨水转化为可以利用的水，节约水资源。第三，在物流中心建设中大量使用环保材料，力求低排放。如，降低物流中心产生的废弃物，力争将废弃物循环使用或作无害化处理。第四，推进绿色包装。如，实行包装减量化（Reduce），包装应易于重复利用（Reuse）或易于回收再生（Recycle），包装废弃物可以降解腐化（Degradable）。第五，推广绿色流通。向供应链上游延伸，进一步深化与供货商的环保节能合作；向供应链下游倡导，引领绿色消费，为顾客创造新的价值。

8. 物流中心管理与服务信息化

随着计算机技术与通信技术的充分发展以及全球信息网络的建成，物流中心的信息化趋势将进一步加强。未来物流中心将物联网、传感网与现有的互联网整合起来，通过以精细、动态、科学的管理，实现物流的自动化、可视化、可控化、智能化、网络化，从而提高资源利用率和生产力水平，创造更加丰富社会价值。

 **复习思考题**

1. 简述物流中心的定义。
2. 简述物流中心的主要功能。
3. 物流中心与商贸中心有哪些异同？
4. 物流中心与传统仓库有哪些异同？
5. 物流中心、配送中心、物流园区有哪些异同？
6. 简述物流中心的主要作用。
7. 物流中心是如何进行分类的？主要有哪些类型？

 案例分析

北药股份物流中心规划

位于北京马连道的北药股份物流中心，一期工程总面积 1.2 万 m^2，由收货区、存储区、拣选区、分拣区与备货区构成，分布在一层、二层、三层、三夹层、四层及五层。物流中心的功能主要包括药品入库、出库及存储全过程管理。业务流程主要分为入库流程、出库流程和库存管理流程三类。其中，库存管理流程可分为补货、周期盘点、库存调整、库存转移、冻结库存等流程。

作为核心部分的物流配送系统由纸箱/周转箱传输子系统、电子标签拣选子系统、无线射频（RF）拣选子系统、托盘垂直传输子系统、电力电子控制子系统、可视化监控子系统、物料处理系统局域网、条形码子系统和仓储管理子系统组成。药品仓储管理信息和客户订货信息，通过仓库管理系统（WMS）分类处理，以指令方式传达给相应的操作人员和设备，后者根据指令进行诸如上架、移库、补货、拣选、传输、配送等操作。

北药物流二期的建设借鉴了一期成功的经验，在现有的一座总建筑面积约 1.8 万 m^2 的楼仓内进行信息化、设备系统化的改造建设。根据二期存储和处理货品的特点，经过德马泰克公司和北药的共同多方论证，并基于现有的条件和考虑未来的发展，将原仓库内货品存储模式改变为货架存储模式，以便于货品采用货位条形码形式的统一管理。利用原有的电梯井道，增设了一套托盘升降机系统和一套循环往复式纸箱/周转箱垂直传输系统。托盘升降机系统担负着托盘货品从一层到楼上各层间的入库及楼上各层到一层出库的运输任务。循环往复式纸箱/周转箱垂直传输系统担负着纸箱或周转箱在各层之间的传输，最终进入一层带有 13 个分拣巷道的分拣机系统中进行箱体的自动分拣。由于采用了货架存储和利用原有的电梯井道安装设备，因此，大大节省了仓储空间，也提高了传输效率。根据未来的需求，通过延长传输线等办法，还可以实现各种快速的拣选处理方案，具备很强的系统可扩展空间。

实践证明，北药股份现代医药物流中心的建成，一举改变了传统医药流通企业科技含量低、技术落后的状况，帮助北药股份在竞争日益激烈的医药流通行业实现快速、准确、节约成本的配送服务，大大增强了核心竞争力。以下一组数字非常具有说服力：北药股份订单处理能力提高了 5 倍以上，目前 16 000 张订单只需 6 h 便可处理完，配送时间节约 50%，减少了 40% 的劳动力成本，库房使用率比过去提高了 30%。货物拣选差错率几乎为零，作业效率和准确率有了质的飞跃，全面提升了客户服务水平。

同时，依托物流中心快速的信息传递与配送能力，北药股份拓展了新的业务空间，目前为上游药品生产企业和下游客户提供物流配送服务的营业额实现了快速增长，企业生机勃勃，充满活力。

案例思考题：
1. 北药股份物流中心具备哪些功能？
2. 北药股份物流中心项目二期工程是如何改造建设的？
3. 北药股份物流中心对企业的发展起到了什么作用？

第2章

物流中心规划与设计基本理论

本章要点

● 掌握物流中心的基本流程和结构要素；

● 理解物流中心全生命周期阶段理论及不同阶段的任务；

● 掌握物流中心规划设计的目标与原则；

● 掌握物流中心基本要素分析方法；

● 掌握物流中心规划的主要内容和程序；

● 理解物流中心规划存在的问题及对策。

 开篇案例

德国不来梅物流中心

德国是欧洲物流发展最好的国家之一，其在物流中心的建设方面处于世界前列。德国第一个物流中心——不来梅物流中心于1985年开始建设。不来梅州政府通过直接投资和土地置换的方式对物流中心投资，物流中心的原址是一片盐碱地，州政府从当地农、牧民手中以每平方米6~8马克的价格征用土地200公顷，进入物流中心的企业承担地面以上的建筑、设施的建设。不来梅市物流中心除政府设立海关负责进出口货物验关外，政府在物流中心不再设其他管理机构，企业自主经营，照章纳税，政府亦不再从中心成员那里征收除法定税费以外的任何税费。中心兴建有综合服务中心、维修保养厂、加油站、清洗站、餐厅等，还开办有驾驶员培训中心等实体，提供尽可能全面的服务。这些实体都作为独立的企业实行经营服务。良好的设施，优质的服务，使中心不仅取得了显著的社会效益，而且取得了巨大的经济效益。不来梅物流中心临近不来梅内港及内河港口，距港口约20多千米，靠近不来梅铁路编组站，中心内有公铁联运装卸站，周围高速公路网发达，紧邻联邦27号高速公路，不来梅市的威悉河两岸有242家物流企业，不来梅新港至不来梅市的沿途有1 400多家运输、仓储和物流企业，其中从事航运的占3%，港口的占10%，公路运输的占45%，铁路运输的占1%，物流企业的占38%。物流中心由不来梅运输和物流研究所负责设计，该中心位于不来梅市理想的水路与陆路运输交汇点，火车、卡车从这里可将货物在24小时之内送到德国境内任何一个

重要的经济中心。

思考题：政府在物流中心规划、建设与运营中应发挥什么作用？

2.1 物流中心作业流程与结构

2.1.1 物流中心的作业流程

物流中心的作业流程形式有许多种，这主要取决于物流中心本身规模大小、设施条件、客户方向、服务功能等诸多因素。典型物流中心的基本作业流程如图 2-1 所示，一般包括以下 10 项作业：订单处理作业、采购作业、进货入库作业、仓储管理作业、拣选作业、流通加工作业、出货作业、配送作业、退货作业、会计作业。

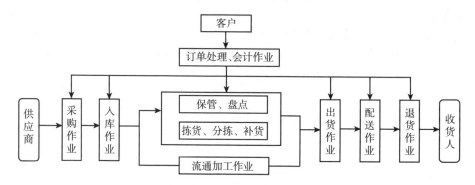

图 2-1 物流中心的基本作业流程

1. 订单处理作业

物流中心的业务归根结底来源于客户的订单，它始于客户的询价、业务部门的报价，然后接收客户订单，业务部门需了解当日的库存状况、装卸货能力、流通加工能力、包装能力、配送能力等，以便满足客户需求。而当订单无法按客户要求的时间及数量交货时，业务部门需进行协调。对于具有销售功能的物流中心，核对客户的信用状况、未付款信息也是重要的内容之一。对于服务于稳定的连锁企业的物流中心，其业务部门也叫做客户服务部。每日的订单处理和与客户的经常沟通是客户服务的主要功能。此外，还需统计该时段的订货数量，确定调货、分配、出货程序及数量。退货数据也在此阶段处理。另外，业务部门需制定报价计算方式，用于报价管理，包括：制定客户订购最小批量、送货间隔、订货方式或订购结账截止日期等。

2. 采购作业

采购作业功能一是将物流中心的存货控制在一个可接受的水平，二是寻求订货批量、时间与价格的合理关系。对于由批发业务转移的物流中心或服务于连锁企业的物流中心将存货控制功能交内存货控制部或仓储部管理，采购部门只负责购买等相关事务。采购信息来源于客户订单、历史销售数据和物流中心存货量。可见，物流中心的采购活动并不是独立的商品买卖。物流中心需向供货厂商或制造厂商订购商品。采购作业包括：商品数量需求统计、查询供货厂商交易条件，然后根据所需数量及供货商提供的经济订购批量提出采购单。采购单发出后，需进行收货的跟进工作。

3. 进货入库作业

发出采购订单或订货单后，库房管理员即可根据采购单上预定入库日期进行入库作业安排，在商品入库当日，进行入库商品资料查核、商品质检。当质量或数量与订单不符时应进行准确的记录，及时给采购或存货控制部门反馈信息，并更新入库数据。库房管理员按库房规定的方式安排卸货、托盘堆叠、薄膜缠绕和货品入位等。对于同一张订单分次到货，或不能同时到达的商品要进行认真的记录，并将部分收货记录资料保存到规定的到货期限。到货商品入库后有三种作业方式。

（1）需要存储的商品放入存货区，用于拣货区货品不足时的补充。高货架库房的商品入库需由计算机或管理人员按照仓库区域规划管理原则或商品保质期等因素来指定储放位置并登记，以便日后的货品先进先出（FIFO）管理或出货查询。

（2）小批量的货品放入拣货区，直接进行拣货处理。

（3）直接出库作业，或叫直接转运。管理人员要为直接转运的商品安排存放空间，或合理安排到货及出货车辆的对接时间，以避免商品在周转区的混乱和车辆资源的浪费。

4. 仓储管理作业

仓储管理作业包括：商品在仓储区域内摆放方式、区域大小、区域分布等规划；商品进出仓库的控制——先进先出或后进先出；进货方式的制定；商品所需搬运工具、搬运方式；仓储区货位的调整及变动；商品存储期内的卫生及安全；在库商品的数量盘点等。此外，还包括制定库存盘点、定期负责打印盘点清单，并根据盘点清单内容清查库存数、修正库存账目并制作盘盈盘亏报表。对于仓库区的管理还应包括包装容器使用与包装容器保管维修。

5. 拣选作业

根据客户订单的品种及数量进行出货商品的拣选。拣选工作包括拣选之前的商品在库量核对，按照送货规范要求进行按路线或按订单进行拣选。还包括拣货区的规划布置、工具选用及人员调派。拣选不只包括拣取作业，还需补充拣货架上的商品，这包括补货量及补货时点的制定、补货作业调度、补货作业人员调派。

6. 流通加工作业

物流中心除仓储及运输功能之外，越来越多地加入了可以增加附加价值的活动。流通加工是最能创造附加价值的物流活动。流通加工作业包括：商品的分类、称重、拆箱重包装、贴标签及商品组合包装等。这就需要进行包装材料及包装容器的管理、组合包装规划的制定、流通加工包装工具的选用、流通加工作业的调派、作业人员的调派等。

7. 出货作业

出货作业是完成商品拣货及流通加工作业后，送货之前的准备工作。出货作业包括送货文件的准备工作，如为客户打印出货单据，准备发票，制定出货调度，打印装车单，画装车图、出货批次报表及出货商品上所需地址标签及出货核对表等。一般由仓库人员决定出货方式、选用出货工具、调派出货作业人员。由运输调度人员决定运输车辆大小与数量。仓库管理人员或出货管理人员决定出货区域的规划布置及出货商品在车上的摆放方式。

8. 配送作业

配送作业包括配送路线的规划及与客户的即时联系。由配送路线选用的先后次序来决定商品装车顺序，并在商品配送途中进行商品跟踪、控制及配送途中意外状况的处理，送货后文件的处理。

9. 退货作业

退货作业是指当配送的商品存在质量问题时客户要求做退货处理的过程，它主要包括退货商品的分类、责任确认、保管和退回等作业。

10. 会计作业

会计作业是物流中心经营活动目的最终能得以实现的重要保证。送货单在得到客户的签字确认后或交给第一承运人并签署后，可根据送货单据制作应收账单，并将账单转入会计部门作为收款凭据。商品入库后，则由收货部门制作入库商品统计表以作为供货厂商催款核对用，并由会计部门制作各项财务报表供经营政策制定及经营管理参考。

2.1.2 物流中心的结构

物流中心主要包括功能区域、设备、管理体系、信息系统及其他设施等要素。

功能区域主要是指对物流中心作业流程中各作业阶段所需场所的划分，一般可分为以下各分区。

（1）管理区。物流中心管理部门所在的区域，包括行政管理、业务管理、数据信息处理、对外业务联系、订单处理、账务处理及组织协调等。其功能属于核心地位，而地理位置处于物流中心的出入口。

（2）进发货区。收发货物、装卸、检验、搬运、暂置的区域。规模较大的物流中心将进货区和收货区分置，而为了节省人力和减少机械重复配置，大多数物流中心将两者合一。

（3）理货区。对进货进行初步分类处理的区域。收到的货物有的直接分拣配送，有的需进行流通加工，有的入库存储，有的需退货，都要首先在理货区进行处理，然后转入各自下一步骤。

（4）加工区。对所进货物进行加工，如分包、捆扎、改换包装等的区域。

（5）存储区。暂不配送及安全库存的货物保管和保养的区域。

（6）退货处理区。破损、残次品等货物的存放区域。

（7）设备存放区。搬运保管设备存放区域。

物流设备包括存储设备、装卸设备、搬运设备、分拣设备和输送设备等。

管理体系包括物流中心运作的基本管理制度、规章，岗位目标及标准等。管理体系是维系物流中心正常运转的纽带。

信息系统包括采购管理信息系统、库存管理系统、进出货管理系统、订单处理系统、配送管理信息系统等，信息系统高度依赖于物流中心各操作环节的数据录入。

辅助设施包括道路、站台、停车场、大门等。

2.2 物流中心的全生命周期理论

2.2.1 物流中心项目立项阶段

在作出建设一个物流中心的决策后，项目立项工作尤为重要。必须经过"明确目标"、

"决定系统范围"、"研究经济与技术可行性"和"编制实施计划"的过程。

新建一个具体的物流中心，必然有其动因，一般不外乎以下几项。

（1）容量不足。企业经营规模不断拓展，经营的商品量、品种数量增加，现有人员、设备及设施能力不足，造成处理能力差，无法迅速、及时完成每天作业，需经常加班加点；或因土地、建筑物面积不足，导致配送中心没有发展余地。

（2）据点分散。例如，集中分散的物流设施，以提高作业效率；或建立区域性的配送中心。

（3）设备陈旧。建筑物陈旧，维持费贵，或物流系统陈旧落后，无法适应流通活动的发展和变化。

（4）环境变化。如交通量增大，运输效率不高；又如城市规划改变，原配送中心地点需要迁移；再如，出货单元由整托盘向整箱，以及由整箱向零散的盒变化，小批量、拆零的倾向日趋强烈，迫切希望物流设施得到改善。

当然，也可能是各种情况的组合。如果动机不清楚、目标不明确，即使做了一个理论上极佳的物流中心方案，大多也会在筹措或实施过程中夭折。

物流中心是一个多功能、集约化的物流据点，系统复杂、各子系统间的协调尤为重要。所以，单凭一个人进行规划是非常困难的，必须把物流、信息、建筑设计及其他各方面的专家会聚起来，形成一个开发班子，研究大量的实质性问题，为企业领导的决策提供依据。例如：

- 如何根据企业经营规模发展的近期、中期规划，建立企业的物流系统和网络体系；
- 确定建造具备哪些功能的物流中心；
- 选址在何处，其优点和不足之处如何；
- 如何改善作业环境、减轻装卸作业劳动强度，实现机械化；
- 如何实现百分之百的质量保证；
- 如何实现误配送达到零；
- 如何减少单据，实现无纸化；
- 如何提高结算能力；
- 如何使物流中心的物流流程更合理、更科学；
- 如何降低物流成本；
- 如何增强物流中心的适应能力和应变能力；
- 如何满足物流中心规模进一步拓展的需要。

根据现有物流中心存在的问题，结合现代配送中心应具备的理想模式，参观和考察一些比较成功的物流中心，使物流中心的建设目标更加明晰。

应该指出，规划工作的定量化，是保证上述要求、目标实现的关键。同时，对各项目标，都应按照"务必达到"、"最好能达到"等不同的需求程度排列起来；对那些可能是相互矛盾的目标，不可能百分之百的全部满足，这里面有一个目标优化、选定最佳方案的问题。

要切实研究新建物流中心在整个物流系统中所处位置，对实现各项功能所采取的手段和措施予以比较、选择。

建立物流中心是一项投资比较大的经济行为，必须进行科学的分析论证，要合理考虑投资计划，应从物流成本的角度来确定物流中心的投资规模是否合理。例如，要根据企业经营的销售额发展指标研究与之相适应的建设投资规模究竟应多大。同时，还要测算物流中心启动后的维持费用究竟需要多少，这个费用占整个物流成本的百分比多大，对企业经营和效益带来的影响如何？企业是否能够长期承受？

因为物流中心是一种服务企业，判断其投资的经济合理性，也可运用比较分析方法，采用比较效益原则，即把建立物流中心的投资费用与提供满足用户需求的经常性物流费用之和同各个用户采用物流自给服务成本之和进行比较，只有前者小于后者时才是经济合理的，若等于或大于都是不合理的。用公式表示为：

$$C + V < \sum_{i=1}^{m} (C_i + V_i) \qquad (2-1)$$

式中：C——物流中心的投资费用；

V——物流中心经常性费用；

C_i——用户实行自给服务时用于物流设施的投资费用；

V_i——用户实行自给服务时经常性物流费用；

m——用户的数量。

总之，物流中心建设项目的立项，是生产企业、连锁商业企业、物流企业等经营战略决策的重要组成部分。

2.2.2　物流中心的规划阶段

物流中心是服务于区域或社会物流的，而社会物流过程又与资源分布、经济地理、工业布局、运输网络等密切相关。由于中国地域经济发展很不平衡，因此，政府及主管部门、第三方物流经营者必须根据各地区的社会经济特点，确定物流中心建设与完善的规划方案，和实现一定范围物流系统化的途径与方式。

不同类型的物流中心，其规划与筹建主体不同，从某种程度上也影响到物流中心的规划方案的制订。

由于物流中心是物流网络中的节点，更多地体现为道路运输系统的基础结构，也是不同运输方式的选择决策的抉择点和协作、协调的结合部。在形成以中心城市为核心的经济圈或区域经济圈的体系中，物流中心有举足轻重的地位和作用；在物流中心的规划、筹建、运营方面直接影响到的不仅是道路运输基础设施运用效率，很多情况下，还与城市规划、经济圈的经济运行有着极密切的关系；从区域经济圈形成与运行的角度分析，完整意义上的物流中心已是多学科研究的交叉区和结合部。所以，中国大范围的物流中心规划是由政府主管部门指导、组织相关行业部门和投资主体共同制定。

物流中心的投资主体将向多元化方向发展，民营企业也将成为投资主体之一，此外，还涉及外国资本投入物流基础建设的运作方式，如 BOT。投资与运营体制反过来也会影响物流中心规划方案的制订。

2.2.3　物流中心的筹建阶段

通过对物流中心规划方案的择优比较，在确定了物流中心最终规划方案之后，接下来就是物流中心具体的筹资建设阶段。物流中心筹建阶段主要包括以下内容。

（1）报建。项目方案要报建规划部门审批，同时要进行招标代理、设计招标、勘察招标、监理招标等程序。

（2）土地确权。购买或租用物流中心占地，确定土地使用权合法有效。

（3）方案审核。物流中心项目建设方案要送主管部门审批，在此之前，该方案要经环保、规划、消防部门审核。

（4）建筑招标。方案和施工图审查批准之后，要发布招标公告并在各地招标办的主持下开标，与中标单位签订施工合同。取得开工许可证后方可开始施工。

（5）竣工验收。在质量监理人员的监督下完成施工后，组织有关部门进行竣工验收之后，进入试运行阶段。即对物流中心的各种实施设备进行符合作业要求的调试，已达到最优的运行状态。

物流中心建设具有相当的规模，往往需要较大资金量投入，各国采用不同的筹资组建物流中心的方式可供参考。例如，在法国巴黎最大的中心市场中的Semmaris物流中心筹资建设中，国家出资占最大份额53.21%，巴黎市出资2%，Valde Marne州出资6.87%，银行出资5.50%，SAGAMRIS州出资3.7%，物流企业及其他方面出资14.20%。中国应当扬长避短，充分发掘和利用已有的、利用效率尚不高的物流资源，这样可以大大减少区域物流系统以外的资本投入。由于区域性物流中心的效益更多地体现为社会经济效益和综合效益，所以对于汽车空驶的减少，道路运用效率的提高，物流费用的降低，货物时间效能的增加等，中国各级政府部门应予以特别的重视，在筹建和未来的运营过程中也应给予必要的支持。

物流中心的筹集应当体现物流系统集约化的要求。物流系统集约化可以大幅度提高物流网络效率，从完整的物流中心职能分析，物流中心筹集方应当重视现代高科技特别是信息技术的运用，实现物流中心的集约化运营。

由于不同层次功能的物流中心所需的相应硬件与软件，资金与技术投入也是不同的，物流中心的基础设施建设要尽快形成规模，一次性的投入资金较大，政府、有关部门及物流企业可以采用整体规划、分布筹建的模式。如物流中心可以在完善物流集散中心的功能层的基础上，逐步向"三中心合为一体"的高级功能层发展。

2.2.4　物流中心的运营阶段

中国经济体制在改革中已经发生了变化，而且仍在继续变化，这种变化的趋势只能是更为适应现代物流系统形成与完善的需要。对于涉及多行业业务，正在发生体制变化的物流企业在组建、经营物流中心中怎样按供应链管理需要，结合地方产业结构布局、企业需求，运营好物流中心，是物流中心成功的关键问题。

根据中国仓储协会最近完成的统计数字显示，我国物流中心平均空置率已达到60%，仓储的利用率不到一半，正在规划中的物流基地比已建成的还多。因此，未来物流中心运营过程中面临的竞争十分激烈，物流中心必须调整自身在区域物流体系中的定位。以专业化的经营思路，提高物流中心运营管理水平，打造具有鲜明行业特色的物流中心，并注重物流中心之间的相互依赖性，促进物流中心的互联互通。

2.3 物流中心规划设计的目标与原则

2.3.1 物流中心规划设计的目标

物流中心是集约化、多功能的物流中枢，系统庞大，投资巨大，因此，正确的决策至关重要。建造新的物流中心，需要解决的主要有以下问题。

- 企业经营规模不断拓展，经营物品的品项数和商品量逐步增加，现有的物流网点、人员和设备能力不足，物流业务处理能力差，已不能满足客户的需要。
- 物流网点分散、规模小，造成交通量大、信息不畅，要对物流网点进行重组和整合。
- 建筑物陈旧、设备落后、维护费用高，又难以改造，运输效率不高，不能适应物流活动的变化和发展。
- 周边环境发生变化，如城市市政建设需要原物流中心迁移地址；或者由于客户需求向少量化、多批次发展，使得物流中心的出货日趋细化，迫切需要物流设施加以改善。

通常，物流中心的目标任务如下。

（1）提高物流系统的吞吐能力，以适应经营业务增大的要求。

（2）建立一个柔性物流中心，以适应产品经常变化的状态。

（3）对运行过程中可能出现的各种意外和随机变化能作出及时响应，保持正常运转。

（4）改善劳动条件，减轻工人的劳动强度。

（5）对物流系统中的物品进行实时跟踪。

（6）对客户供货迅速及时，保证不缺货，为客户的随后物品处理提供方便条件，并为客户提供必要的信息服务。

综上所述，物流中心的目标任务是降低物流成本、提高服务水平、缩短物流周期、增加物流效益，使供货商与客户之间物畅其流、信息快捷，增强物流服务竞争力。

2.3.2 物流中心规划设计的原则

物流中心的建设是一项规模大、投资额高、涉及面广的系统工程，而且一旦建成就很难再改变，所以，在规划设计时，必须遵循以下一些原则。

1. 系统性原则

物流中心的层次、数量、布局是与生产力布局、与消费布局等密切相关的，互相交织且互相促进。设定一个非常合理的物流中心布局，必须统筹兼顾，全面安排，既要做微观的考虑，又要做宏观的考虑。

2. 效益原则

在激烈的市场竞争中，物流服务的准点及时和缺货率低等方面的要求越来越高，在满足服务高质量的同时，又必须考虑物流成本。特别是建造物流中心耗资巨大，必须对建设项目进行可行性研究，并作多个方案的技术、经济比较，以求最大的企业效益和社会效益。

3. 竞争性原则

物流活动是服务性、竞争性非常强的活动，如果不考虑市场机制，而单纯从路线最短、成本最低、速度最快等角度考虑问题，一旦布局完成，便会导致垄断的形成和服务质量的下降，甚至由于服务性不够而在竞争中失败。因此，物流中心的布局应体现多家竞争的特性。

4. 合理化原则

考虑运费和运距、运量的关系，合理选择新建物流中心的地理位置，使运输配送费用最低。提供一个最佳的物流运输路线和平面布置，缩短搬运距离，避免不合理搬运。

5. 柔性原则

在物流中心规划时，应在详细分析现状及对未来变化作出预期的基础上进行，而且要有相当的柔性，要留有余地，以充分考虑扩建的需要。此外，无论是建筑物、信息系统的设计，还是机械设备的选择，都要考虑到较强的应变能力，以适应物理量扩大、经营范围的拓展。

6. 标准化原则

在物流中心内，应尽量使搬运方法、搬运设备、搬运器具和容器标准化。

7. 单元化原则

应根据商品尺寸和负荷形式决定搬运、存储单元，运用单元负载容器作为基本搬运单位，以提高商品的搬运活性指数。

8. 机械化原则

尽量实现搬运装卸机械化，以节省人力，提高效率；在保证作业人员安全和商品不受损的情况下，尽量利用重力机械设备搬运商品以节省劳力和动力。

9. 信息化原则

对物流中心商品的存储、搬运、配送等环节采取信息管理，实现对物流中心运作全程的信息控制。

2.4　物流中心规划资料收集与要素分析

2.4.1　物流中心基本规划资料的收集

为了保证物流中心的成功设计，必须成立一个精干高效的领导班子来协调和指挥物流中心的建设工作。考虑到建造物流中心的专业性、技术性、系统性和前瞻性等因素，还应与专家学者、物流系统工程技术人员紧密合作，全面听取有关物流中心建设的合理化建议，确保物流中心规划的顺利实施。

根据欲建物流中心的类型，首先进行规划用的基本资料的收集和调查研究工作。调查研究方法包括现场访问记录、网络查询和厂商实际使用的表单收集。规划资料的收集过程分为宏观环境资料收集和企业自身相关资料收集两大内容，其中企业自身相关资料收集包括现行资料的收集分析和未来规划资料的收集分析。

1. 宏观环境资料收集

- 区域经济发展背景资料。包括社会经济发展规划，产业布局，工业、农业、商业、住宅布局规划。
- 交通运输网及物流设施现状。包括交通运输干线、多式联运小转站、货运站、港口、机场布局现状。

- 城市规划。包括城市人口增长率，产业结构与布局、用地发展规划等。一些城市的物流中心建地选择不合适，往往会在主干线通道上造成交通阻塞，运距过长造成能源浪费、车辆空载率增高、调度困难等问题。
- 环境保护与社会可持续发展。包括城市环境保护相关法律法规与社会可持续发展相关要求。

2. 企业自身相关资料收集

1）现行资料的收集

现行资料的收集是针对欲建物流中心的类型和现时需求而进行的，具体现行资料包括如下内容。

（1）基本运行资料。业务类型、营业范围、营业额、从业人员数、运输车辆数、供应厂商和用户数量等。

（2）商品资料。产品类型、品种规格、品项数、供货渠道、保管形式等。

（3）订单资料。商品种类、名称、数量、单位、订货日期、交货日期、生产厂家等。

（4）货物特性。货物形态、气味、温湿度要求、腐蚀变质特性、装填性质，货物重量、体积、尺寸、包装规格、包装形式、存储特性和有效期限等。

（5）销售资料。按商品、种类、用途、地区、客户及时间等要素分别统计销售资料。

（6）作业流程。进货、搬运、存储、拣选、补货、流通加工、备货发货、配送、退货、盘点、仓储配合作业（移仓调拨、容器回收、废弃物回收处理）等。

（7）事务流程与单据传递。接单分类处理、采购任务指派、发货计划传送、相关库存管理和相关账务系统管理等。

（8）厂房设施资料。厂房结构与规模、布置形式、地理环境与交通特性、主要设备规格、生产能力等。

（9）作业工时资料。机构设置、组织结构、各作业区人数、工作时数、作业时间与时序分布等。

（10）物料搬运资料。进货发货频率、数量、在库搬运车辆类型及能力、时段分布与作业形式等。

（11）供货厂商资料。供货厂商类型、货品种类、规格、质量、地理位置，供货厂商的规模、信誉、交货能力，供货家数及据点分布、送货时间段等。

（12）配送网点与分布。配送网点分布与规模、配送路线、交通状况、收货时段、特殊配送要求等。

2）未来规划资料的收集

除收集现行资料外，还要考虑到物流中心在该计划区域的发展，收集未来发展的趋势和需求变化的相关资料。

（1）运营策略和中长期发展计划。国家经济发展和产业政策走向、外部环境变化、企业未来发展、国际现代物流技术、国外相关行业的发展趋势等。

（2）商品未来需求预测。商品现在销售增长率、未来商品需求预测、未来消费增长趋势。

（3）商品品种变化趋势。商品在品种和类型方面可能变化的趋势。

（4）物流中心未来可能发展的规模和水平，预测将来可能发展的厂址和面积。

2.4.2　物流中心规划基本要素分析

物流中心的规划除了必须先了解是属于哪一种物流中心外，还要注意物流中心的 E、I、Q、R、S、T、C 等规划要素，这几个英文字母的意思分别如下。

E：Entry，指服务对象或客户。

I：Item，指物流中心物品的种类。

Q：Quantity，指物流中心物品的数量或库存量。

R：Route，指物流搬运路线和配送通道。

S：Service，指物流的服务品质。

T：Time，指物流的交货时间。

C：Cost，指物流中心商品的价值或建造的预算。

1. 服务对象或客户——E

由于物流中心的种类很多，因此服务客户的对象也是五花八门。例如，制造商型的物流中心，它的服务对象有经销商（营业所）、批发店、百货公司、超市、便利商店及平价商店等几种。其中经销商（营业所）、超市及批发店等的订货量较大，它的出货形态可能大部分是整托盘出货（P→P），小部分是整箱出货；而超市的订货量较小，它的出货形态可能 30% 是属于整箱出货（P→C），70% 是属于拆箱出货（C→B），如表 2-1 所示。制造商型的物流中心有可能同时出现整托盘、整箱及拆箱拣货的情形。此种情况由于客户层次不齐与订单量大小差异性大，订货方式也非常复杂，同时有业务员抄单、电话订货、传真订货及计算机连线等方式（EOS、POS），是物流中心中比较复杂的一种，难度也比较高。如果是零售商型的物流中心，它的服务对象可能是批发店（百货公司）、超市及便利商店中的一种，因此它的出货形态可能出现整托盘及整箱拣货的形态（批发店及百货公司）、整箱及拆箱拣货的形态（超市及便利商店）。这种情形由于客户层次整齐与订单量大小差异性小，订货大部分采用计算机连线方式（EOS、POS），在物流中心中属于比较简单的一种，难度比较低。

表 2-1　零售型物流中心出货形态表

%

	批 发 店	超　市	便利商店
P→P	40	10	
P→C	60	60	30
C→B		30	70

2. 物流中心物品种类——I

物流中心处理的物品品项数差异性非常大，多则万种以上，如书籍、医药及汽车零件等物流中心；少则数十种甚至数百种，如制造商型的物流中心。由于品项数的不同，其复杂性与困难性也有所不同。例如，所处理的物品品项数为 1 万种的物流中心与处理的物品品项数为 1 000 种的物流中心是完全不同的，其商品存储的储位安排也完全不同。

另外，物流中心所处理的物品种类不同，其特性也完全不同。如目前物流中心处理的比较常见的物品有：农产品、日用品、药品、家电、3C 产品、服饰、录音带、化妆品、汽车零件及书籍等。由于商品的特性不同，物流中心的厂房硬件及物流设备的选择也完全不同。

例如，食品及日用品的进出货量较大，而 3C 产品的商品尺寸大小差异性非常大，家电产品的尺寸则较大。

服饰产品的物流特性有：80% 直接送货到商店，而 20% 左右存储于物流中心，等待理货及配送。另外高档的服饰必须使用悬吊的搬运设备及仓储设备。

书籍的物流特性有：库存的书籍种类很多，而畅销品与不畅销品的物流量差异性非常大；另外，退货率高达 30% 40%；新出版书籍、杂志，其中 80% 是直接送货到书店，而 20% 则库存于物流中心等待补货。

3. 物流中心物品的出货数量或库存量——Q

这里 Q 包含两个方面的含义：一是物流中心物品的出货数量，二是物流中心物品的库存量。物流中心中物品的出货数量也是变幻莫测的，例如，货款结算的问题、年节的高峰问题及由于忽然流行某种商品而造成出货量的波动等。

以货款结算的问题来说，一般而言，如果每月的 20 日是货款结算的截止日期，也就是 20 日以前订货算是这个月的货款，而 20 日以后订货算是下个月的货款。因此，在 15—20 日之间的订货量就会明显降低，而 20—25 日的订货量就会明显增加。

物流中心物品的库存量到底要以最多量来考虑，还是以最少量或者以平均的量来考虑？若以最多量来考虑，则低潮时的人力太浪费；若以最低量来考虑，则高潮时的人力不足。可见，如何确定平衡点非常重要，既不会缺货也不会浪费空间，既不会人力不足也不会人力过剩，必须要有一套有效的控制办法。

4. 物流搬运路线和配送通道——R

物流中心搬运路线受物流中心内部设施布局的影响很大，因此在物流中心布置设计时就应考虑物流中心搬运路线的需求，使得物流中心搬运路线尽量合理化。物流中心内部搬运路线可分为直达型 D、渠道型 K 和中心型 C。

1）直达型

这种路线上各种商品从起点到终点经过的路线最短。当物流量大、距离短或距离中等时，一般采用这种形式是最经济的，尤其当物料有一定的特殊性而时间又较紧迫时更为有利。

2）渠道型

一些物料在预定路线上移动，同来自不同地点的其他物料一起运到同一个终点。当物流量为中等或少量，距离为中等或较长时，采用这种形式是经济的，尤其当布置是不规则的分散布置时更为有利。

3）中心型

各种物料从起点移动到一个中心或分拨地，然后发往终点。当物流量小而距离中等或较远时，这种形式是非常经济的，尤其当物流中心外形基本上是方正的且管理水平较高时更为有利。

物流配送的通路与物流中心的类型和服务客户有很大的关系。因此在规划物流中心之前首先必须了解物流配送的通路是属于哪一种，然后再进行规划才不会造成失败的案例。以下为目前物流配送的几种通道模式：

- 生产工厂→企业自有物流中心→批发商（经销商）→零售商→消费者；
- 生产工厂→社会物流中心→批发商（经销商）→零售商→消费者；

- 生产工厂→社会物流中心→零售店→消费者；
- 生产工厂→社会物流中心→消费者。

5. 物流的服务品质——S

物流中心与传统的仓库、商贸中心、经销商最大的不同就是服务品质，改变了过去买商品必须自己亲自去拿的观念，订购商品必须3　5天以后才会送达。但物流服务品质的高低恰恰与物流成本成正比，也就是物流服务品质越高则其成本也越高。

但是站在客户的立场而言，希望以最经济的成本得到最佳的服务。所以原则上物流的服务水平，应该是合理的物流成本之下的最优服务品质，也就是物流成本在与竞争对手一样的情况下，而物流的服务水平比竞争对手高，或是在同样物流服务水平的情况下，自身物流成本比竞争对手低。目前物流的服务内容包括：订货交货时间，商品缺货率，流通加工的服务，商品店头陈列服务，紧急配送、夜间配送及假日配送，司机服务态度，信息提供的服务，顾问咨询服务等几种。以下针对物流的服务内容加以说明。

1）订货交货时间

准确的交货时间是最基本的物流服务品质项目，是其他服务品质的前提。

2）商品缺货率

商品缺货率也是物流服务品质之一，因为商品缺货往往造成零售经营者很大的困扰及损失。商品的缺货率越低则代表其服务品质越好。

3）流通加工的服务

流通加工主要是针对零售商的需求所提供的进一步服务。流通加工的内容包括：①贴价格标签；②贴进口商品的中文说明；③贴进口商品税条；④年节的礼盒包装；⑤批发店的最低购买量的热缩包装；⑥商品品质检查；⑦剪切服务；⑧计量称重等服务。在物流中心集中作业可以提高作业效率及降低成本。

4）商品店头陈列服务

有的物流中心也提供商品店头陈列的服务，但是此种的服务仅限于小超市及平价商店，一般零售商大部分由自己陈列货架。

5）紧急配送、夜间配送及假日配送

当前物流中心的服务越来越多元化，为了提供更完善的服务品质，除全年无休息365日提供服务外，甚至提供紧急配送、夜间配送及指定时间配送等项目，提供客户满意的服务。

6）司机服务态度

在物流服务品质中司机服务态度也是重点项目之一，因为过去货运司机的形象，给人的感觉是粗鲁、礼貌不佳等印象。而现在的物流司机服务态度已经有了较大改善，对人彬彬有礼、穿制服、不摔货等，甚至会与客户联系，强化与客户的沟通交流，逐渐有业务司机的形象产生。

7）信息提供的服务

在物流中心另外一种服务为信息的提供，因为物流信息的 EIQ 资料相当于零售商的POS，它可以提供 POS 资料给零售商，则零售商不必花费高额的经费去建置 POS 系统就可以得到 POS 资料。另外，物流经营者也可以提供商品的贩卖情报给制造商，为制造商生产及经营提供参考。

8）顾问咨询服务

物流经营者还可以向零售业及制造业提供物流方面的建议，尤其是较小的零售业及制造业本身的经营管理能力不强。

6. 物流的交货时间——T

在物流服务品质中物流的交货时间非常重要，交货时间太长或不准时都会严重影响批发商、零售商的业务，因此交货时间的长短与守时成为物流中心运营评估的重要指标。

物流的交货时间是指从客户下订单开始，经订单处理、库存检查、理货、流通加工、装车、卡车配送到达客户手上的这一段时间。物流的交货时间按厂商的服务水平的不同，可分为 4 h、12 h、24 h、2 d、3 d、一星期送达等几种。目前国内一般承诺自订货后 24 48 h 可以送达。一般物流的交货时间越短，则其成本会越高，因此最好的服务水平为 12 24 h，稍微比竞争对手好一点，但成本又不会增加。

除了物流的交货时间外，还有物流的送货频度，也就是同一客户多长时间送一次货。目前根据各厂商商品特性的不同可分为：一天两次、一天一次、两天一次、三天一次、四天一次等几种。目前最常见的是一天一次及两天一次的配送频度。

当全部都是一天一次或两天一次的配送频度，但订货的数量又不多时，对物流经营者而言成本太高，因此目前的做法是以 EQ 分析的 ABC 分类来决定配送的频度，例如，A 级厂商的订货量较大，每天配送，而 B 级厂商的订货量中等，则两天配送一次，C 级厂商的订货量较少，则三天配送一次或四天配送一次，原则上如此规划。当然也有例外，当客户的配送量达到经济配送量时可以弹性调整，以达到客户满意的要求。

7. 物流中心商品的价值或建造的预算——C

在物流中心的设立要素中除了以上的基本要素外，还应该注意研究商品的价值和物流中心建造预算。因为如果没有足够的建造费用，那些理想的设计方案是无法实现的。

另外，与物流成本息息相关的是服务商品的价值，因为在物流的成本计算方法中，往往会计算它所占商品的比例。因此，如果商品的单价高，则其百分比相对会比较低，则客户比较能够负担得起；如果商品的单价低，则其百分比相对会比较高，则客户负担感觉会比较高。

2.5 物流中心规划的内容与程序

2.5.1 物流中心规划的内容

物流中心规划是一个极其复杂的系统工程，其系统规划包括许多方面的内容。物流中心投资对企业来说是一笔巨大投资，因此物流中心投资具有高风险特征。为避免由于规划错误而产生的投资风险，规划者必须遵循正确的规划程序对物流中心建设进行项目规划，图 2-2 是物流中心系统规划程序与内容，对物流中心规划人员有一定的参考意义。

从物流中心的系统构成角度看，物流中心规划包括物流系统规划、信息系统规划、运营系统规划三大层面。物流系统规划包括设施布置设计、物流设备规划设计和作业方法设计；信息系统规划也就是对物流中心信息管理与决策支持系统的规划；运营系统规划包括组织机构、人员配备、作业标准和规范等的设计。通过系统规划，实现物流中心的高效化、信息化、标准化和制度化。

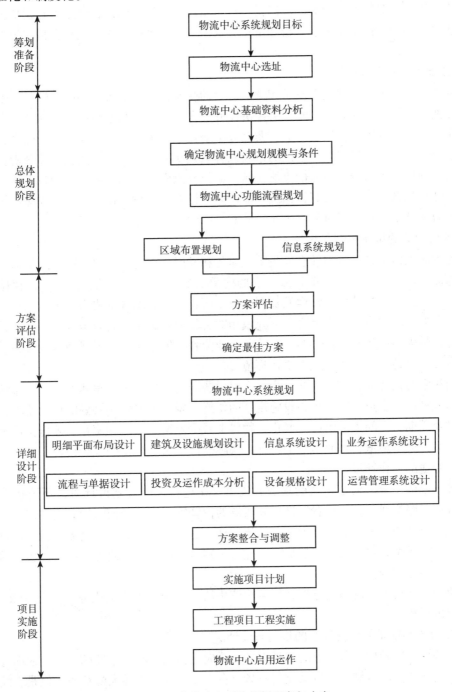

图 2-2　物流中心系统规划程序与内容

从物流中心功能角度来看，物流中心规划包括设施选址、规模确定、设施布置、设备规划、信息系统规划、配送系统规划、分拣系统规划、组织管理系统规划等内容。

1. 物流中心设施选址

物流中心设施选址是很复杂的问题，涉及法律、法规、规划、土地使用权、物流业务种类、物流设施、筹资能力、交通环境因素、自然条件等因素。因此，物流中心设施选址所涉及的一些关键因素，需要将定性分析和定量分析结合起来进行，或采用综合集成的方法进行选址工作。

2. 物流中心的规模设计

根据市场总容量、发展趋势及领域竞争对手的状况，确定物流中心的规模。规模设定应注意两方面的问题：①要充分了解社会经济发展的大趋势，预测本地区、全国乃至世界经济发展，预测范围包含中、长期内容。②要充分了解竞争对手的状况，如：生产能力、市场占有份额、经营特点、发展规划等。因为市场总容量是相对固定的，不能正确地分析竞争形势就不能正确地估计出自身能占有的市场份额。如果预测发生大的偏差，将导致设计规模过大或过小。估计偏低，将失去市场机遇或不能产生规模效益；估计偏高，将造成多余投资，从而使企业效率低下，运营困难。

3. 物流中心的设施规划与设计

物流中心虽然是在一般中转仓库基础上演化和发展起来的，但物流中心内部结构和布局与一般仓库有较大的不同。一般物流中心的内部功能区域主要包括：接货区；存储区；理货、备货区；分放、配装区；外运发货区；加工区；管理指挥区（办公区）等。

在预定的区域内合理地布置好各功能块相对位置的目的是：有效地利用空间、设备、人员和能源；最大限度地减少物料搬运；简化作业流程；缩短生产周期；力求投资最低；为职工提供方便、舒适、安全和卫生的工作环境。

设施规划与设计应根据系统的概念、运用系统分析的方法求得整体优化；以流动的观点作为设施规划的出发点，并贯穿在设施规划的始终；减少或消除不必要的作业流程，在时间上缩短作业周期，空间上减少占有面积，物料上减少停留、搬运和库存，才能保证投入的资金最少、生产成本最低；作业地点的设计，实际是人—机—环境的综合设计，要考虑创造一个良好、舒适的工作环境。

物流中心的主要活动是物资的集散和进出，在进行设施规划设计时，环境条件非常重要。相邻的道路交通、站点设置、港口和机场的位置等因素，如何与中心内的道路、物流路线相衔接，形成内外一体、圆滑通畅的物流通道，这一点至关重要。物流设施与道路过近可能影响道路利用率，过远则可能造成运距过长、网络成本增高，此外，物流设施与道路的距离还与物流中心的类型有关。

从物流总费用节约的角度分析，区域物流中心、物流中心布局要重视接近于高速公路、干线道路的理想距离。

4. 物流中心软硬件设备系统的规则与设计

一般来说，软硬件设备系统的水平常常被看成是物流中心先进性的标志，因而为了追求先进性就要配备高度机械化、自动化的设备，在投资方面带来很大的负担。但是，欧洲物流界认为"先进性"就是合理配备，能以较简单的设备、较少的投资，实现预定的功能。也就是强调先进的思想、先进的方法。从功能方面来看，设备的机械化、自动化程度不是衡量先进性的最主要因素。

根据我国的实际状况，对于物流中心的建设，比较一致的认识是贯彻软件先行、硬件适度的原则。也就是说，计算机管理信息系统、管理与控制软件的开发，要瞄准国际先进水平；而机械设备等硬件设施则要根据我国资金不足、人工费用便宜、空间利用要求不严格等特点，在满足作业要求的前提下，更多选用一般机械化、半机械化的装备。例如，仓库机械化，可以使用叉车或者与货架相配合的高位叉车；在作业面积受到限制，一般仓库不能满足使用要求的情况下，也可以考虑建设高架自动仓库。

5. 物流中心作业系统规划

在物流中心的运作中，不论是人力化、机械化的物流系统，或是自动化、智慧化的物流系统，若无正确有效率的作业方法配合，则不论是多先进的系统、设备，也未必能达到最佳的效果。因此，物流中心作业系统规划是提高物流中心运作效率的关键。物流中心作业系统规划应在基于物流中心业务流程分析与优化的基础上进行。物流中心作业流程优化的策略包括作业删减、作业合并、新增作业、作业重构等方式。根据物流中心的类型与功能不同，不同作业系统在物流中心的地位也不同。物流中心作业系统主要包括仓储系统、分拣系统、配送系统规划，运输系统规划，装卸搬运系统规划，流通加工系统规划等内容，这些规划要在设施布置优化的基础上，兼顾软硬件设备系统的要求，努力提高物流中心作业系统的效率，从而加速物资的周转，提高物流中心运营绩效。

6. 物流中心的运营组织设计

由于物流中心涉及的功能多，业务复杂，物流中心的运营组织结构可以采用一体化的组织结构，以便统一物流中心的物流功能和运作。这种运营组织结构层次的趋势十分清晰，将实际上该操作的许多物流计划和运作功能归类于一个权利和责任之下，对所有原材料和制成品的运输、存储等实行战略管理，为指导从原材料采购到客户发送等财务和人力资源的有效应用提供了一个条理分明的体制结构。

总之，物流中心的建设规划是非常复杂、非常庞大的工程，涉及的专业领域也很广泛，必须有众多专家参与和先进理论做指导。物流中心的规划设计决定了物流中心各功能模块的合理布局，对物流中心的运营效益和效率等都带来先天性、长远性的影响。因此，物流中心的规划设计必须实行科学性、先进性、严密性的分析和设计，才能保证布局的基本合理，才能保证物流中心功能的正常发挥，使其能更好地为社会经济建设服务。

2.5.2　物流中心的规划程序

物流中心的规划程序分为五个主要的阶段，包括：筹建准备阶段、系统规划设计阶段、方案评估阶段、详细设计阶段、系统实施阶段。下面分别说明各阶段的主要工作。

1. 筹建准备阶段

在物流中心的筹建准备阶段，首先应该明确建设物流中心的任务、目标以及有关的背景条件。一个物流中心的成立可能有多个目标，但须分清主次以便设计时更好地体现既定方针。在对物流中心建设的必要性和可行性有了初步结论后，可建立筹建小组（或委员会）进行具体规划。为了避免片面性，筹建小组应该吸收多方面成员参加，包括本公司、物流设备制造厂、土建部门的人员及一些经验丰富的物流专家或顾问。筹建小组应根据企业经营决策的基本方针，进一步确认物流中心建设的必要性。例如，物流中心的设置地点，在物流网络中是采取集中型物流中心还是分散型物流中心，和生产工厂及仓库的关系，物流中心的规模及物流中心的服务水平基本标准（如接受顾客订货后供货时间的最低期限，能满足多少顾客需要，存储商品量有多少等）。

在本阶段，还应确认物流中心规划的背景条件，包括主要服务对象的地点和数量、物流中心的位置和规模、配送商品的类型、库存标准、物流中心的作业内容等，应进行实际调研或具体构思，把握物流系统的状况及商品的特性。如商品的规格、品种、形态、重量，各种商品进出库数量，每天进货、发货总数量，以及供货时间要求，订货次数，订货费用和服务水平等。在背景条件中还要考虑将来的发展，两年、五年甚至十年以后可能发生的变化，对与物流中心所处的环境及法规方面的限制也应有所考虑。概念设计阶段也是项目的详细论证阶段，将为以后的设计打下一个可靠的基础。这一阶段所进行的工作如果证明原先决策有误，可能导致项目终止，或有方向性的变更。本阶段要进行大量的调研，同时也要对资料数据进行科学分析，因此，必须给予足够的重视，投入必要的人力和费用。

2. 系统规划设计阶段

本阶段要对物流中心的基本流程、设施配备、运营体制、项目进度计划及预算等进行全面的规划与设计。

1）基本流程设计

将物流中心的作业流程如进货、保管、流通加工、拣取、分货、配货等作业按顺序做成流程图，初步设定各作业环节的相关作业方法。

如进货环节，是用铁路专用线，还是卡车进货；卸货环节，是用人力，还是用机械；机械卸货又要考虑用传送带，还是用叉车；再根据卸货点到仓库的距离，确定搬运作业方法；在库内和保管设施相适应的作业方法等。又如保管环节，是用巷道堆垛机或自动高架仓库还是普通货架以人力搬运进行人工存取，或是采用高架叉车作业配合中高货架存放等。

2）物流中心的要素和能力设计

根据物流中心各作业环节的功能要求，选定各作业环节的设备类型，并根据设定条件，初步确定各设备应具备的能力。如选定叉车为系统要素之一，应进一步确定叉车类型，并初步根据其应具备的能力决定叉车的规格型号。

3）运营系统设计

包括作业程度与标准，管理方法和各项规章制度，对各种票据处理及各种作业指示图，设备的维修制度与系统异常事故的对策设计及其他有关物流中心的业务规划与设计等。

4）平面布置

可采用系统布置设计（SLP）方法进行平面布置。首要工作就是对物流中心各作业单位之间的关系作出分析，包括物流和非物流的相互关系，经过综合得到作业单位相互关系表（相关图），然后根据相关图中作业单位之间相互关系的密切程度，决定各作业单位之间距离的远近，安排各作业单位的位置，再确定各业务要素所需要的占地面积，考虑物流量、搬运方法、搬运设备、货物状态等因素，做成位置相关图。在平面设计中还要考虑到将来可能发生的变化，留有余地。

5）建筑规划

在位置相关图的基础上进行建筑规划，既要确定建筑物的类型，采用平面或是多层建筑，还应对车辆的行驶路线、停车场地等因素进行规划。最后结合有关法规限制与周围环境，决定建筑物的最终形态与配置。

6）制订进度计划

对项目的基本设计、详细设计，土建，机器的订货与安装，系统试运转，人员培训等都要制订初步的进度计划。

7）建设成本的概算

以基本设计为基础，对于设计研制费、建设费、试运转费、正式运转后所需作业人员的劳务费等作出费用概算。

3. 方案评估阶段

在基本设计阶段往往产生几个可行的系统方案，应该根据各方案的特点，采用各种系统评价方法或计算机仿真的方法，对各方案进行比较和评估，从中选择一个最优的方案进行详细设计。

4. 详细设计阶段

对所使用的设备类型、能力等作出规定及决定作业场所详细配置，办公及信息系统的设施规格与数量，制订设计施工计划等。

1）设备制造厂的选定

设备制造厂的选定一般通过投标竞争的方式进行。选定制造厂后，应和制造工厂一起对基本设计的指导思想进行认定，取得共识，并考虑和采纳厂方的新方案和意见，制订下一步的计划。

2）详细设计

在详细设计阶段要编制具体的实施条目和有关设备形式的详细计划，主要有以下各点：①装卸、搬运、保管所用的机械和辅助机械的型号规格；②运输车辆的类型、规格；③装卸搬运用的容器形状和尺寸；④物流中心内部详细的平面布置与机械设备的配置方案；⑤办公与信息系统的有关设施规格、数量等。

大规模的物流中心是由许多参加单位共同进行系统规划与实施的。为了保证系统的统一性，要制定共同遵守的规则，如通信和信号的接口、控制方式等。

5. 系统实施阶段

为了保证系统的统一性和系统目标与功能的完整性，应对参与设计施工各方所涉及的内容从性能、操作、安全性、可靠性、可维护性等方面进行评价和审查，在确定承包工厂前应深入现场，对该厂生产环境、质量管理体制及外协件管理体制进行考察，如发现问题应提出改善要求。在设备制造期间也需进行现场了解，对质量和交货日期等进行检查。

2.6　物流中心规划存在问题及相关对策

2.6.1　物流中心规划存在的问题

由于我国物流行业发展起步不久，物流规划还处在初期摸索阶段。人们习惯了传统流通方式，在物流中心兴起之时，并没有从理论和观念上对其进行清晰的认识。正是因为对物流中心这一现代流通形式的功能、技术与运营机制缺乏全面、深入的了解，我国的物流中心规划建设目前存在着不少问题，主要包括以下方面。

1. 政府管理部门之间的不协调

物流中心规划往往由某个部门或行业牵头完成，局限于部门或行业范畴的发展，带有明显的行业或部门色彩，缺乏与相关部门如国民经济规划部门、产业或行业发展规划部门、城市总体规划部门、土地利用规划部门等的协调。由于不同部门之间在物流中心规划、建设、运营及管理等过程中的观念、认识不协调，从而产生许多问题。如物流中心选址建设取得土地使用权难度很大、土地费用很高；由于规划的不协调，导致各行业的企业在物流中心选址上无秩序，不同程度地存在着"小而全"的资产重置和区域内物流中心布局的相互重复、冲突；此外，没有充分考虑周边地区规划，导致物流中心周边交通阻塞、交通事故增加、环境恶化等问题。这些现象不仅正在成为严重的社会问题，也直接影响到物流中心可持续发展战略的实现。

2. 忽视对物流中心技术装备与管理的规划

对于物流中心这一现代流通形式在功能、设施设备及管理、技术等方面的科技含量认识不足。不少物流中心业主热衷于大型设施固定资产的投入，而忽视了对现代先进物流技术装备与管理的规划和投入，这一现象主要表现在业务技术含量和管理的信息自动化上。在正式运营的物流中心里，大多数物流中心没有一套完整、科学、流畅的业务运作流程，传统的"人海战术"使得减少环节、降低费用、减少损耗成为"治外不治内"的"偏方"；同时，手工操作使得设备利用率大大降低；堆垛方式的落后，不仅不利于养护保管，而且会造成部分货物的潜在损耗。在信息自动化上，物流中心的电子自动化管理软件的规范化与标准化更是亟待解决的问题，尤其在连锁企业的物流中心，电脑管理软件多为自行开发，且偏重于商流业务系统，形成了"信息孤岛"的怪圈。

3. 物流规划工作流于形式，未能起到真正的约束和指导作用

由于我国早期实行计划经济体制，后由计划经济向市场经济转轨，目前这方面的工作还未能完善，仍然处于一个过渡时期。物流中心的规划往往是由政府出面，盲目地追从物流热，未经过严格地考察、研究论证，只是凭领导人的意识，就圈出一块地搞起物流中心建设，对物流中心的选址没有经过科学的论证。圈地以后再规划论证建设，使得规划工作处于被动，受到的政府指令的限制，未能真正地发挥物流中心规划的约束和指导作用，同时也使得物流中心未能真正发挥其应有的作用，导致投资的损失。

4. 物流中心规划用地往往得不到满足

在物流中心的规划中，对物流中心的选址有特定的要求，如在工商企业集中的地方、在主要交通枢纽网处、与其他网点邻近等。往往这种类型的地段是商家的必争之地，导致地价的上升，为物流中心的发展带来财务压力，甚至被规划为其他的用途，使物流中心规划失去了物流市场需求培育的支持，尤其是物流中心规划缺乏与城市规划部门等的协调，这种现象尤为突出。

5. 物流中心规划缺乏系统性

规划过程没能对整个物流中心的规划形成系统的观点，孤立地去看待某个问题对物流中心工作的影响。比如在对物流中心所在地的经营环境分析过程中，只是简单地罗列一些当地的经济发展指标、交通现状、当地企业的情况。而没有把它们联系起来看做是对整个物流中心系统的影响因素，找到它们之间的关系，综合起来评价它们对该流中心的经营环境的好坏，为后续规划提供可靠的依据。同时在物流系统的规划建设中，未能考虑它与其他系统的

紧密联系。对于物流系统建设应该是依托综合运输体系、商业体系和信息系统等建设的综合性，各系统相互联系、相辅相成，应该统一规划，系统之间达成协调一致。

6. 物流规划大多从行政区域出发，而不从经济区域出发

目前对物流中心的规划更多的是基于行政区域，而不是基于经济区域考虑。对物流规划还处于各自为政、条块分割阶段，仅仅从本地区的角度，没有考虑对可能会辐射到的经济区域的影响，导致在整个地区甚至是国家范围内的基础实施投资的重复建设。

7. 物流中心规划大多停留在定性分析的基础上，缺少定量分析

规划过程中只知其然而不知其所以然，使得各种结论缺少说服力。对物流中心预期达到的目标未形成量化，使得后续评价工作无法展开。

8. 物流中心规划的定位模糊，未能明确今后该物流中心何去何从

对于物流中心的定位可以有三种：区域性物流中心、全国性物流中心和国际性物流中心。在规划中没有很好地分析和挖掘该物流中心所具备的潜力，过低或过高地估计了它的前景，限制或夸大了物流中心的发展步伐。

9. 对于合作系统的规划认识不足，难以实现"无缝衔接"

物流中心在规划过程中，对于合作系统的规划认识不足，对于资源综合有效的利用及物流中心的综合性运输枢纽作用认识不足，更多的是考虑地方、部门、企业的私利。缺乏企业合作、战略联盟、多种运输方式综合利用等方面的规划，尤其在资源配置、企业联网、收益平衡、运输衔接等方面。往往导致物流基础设施的需求与供给、物流作业环节衔接之间出现脱节现象。

10. 物流中心规划的可操作性不强，趋同化

对整个规划的实施，没有提出能有效落到实处的合理实施步骤和政策建议，可操作性不强。同时往往物流中心规划是"模板式"，所有的物流规划都千篇一律、毫无变数，没能依据实际情况合理分析、实事求是地进行规划，使得规划工作犹如走过场，基本无实际意义。

2.6.2　物流中心规划存在问题的原因分析

通过对上述问题的分析，可以从政府管理、理论研究及实践探索挖掘出其深层次的根源，主要包括以下内容。

1. 体制弊端和政府的管制

计划经济遗留下来的影响使得在地方物流中心规划中都或多或少地带有政府色彩，存在着过多的政府干预。我国经济领域中，部门分割、地区分割及地区间市场封锁的问题，阻碍了物流中心大系统的规划和建设工作。物流中心规划是一个系统，牵涉运、搬运、存储、保管、包装、装卸、流通加工和信息系统等多个方面，而且不同产业领域的物流具有很大的差异性。"条块分割、多头参与"的管理模式，容易造成各自为政，有关政策不配套，甚至政策的出发点可能是为了行业或部门利益的最大化，而很少去考虑行业整体的发展。从实际效果来看，往往一些看似好的政策，实施的效果却是制约行业发展，也造成物流行业的内耗。在政府行业主管部门及一些城市的发展规划中可以看出，公路交通领域在规划自己的各级枢纽和物流中心，铁路部门也在规划自己的货运站、场及线路、编组站，而统筹综合规划较少。

2. 物流理论研究的滞后及方法论的缺乏

由于我国物流业才刚刚起步，物流理论方面的研究还处于初期阶段，研究性的成果相对不多，方法论缺乏，可供借鉴的成果也很少。我国至今尚未建立物流产业的行业构成规范和统计指标体系，物流业的"量化"也就成为物流规划工作的一大难题。泛泛地谈物流规划要受区域经济、产业带发展、运输量、贸易量等的影响，很难解决实际问题。要落实到可操作的方案，就要深入到定量分析和数学模型的层次才行。例如，物流枢纽城市的确定，其确立标准、评估指标体系要有科学方法论的指导。

3. 缺乏基础数据

我国的统计工作出现较晚，同时本身存在着一些不足，还未能完善，导致统计数据大多有偏差。另外，由于物流这一概念较新，与物流方面的相关指标体系还未能建立，使得在物流规划中很难获得与物流相关指标体系的往年统计数据。即使有了理论指导，甚至有了评价体系，也可能会因缺乏系统、准确的数据而无用武之地。不过对此只要有了方法论的指导，采集数据也还有许多补救办法。

4. 物流规划方面的机构和人才匮乏

目前，我国从事物流研究的机构较少，现有的不少部门和大专院校设立的专门物流研究机构或科研项目大多是分散、独立的，不能发挥群体优势。在师资方面，尽管从事物流教育具体工作的队伍非常庞大，但真正接受过系统教育的并不多，大多是"半路出家"。目前我国物流人才供给远远小于市场需求，对于高层的战略管理人才更是匮乏。

5. 部分物流中心规划缺乏明确的目标定位

部分建成或在建的物流中心缺乏明确的目标定位，对于物流中心的市场定位、产业定位、功能定位、服务对象定位、经营企业的经营方针等问题并没有很好规划就匆忙建设。部分物流中心在前期规划、市场研究、分析等方面做得并不充分，从而导致许多项目在功能和目标客户等诸多方面定位不清。

6. 物流中心规划不问实际，盲目求大

一些地方性的物流中心规划，主要内容都放在了如何推进当地物流中心规模的扩张，盲目贪大，不讲实际，不问市场，未能充分考虑周边的物流需求及应有的规模标准，所规划的物流中心网络体系大大超出了当地经济发展水平和实际市场需求。虽然物流中心的建设表面上看如火如荼，但与当前的"物流园区热"和"物流中心热"形成鲜明对比的是，我国物流中心利用率不高。

2.6.3 物流中心规划的对策

物流中心的发展建设具有较强的社会性质，物流中心业务的开展，涉及社会的方方面面。因此，物流中心的规划建设必然是一项相当复杂的社会性系统工程，不仅需要政府、企业和社会的广泛支持，也需要有较高的理论、技术和管理作前提。为了更好地合理规划，使规划工作起到应有的效用，在具体的物流中心规划中应抓住以下问题。

1. 充分发挥政府在物流中心规划、建设和运营中的作用

物流中心的布局、建设直接关系到其效率、效益的发挥，因此，政府及有关主管部门，应当站在部门、行业协作的高度，做好社会物流中心的宏观规划与协调工作。政府在物流中心的建设和运营中起着十分重要的作用，这些作用可以归纳如下。

（1）总体规划和协调的作用。由于土地属于国有，物流中心的选址必须符合城市的规划，否则便会造成新的混乱。日本由于国土狭小，大城市集中，人口密度大，政府的规划力度较强，而对于国土面积广阔的美国，政府的作用就小得多。

（2）政策支持的作用。物流中心是投资大、利润低的工程，投资回收期较长。政府应看到发展物流中心所产生的社会效益；看重的是物流的快速化、集约化给社会经济带来的便利；看重的是减少空载、减轻污染、缓解交通堵塞；看重的是增加就业，减少社会压力。因此，物流中心在规划时，政府绝不仅仅是简单的批地，还应该提供税收、融资和人才引进等多方面的配套政策及相关资源支持。

（3）制定和执行标准。实现物流设备的标准化、通用化、国际化，便于货物的换载和装卸，保管工具的使用，使单证及数据的交换和计算机语言相统一。

（4）研究、制定物流中心和物流产业的发展战略。政府应站在区域整体层面，统筹和规划区域物流中心、物流产业宏观发展战略。

此外，在物流规划的全过程中，政府应按照专家的建议行事，听从多方面的建议，而不能盲目地依靠领导的主观感觉，强加于科学之上，进行过多管制。同时规划中政府必须给予足够的支持，特别在调研的过程中对资料的收集应该得到政府的支持。

2. 加快形成统一的测算与核定指标体系，使物流中心规划工作规范化

目前国家标准化管理委员会正在制定物流中心分类与基本要求、物流中心作业通用规范等方面的标准，但有关物流中心规划与建设方面的体系尚未出台。政府主管部门应该联合目前国内物流方面的专家进行研讨，早日制定出一套符合物流规划方面的各种测算与核定的指标体系，同时统计部门在统计的过程中也应该对相应指标的统一给予足够的重视。

此外，由于一个物流中心的筹划、规划、建设及运营，是一个复杂的过程，需要众多的专业组织和人才共同完成。因此相关政府部门、行业组织、规划设计院、相关高等院校和投资方应合力推动物流中心规划工作的规范化，努力提高物流中心规划的水平，保障物流中心规划与建设质量和运行效益。

3. 充分重视项目规划前期的研究和分析，并落到实处

物流中心规划前期，应该充分研究和分析物流参与各方的需求，从帮助企业降低成本、提高效率，并进而提高区域经济整体效率的角度进行物流中心的规划和建设，避免单纯地为物流而物流、为政绩而物流或为形象而物流。在了解客户需求的基础上，进行准确的功能定位和目标服务客户锁定，做到有的放矢。

具体而言，第一，物流中心规划单位应该详细分析中心拟覆盖/服务的区域，研究相邻物流园区或基地、中心等类似设施的目标定位、功能等情况，分析与之相比的优劣势，初步确定目标客户。第二，进行详尽的市场调研，研究覆盖范围内市场具体需求，确定市场容量。第三，规划者在充分了解市场的基础上确定合理的商业模式，并进行严格的投资分析测算，制订具体的投资回收及盈利计划。

4. 科学选址，避免规划中"求大求全"和"政绩工程"

无论是制造和商贸类企业还是物流服务和运输企业都将"优越的地理位置"作为是否入驻物流园区、物流中心的重要考虑因素。同时，制造、商贸和物流服务企业都一致认为区域经济欠发达而导致业务量较少是影响物流行业快速发展的重要因素；物流服务企业对于这一点体会尤其深刻，超过1/3的物流企业认为业务量不足是影响其发展的最重要因素之一。

由此可见，物流中心的选址绝不是选择一个靠近机场、港口或高速公路的地段那么简单，综合考虑周边的货物集散情况是物流中心建设成败的关键。这在自发形成的批发中心、集散中心、货运站等仍然非常红火，而很多经由政府规划的物流园区却总是清静甚至萧条的现象中可以得到很好的说明。

物流中心建设的一个很重要的目的就是提供社会化的物流服务功能，物流中心在规划时就应靠近其将提供仓储或转运等服务的货源，没有货源的物流中心将是无源的死水。例如，浙江义乌物流园区、物流中心建设取得成功的主要因素既不是靠政府的规划和政策，也不是靠其先进的设施和设备，而是因为其背靠全国最大的工业消费品批发市场——义乌中国小商品城，这样一个日均客流量约20万人次、2011年成交额突破515.12亿元的交易市场，由此而来的巨量的物流吞吐，才是义乌物流行业发展的源泉和基础。

物流中心规划时，有关单位只有综合地考虑到所能提供的配套政策和资源支持，尤其是周边经济发展对物流中心达到经营规模的支持，物流中心经营才能取得规模效应。同时，避免物流中心规划时的"求大求全"和"政绩工程"，坚持经济性原则。

5. 加强规划项目的实施与后续评价，防止一些企业的"圈地"倾向

部分物流中心和基地的建设带有较明显的圈地倾向，以至于众多业内人士纷纷质疑物流发展的这种"泡沫"现象。物流中心并不是越大越好，规模大、空置率高，对物流水平的提高和经济的拉动作用仍然有限。同时，一些违规操作、打着物流旗号的恶意"圈地"反而会对物流行业的整体发展产生极大的不良影响。

为防止一些物流中心在经营过程中逐渐转变成房地产项目，或者部分企业借物流旗号"圈地"，有关政府部门应该严把项目评审关，召集有关专家对项目可行性进行充分论证，并将之制度化；同时，加强项目建设中的监管，"专地专用"。只有严把前期的项目审批关，并有效监控物流园区项目的发展，才能有效防止物流"圈地"现象，保持物流行业发展的良好环境。其次，应该建立物流中心建设效果的定期评估制度。在物流中心的建设过程中，对分阶段的目标进行评估审核，以确保分阶段目标的实现，同时在这个过程中可以考虑对物流中心的滚动发展，以对物流中心做进一步的规划工作。在物流中心运营阶段，应该对其经营情况进行定期的评估，衡量其经济效益和社会效益。

复习思考题

1. 简述物流中心的基本作业流程。
2. 物流中心主要包括哪些结构要素？
3. 物流中心全生命周期包括哪几个阶段？每个阶段的主要任务是什么？
4. 物流中心建设的目标任务是什么？
5. 物流中心规划设计的基本要素分析包括哪些？
6. 详细分析物流中心规划设计的内容和程序。
7. 简述物流中心规划存在的主要问题，并分析具体对策。

长三角"物流中心热"调查

我国物流业近年来一直保持20%以上的增长速度。在经济发展最具活力的长三角地区，仅14个主要港口货物吞吐量最近7年间就增长了近3倍。随着"大力发展现代服务业"的呼声日高，长三角诸多城市纷纷宣布，将建设长三角区域物流中心作为未来发展方向。

然而，如果一个狭小区域内的每个城市都以"建设区域物流枢纽"为发展方向，科学与否，可行与否，要不要打个问号？

1. "中心"纷起：长三角掀起"物流热"

目前，在长三角，从沪宁杭"一线城市"，到嘉兴、湖州、扬州、南通等"二线城市"，甚至到宜兴等"三线城市"，都正在涌动着"建设区域物流枢纽"的冲动。

作为长三角"龙头"的上海，将建设国际经济、金融、贸易、航运中心作为愿景和蓝图，毋庸置疑，"四个中心"将以强大的支撑使得上海成为区域物流中心。南京不甘落后，定位为"长三角国际物流副中心、长江流域区域物流转换中心、南京都市圈物流中心"。而《杭州市现代物流发展规划》则提出要"形成长江三角洲重要的现代物流枢纽城市和浙江省综合物流中心"。

有良港的城市，譬如宁波，当仁不让，誓将"建设成长江三角洲国际物流枢纽和浙江省重要综合物流中心"；南通提出"建立长三角北翼区域性物流中心"，台州与之呼应，"建立长三角南翼区域性物流中心"。

此外，"区域性物流中心"也成了苏州、嘉兴的目标；"成为南京、镇江、扬州城市圈的物流枢纽城市与苏州、无锡、常州城市圈的物流交换枢纽城市和上海国际航运中心的辅助物流枢纽城市"则是镇江的追求。常州、扬州也要大展宏图，"成为长江三角洲重要的物流区域枢纽城市和江苏省现代物流中心城市"……甚至连无锡下属的县级市宜兴，也在一次招商会上，将"打造长三角北翼物流中心"作为引资的"卖点"。"中心"、"枢纽"的定位在长三角城市的规划文本中频频出现。但若处处是"中心"，会不会造成事实上的无"中心"？如此规划的背后，隐藏的究竟是长三角发展现代物流业的冲动、躁动，抑或是盲动？

资料显示，在长三角地区，已建成和在规划中的物流园区有60多个，而作为欧洲发达经济国家的德国却仅有30个物流园区。

因此，有些城市规划专家担心，物流中心如此"大跃进"，政府自投或吸引企业投入动辄十数亿，一旦失误，其损失程度将会超过以往任何一次"热"。

2. 增长点情结：物流中心高歌猛进的背后

长三角每个宣布要建设"区域物流中心"的城市，几乎都会在"大力发展以现代物流业为代表的现代服务业"的后面加上一句"实现经济跨越式发展"。

寻求经济增长点，是他们高歌猛进地"建设区域物流中心"的着眼点。

2005年上半年，由于宏观调控、国际市场疲软等因素的影响，长三角地区的经济增速明显趋缓，传统制造业面临困局。新的经济增长点是什么？每个城市都在寻找。同时，中央又一再提出"大力发展现代服务业"的要求。而"现代服务业"中，门槛相对较低、易见成效的就是物流业。滨江沿海、公路网通畅、空港密集的长三角地区也具备发展物流业的基础条件。何况，这个产业也具有较大的利润空间和增长空间。一些大型物流企业主营业务收入和利润总额等指标的年均增长幅度一般在 30% 以上。有这样的效益空间，长三角城市纷纷盯准"物流中心"定位，就不难理解了。

可是，硬件有条件，市场有空间，就一定能发展现代物流业吗？专家指出，现代物流业其实是机械系统和智能系统的集成，光有道路网络、运输机械，那只是运输公司，不是现代物流。更何况，大家一哄而上，哪能都成为"区域物流中心"？

3. 软件落后，条块分割：直面长三角物流规划"硬伤"

长三角物流市场潜力巨大是不争的事实，随着"世界工厂"雏形的显现，世界主要的跨国公司均在这个区域部署了它们的研发基地、生产基地，这将吸引更多的国内外物流企业进入这个市场。

目前，长三角还没有现代物流园区。这是各个争当"区域物流中心"的城市不能不面对的问题。没有这样的现代物流园区，没有先进的"第三方物流"运作模式，即使拥有良好的交通、区位条件，也只能成为传统意义上的货物集散地，而不是"区域物流中心"。

更为重要的是，对物流的概念和理念认识模糊，使物流只成为主管部门和主要领导的"口头禅"，却没有上升为理念。最近一两年时间内，从小到大的各种物流规划全部出台了，规划周期太短，规划不具备可操作性，数量多、规模小。在长三角一些地区，物流园区甚至已经超过同级的其他开发区数量。由于条块分割，部门分立，造成物流规划资源分散。因此，就有论者提出质疑：建这么多"物流中心"，究竟是要通畅物流，还是为了"截流"？

案例思考题：

1. 物流中心热产生的原因有哪些？

2. 面对物流中心热，各地政府应该如何引导物流中心的建设？

3. 面对物流中心热，企业应如何做好物流中心项目规划论证？

第3章

物流中心的选址

本章要点

- 理解物流中心选址的内涵；
- 理解物流中心选址的因素；
- 掌握物流中心选址的定性分析方法；
- 掌握物流中心选址的定量决策方法。

开篇案例

唯品会选址建华中区物流中心

随着我国电子商务消费及现代化物流配送产业的快速发展和急剧扩张，中部地区已成电商和仓储物流龙头企业必争之地。同时，电子商务行业经过10多年快速发展，北上广为主导的一线沿海城市已逐渐饱和，电子商务正迅速往中部中心城市和二三线城市爆发，各大电商企业在中部地区的仓储和运营需求迅速增大。

随着武汉高铁的开通，武汉及周边地区的区域优势体现出来。鄂州葛店开发区离武汉高铁站只有10min左右车程，区域内两纵两横4条高速公路，离湖北省政府办公大楼仅20千米左右，区内有长江中游唯一集公、铁、水联运的深水良港——三江港。

2013年6月19日消息，国内电商企业唯品会落户国家级湖北鄂州葛店经济技术开发区，投资16亿元建设华中区物流配送中心，这也标志着鄂州中国中部电子商务总部基地建设全面启动，建设包括华中区物流配送中心及相关体验、货物展示店。更早之前，亚马逊于去年9月落户鄂州，投资12亿元建设20万 m² 亚马逊中部营运中心，该项目一期5.3万 m² 已建成投入使用，项目从启动到投入运营仅用了5个月的时间。同时，全球最大的仓储企业普洛斯也征地40公顷，建设30万 m² 仓储中心。

电商企业入驻鄂州后，以鄂州为中心覆盖整个湖北和整个中部地区，可构建整个中部地区12小时送货上门的物流体系。据悉，除亚马逊和唯品会外，京东、当当网、苏宁易购、一号店、易迅网等也在加速布局中部地区的总部基地。

思考题：电商物流中心选址主要考虑的因素有哪些？

3.1 物流中心选址决策内涵及意义

选址在整个物流系统中占有非常重要的地位，主要属于物流管理战略层的研究问题。物流中心选址是指在一个具有若干供应点及若干需求点的经济区域内，选择一个地址设置物流中心的规划过程。一般来讲，较佳的物流中心选址方案是使商品通过物流中心的汇集、中转、分发，直至输送到需求点的全过程的效益最好。物流中心拥有众多建筑物、构筑物及固定机械设备，一旦建成很难搬迁，如果选址不当，将付出长远代价。因此，物流中心的选址是物流中心规划中至关重要的一步。

简单地说，物流中心选址合理化就是为了在变化了的物流环境中，确保优质的物流服务，降低总的物流成本。

1）确保提供优质物流服务

在激烈的竞争中，作为销售战略的一环，优质的物流服务是不可缺少的。如果没有完善的物流系统，将承接的订货迅速、准确地送出，企业就难以在销售竞争中取胜。作为提供专业物流服务的物流中心，必须适应客户需求小批量、多品种、交货期缩短、多频率配送的要求。也就是说，按期保质保量交货，提高物流服务效率，在销售战略上是非常重要的。

2）降低物流总成本

将物流网点集中，设立较大规模的物流中心，可以集中库存，实现规模化采购，获得更多折扣优惠，同时实现集中仓储，使运输计划化、大型化，可以扩大多品种货物配送范围，通过协同配送降低运输费用，可以减少土地购买费、建设费、机器设备费、人力费用等物流中心经费，从而减少物流总成本。过去物流网点集中，则必然延长运输距离、增加运输时间，办理订货、下达发货指令、向外订货、处理商品过多、拣选商品等也都将耗费过多的时间。现在由于高速公路网更加完善，时间和距离都已不是障碍，而且开发出大量处理多批次、小批量的系统，作业速度加快。又由于信息化的发展，各处企业均已联网，可以及时联系。正是由于这种信息和作业速度的提高，集中物流网点已成为合理和可能，也成为物流行业的趋势和现实。

物流中心选址的焦点集中在选择物流中心的数目与坐落位置。在这方面，典型的管理问题包括：

（1）应该建设几座物流中心，它们应该坐落在何处？

（2）每个物流中心应该服务于哪些客户或市场领域？

（3）在每个物流中心里应该存储哪些产品线？

（4）应该结合哪些公共和私人物流设施？

由此可见物流中心的选址是一个复杂的系统工程，必须有一个总体规划，从空间和时间上，对物流中心的新建、改建和扩建进行全面系统的规划。规划得合理与否，对物流中心的设计、施工与应用，对其作业质量、安全、作业效率和保证供应，对节省投资和运用费用等，都会产生直接的和深远的影响。

3.2　物流中心设施选址决策的影响因素

就选址决策的影响因素而言，大致可以分为外部因素及内部因素两大类。外部因素包括诸如宏观政治及经济、基础设施及环境、竞争对手等；内部因素包括企业的发展战略、产品、技术或服务的特征等。

3.2.1　选址决策的外部因素分析

1. 自然环境因素

1）气象条件

在物流中心选址过程中，主要考虑的气象条件有温度、风力、降水量、无霜期、冻土深度、年平均蒸发量等指标。如选址时要避开风口，因为在风口建设物流中心会加速露天堆放商品的老化。

2）地址条件

物流中心是大量商品的集结地。某些容重很大的建筑材料堆码起来会对地面造成很大压力，如果物流中心地面以下存在着淤泥层、流沙层、松土层等不良地质条件，会在受压地段造成沉陷、翻浆等严重后果，为此，土壤承载力要高。

3）水文条件

物流中心选址需远离容易泛滥的河川流域与上溢的地下水区域。要认真考察近年的水文资料，地下水位不能过高，洪泛区、内涝区、故河道、干河滩等区域绝对禁止。

4）地形条件

物流中心应地势高亢，地形平坦，且应具有适当的面积与外形。若选在完全平坦的地形上是最理想的；其次选择稍有坡度或起伏的地方；对于山区、陡坡地区则应该完全避开；在外形上可选长方形，不宜选择狭长或不规则形状。

2. 宏观政治、经济因素

宏观政治因素主要是指一个国家的政权是否稳定，法制是否健全，是否存在贸易禁运政策等。这一点的重要性是显而易见的，大多数企业都不愿意在动乱的国家或地区投资。宏观政治因素是无法量化的指标，主要依靠企业的主观评价。

宏观经济也包括税收政策、关税、汇率等，这一点与企业的选址决策直接相关，企业总是会寻求最宽松的经济环境。以 Dell 为例，1984 年，Michael Dell 在得克萨斯州的奥斯汀成立了 Dell 公司。1994 年，相邻城市 Round Rock 提供 Dell 一个一揽子的优惠税收政策，如将 Dell 所交的2%的销售税的31%返还60年，100%地免除 Dell 的财产税5年，50%地免除50年等，于是，Dell 就将总部移到了 Round Rock。同样，Dell 在田纳西州建立工厂及将亚洲的第一个工厂建在马来西亚也是同样的原因。

关税政策引起的市场壁垒也是企业选址的一个重要因素。如果一个国家的关税较高，那么，企业要么放弃这个市场，要么会选择在这里建厂以躲避高额关税。例如，Dell 通过在我国的厦门建立工厂来扩大中国国内市场，Dell 在爱尔兰建立欧洲市场的第一个工厂。一方面是由于当地低成本、高质量的劳动力及爱尔兰较低的企业税；另一方面，则是由于爱尔兰是欧盟成员国，在爱尔兰制造的计算机产品可以直接发往欧洲市场而无须缴纳增值税；再者，由于爱尔兰属于欧元区，可以通过欧元的稳定性减小欧洲内的汇率风险。

3. 基础设施及环境

基础设施包括交通设施、通信设施，环境包括自然环境及社会环境，如劳动力的成本、素质等。

现代企业中，物流成本往往要超过制造成本，而一个良好的基础设施对于降低物流成本是十分关键的，所以，基础设施在选址决策中占有重要地位。如 Dell 在田纳西州的工厂位置靠近骨干高速公路，同时靠近联邦快递的一个配送中心。由于信息流的通畅快捷对于降低需求的制约、降低库存成本有重要影响，所以，通信设施的质量、成本，对于选址决策来说也是一个重要因素。

劳动力的成本与质量是选址决策的一个关键因素，越来越多的国际企业选择在亚洲建立自己的制造工厂，就是被当地的低廉的劳动力成本所吸引。Dell 选择的得克萨斯州及田纳西州的劳动力成本要比硅谷低，马来西亚要比新加坡低，爱尔兰在欧共体中属于劳动力成本较低的地区。除去劳动力成本，劳动力的素质也同样重要，Dell 在爱尔兰的工程建立在 Limerick，看重当地较低的劳动力资源。随着 Dell 的进入及相应供应商的进入，劳动力的成本越来越高，但是，Dell 对于当地的劳动力资源比较满意，因为，当地的劳动力素质比较高，在 Dell 的 Limerick 工厂 5 006 名员工都具有学士学位。

4. 竞争对手

所谓"知己知彼，百战不殆"，在企业选址决策中必须考虑到竞争对手的布局情况，根据企业产品或服务的自身特征来决定是靠近竞争对手还是远离竞争对手。

3.2.2 选址决策的内部因素分析

企业的内部因素往往是最主要的。选址决策首先要与企业的发展战略相适应。例如，作为制造业的企业，发展劳动力密集型的产品还是高技术类型的产品，这是企业综合内外形势分析得到的企业发展战略。如果选择劳动力密集型产品，则必然要选择生产成本低的地区作为选址的依据；而选择高技术类型的产品，则必须要选择劳动力素质高的地区，而这些地方往往成本较高。对商业及服务业来说，选择连锁便利店还是超市的发展战略，会有不同的企业网络设计。选择连锁便利店，则必须选择一些人口密集区域，成本较高，面积需求较小；选择超市，则要选择人口不是非常密集，却可以有大面积提供的区域。

3.3 物流中心设施选址决策原则及程序

3.3.1 物流中心选址的原则

1. 动态适应性原则

在物流中心选址时，不能将环境条件和影响因素绝对化，而是从动态出发，考虑未来需求和环境变化。坚持动态规划，将物流中心选址建立在详细的调研分析及对未来变化作出合理预测的基础上。此外，物流中心的选址应遵循国家或地区的经济发展方针、政策，考虑物流资源的分布和需求分布状况，力求与区域产业结构和社会发展相适应。

2. 协调性原则

物流是一个复杂网络系统，物流中心是物流网络中的重要物资集散节点，因此物流中心的选址应从国家或地区及企业物流网络的优化布局来决策，使物流中心的功能定位、设施设备在地域分布、物流作业生产力、技术水平等方面与整个物流网络系统协调，从而促进社会宏观物流系统及企业微观物流系统的协调发展。

3. 经济性原则

在物流中心发展的过程中，选址的费用主要包括建设费用和物流费用（经营费用）两部分。物流中心的选址位置所处的国家、地区、城市不同，甚至在同一城市的市区、近郊区、远郊区的位置不同，其未来物流中心的用地规模、建设费用及运输费用、人力资源成本、税收等都有很大的差异，因此，选址时应以总费用最低作为物流中心选址的经济性原则。

4. 交通便利原则

物流中心选址时，既要考虑现有交通条件，同时又要考虑未来运输需求及交通状况的变化。物流中心是物品大规模运输的重要中转地，是衔接多种运输方式的重要枢纽，其选址是否合理将直接影响运输效益的提高及城市交通状况的改善。因此，物流中心选址应建立在交通便捷的干道进出口附近、铁路枢纽站附近、内河港口附近或空港附近，同时充分考虑与其他运输方式的有效衔接，实现集多种运输方式于一身的综合物流中心。

5. 战略性原则

物流中心的选址需要从战略角度来考虑，既要考虑全局，又要考虑长远，既要考虑区域经济及产业发展战略，又要考虑企业集团战略发展，既要考虑目前的实际需要，又要考虑未来发展的可能。做到局部要服从全局，眼前利益要服从长远利益，企业发展服务于区域经济、城市发展战略规划。

6. 竞争性原则

物流中心提供的是服务性活动，用户的选择必将引起物流服务竞争的加剧。若不考虑竞争性要求，而仅仅从土地成本、线路最短、速度最快等角度出发，就会影响企业市场的拓展及服务质量的提高。物流中心选址应尽量靠近用户，特别应在用户比较集中的地方设置网点，同时要考虑市场竞争对手的物流中心选址位置及未来发展战略，只有这样，才能在激烈的竞争市场中占得先机。

3.3.2 物流中心选址的程序和步骤

物流中心选址决策包括几个层次的筛选，是一个逐步缩小范围、更为具体的选址程序如图 3 - 1 所示。

1. 选址规划目标及选址要求

选址规划时，首先要分析企业发展战略及物流发展战略规划，明确企业业务发展方向及物流系统在企业发展中的地位。在此基础上，进一步明确物流中心在物流系统的地位，明确现有物流设施的布局，分析新建物流中心的必要性和意义，明确新建物流中心规划目标。此外，需详细列出组织选址要求，即将选址规划目标明确化。

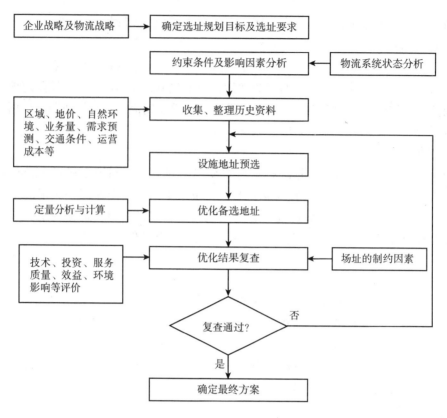

图 3-1　物流中心选址程序

2. 约束条件及影响因素分析

根据物流系统的现状进行分析，制订物流中心选址计划，确定所需要了解的基本条件，以便大大缩小选址的范围。

1）需求条件

主要分析物流中心的服务对象——顾客现在的分布情况，对其未来分布情况进行预测，分析物流量增长率及物流配送的区域范围。

2）运输条件

物流中心应靠近干线公路、铁路货运站、内河港口、空港基地等重要运输枢纽，同时也应靠近服务市场及考虑多种运输方向有机衔接。

3）配送服务的条件

根据客户要求的到货时间、发送频率等计算从物流中心到客户的距离和服务范围。

4）用地条件

根据企业实际情况，考虑是利用现有土地还是重新征用土地？重新征用土地的成本有多大？地价允许范围内的用地分布情况如何？

5）区域规划

根据区域规划的要求，了解选定区域的用地性质，考虑区域内物流产业用地规划及产业集聚发展的需求。

6）流通职能条件

考虑商流职能是否要与物流职能分开？物流中心是否也附有流通加工的职能？考虑到通

行方便，是否要限定物流中心的选址范围？

7）其他

不同的物流类别，有不同的选址要求。如农产品物流中心、建材物流中心、化工品物流中心的保管，对选址都有特殊要求。

此外，还需从内部、外部两个方面列出选址影响因素。由于影响因素众多，因此可以依据实际情况，寻找关键成功因素（Key Success Factors）。

3. 收集、整理历史资料

选址的方法一般是通过成本计算，也就是将运输费用、配送费用及物流设施费用模型化，根据约束条件及目标函数建立数学公式，从中寻求费用最小的方案。但是，采用这样的选址方法，寻求最优的选址解时，必须对业务量和生产成本进行正确的分析和判断。

1）业务量资料

选址时，应掌握的业务量主要包括：工厂到物流中心的运输量、向顾客配送的货物量、物流中心保管的数量和配送路线上的业务量等。由于这些数量在不同时期会有波动，因此，要采集较长的历史数据进行研究。除了对现状的各项数据进行分析外，还必须预测未来物流中心业务量。

2）费用资料

选址时，应掌握的费用主要包括建设费用、运营费用等，如土地的面积及土地的价格、建设成本、工厂至物流中心之间的运输费、物流中心到顾客的配送费、人工费、业务费等。由于运营费会随着业务量和运送距离的变化而变动，所以必须对每一吨千米的费用进行（成本）分析。

3）其他

用地图表示顾客的位置、现有设施的位置和工厂的位置，并整理各候选地址的配送路线及距离等资料；与成本分析结合起来，综合考虑必备车辆数、作业人员数、装卸方式、装卸费用等。

4. 设施地址预选

在进行物流中心位置选择时，首先要根据上述各影响因素进行定性分析和评估，大致确定几个备选地址。在确定备选地址时首先要确定地区范围，如在世界范围内选址，首先要确定某个国家，在某一国家范围内选择，首先要确定某个省份，然后第二步要做的是将位置确定在某个城市或商业地区。

备选地址的选择是否恰当，将直接影响到后续最优方案的确定。备选地址过多，候选优化方案的工作量将过大，成本高；备选方案过少，可能导致最后的方案远离最优方案，选址效果差。所以合适的备选地址的确定是物流中心选址及网点布局中非常关键的一步。

5. 优化备选方案

在备选地址确定后，下一步要做的是更详细考察若干具体地点。针对不同情况，确定选址评价方法，得出优化后的地址。如果对单一物流中心进行选址，可以采用重心法等；如果对多个物流中心进行选址，可采用鲍摩－瓦尔夫模型、CFLP 法等。近年来，选址理论发展迅速，计算机技术也得到了广泛应用，这些发展都为定量化选址方法的研究提供了有利的支持。

6. 结果评价

由于在定量分析中主要考察对选址产生影响的经济因素，所以当直接应用定量模型得出的结果进行物流中心选址时，常常会发现在经济上最为可取的地点在实际上却行不通。这是因为除了经济因素外，还有很多非经济因素影响物流中心的选址，如气候、地形等因素。因此，要结合市场适应性、购置土地条件、服务质量、交通、劳动力等因素，对计算所得结果进行评价，看优化结果是否具有现实可行性。

7. 复查

分析其他影响因素对计算结果的相对影响程度，分别赋予它们一定的权重，采用加权法对计算结果进行复查。如果复查通过，则原计算结果即为最终结果；如果复查发现原计算结果不适用，则返回备选地址筛选阶段，重新分析，直至得到最终结果。

8. 确定最终选址方案

如果优化结果通过复查，即可将优化结果作为最终选址结果。但是所得解不一定为最优解，可能只是符合企业实际状况的满意解。

3.4 物流中心设施选址定性分析

定性分析法主要是根据选址影响因素和选址原则，依靠专家或管理人员丰富的经验、知识及其综合分析能力，确定配送中心的具体选址。定性方法的优点是注重历史经验，简单易行；其缺点是容易犯经验主义和主观主义的错误，并且当可选地点较多时，不易作出理想的决策，导致决策的可靠性不高。在实际应用当中主要有德尔菲法、头脑风暴法。

3.4.1 德尔菲法

德尔菲法是采用匿名函询的方法，通过一系列简明的调查征询表向专家们进行调查，并通过有控制的反馈，取得尽可能一致的意见，对未来作出预测。20世纪40年代为美国兰德公司所提出。德尔菲是古希腊城市，以阿波罗神而著名，传说阿波罗常派人到各地收集聪明人的意见，德尔菲被认为是集中智慧和灵验的地方。

20世纪60年代以后，德尔菲法被世界各国广泛用于评价政策、协调计划、预测经济和技术、组织决策等活动中。这种方法比较简单、节省费用，能把有理论知识和实践经验的各方面专家对同一问题的意见集中起来。它适用于研究资料少、未知因素多、主要靠主观判断和粗略估计来确定的问题，是较多地用于长期预测和动态预测的一种重要的预测方法。

1. 德尔菲法的特点

德尔菲法决策过程实际上是一个由被调查的专家们集体交流信息的过程。德尔菲法决策的主要特点是匿名性、反馈性和收敛性。

1) 匿名性

匿名性是指专家们以"背靠背"的方式接受检查，提供决策信息。被调查的专家们互不见面，不直接交流信息，在由调查工作者组织的书面讨论中，是通过匿名的方式向各位专家传递信息的。这样做有利于使意见趋于一致，因为专家们可以在不必顾忌面子的情况下改变自己的观点，服从言之有理的意见。

2）反馈性

为了使专家们能进行书面讨论，德尔菲法采用多轮调查的方式（后一轮调查表一定附有前一轮调查结果），即在每一轮调查表返回后，由调查组将各专家提供的信息和资料进行综合、整理、归纳与分类，再随同下一轮调查表一起函送给每位专家，使专家们了解调查的全面情况。这样可以促使专家们进行再思考，完善或改变自己的观点，或者作出新的判断。调查信息的这种不断反馈有力地促进专家之间的信息交流和书面讨论。德尔菲法一般要进行三轮到四轮专家意见征询。

3）收敛性

多轮调查与反馈的过程，也是专家们在匿名状况下相互启迪和讨论的过程。通过书面讨论，言之有理的见解会逐渐为大多数专家所接受，分散的意见会向其集中，呈现出收敛的趋势。

2. 德尔菲法的决策步骤

一般情况下，德尔菲法的实施有以下几个步骤。

（1）确定主持人，组织专门小组。

（2）拟定调查提纲。所提问题要明确具体，选择得当，数量不宜过多，并提供必要的背景材料。

（3）选择调查对象。所选的专家要有广泛的代表性，他们要熟悉业务，有特长、一定的声望、较强的判断和洞察能力。选定的专家人数不宜太少也不宜太多，一般以 10～50 人为宜。

（4）轮番征询意见。通常要经过三轮：第一轮是提出问题，要求专家们在规定的时间内把调查表格填完寄回；第二轮是修改问题，请专家根据整理的不同意见修改自己所提问题，即让调查对象了解其他见解后，再一次征求他本人的意见；第三轮是最后判定。把专家们最后重新考虑的意见收集上来，加以整理，有时根据实际需要，还可进行更多几轮的征询活动。

（5）整理调查结果，提出调查报告。对征询所得的意见进行统计处理，其表达方式取决于决策问题的类型和对决策的要求。

① 对定量调查结果的处理。当预测结果需要用数量（含时间）表示时，一般用"中位数法"进行数据处理，即分别求出决策结果的中位数、下四分位点和上四分位点。

设参加决策的专家数为 n，对某一问题各专家回答的定量值为 $x_i(i=1,2,\cdots,n)$，x_i 是由小到大或由前至后顺序排列的，即 $x_1 \leqslant x_2 \leqslant \cdots \leqslant x_n$，则调查结果的中位数为：

$$\bar{x} = \begin{cases} x_{\frac{n+1}{2}} & n \text{ 为奇数} \\ \dfrac{1}{2}\left(x_{\frac{n}{2}} + x_{\frac{n+2}{2}}\right) & n \text{ 为偶数} \end{cases} \qquad (3-1)$$

中位数可以看做是调查结果的期望值。在小于或等于中位数的答数中再取中位数，即为调查结果的下四分位点，在大于或等于中位数的答数中再取中位数，即为调查结果的上四分位点。上、下四分位点之间的区域为四分位区间。四分位区间的大小反映专家意见的离散程度，四分位区间越小，说明专家意见的集中程度越高，决策结果的可信程度也就越大。调查过程中，可以根据四分位区间的大小确定是否需要进行下一轮意见征询。

② 对评分、排序调查结果的处理。在征询专家意见时，常常有请专家们对某些事项的重要性进行评分或排序的内容。对于这类问题的答案，可用总分比重法进行处理，即用各事项的得分在总得分中所占比重衡量其相对重要程度。

对于以评分方式回答的问题，各事项的总分比重可直接由下式求得：

$$B_j = \frac{\sum\limits_{i=1}^{n} b_{ij}}{\sum\limits_{j=1}^{m} \sum\limits_{i=1}^{n} b_{ij}} \tag{3-2}$$

式中：B_j——第 j 个事项的总分比重；

$\quad\ \ b_{ij}$——第 i 个专家对第 j 个事项的评分；

$\quad\ \ n$——给出答案的专家数；

$\quad\ \ m$——参加比较的事项数。

对于以排序方式回答的问题，需要事先给定各排序位置的得分，然后再用式（3-2）求出各事项的总分比重。

③ 对主观概率的统计处理。用德尔菲法进行决策，有时需要专家对某个未来事件发生的概率作出主观判断，当各位专家的主观概率估计不一致时，通常用平均主观概率作为专家集体的决策结果。平均主观概率的计算公式为：

$$\overline{P} = \frac{1}{n} \sum\limits_{i=1}^{n} P_i \tag{3-3}$$

式中：$\overline{P}$——专家集体的平均主观概率；

$\quad\ \ P_i$——第 i 个专家估计的主观概率；

$\quad\ \ n$——参加决策的专家数。

除了上面介绍的专家意见统计处理方法之外，还可用直方图表示专家预测值的分布，用方差或标准差表示专家预测值的离散程度。

3. 对德尔菲法的评价

德尔菲法简单易行，用途广泛，费用较低，在大多数情况下可以得到比较准确的预测值，作出比较准确的决策。在下列 3 种典型情况下，利用专家的知识和经验是有效的，也是唯一可选用的调查方法。

- 数据缺乏。数据是各种定量研究的基础。然而，有时数据不足，或数据不能反映真实情况，或采集数据的时间过长，或者付出的代价过高，因而无法采用定量方法。
- 新技术评估。对于一些崭新的科学技术，在没有或缺乏数据的条件下，专家的判断往往是唯一的评价根据。
- 非技术因素起主要作用。当决策的问题超出了技术和经济范围而涉及生态环境、公众舆论以致政治因素时，这些非技术因素的重要性往往超过技术本身的发展因素，因而过去的数据和技术因素就处于次要地位，在这种情况下，只有依靠专家才能作出判断。

此外，由于原始信息量极大，决策涉及的相关因素（技术、政治、经济、环境、心理、文化传统等）过多，计算机处理这样大的信息量，费用很高。这时，从费用效果考虑，也应采用专家调查法。

但是从上述工作程序也可以看出，德尔菲法能否取得理想的结果，关键在于调查对象的人选及其对所调查问题掌握的资料和熟悉的程度，调查主持人的水平和经验也是一个很重要的因素。了解德尔菲法的优点，同时也认识到它的缺点，有助于决策人员更恰当地使用这种方法。

3.4.2　头脑风暴法

头脑风暴法又称智力激励法、BS 法、自由思考法，是由美国创造学家 A. F. 奥斯本于 1939 年首次提出，1953 年正式发表的一种激发性思维的方法。在群体决策中，由于群体成员心理相互作用影响，易屈于权威或大多数人意见，形成所谓的"群体思维"。群体思维削弱了群体的批判精神和创造力，损害了决策的质量。为了保证群体决策的创造性，提高决策质量，管理上发展了一系列改善群体决策的方法，头脑风暴法是较为典型的一个。

头脑风暴法又可分为直接头脑风暴法（通常简称为头脑风暴法）和质疑头脑风暴法（也称为反头脑风暴法）。前者是专家群体决策，尽可能激发创造性，产生尽可能多的设想的方法，后者则是对前者提出的设想、方案逐一质疑，分析其现实可行性的方法。

采用头脑风暴法组织群体决策时，要集中有关专家召开专题会议，主持者以明确的方式向所有参与者阐明问题，说明会议的规则，尽力创造融洽轻松的会议气氛。一般不发表意见，以免影响会议的自由气氛，由专家们"自由"提出尽可能多的方案。

1. 头脑风暴法的要求

1）组织形式

（1）参加人数一般为 5　10 人，最好由不同专业或不同岗位者组成。

（2）会议时间控制在 1 h 左右。

（3）设主持人一名，主持人只主持会议，对设想不作评论。设记录员 1　2 人，要求认真将与会者每一设想不论好坏都完整地记录下来。

2）会议类型

（1）设想开发型。这是为获取大量的设想，为课题寻找多种解题思路而召开的会议，因此，要求参与者要善于想象，语言表达能力要强。

（2）设想论证型。这是为将众多的设想归纳转换成实用型方案召开的会议，要求与会者善于归纳，善于分析判断。

3）会前准备工作

（1）会议要明确主题。会议主题提前通报给与会人员，让与会者有一定准备。

（2）选好主持人。主持人要熟悉并掌握该技法的要点和操作要素，摸清主题现状和发展趋势。

（3）参与者要有一定的训练基础，懂得该会议提倡的原则和方法。

（4）会前可进行柔化训练，即对缺乏创新锻炼者进行打破常规思考，转变思维角度的训练活动，以减少思维惯性，从单调的紧张工作环境中解放出来，以饱满的创造热情投入激励设想活动。

4）会议原则

为使与会者畅所欲言，互相启发和激励，达到较高效率，必须严格遵守下列原则。

（1）禁止批评和评论，也不要自谦。

（2）目标集中，追求设想数量，越多越好。

（3）鼓励巧妙地利用和改善他人的设想。这是激励的关键所在。

（4）与会人员一律平等，各种设想全部记录下来。与会人员，不论是该方面的专家、员工，还是其他领域的学者，以及该领域的外行，一律平等。各种设想，不论大小，甚至是最荒诞的设想，记录人员也要认真地将其完整地记录下来。

（5）主张独立思考，不允许私下交谈，以免干扰别人思维。

（6）提倡自由发言，畅所欲言，任意思考。

（7）不强调个人的成绩，应以小组的整体利益为重，注意和理解别人的贡献，人人创造民主环境，不以多数人的意见阻碍个人新的观点的产生，激发个人追求更多更好的主意。

5）会议实施步骤

（1）会前准备。参与人、主持人和课题任务三落实，必要时可进行柔性训练。

（2）设想开发。由主持人公布会议主题并介绍与主题相关的参考情况；突破思维惯性，大胆进行联想；主持人控制好时间，力争在有限的时间内获得尽可能多的创意性设想。

（3）设想的分类与整理。一般分为实用型和幻想型两类。前者是指目前技术工艺可以实现的设想，后者指目前的技术工艺还不能完成的设想。

（4）完善实用型设想。对实用型设想，再用脑力激荡法去进行论证，进行二次开发，进一步扩大设想的实现范围。

（5）幻想型设想再开发。对幻想型设想，再用脑力激荡法进行开发，通过进一步开发，就有可能将创意的萌芽转化为成熟的实用型设想。这是脑力激荡法的一个关键步骤，也是该方法质量高低的明显标志。

6）主持人技巧

（1）主持人应懂得各种创造性思维和技法，会前要向与会者重申会议应严守的原则和纪律，善于激发成员思考，使场面轻松活跃而又不失脑力激荡的规则。

（2）可轮流发言，每轮每人简明扼要地说清楚创意设想一个，避免形成辩论会和发言不均。

（3）要以赏识激励的词句语气和微笑点头的行为语言，鼓励与会者多出设想，经常强调设想的数量，比如平均 3 分钟内要发表 10 个设想；遇到人人皆才穷计短、出现短暂停滞时，可采取一些措施，如休息几分钟，自选休息方法、散步、唱歌、喝水等，再进行几轮脑力激荡，或发给每人一张与问题无关的图画，要求讲出从图画中所获得的灵感。

（4）要掌握好时间，会议持续 1 h 左右，形成的设想应不少于 100 种，但最好的设想往往是会议要结束时提出的，因此，预定结束的时间到了可以根据情况再延长 5 分钟，这是人们容易提出好的设想的时候。在 1 分钟时间里再没有新主意、新观点出现时，智力激励会议可宣布结束或告一段落。

2. 头脑风暴法的原则

1）庭外判决原则

对各种意见、方案的评判必须放到最后阶段，此前不能对别人的意见提出批评和评价。认真对待任何一种设想，而不管其是否适当和可行。

2）欢迎各抒己见，自由鸣放

创造一种自由的气氛，激发参加者提出各种荒诞的想法。

3）追求数量

意见越多，产生好意见的可能性越大。

4）探索取长补短和改进办法

除提出自己的意见外，鼓励参加者对他人已经提出的设想进行补充、改进和综合。

3. 头脑风暴法中的专家小组

为便于提供一个良好的创造性思维环境，应该确定专家会议的最佳人数和会议进行的时间。经验证明，专家小组规模以 10　15 人为宜，会议时间一般以 20　60 分钟效果最佳。专家的人选应严格限制，便于参加者把注意力集中于所涉及的问题。

具体应按照下述三个原则选取。

（1）如果参加者相互认识，要从同一职位（职称或级别）的人员中选取。领导人员不应参加，否则可能对参加者造成某种压力。

（2）如果参加者互不认识，可从不同职位（职称或级别）的人员中选取。这时不应宣布参加人员职称，不论成员的职称或级别的高低，都应同等对待。

（3）参加者的专业应力求与所论及的决策问题相一致，这并不是专家组成员的必要条件。但是，专家中最好包括一些学识渊博，对所论及问题有较深理解的其他领域的专家。

头脑风暴法专家小组应由下列人员组成：

方法论学者——专家会议的主持者；

设想产生者——专业领域的专家；

分析者——专业领域的高级专家；

演绎者——具有较高逻辑思维能力的专家。

头脑风暴法的所有参加者，都应具备较高的联想思维能力。在进行"头脑风暴"（即思维共振）时，应尽可能提供一个有助于把注意力高度集中于所讨论问题的环境。有时某个人提出的设想，可能正是其他准备发言的人已经思考过的设想。其中一些最有价值的设想，往往是在已提出设想的基础之上，经过"思维共振"的"头脑风暴"，迅速发展起来的设想，以及对两个或多个设想的综合设想。因此，头脑风暴法产生的结果，应当认为是专家成员集体创造的成果，是专家组这个宏观智能结构互相感染的总体效应。

4. 头脑风暴法的操作程序

1）准备阶段

策划与设计的负责人应事先对所议问题进行一定的研究，弄清问题的实质，找到问题的关键，设定解决问题所要达到的目标。同时选定参加会议人员，一般以 5　10 人为宜，不宜太多。然后将会议的时间、地点、所要解决的问题、可供参考的资料和设想、需要达到的目标等事宜一并提前通知与会人员，让大家做好充分的准备。

2）热身阶段

这个阶段的目的是创造一种自由、宽松、祥和的氛围，使大家得以放松，进入一种无拘无束的状态。主持人宣布开会后，先说明会议的规则，然后随便谈点有趣的话题或问题，让大家的思维处于轻松和活跃的境界。如果所提问题与会议主题有着某种联系，人们便会轻松自如地导入会议议题，效果自然更好。

3）明确问题

主持人扼要地介绍有待解决的问题。介绍时须简洁、明确，不可过分周全，否则，过多的信息会限制人的思维，干扰思维创新的想象力。

4）重新表述问题

经过一段讨论后，大家对问题已经有了较深程度的理解。这时，为了使大家对问题的表述能够具有新角度、新思维，主持人或书记员要记录大家的发言，并对发言记录进行整理。通过记录的整理和归纳，找出富有创意的见解，以及具有启发性的表述，供下一步畅谈时参考。

5）畅谈阶段

畅谈是头脑风暴法的创意阶段。为了使大家能够畅所欲言，需要制定的规则如下。①不要私下交谈，以免分散注意力。②不妨碍他人发言，不去评论他人发言，每人只谈自己的想法。③发表见解时要简单明了，一次发言只谈一种见解。主持人首先要向大家宣布这些规则，随后引导大家自由发言，自由想象，自由发挥，使彼此相互启发，相互补充，真正做到知无不言，言无不尽，畅所欲言，然后对会议发言记录进行整理。

6）筛选阶段

会议结束后的一两天内，主持人应向与会者了解大家会后的新想法和新思路，以此补充会议记录。然后将大家的想法整理成若干方案，再根据 CI 设计的一般标准，诸如可识别性、创新性、可实施性等标准进行筛选。经过多次反复比较和优中择优，最后确定 1   3 个最佳方案。这些最佳方案往往是多种创意的优势组合，是大家的集体智慧综合作用的结果。

5. 头脑风暴法的评价

实践经验表明，头脑风暴法可以排除折中方案，对所讨论问题通过客观、连续的分析，找到一组切实可行的方案。当然，头脑风暴法实施的成本（时间、费用等）是很高的，另外，头脑风暴法要求参与者有较好的素质。这些因素是否满足会影响头脑风暴法实施的效果。

3.5 物流中心设施选址定量方法

3.5.1 单一配送中心的选址方法——重心法

1. 重心法模型

如图 3-2 所示，设有 n 个零售店，它们各自的坐标是 $Q_j(x_j, y_j)$，需新建的配送中心坐标为 $P_0(x_d, y_d)$，现在欲求此配送中心的位置，使配送中心到各零售店的运输费用最小。

已知条件如下：

h_j 为配送中心到零售店 j 的发送费率（即单位吨千米的发送费）；

w_j 为新建配送中心向零售店 j 的发送量；

d_j 为配送中心到零售店 j 的距离。

由此可得配送中心到各个零售店的总运输费用为：

$$H = \sum_{j=1}^{n} C_j \qquad\qquad (3-4)$$

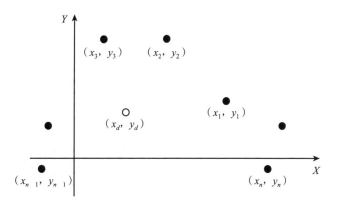

图 3 - 2　配送中心和零售店的坐标

而 C_j 又可以表示为：

$$C_j = h_j \cdot w_j \cdot d_j \qquad (3-5)$$

d_j 也可以写成：

$$d_j = \left[(x_d - x_j)^2 + (y_d - y_j)^2 \right]^{\frac{1}{2}} \qquad (3-6)$$

把式 (3-5) 代入式 (3-4) 中，得到：

$$H = \sum_{j=0}^{n} (h_j \cdot w_j \cdot d_j) \qquad (3-7)$$

现在要求 (x_d, y_d) 为何值时 H 最小。

从式 (3-6) 和式 (3-7) 可求出使 H 为最小的 (x_d, y_d)。解决这个问题的方法是运用下面的计算公式，令

$$\frac{\partial H}{\partial x_d} = \sum_{j=0}^{n} \left[h_j w_j (x_0 - x_j)/d_j \right] = 0 \qquad (3-8)$$

$$\frac{\partial H}{\partial y_d} = \sum_{j=0}^{n} \left[h_j w_j (y_0 - y_j)/d_j \right] = 0 \qquad (3-9)$$

从式 (3-8) 和式 (3-9) 中可分别求得最适合的 x_d^* 和 y_d^*，即

$$x_d^* = \frac{\sum\limits_{j=0}^{n} (h_j \cdot w_j \cdot x_j/d_j)}{\sum\limits_{j=0}^{n} (h_j \cdot w_j/d_j)} \qquad y_d^* = \frac{\sum\limits_{j=0}^{n} (h_j \cdot w_j \cdot y_j/d_j)}{\sum\limits_{j=0}^{n} (h_j \cdot w_j/d_j)} \qquad (3-10)$$

因式 (3-10) 含有 d_j，而 d_j 右边还含有要求的未知数 x_d 和 y_d，而要从两式的右边完全消去 x_d 和 y_d，计算起来很复杂。因此采用迭代法来进行计算。其表达式为

$$x_d^{(k)} = \frac{\sum\limits_{j=0}^{n} (h_j \cdot w_j \cdot x_j/d_{j(k-1)})}{\sum\limits_{j=0}^{n} (h_j \cdot w_j/d_{j(k-1)})} \qquad y_d^{(k)} = \frac{\sum\limits_{j=0}^{n} (h_j \cdot w_j \cdot y_j/d_{j(k-1)})}{\sum\limits_{j=0}^{n} (h_j \cdot w_j/d_{j(k-1)})} \qquad (3-11)$$

2. 迭代法的计算步骤

（1）以所有零售店的重心坐标作为配送中心的初始地点 $(x_d^{(0)}, y_d^{(0)})$。

（2）利用式（3-6）和式（3-7），计算与 $(x_d^{(0)}, y_d^{(0)})$ 相应的总发送费 $H^{(0)}$。

（3）把 $(x_d^{(0)}, y_d^{(0)})$ 代入式（3-6）、式（3-11）中，计算配送中心的改善地点 $(x_d^{(1)}, y_d^{(1)})$。

（4）利用式（3-6）和式（3-7），计算与 $(x_d^{(1)}, y_d^{(1)})$ 相应的总发送费 $H^{(1)}$。

（5）把 $H^{(1)}$ 和 $H^{(0)}$ 进行比较，如果 $H^{(1)} < H^{(0)}$，则返回（3）的计算，再把 $(x_d^{(1)}, y_d^{(1)})$ 代入式（3-6）和式（3-11）中，计算配送中心的再改善地点 $(x_d^{(2)}, y_d^{(2)})$；如果 $H^{(2)} \geqslant H^{(1)}$，则说明 $(x_d^{(1)}, y_d^{(1)})$ 就是最优解。

这样反复计算下去，直至 $H^{k+1} \geqslant H^k$，求出最优解 $(x_d^{(k)}, y_d^{(k)})$ 为止。

由上述可知，应用迭代法的关键是给出配送中心的初始地点 $(x_d^{(0)}, y_d^{(0)})$。

一般的做法是将各零售店之间的重心点作为初始地点（故叫重心法）；也可采用任选初始地点的方法；还可以根据各零售店的位置和商品需求量的分布情况选取初始地点。初始地点的选取方法可以不同。

由上述求解过程可知，该问题适合用计算机编程求解。通过计算发现，用式（3-12）作为最佳坐标与迭代求解结果相差无几。

$$x_d^* = \frac{\sum_{j=0}^{n} (h_j \cdot w_j \cdot x_j)}{\sum_{j=0}^{n} (h_j \cdot w_j)} \qquad y_d^* = \frac{\sum_{j=0}^{n} (h_j \cdot w_j \cdot y_j)}{\sum_{j=0}^{n} (h_j \cdot w_j)} \qquad (3-12)$$

3. 重心法模型的优缺点

求解配送中心最佳地址的模型，有离散型模型和连续型模型两种。重心法模型是连续型模型，相对于离散型模型来说，在这种模型中，配送中心地点的选址是不加特定限制的，有自由选择的长处。可是从另一方面来看，重心法模型的自由度过多也是一个缺点。因为由迭代法计算求得的最佳地点实际上往往很难找到，有的地点很可能在河流湖泊上或街道中间等。此外，迭代计算非常复杂，这也是连续型模型的缺点之一。

【例 3-1】 某物流中心，每年需要从 P、Q、R、S 四个市场运来不同的商品，各地坐标及年运输量如表 3-1 所示，假定各种材料运输费率相同，试用重心法求物流中心的合理位置。

表 3-1　场址坐标及年运输量表

原材料供应地	P		Q		R		S	
	x_1	y_1	x_2	y_2	x_3	y_3	x_4	y_4
供应地坐标/km	20	70	60	60	30	25	55	30
年运输量/t	2 000		1 500		1 800		1000	

解：根据式（3-12）有

$$x_d^* = \frac{20 \times 2\,000 + 60 \times 1\,500 + 30 \times 1\,800 + 55 \times 1\,000}{2\,000 + 1\,500 + 1\,800 + 1\,000} = 37.9(\text{km})$$

$$y_d^* = \frac{70 \times 2\,000 + 60 \times 1\,500 + 25 \times 1\,800 + 30 \times 1\,000}{2\,000 + 1\,500 + 1\,800 + 1\,000} = 48.4(\text{km})$$

所以，该物流中心的推荐坐标在（37.9，48.4）的位置上。

【例 3 - 2】 某企业两个工厂 P_1、P_2 分别生产 A、B 两种产品，供应三个市场 M_1、M_2、M_3。已知条件如表 3 - 2 所示。现需设置一个配送中心，A、B 两种产品通过该配送中心间接向三个市场供货。请使用迭代重心法求出仓库的最优选址。

表 3 - 2　场址坐标、年运输量及运费率表

节　点	坐标位置		运 输 量	运输费率
	x_1	y_1		
P_1	3	8	2 000	0.5
P_2	8	2	3 000	0.5
M_1	2	5	2 500	0.75
M_2	6	4	1 000	0.75
M_3	8	8	1 500	0.75

解：根据式（3 - 11）有

$$x_d^{(0)} = \frac{3 \times 2\,000 \times 0.5 + 8 \times 3\,000 \times 0.5 + 2 \times 2\,500 \times 0.75 + 6 \times 1\,000 \times 0.75 + 8 \times 1\,500 \times 0.75}{2\,000 \times 0.5 + 3\,000 \times 0.5 + 2\,500 \times 0.75 + 1\,000 \times 0.75 + 1\,500 \times 0.75}$$

$$= 5.16$$

$$y_d^{(0)} = \frac{8 \times 2\,000 \times 0.5 + 2 \times 3\,000 \times 0.5 + 5 \times 2\,500 \times 0.75 + 4 \times 1\,000 \times 0.75 + 8 \times 1\,500 \times 0.75}{2\,000 \times 0.5 + 3\,000 \times 0.5 + 2\,500 \times 0.75 + 1\,000 \times 0.75 + 1\,500 \times 0.75}$$

$$= 5.18$$

将 $x_d^{(0)} = 5.16$，$y_d^{(0)} = 5.18$ 分别代入式（3 - 11）中，可求得

$$x_d^{(1)} = 5.04, \quad y_d^{(1)} = 5.06$$

计算与（$x_d^{(1)}$，$y_d^{(1)}$）相应的总发送费 $H^{(1)}$，有 $H^{(1)} < H^{(0)}$，因此需继续进行迭代计算，求得 $x_d^{(2)} = 4.99$，$y_d^{(2)} = 5.03$，再比较总费用 $H^{(2)}$ 与 $H^{(1)}$ 的大小。

这样反复计算下去，直至 $H^{k+1} \geqslant H^k$，求出物流中心的最优解为 $x_d = 4.91$，$y_d = 5.06$，最低运输费用为 214 250 元。

3.5.2　线性规划——运输法

对于多设施的选址问题，如对于一个公司设有多个物流中心、供应多个销售点（或仓库）的选址问题，可以用线性规划——运输法求解，所有设施的总运费最小，即

$$\text{目标函数 } \min \sum_{i=1}^{m} \sum_{j=1}^{n} c_{ij} x_{ij} \qquad (3 - 13)$$

$$约束条件\begin{cases} \sum_{i=1}^{m} x_{ij} = b_j \\ \sum_{j=1}^{n} x_{ij} = a_i \\ x_{ij} \geqslant 0 \end{cases}$$

式中：m ——物流中心数；

$\quad\quad n$ ——销售点数；

$\quad\quad a_i$ ——物流中心 i 的生产能力($i = 1,2,3,\cdots,m$)；

$\quad\quad b_j$ ——销售点 j 的需求($j = 1,2,3,\cdots,n$)；

$\quad\quad c_{ij}$ ——在物流中心 i 的单位产品运到销售点 j 的生产运输总费用；

$\quad\quad x_{ij}$ ——从物流中心 i 运到销售点 j 的产品数量。

【例 3 - 3】 已知有一企业两个物流中心 F_1 和 F_2 供应 4 个销售地 P_1、P_2、P_3、P_4，由于需求量不断增加，须再增设一个物流中心。可供选择的地点是 F_3 和 F_4，试在其中选择一个作为最佳地址。根据已有资料，分析得出各物流中心到各销售点的总费用，如表 3 - 3 所示。

表 3 - 3　各地供需量表

需求点 ＼ 供应地	P_1	P_2	P_3	P_4	供应量/台
F_1	8.0	7.8	7.7	7.8	7 000
F_2	7.65	7.50	7.35	7.15	5 500
F_3	7.15	7.05	7.18	7.65	12 500
F_4	7.08	7.20	7.50	7.45	
需求量/台	4 000	8 000	7 000	6 000	25 000

解：若新建的物流中心在 F_3，则根据运输问题的解法，得供需量分配表如表 3 - 4 所示，全部费用至少为：

$$G = 6\ 500 \times 7.70 + 500 \times 7.8 + 5\ 500 \times 7.15 + 4\ 000 \times 7.15 + 8\ 000 \times 7.05 + 500 \times 7.18$$
$$= 181\ 865(万元)$$

表 3 - 4　配送中心在 F_3 处的供需量分配表

从 ＼ 至	P_1	P_2	P_3	P_4	供应量/台
F_1	8.00	7.80	⑤ 7.70 6 500	⑥ 7.8 500	7 000
F_2	7.65	7.50	7.35	③ 7.15 5 500	5 500
F_3	② 7.15 4 000	① 7.05 8 000	④ 7.18 500	7.65	12 500
需求量/台	4 000	8 000	7 000	6 000	25 000

68

若新建的物流中心在 F_4，则解法相同，结果如表 3-5 所示，全部费用至少为：

$G = 700 \times 7.70 + 5\,500 \times 7.15 + 4\,000 \times 7.08 + 8\,000 \times 7.25 + 500 \times 7.45$

$= 182\,875（万元）$

表 3-5　配送中心在 F_4 处的供需量分配表

从＼至	P_1		P_2		P_3		P_4		供应量/台
F_1		8.00		7.80	⑤ 7 000	7.70		7.8	7 000
F_2		7.65		7.50		7.35	② 5 500	7.15	5 500
F_3	① 4 000	7.08	① 8 000	7.20	④	7.50	④ 500	7.45	12 500
需求量/台	4 000		8 000		7 000		6 000		25 000

两方案比较，F_4 的费用（182 870 万元）大于 F_3 的费用（181 865 万元），故选择在 F_3 设置物流中心。

3.5.3　鲍摩-瓦尔夫模型

1. 鲍摩-瓦尔夫模型的建立

当考虑从几个工厂经过几个配送中心向用户输送货物时，配送中心选址问题就由单一配送中心的选址转换为多个配送中心的选址，对此问题一般只考虑运费为最小时配送中心的选址问题。

在这里，所要考虑的问题是，各个工厂向哪些配送中心运输多少商品？各个配送中心向哪些用户发送多少商品？

规划的总费用应包括以下内容：

c_{ki}——从工厂 k 到配送中心 i 每单位运量的运输费；

h_{ij}——从配送中心 i 向用户 j 发送单位运量的发送费；

c_{ijk}——从工厂 k 通过配送中心 i 向用户 j 发送单位运量的运费；

X_{ijk}——从工厂 k 通过配送中心 i 向用户 j 运送的运量；

w_i——通过配送中心 i 的运量及 $w_i = \sum_{j \cdot k} X_{ijk}$；

v_i——配送中心 i 的单位运量的可变费用；

F_i——配送中心 i 的固定费用（与其规模无关的固定费用）。

故总费用函数为

$$f(X_{ijk}) = \sum_{i \cdot j \cdot k} (c_{ki} + h_{ij}) X_{ijk} + \sum_i v_i (w_i)^\theta + \sum_i F_i r(w_i) \qquad (3-14)$$

式中：$0 < \theta < 1$；

$$r(w_i) = \begin{cases} 0 & w_i = 0 \\ 1 & w_i > 0 \end{cases}$$

总费用函数 $f(X_{ijk})$ 的第一项是运输费和发送费，第二项是配送中心的可变费，第三项是配送中心的固定费（这项费用函数是非线性的）。

2. 鲍摩 - 瓦尔夫模型的计算方法

首先，给出费用的初始值，求初始解；然后，进行迭代计算，使其逐步接近费用最小的运输规划。

1）*初始解*

要求最初的工厂到用户间 (k, j) 的运费相对最小，也就是说，要求工厂到配送中心间的运费率 c_{ki} 和配送中心到用户间的发生费率 h_{ij} 之和为最小。

$$c_{kj}^0 = \min_i \{ c_{ki} + h_{ij} \} = c_{ki}^0 + h_{ij}^0 \qquad (3-15)$$

设所有的 (k, j) 取最小费率 c_{kj}^0，配送中心序号是 I_{kj}^0。这个结果决定了所有工厂到用户间的费用。那么，如果工厂的生产能力和需要量已知，将其作为约束条件来求解运输型问题，使费用函数 $\sum c_{kj}^0 X_{kj}$ 为最小时，$\{X_{kj}^0\}$ 就为初始解。

2）*二次解*

根据初始解，配送中心的通过量为

$$w_i^0 = \sum \{ \text{所有的 } k, j, \text{如 } I_{kj}^0 = i \} X_{kj}^0 \qquad (3-16)$$

从通过量反过来计算配送中心的可变费用，即

$$c_{kj}^n = \min_i \{ c_{kj} + h_{ki} + v_i \theta (w_i^{n-1}) \}^{\theta-1} \qquad (3-17)$$

这是费用函数式（3-13）关于 X_{ijk} 的偏微分。在这个阶段中，对于所有的 (k, j) 取为

$$c_{kj}^2 = \min_i \{ c_{kj} + h_{ki} + v_i \theta (w_i^0) \}^{\theta-1} \qquad (3-18)$$

c_{ki}^0 的配送中心序号为 I_{kj}^2。再次以这一成本为基础，求解运输型问题，求得使费用函数 $\sum_{kj} c_{ki}^2 X_{kj}$ 为最小时，$\{X_{kj}^2\}$ 就成为二次解。

3）*n 次解*

设 $(n-1)$ 次解为 $\{X_{kj}^{n-1}\}$，则配送中心的通过量为

$$w_i^{n-1} = \sum \{ \text{所有的 } k, j, \text{如 } I_{kj}^{n-1} = i \} X_{kj}^{n-1}$$

I_{kj}^{n-1} 是由 $(n-1)$ 次解得到的所使用配送中心的序号。

$(n-1)$ 次解可使配送中心通过量反映到可变费用上，因此求 n 次解，就可得到配送中心的新的通过量。

4）*最优解*

把 $(n-1)$ 次解的配送中心的通过量 $\{w_i^{n-1}\}$ 和 n 次解的配送中心通过量 $\{w_i^n\}$ 进行比较，如果完全相等，就停止计算；如果不相等，再反复继续计算。也就是说，当 $\{w_i^{n-1}\} = \{w_i^n\}$ 时，$\{w_{kj}^n\}$ 为最优解。

3. 鲍摩 - 瓦尔夫模型的优缺点

这个模型具有如下几个优点，但也有些问题，使用时应加以注意。

1）模型的优点
- 计算比较简单；
- 能评价流通过程的总费用（运费、保管费和发送费之和）；
- 能求解配送中心的通过量，即决定配送中心规模的目标；
- 根据配送中心可变费用的特点，可以采用大批量进货的方式。

2）模型的缺点

（1）由于采用的是逐次逼近法，所以不能保证必然会得到最优解。此外，由于选择备选地点的方法有所不同，有时会出现求出的最优解中可能出现配送中心数目较多的情况。也就是说，还可能有配送中心数更少、总费用更小的解存在。因此，必须仔细研究所求得的解是否为最优解。

（2）配送中心的固定费用没有在所得的解中反映出来。

3.5.4 其他常用的方法

1. 多准则决策方法

在物流系统的研究中，人们常常会遇到大量多准则决策问题，如配送中心的选址、运输方式及路线选择、供应商选择等。这些问题的典型特征是涉及多个选择方案（对象），每个方案都有若干个不同的准则，要通过多个准则对方案（对象）作出综合性的选择。对于物流中心的选址问题，人们常常以运输成本及配送中心建设、运作成本的总成本最小化，满足顾客需求，以及满足社会、环境要求等为准则进行决策。多准则决策的方法包括多指标决策方法与多属性决策方法两种，比较常用的有层次分析法（AHP）、模糊综合评判、数据包络分析（DEA）、TOPSIS、优序法等。有关多准则决策方法，特别是层次分析法和模糊综合评判的方法，在配送中心的选址研究中有着广泛的应用。但是，这两种方法都是基于线性的决策思想，在当今复杂多变的环境下，线性的决策思想逐渐地暴露出其固有的局限性，非线性的决策方法是今后进一步研究的重点和趋势。

2. 遗传算法

遗传算法（Genetic Algorithm，GA）是在 20 世纪 60 年代提出来的，是受遗传学中自然选择和遗传机制启发而发展起来的一种搜索算法。它的基本思想是使用模拟生物和人类进化的方法求解复杂的优化问题，因而也称为模拟进化优化算法。遗传算法主要有三个算子：选择；交叉；变异。通过这三个算子，问题得到了逐步的优化，最终得到满意的优化解。

遗传算法作为一种随机搜索的、启发式的算法，具有较强的全局搜索能力，但是，往往比较容易陷入局部最优情况。因此，在研究和应用中，为避免这一缺点，遗传算法常常和其他算法结合应用，使得这一算法更具有应用价值。

3. 人工神经网络

人工神经网络（Artificial Neural Network，ANN）是由大量处理单元（神经元）广泛互联而成的网络，是对人脑的抽象、简化和模拟，反应人脑的基本特征。可以通过对样本训练数据的学习，形成一定的网络参数结构，从而可以对复杂的系统进行有效的模型识别。经过大量样本学习和训练的神经网络在分类和评价中，往往要比一般的分类评价方法有效。

这一研究的不足是神经网络的训练需要大量的数据，在对数据的获取有一定的困难的情况下，用神经网络来研究是不恰当的。在应用 ANN 时，应当注意网络的学习速度、是否陷入局部最优解、数据的前期准备、网络的结构解释等问题，这样才能有效而可靠地应用ANN解决实际存在的问题。

4. 模拟退火算法

模拟退火算法（Simulated Annealing，SA），又称模拟冷却法、概率爬山法等，是于1982年由 Kirkpatrick 提出的另一种启发式的、随机优化算法。模拟退火算法的基本思想是由一个初始的解出发，不断重复产生迭代解，逐步判定、舍弃，最终取得满意解的过程。模拟退火算法不但可以往好的方向发展，也可以往差的方向发展，从而使算法跳出局部最优解，达到全局最优解。

5. 仿真方法

仿真是利用计算机来运行仿真模型，模拟时间系统的运行状态及其随时间变化的过程，并通过对仿真运行过程的观察和统计，得到被仿真系统的仿真输出参数和基本特征，以此来估计和推断实际系统的真实参数和真实性能。国内外已经有不少文献将仿真的方法运用于物流中心选址或是一般的设施选址的研究，研究结果相对解析方法更接近于实际的情况。

仿真方法相对于解析的方法在实际应用中具有一定的优点，但是，也存在一定的局限性。如仿真需要进行相对比较严格的模型的可信性和有效性的检验。有些仿真系统对初始偏差比较敏感，往往使得仿真结果与实际结果有较大的偏差。同时，仿真对人和机器要求往往比较高，要求设计人员必须具备丰富的经验和较高的分析能力，而相对复杂的仿真系统，对计算机硬件的相应要求是比较高的。关于未来的研究，各种解析方法、启发式算法、多准则决策方法与仿真方法的结合，是一种必然的趋势。各种方法的结合可以弥补各自的不足，充分发挥各自的优点，从而提高选址的准确性和可靠性。

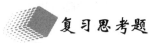

复习思考题

1. 简述物流中心选址决策的内涵。
2. 物流中心选址决策的影响因素包括哪些？
3. 简述物流中心选址决策程序和步骤。
4. 物流中心选址决策的原则有哪些？
5. 简述德尔菲法的决策步骤。
6. 物流中心选址定性分析方法有哪些？各具有什么特点？
7. 物流中心选址定量分析方法有哪些？

案例分析

雨润集团物流中心选址决策

根据国家《农产品冷链物流发展战略规划》，雨润集团在全国九大物流区域，21个节点城市，布局"三三三"发展战略，在全国范围形成一个农副产品物流网络体系，立志成为全球最大的农副产品物流设施提供商和服务商。所谓的"三三三"，就是在全国30个省会城市建设雨润农副产品全球采购中心；在300个地级市建设雨润农副产品物流配送中心；在

3 000 个县域建设雨润农副产品种养生产基地。

正在建设的青岛雨润国际物流中心建设项目位于青岛城阳区棘洪滩街道墨水河与正阳路交叉口西北侧，将建成以食品粮棉油期货交易、展示拍卖、电子商务、冷链服务、物流配送、一站式供应链为主要特色的多功能物流配送交易中心，力图打造青岛唯一、山东最大、全国著名的管理规范、运作高效、产品安全、业态先进的跨区域、现代化特大型物流交易中心。

项目总投资 40 亿元，占地面积 55.7 万 m^2，总建筑面积 97.5 万 m^2。分 4 个地块进行建设，其中 A 地块位于西北侧，规划为物流中心，主要建设内容为 1 座 4F 的物流交易区、1 座 4F 的冷库及 2 处 -1F 地下车库。B 地块位于项目东北角，规划为集中办公区，主要建设 20 栋 5~16F 的办公楼，C、D 地块位于项目南侧，规划为综合商场广场，主要建设 1 座 5F 购物商场、1 栋 10F 酒店、1 栋 10F 办公楼、1 座 5F 会展中心、1 座 3F 接待中心、1 座 3F 客服中心、1 处 -1F 地下车库。

青岛雨润国际物流中心项目选址地理位置优越。沿正阳路向东行驶，5 分钟可直达城阳区政府，南向沿双元路行驶，可进入重庆路，直达青岛市区。项目东南方向不远处便是青岛流亭国际机场，虽地处陆港物流产业园，但该项目仍可享受空港区的配套资源。

案例思考题：

1. 雨润集团物流中心选址决策的主要要求有哪些？
2. 雨润集团物流中心选址决策主要考虑了哪些因素？
3. 分析青岛雨润国际物流中心项目选址的优点。

第4章

物流中心区域布置规划

本章要点

- 掌握物流中心区域布置规划的目标及程序；
- 理解物流中心区域布置资料的分析；
- 掌握物流中心总体规划影响因素及规模确定方法；
- 掌握物流中心基本作业流程的设计；
- 掌握物流中心区域功能的规划；
- 理解物流中心作业区能力的计算；
- 掌握物流中心区域平面布置程序及方法。

 开篇案例

成都铁路局珞璜铁路综合物流中心规划

众多周知，铁路作为运输能力大、运输价格低、受气候季节变化影响小、安全准时的可靠运输方式，在经济社会发展中具有基础性和战略性地位。在国际和国内的经济大环境都产生了巨大变化的情形下，着力建设和谐铁路出现新形势，中国工业化、市场化、城镇化、国家化发展加速，铁路货运部门正着力推进铁路客货分线、生产力布局调整，而这使得货物运能得以释放。2013 年 6 月 15 日，中国铁路总公司正式实施货运组织改革，推动铁路货运全面走向市场，实现铁路货运加快向现代物流转变，这也预示着建设铁路物流中心的良好时机已经到来。

铁路物流中心作为以铁路为依托的新型物流中心，主要以铁路编组站、货运站、货场等铁路资源为基础，融入现代物流管理理念和服务理念，在全国铁路的枢纽处、多种运输方式交汇和集结处等建立起来，以提供铁路运输为主的现代物流服务。

2014 年 1 月 16 日，成都铁路局重庆珞璜铁路综合物流中心项目正式签约落户江津区珞璜工业园，这里将建成重庆新兴的铁路综合物流枢纽港，对整个主城区乃至云、贵、川等周边地区的经济社会发展都将产生深远影响。

该项目总投资22亿元，含2条贯通式集装箱装卸线、4条贯通式怕湿货物装载线、6条尽头式散堆装载线、6条尽头式长大笨重装载线。项目一期工程将于2014年6月进场施工，2015年12月底建成，年到发货运量可达550万t；二期年到发货量约1 000万t，预计在2017年12月底建成。

根据规划，该综合物流中心项目将结合车站资源及周边产业布局的实际，同步配套大型仓储物流园项目，重点发展机电、建材、钢铁、煤炭等大宗物资的中转、储存、发到物流服务项目，将会成为我市最大的特大件及散货货场。

思考题：根据铁路货运组织改革战略，对铁路物流中心功能规划提出合理化建议。

4.1　物流中心区域布置规划概述

物流中心的区域布置和结构规划就是根据物流作业流程和物流作业量，合理确定划分物流中心功能分区，并确定各功能分区的面积和各功能分区之间的相对位置，最后得到物流中心的平面布置图，确定建筑的不同形式和标准。

4.1.1　物流中心区域布置的目标

物流中心按功能可分为进货暂存区、理货区、拣货区、库存区、流通加工区等多个作业区域，合理划分各功能区并确定各功能区的相对位置至关重要。物流中心区域布置的目的就是：

- 有效利用空间、设备、人员、信息和能源；
- 要求物料搬运流程通顺、短捷方便，避免迂回及交叉；
- 合理划分功能区域，简化物流作业流程；
- 选择适当的建筑模式，采用适当的高度、跨度、柱距，充分利用建筑物的空间；
- 提高物流中心作业效率，降低物流中心作业成本；
- 投资估算合理；
- 为员工提供方便、舒适、安全和卫生的工作环境，在采光、照明、通风、采暖、防尘、防噪声等方面具有良好的条件。

在确定物流中心区域布置目标时，还需注意以下事项。

1. 确定物流中心的设计能力

首先是分析和确定物流中心的吞吐量，其次是对水、电、暖等方面的需求作出预测，以便建设时选用合适的管材、管线等。

2. 对土地使用进行合理规划

土地的使用要根据明确的功能加以划分，货物存储区域应按照无污染、轻度污染和重度污染分开。还要根据实际需要和物流中心年吞吐能力的规划，规划和设计物流中心的仓储、办公和生活区的占地情况。

在土地使用规划中最常用的方法是编制物流中心规划用地平衡表以确保规划准确。

3. 考虑防洪排泄、防火因素对物流中心基础设施设计指标的要求

根据中华人民共和国《防洪标准》（GB 50201—1994）的规定，确定防洪标准的重现期，如采用 100 年或 50 年不等；再结合当地实测和调查的暴雨、洪水、潮位等资料分析研究确定标高要求。个别地区建委已据此确定了本地区的建筑防洪标准。

雨水管道的规划设计，应该与园区内的现代化发展相适应。当暴雨发生时，能够将暴雨所产生的地面水流及时排除，而不发生地面积水现象。雨水的排放以分散式排放为主，排至最近的下水管道，或者附近的湖泊、河道。

消防指标可以根据国家标准《建筑设计防火规范》（GB J16—1987）（2001 修订版）的要求进行设计。

4. 注意物流中心的通道和绿化建设

在物流中心里，应合理规划内部通道，保障车辆的会让、转向、调头等要求；此外，应适当分配绿色户外空间，以创造一个良好的工作环境。

5. 合理设计物流中心岗位及人员配备

根据物流中心年吞吐能力的规划，设计要使用的岗位及人员、设备的数量。

4.1.2 物流中心区域布置的原则

一般地讲，在制造企业的总成本中，用于物料搬运的费用占 20%　50%，如果合理地进行设施规划，则有可能降低 10%　30%。物流中心是大批物资集散的场所，物料搬运是最重要的活动，合理地进行区域布置规划，其经济效果将更为显著。物流中心区域布置的原则如下。

- 以系统的观点，运用系统分析的方法。求得整体化，同时也要把定性分析、定量分析和个人经验结合起来。
- 以物流的观点作为区域布置的出发点，并贯穿在区域布置的始终，同时考虑资金流、物流、信息流的合理化。
- 先从宏观（整体方案）到微观（每个部门、库房），再从微观到宏观。例如，布置设计要先进行总体布置，再进行详细布置；而详细布置方案又要反馈到总体布置方案中去评价，再加以修正，甚至从头做起。
- 减少和消除不必要的作业流程，这是提高企业生产效率和减少消耗的最有效方法之一。只有在时间上缩短作业周期，空间上减少面积，物料上减少停留、搬运和库存，才能保证投入的资金最少、生产成本最低。
- 重视人的因素。作业地点的规划，实际是人机环境的综合，要考虑创造一个良好、舒适的工作环境。

物流中心的主要活动是物资的集散和进出。在进行区域布置时，环境条件非常重要。相邻的道路交通、站点设置、港口和机场的位置等因素，如何与中心的道路、物流路线相衔接，形成内外一体、连贯畅通的物流通道，这一点至关重要。

4.1.3 物流中心区域布置规划的程序

物流中心区域布置规划的一般程序如图 4-1 所示。

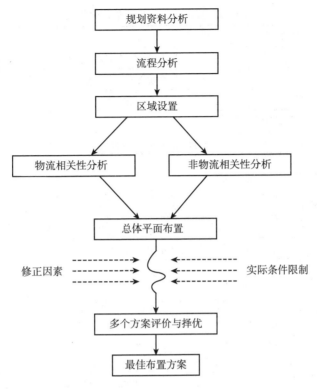

图 4-1　物流中心区域布置的一般程序

4.2　物流中心区域布置资料分析

1. 物品特性分析

物品特性是货物分类的重要参考因素，如按存储保管特性可分为干货区、冷冻区及冷藏区；按货物重量可分为重物区、轻物区；按货物价值可分为贵重物品区及一般物品区等。因此，物流中心规划时首先需要对货物进行物品特性分析，以划分不同的存储和作业区域。表 4-1 为一般商品基本特性与包装单位分析表。

2. 储运单位分析

储运单位分析就是考察物流中心各个主要作业（进货、拣货、出货）环节的基本储运单位。一般物流中心的储运单位包括 P—托盘、C—箱子和 B—单品，而不同的储运单位，其配备的存储和搬运设备也不同。因此拿捏物流过程中的单位转换相当重要，需要将这些包装单位（P，C，B）纳入分析范围，即所谓的 PCB 分析。

在企业的订单资料中常常同时含有各类出货形态，包括订单中整箱与零散两种类型同时出货，以及订单中仅有整箱出货或仅有零散出货。为使仓储与拣货区得到合理的规划，必须将订单资料按出货单位类型加以分析，以正确计算各区域实际的需求。物流中心中常见的储运单位组合形式如表 4-2 所示。

表4-1　商品特性与包装单位分析表

特 性	资料项目	资料内容
物料特性	1. 物态	□气体　□液体　□半液体　□固体
	2. 气味特性	□中性　□散发气体　□吸收气体　□其他
	3. 存储保管特性	□干货　□冷冻　□冷藏
	4. 温湿度需求特性	＿＿＿＿℃＿＿＿＿%
	5. 内容物特性	□坚硬　□易碎　□松软　□其他
	6. 装填特性	□规则　□不规则
	7. 可压缩性	□可　□否
	8. 有无磁性	□有　□无
	9. 单品外观	□方形　□长条形　□圆筒形　□不规则　□其他
单品规格	1. 重量	＿＿＿＿（单位：　）
	2. 体积	＿＿＿＿（单位：　）
	3. 尺寸	长＿＿＿＿×宽＿＿＿＿×高＿＿＿＿（单位：　）
	4. 物品基本单位	□个　□包　□条　□瓶　□其他
基本包装单位规格	1. 重量	＿＿＿＿（单位：　）
	2. 体积	＿＿＿＿（单位：　）
	3. 外部尺寸	长＿＿＿＿×宽＿＿＿＿×高＿＿＿＿（单位：　）
	4. 基本包装单位	□箱　□包　□盒　□捆　□其他
	5. 包装单位个数	＿＿＿＿（个/包装单位）
	6. 包装材料	□纸箱　□捆包　□金属容器　□塑料容器　□袋　□其他
外包装单位规格	1. 重量	＿＿＿＿（单位：　）
	2. 体积	＿＿＿＿（单位：　）
	3. 外部尺寸	长＿＿＿＿×宽＿＿＿＿×高＿＿＿＿（单位：　）
	4. 基本包装单位	□托盘　□箱　□包　□其他
	5. 包装单位个数	＿＿＿＿（个/包装单位）
	6. 包装材料	□包膜　□纸箱　□金属容器　□塑料容器　□袋　□其他

表4-2　物流中心储运单位组合分析

入库单位	存储单位	拣货单位
P	P	P
P	P, C	P, C
P	P, C, B	P, C, B
P, C	P, C	C
P, C	P, C, B	C, B
C, B	C, B	B

注：P：托盘　C：箱　B：单品。

3. 销售额变动趋势分析

物流中心配送能力的规划目标，需利用过去的经验值来预估未来趋势的变化。因此在物流中心的规划时，首先需针对历史销售资料或出货资料进行分析，以了解出货量的变化特征与规律。订单分析过程的时间单位视资料收集范围及广度而定。对于预测未来发展趋势，以一年为单位；对季节变化预测，则以月为单位；分析月或周内变化倾向，则以天为单位。常用的分析方法有时间序列分析法、回归分析法和统计分析法等。

例如，总分析一个年度订单量变化，选月份为时间单位，取为横轴，而纵轴代表销售量，对此按时间序列进行分析，包括长期趋势变化、季节变化、循环变化和不规则变化 4 种情况。根据不同的变化趋势，预测市场情况，从而制订销售计划。

（1）长期渐增趋势如图 4-2 所示。还应结合更长周期的成长趋势加以判断。规划时以中期需求量为依据，若需考虑长期渐增的需求，则可预留空间或考虑设备的扩充弹性，以分期投资为宜。

（2）季节变化趋势如图 4-3 所示。如果季节变动的差距超过 3 倍，可考虑部分物品外包或租赁设备，以避免过多的投资造成淡季的设备闲置，另外，在淡季应争取互补性的物品业务，以增加设备的利用率。

（3）循环变化趋势如图 4-4 所示。其变化周期以季度为单位，若峰值与谷值差距不大，可以峰值进行规划，后续分析仅以一个周期为单位进行。

（4）不规则变化趋势如图 4-5 所示。系统较难规划，宜采用通用设备，以增加设备的利用弹性。

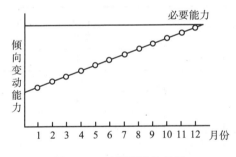

图 4-2 长期渐增趋势图

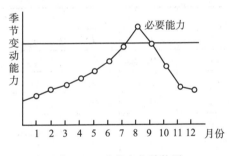

图 4-3 季节变化趋势图

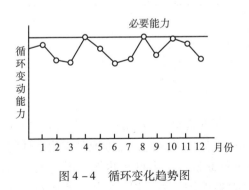

图 4-4 循环变化趋势图

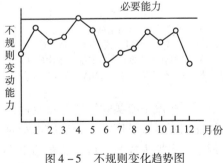

图 4-5 不规则变化趋势图

4. 订单品项和数量分析

众所周知，订单是物流中心的生命线，如果没有订单，物流中心就失去了存在的意义。

掌握了订单就能了解物流中心的特性。然而订单的品种、数量、发货日期差别很大，其在不断变化，它既是物流中心的活力表现所在，又是难以把握的不确定因素，也就是说物流中心随订单变化而波动。

这样往往使物流中心的规划人员，无论规划新系统还是改造旧系统，都感到无从下手。若能掌握数据分析原则，作出有效的资料组群，简化分析过程，再进行相关分析，得出有益的规划结果，这将对规划人员提供有益的帮助。

日本的铃木震先生倡导 EIQ 规划法用于物流中心的设计规划，颇有成效。EIQ 分析法就是利用订单（Entry）、品项（Item）和数量（Quantity）这三个物流关键要素，来研究配送中心的需求特性，为物流中心提供规划依据。由此可见，EIQ 是物流特性的关键因素。

EIQ 分析法是针对不确定和波动状态的物流系统的一种规划方法。其意义在于根据物流中心的设置目的，掌握物流特性，并依据物流状态（如从物流中心到用户的物流特性）和运作方式，规划出符合实际的物流系统。这种 EIQ 方法能有效地规划出系统的大略框架结构，从宏观上有效掌握系统特色。

在进行订单品项数量分析时，首先应考虑时间范围和单位。在以天为时间单位的数据分析中，主要订单发货资料可分解为表 4－3 的格式。在资料分析时，必须注意统一数量单位，应把所有订单品项的发货量转换成相同的计算单位，如重量、体积、箱或金额等单位。金额单位和价值功能分析有关，多用在货品和储区分类等方面。重量、体积等单位与物流作业有直接密切关系，它将影响整个系统的规划。

表 4－3　EIQ 资料分析格式

发货订单	发货品项						订单发货数量	订单发货品项
	I_1	I_2	I_3	I_4	I_5	…		
E_1	Q_{11}	Q_{12}	Q_{13}	Q_{14}	Q_{15}	—	Q_1	N_1
E_2	Q_{21}	Q_{22}	Q_{23}	Q_{24}	Q_{25}	—	Q_2	N_2
E_3	Q_{31}	Q_{32}	Q_{33}	Q_{34}	Q_{35}	—	Q_3	N_3
…	—	—	—	—	—			
发货量	$Q_{\cdot 1}$	$Q_{\cdot 2}$	$Q_{\cdot 3}$	$Q_{\cdot 4}$	$Q_{\cdot 5}$			$N_{\cdot}$
发货次数	K_1	K_2	K_3	K_4	K_5			$K_{\cdot}$

注：Q_1（订单 E_1 的发货量）＝ $Q_{11} + Q_{12} + Q_{13} + Q_{14} + Q_{15} + \cdots$

　　$Q_{\cdot 1}$（品项 I_1 的发货量）＝ $Q_{11} + Q_{21} + Q_{31} + Q_{41} + Q_{51} + \cdots$

　　N_1（订单 E_1 的发货项数）＝计数（Q_{11}，Q_{12}，Q_{13}，Q_{14}，Q_{15}，$\cdots$）>0 者

　　K_1（品项 I_1 的发货次数）＝计数（Q_{11}，Q_{21}，Q_{31}，Q_{41}，Q_{51}，$\cdots$）>0 者

　　$N_{\cdot}$（所有订单的发货总项数）＝计数（$K_1 + K_2 + K_3 + K_4 + K_5 + \cdots$）$>0$ 者

　　$K_{\cdot}$（所有产品的总发货次数）＝ $K_1 + K_2 + K_3 + K_4 + K_5 + \cdots$

要了解物流中心实际运作的物流特性，只分析一天的资料是不够的。但若分析一年的资料，往往因资料数量庞大，分析过程费时、费力而难以做到。为此，可选取具有代表性的某个月或某个星期为样本，以一天的发货量为单位进行分析，找出可能的作业周期和波动幅度。若各周期中出现大致相同的发货量，则可缩小资料范围。如一周内发货量集中在星期五和星期六，一个月集中在月初或月末，一年集中在某一季度发货量最大。这样可求出作业周期和峰值时间。总之，尽可能将分析资料缩到某一个月份、一年中每月的月初第一周或者一

年中每周的周末，如此取样可节省许多时间和人力，又有代表性。

1）订单量 EQ 分析

通过对订单量的分析可以了解每张订单的订购量分布情况，从而可以决定处理订单的原则、拣货系统的规划、发货方式和发货区的规划。一般是以对营业日的 EQ 分析为主，表 4 – 4 为对订单量分析后的统计规则及相应的规则要点。

表 4 – 4　EQ 订单统计规则及规划要点

订单统计规则	订单量分布趋势两极化	大部分订单量相近，仅少部分有特大量或特小量	订单量分布呈递减趋势，无特别集中于某些订单或范围	订单量分布相近，仅少量订单量较少	订单量集中于特定数量而无连续性渐减，可能为整数（箱）发货，或为大件、少量发货
规则要点	规则时可采用 ABC 分类，少数而量大的订单可作重点管理，相关拣货设备使用也可分级	可以对主要量分布范围进行规划，少数差异较大者可以特例处理，但必须规范特例处理模式	系统较难规划，宜规划通用设备，以增加运用的弹性，货位也以易调度为宜	可区分为两种类型，部分少量订单可以批次处理或以零星拣货方式规划	可以较大单元负载单位规划，而不考虑零星发货

EQ 分布图形对规划存储区的拣货模式都有重要参考价值。当订单量分布趋势越明显时，分区规划越容易。否则应以柔性较强的设计为主。EQ 量很小的订单数所占比例大于 50% 时，应把这些订单另外分类，以提高效率。

2）品项数量 IQ 分析

通过对品项数量分析，可以知道各种商品发货量的分布情况，有利于分析商品的重要性和运输情况，同时可应用于仓储系统的规划选用、储位空间的估算、拣货方式及拣货区规划。在设计储区时多以时间周期为一年的 IQ 分析为主。表 4 – 5 为对品项数量分析后的统计规则及相应的规则要点。

表 4 – 5　IQ 统计规则及规划要点

品项数量统计规则	订单量分布趋势两极化	大部分订单量相近，仅少部分有特大量或特小量	订单量分布呈递减趋势，无特别集中于某些订单或范围	订单量分布相近，仅少量订单量较少	订单量集中于特定数量而无连续性渐减，可能为整数（箱）发货，或为大件、少量发货
规则要点	规则时可将商品分类按储区存储，各类商品存储单位、存货水平可设定为不同的水平	可以采取同一规格的存储系统及定位存储系统，少数差异较大者可以特例处理	系统较难规划，宜规划通用设备，以增加运用的弹性，货位也以易调度为宜	分为两种类型，部分少量物品可用轻型存储设备存放	可以较大单元负载单位规划，或重量型存储设备规划，但仍需配合商品特性加以考虑

EQ 分布图形和 IQ 分布图形的类型分析十分相似，常见 EQ 和 IQ 类型分析如下。

（1）Ⅰ型。EQ 和 IQ 的分布图类型如图 4 – 6 所示。此为一般物流中心的常见模式。

EQ 分析。由于订货量分布趋于两极化，可利用 ABC 分析法作进一步分类。规划时可将订单分级处理，少数量大的订单可进行重点管理，相关拣货设备的使用亦可分级。

IQ 分析。由于订货量分布趋两极化，可利用 ABC 分析法作进一步分类。规划时可将物品按存储区分类存储，不同类型的物品可设不同水平的存储单位。

（2）Ⅱ型。EQ 和 IQ 的分布图类型如图 4 - 7 所示。该类型的特点是大部分订单量（或发货量）相近，仅少数有特大量及特小量。

EQ 分析。可以主要量分布范围进行规划，少数差异较大者进行特例处理。

IQ 分析。可以同一规格的存储系统和定址型储位进行规划，少数差异较大者进行特例处理。

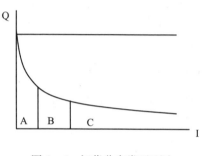

图 4 - 6　订货分布类型Ⅰ图

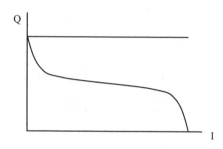

图 4 - 7　订货分布类型Ⅱ图

（3）Ⅲ型。EQ 和 IQ 的分布图类型如图 4 - 8 所示。该类型的特点是订单量（或发货量）分布呈渐减趋势，无特别集中于某些订单或范围。

EQ 分析。系统较难规划，宜规划通用设备，以增加设备柔性。

IQ 分析与 EQ 分析相同。

（4）Ⅳ型。EQ 和 IQ 的分布图类型如图 4 - 9 所示。该类型的特点是订单量（或发货量）分布相近，仅少数订单量（或发货量）较少。

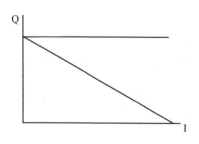

图 4 - 8　订货分布类型Ⅲ图

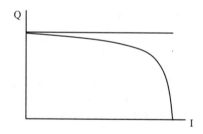

图 4 - 9　订货分布类型Ⅳ图

EQ 分析。可区分为两种类型，部分少量订单可以批次处理或零星方式拣货规划。

IQ 分析。可区分为两种类型，部分少量物品可用轻型存储设备存放。

（5）Ⅴ型。EQ 和 IQ 的分布图类型如图 4 - 10 所示。该类型的特点是订单量（或发货量）集中于特定数量，且为无连续性渐减，可能为整数发货或为大型物件的少量发货。

EQ 分析。可以较大单元负载单位规划，而不考虑零星发货。

IQ 分析。可以较大单元负载单位或重量型存储设备规划，但仍需考虑物品特性。

一般来说，在规划存储区时多以时间周期为一年的 IQ 分析为主，在规划拣货区时还要参考单日的 IQ 分析。通过对单日和全年旧数据的分析，结合发货量和发货频率的相关分析，使整个仓储拣货系统的规划更符合实际情况。

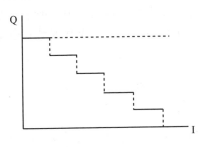

图 4 – 10　订货分布类型 V 图

5. 货态调查分析

货态调查分析是决定物流中心规模必须进行的重要工作之一。作为调查分析的内容是按各大工程类别分类，用货态图和表格进行调查分析，并把它们换算成共同的单位，以方便物流过程中的搬运工作。物流中心规划中常见的货态调查分析内容如下。

1）进货与入库状态

汽车散装的货态分为货箱、集装箱和散装，其共同单位为体积、底面积和重量。汽车装载单元的货态分为平托盘、箱式托盘和筐式台车，其共同单位为体积、底面积和重量。

2）保管状态

零件保管的货态分为箱式货架，其共同单位为体积、底面积和重量；旋转货柜，其共同单位为件数和物品数；旋转货架，其共同单位为箱数、件数和条数。

箱式保管的货态分为箱式货架和覆盖型货架，其共同单位为箱数和条数。单元保管的货态分为箱式货架，其共同单位为托盘数和层数；托盘货架，其共同单位为托盘数、货格数和层数；筐式台车，其共同单位为台车数。

3）出库物品状态

单件出库的货态分为板式、箱和其他形式，其共同单位为板数、体积和重量。

整箱出库的货态为箱，其共同单位为箱数、体积和重量。

单元出库的货态分为平托盘、箱式托盘和筐式台车，其共同单位为面积和重量。

4）分类样式

料箱分类的货态为箱和集装箱，其共同单位为箱数和集装箱数。

物品分类样式与物品出库状态相同。

5）出库尺寸

箱装的货态为箱，其共同单位为箱数、体积和重量。

单件装的货态为个数，其共同单位为件数、重量和换算数（换算数就是把某种物品的尺寸换算成一个标准件的系数）。

以上为基本规划资料的定量分析。这里重申，基本规划资料的定量分析相当重要，如果这些数据不可靠，将导致所建物流中心的战略性错误。从某种意义上说，正确的调查分析是设计物流中心的关键。

4.3 物流中心总体规模确定

物流中心建设规模的确定是物流中心规划建设中一项十分重要的内容，合理确定物流中心建设规模对于物流中心日后的市场定位、运作与管理具有重要的影响，关系到物流中心建设项目的成功与否。

4.3.1 影响物流中心规模的主要因素

1. 物流中心在供应链中的位置

供应链是指在生产及流通过程中，为将货物或服务提供给最终消费者而创造价值，联结上游与下游而形成的组织网络。为了提高效率、降低成本，供应链中的物流活动应该按照专业化原则进行组织，以物流中心为基础组织物流就是这种专业化要求的具体体现。

2. 物流中心的性质

与自用型物流中心相比，公共型物流中心面对的客户更加广泛，供应链中的任何成员均可成为客户，而不同的供应链成员的物流服务需求是很不相同的，并且无论从物流服务需求方来说还是从提供方来说，对提供的每一项物流服务都要用专业水准来衡量，这就决定了公共型物流中心经营管理的复杂性。

3. 物流中心处理的商品种类

物流中心的功能设计要与商品的特性相吻合，物流中心能处理的商品种类总是有一定限制的。比如，国外有专门的服装物流中心、电器物流中心、食品物流中心、干货物流中心、生鲜商品物流中心、图书物流中心等，有的甚至是专门处理某一更小类别商品的物流中心。试图建立一个能满足所有商品物流需要的物流中心是不实际的，因为物流中心处理不同的商品时需要有一些专用的设施，一个物流中心没有必要也不可能配备能处理所有商品的物流设施和设备，哪怕是公共型的物流中心。现在也有分工越来越细的趋势，设施设备的配置除了要考虑需求外，还要考虑物流作业规模及作业批量等因素。

4. 物流中心的经营管理模式

公共型物流中心可以按照如下模式建设、经营和管理：由一家公司（项目发展商）对物流中心项目进行总体策划；由该公司聘请专家进行可行性论证和功能、作业流程、管理制度设计；请专业设计公司进行工程设计并编制项目总体设计方案，发展商按专业设计公司提交的总体设计方案组织项目建设的招标。

5. 区域物流中心的数量

区域物流中心的数目少，物流功能比较集中，物流成本一般较低，物流中心规模较大方能满足物流要求。反之，物流中心的数目多，物流服务网点分散，集散迅速，物流服务水准一般较高，平均物流中心的规模应小一些，节约投入资本，但物流成本一般也较高。日本是土地资源稀缺的国家，其物流中心的平均规模因物流中心类型不同而不同，区域物流中心约 15 000 m^2，在首都圈、近圈、中部圈三大都市圈最大的可达 100 000 m^2，物流中心一般约 7 000 m^2，最大的可达 50 000 m^2，三大都市圈以外的地区其物流中心规模都要小一些。

6. 物流中心的市场需求

对现有的调研资料进行分析、选择合理的预测方法，对物流中心的物流市场的需求进行预测，包括物流中心所在地的各种运输方式的货运量、仓储及配送能力的需求及该地区的重点企业的状况等进行分析和预测。

因此，物流中心投资建设主体，应根据市场总容量、发展趋势及领域竞争对手的状况，决定物流中心的规模。规模确定方法应注意两方面的问题：①要充分了解社会经济发展的大趋势，地区、全国乃至世界经济发展的预测，预测范围包含中、长期内容；②要充分了解竞争对手的状况，如生产能力、市场占有份额、经营特点、发展规划等。因为市场总容量是相对固定的，不能正确地分析竞争形势就不能正确地估计出自身能占有的市场份额。如果预测发生大的偏差，将导致设计规模过大或过小。估计偏低，将失去市场机遇或不能产生规模效益；估计偏高，将造成多余投资，从而使企业效率低下，运营困难。

4.3.2　物流中心建设规模确定方法思路

物流中心规模如何确定引起了国内外专家们的广泛关注和研究，然而，目前还没有一套较为可行的办法来确定物流中心的合理规模，即使对于具体的物流基础设施合理规模如何确定，也没有一套较为成熟的方法，对于物流中心规模的确定仍处于探索阶段。这在一定程度上带来了物流中心的重复建设，运作效果不理想等问题。通过归纳国内外相关文献，总结出如下三种物流中心建设规模确定方法。

1. 经验估算法

1）确定当前及未来物流量要求

如为扩改建物流中心，则需调查当前物流量，包括每月产值、入库峰值系数（一般取 1.2）、商品的在库月数（如半个月、一个月）、出库峰值系数（一般取 1.4）等。确认这些项目时，通常以备齐商品的品种作为前提，根据商品数量的 ABC 分析，使 A 类商品备齐率为 100%、B 类商品为 95%、C 类商品为 90%，由此来概算物流中心的平均存储量和最大存储量。如果为新建物流中心，则直接估算当前物流需求。

2）考虑未来物流需求要求

估算未来各种商品的年增长率及未来物流中心的发展目标，确定未来物流中心的综合服务水平。

3）估算占地面积

一般来说，物流中心可分为物流生产区、辅助生产区和办公生活区等。在总体规模设计时，首先根据以下指标来概算物流生产区的建筑面积。

（1）存储保管作业区——单位面积作业量：0.7　0.9 t/m^2。

（2）收验货作业区——单位面积作业量：0.2　0.3 t/m^2。

（3）拣选作业区——单位面积作业量：0.2　0.3 t/m^2。

（4）配送集货作业区——单位面积作业量：0.2　0.3 t/m^2。

（5）辅助生产建筑面积为物流中心建筑面积的 5%　8%。

另外，还有办公、生活建筑面积为物流中心的 5% 左右。于是，物流中心总的建筑面积便可大体确定。再根据城市规划部门对建筑覆盖率和建筑容积率的规定，可基本上估算出物流中心的占地面积。

2. 综合评判方法

综合评判方法主要是充分利用多位专家的知识、经验和能力，在对各评价目标和影响目标的各种影响因素综合分析的基础上，对各评价目标进行综合评价与择优。在物流中心总规模确定的情况下，各具体物流中心的规模在总规模中的分摊比例确定的思路是：①由每位专家在 AHP 法的基础上，各自对影响物流中心规模确定的各种影响因素针对某一个物流中心构造两两比较判断矩阵，得到基于该物流中心的各位专家给出判断矩阵下的各影响因素的权重向量，然后，采用权重合成方法，把各个专家的各影响因素的权重向量进行合成；②对各影响因素中的定量指标和定性指标按不同的方法针对该物流中心进行评分，得到该物流中心的各影响因素评分向量；③合成的权重向量乘以评分向量，即得到该物流中心的综合评分值。根据该物流中心的综合评分值在所有物流中心综合评分总值中的比例，作为该物流中心的规模在总规模中的分摊比例。

3. 协调系数法

在确定物流中心合理规模影响因素后，通过物流中心未来物流需求的分析与预测，利用协调发展理论中的协调系数的确定方法，确定本文中物流中心建设规模与经济协调发展的协调系数，构建物流中心合理规模确定模型。

"协调"是一个内涵明确而外延不明确的模糊概念。在评价一个系统的协调状况时，不能仅以"协调"、"不协调"做结论。事实上，更多的系统的协调状况都是处于这两者之间。为此，构建一个表示两者"协调"程度的指标，即协调系数非常重要。通过协调系数，不但可以描述系统协调发展的程度，而且还可以逐层地进行因素分析，找出不协调的原因，为制定协调发展战略提供依据。

学者们根据研究的需要，提出了很多计算协调系数的方法，并把它们应用到多系统协调发展评价、协调性分析等方面。这些方法为本文的研究提供了理论基础，概括起来主要有以下三种类型。

1）以弹性系数定义来计算协调系数

在经济学中，弹性系数表示两个经济变量各自变化的百分比之间的比率。如需求价格弹性，表示需求变动的百分数与价格变化的百分数之比。两个百分数的比在量纲上是一致的，都是无量纲变量。这样定义的协调系数实质是以一种预期目标值表示协调系数，即达到这个目标值就是协调，而达不到这个目标值就是不协调。这是人们对于一种好的期望效果的预期值。

2）以增长率定义来计算协调系数

在以弹性系数形式定义的协调系数中，协调表示的是一种理想状态或非理想状态。而以协调增长率来定义协调系数，协调表示的就是协调的过程所需要增加的工作量，如工期、资源投入等的百分数。

3）以模糊数学中的隶属度概念定义来计算协调系数

协调可以应用模糊集合论的概念对它进行分析。学者们采用模糊集合论计算协调系数的方法，将概率论、模糊数学、回归分析模型等方法有机地结合起来，形成了一个与概率密度函数意义类似的协调系数概念。这种方法在实证分析中得到了较多的应用。

根据物流中心规模与经济协调发展的协调系数，确立物流基础设施网络合理规模确定模型可以表示为：

$$LCS = \frac{LD^*}{HC} \tag{4-1}$$

式中：LCS——表示待建物流中心规模；
　　　HC——类比物流中心规模与经济协调发展的协调系数；
　　　LD*——待研究区域的物流需求。

4.4　物流中心作业流程分析与设计

4.4.1　物流中心作业流程设计指导思想和原则

1. 指导思想

物流中心作业的指导思想为：以客户服务为中心，做到"两好"、"四快"、"四统一"。

"两好"为：客户服务好、在库货物保管好。

"四快"为：入库验收快、出库发运快、财务结算快、解决问题快。

"四统一"为：统一服务标准、统一流程、统一单证、统一岗位。

2. 作业设计原则

物流中心作业的基本原则是准确、及时、经济、安全。

1）准确

如实反映货物的数量、规格、型号及质量情况。对于存储期间的货物要勤检查，发现问题及时采取措施。加强对存储货物的维护和保养，确保货物在库存储期间数量不短缺、使用价值不改变，实现在库货物的数量和质量都符合准确可信的要求。

2）及时

快进、快出，在规定时间内保质、保量地完成收货、验收、出库、结算等项任务。即一方面充分做好进货准备工作，安排好货物入库的场地、货位和垛型，不压车、压线，及时验收、堆码、签单入库，做到快而不乱、既快又准；另一方面，合理安排和组织备货人员和机械设备，提高装卸、发运、托运、签单速度并做好出库的复核、点交工作，不发生错发、串发等事故。

3）经济

合理调配和使用人力、设备，充分利用仓容，提高作业效率。加强经济核算，节约费用和开支，降低物流作业成本。

4）安全

贯彻"安全第一、预防为主"的安全生产方针，消除货物保管及作业中的一些不安全因素。物流中心要把防火、防盗、防自然灾害、防腐变残损，确保货物、仓储设施、机械设备和人身安全作为作业工作的重中之重。

3. 多仓库网点细物流中心的作业管理原则

针对有多个仓库网点的物流中心，在作业管理上应该坚持"四统原则"。

1）统一服务和作业标准

从客户至上、优质高效的服务宗旨出发，切实方便客户，改善物流中心各仓库网点的服务功能、简化手续。例如，对客户实行"一票到底"的服务，即所有提货、送货业务（包括单据验证、结算、收费、办理代理服务等）手续均在业务服务大厅一次办理完成（特殊情况例外），切实改变部门设置不合理、办事手续烦琐，造成客户往返找人、等待时间长、提送货物难的状况。

2）统一和规范作业流程

从提高物流中心整体管理水平和服务档次的角度出发，根本上改变各仓库网点分散作业的传统形象，统一和规范作业流程，使业务运作更加科学、合理、高效、严谨，从而创立统一的服务品牌。

3）统一作业单证

在物流中心全系统内，实行各种主要业务单证的规范和统一，同时规范、明确各类单证在业务中的流转、使用方法和要求。改变长期以来各仓库网点普遍存在的单证格式不统一、无单证、使用不规范、不便管理的现状。统一作业单证，不仅便于规范使用与管理，也便于计算机系统的应用。

4）统一部门和岗位设置

在物流中心全系统内统一、规范设立业务部门和岗位职责。按业务需要和发展设岗，以岗位需要定员和选人。同时强化业务流程中各岗位间的衔接、监控机制，确保业务流程的严谨合理和安全可靠。

4.4.2 物流中心的作业流程设计

物流系统的规划是一个系统工程，要求规划的物流中心合理化、简单化和机械化。所谓合理化就是指各项作业流程具有必要性和合理性。所谓简单化是指整个系统的物流作业简单、明确和易操作，并努力做到作业标准化。所谓机械化是指规划设计的现代物流系统应力求减少人工作业，尽量采用机械或自动化设备来提高生产效率，降低人为因素可能造成的错误。

物流中心的主要活动是订货、进货、发货、仓储、订单拣货和配送作业。首先要确定物流中心主要活动及其程序之后，才能规划设计。有的物流中心还要进行流通加工、贴标签和包装等作业。当有退货作业时，还要进行退货品的分类、保管和退回等作业。

在如图4-11所示的一般物流中心作业流程设计中，作业流程可分为进货流程、发货流程、退货流程。进货流程包括库存管理、采购、供货厂商发货、进货和入库等；发货流程包括配送需求、订单处理、拣货、配送和验核签收等；退货流程包括退货需求、退货分类、责任确认和退货处理等。

在经过基本资料分析和基本条件设定之后，便可针对物流中心的特性进一步分析，并制定合理的作业流程，以便规划设计空间和选用设备。通过对各项作业流程的合理化分析，从而去掉不合理和不必要的作业，力求剔除物流中心可能出现的不必要的计算和处理程序，使得规划出的物流中心尽量减少重复堆放所引起的搬运翻堆和暂存等工作，以提高物流中心的效率。

另外，如果储运单位过多，应将各储运单位予以分类合并，避免在内部作业过程中出现过多的储运单位转换。其做法是以标准托盘或储运转为容器，把体积、外形差别大的物品归类成相同标准的储运单位。这样，可以简化物流中心的作业流程。

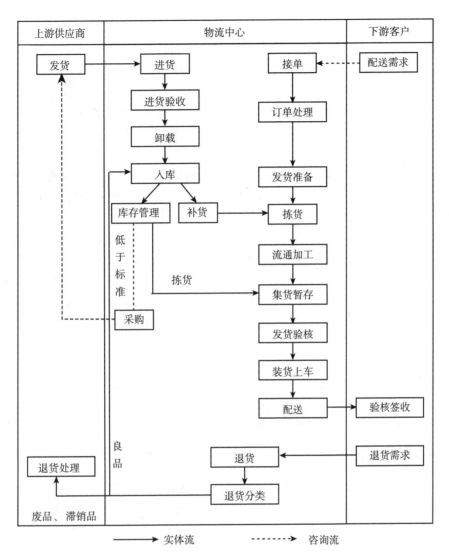

图 4 - 11 一般类型物流中心作业流程设计

4.5 作业区域划分与功能规划

4.5.1 作业区域总体分类

在作业流程规划后，可根据物流中心运营特性进行作业区域规划，作业区域规划包括作业区域划分与区域能力规划。

根据作业区性质，物流中心作业区域包括物流作业区（如装卸货、入库、订单拣取、出库、发货等作业）、辅助作业区域和建筑外围区域三部分。与物流作业区域相对应，辅助作业区域和建筑外围区域也统称为周边辅助活动区域。

1. 物流作业区域的布置

以物流作业为主，仅考虑物流相关作业区域的配置形式，由于物流中心内的基本作业形态大部分为流程式作业，不同订单具有相同的作业程序，因此适合以生产线式的布置方法进行配置规划。若是订单种类、物品特性或拣取方法有很大的差别，则可以考虑将物流作业区域分为数个不同形态的作业线，以区分处理订单内容，再经由集货作业予以合并，如此可有效率地处理不同性质的物流作业，这有些类似于传统制造工厂中群组布置的观念。

2. 辅助作业区域的布置

除了物流作业以外，物流中心还包含一些管理或行政性的辅助作业区域。这些区域与物流作业区之间无直接流程性的关系，因此适合以关系型的布置模式作为区域布置的规划方法。此时的配置模式有两种参考的方法。

（1）可视物流作业区为一个整体性的活动区域，分析各辅助作业区域及物流作业区域之间的相关活动关系，以决定各区域之间相邻与否的程度。

（2）将物流作业区域内各个作业区域分别独立出来，与各辅助作业区域一起综合分析其原则上采用第一种方法较为简便，可以减少相关分析阶段各区域间的复杂度。但是由于配置方位与长宽比例的限制会增加，因此配合规划者的经验判断，仍需作适当的人工调整，或者以人工排列方式取得初步的布置方案。

3. 建筑外围区域的布置

建筑内的相关区域布置完成后，还需对建筑外围的相关区域，如厂区通道、停车场、对外出人大门及联外道路形式等，规划整个物流中心的厂区布置。在建筑外围区域布置时，特别需要注意未来可能的扩充方向及经营规模变动等。

4.5.2 作业区域功能规划

按照物流中心功能，物流中心作业区域进一步细分为：一般性物流作业区；退货物流作业区；换货补货作业区；流通加工作业区；物流配合作业区；仓储管理作业区；厂房使用配合作业区；办公事务区；劳务活动区；厂区相关活动区。下面逐一分析各作业区的作业项目、性质和规划区位。

1. 一般性物流作业区

1）车辆进货

作业功能：物品由运输车辆送入物流中心，并且车辆停靠在卸货区域。

规划区位：进货口或进发货口。

2）进货卸载

作业功能：物品由运输车辆卸下。

规划区位：卸货平台或装卸货平台。

3）进货点收

作业功能：进货物品清点数量或品检。

规划区位：进货暂存区或理货区。

4）理货

作业功能：进货物品拆柜、拆箱或堆栈以便入库。

规划区位：进货暂存区或理货区。

5）入库

作业功能：物品搬运送入仓储区域存储。

规划区位：库存区或拣货区。

6）调拨补充

作业功能：配合拣货作业将物品移至拣货区域或调整存储位置。

规划区位：库存区或补货区。

7）订单拣取

作业功能：依据订单内容与数量拣取发货物品。

规划区位：库存区、拣货区或散装拣货区。

8）分类

作业功能：在批次拣货作业下，按集合或按客户将货物分类输送。

规划区位：分类区或拣货区。

9）集货

作业功能：按订单分割拣货后集中配送货物。

规划区位：分类区、集货区或发货暂存区。

10）流通加工

作业功能：根据客户需求另行处理的流通加工作业。

规划区位：分类区、集货区或流通加工区。

11）品检

作业功能：检查发货物品的品质及数量。

规划区位：集货区、发货暂存区或流通加工区。

12）发货点收

作业功能：确认发货物品的品项数量。

规划区位：集货区或发货暂存区。

13）发货装载

作业功能：发货物品装到运输配送车辆。

规划区位：装货平台或装卸货平台。

14）货物运送

作业功能：车辆离开物流中心进行配送。

规划区位：发货口或进发货口。

2. 退货物流作业区

1）退货

作业功能：客户退回货物至物流中心。

规划区位：进货口或退货卸货区。

2）退货卸货

作业功能：退回货物由运输车辆卸下。

规划区位：卸货平台或退卸货平台。

3）退货点收

作业功能：清点退货物品的品项数量。

规划区位：退货卸货区或退货处理区。

4）退货责任确认

作业功能：退货原因及物品的可用程度确认。

规划区位：退货处理区或办公区。

5）退货良品处理

作业功能：退货中属于良品的处理作业。

规划区位：退货处理区或退货良品暂存区。

6）退货瑕疵品处理

作业功能：退货中有瑕疵但仍可用的物品处理作业。

规划区位：退货处理区或瑕疵品暂存区。

7）退货废品处理

作业功能：退货中属于报废品的处理作业；

规划区位：退货处理区或废品暂存区。

3. 换货补货作业区

1）退货后换货

作业功能：客户退货后仍换货或补货的处理作业。

规划区位：办公区。

2）误差责任确认

作业功能：物品配送至客户产生误差或短少的处理。

规划区位：办公区。

3）零星补货拣取

作业功能：对于量少的订单或零星补货的拣货作业。

规划区位：拣货区或散装拣货区。

4）零星补货包装

作业功能：对于量少的订单或零星补货所需另行包装的包装作业。

规划区位：散装拣货区或流通加工区。

5）零星补货运送

作业功能：对于量少的订单或零星补货所需另行配送的运输作业。

规划区位：发货暂存区或装货平台。

4. 流通加工作业区

1）拆箱

作业功能：根据单品拣货需求的拆箱作业。

规划区位：散装拣货区或流通加工区。

2）裹包

作业功能：根据客户需求将物品重新包装。

规划区位：流通加工区或集货区。

3）多种物品集包

作业功能：根据客户需求将数件数种物品集成小包装。

规划区位：流通加工区或集货区。

4）外箱包装

作业功能：根据运输配送需求将物品装箱或以其他方式外部包装。

规划区位：流通加工区或集货区。

5）发货物品称重

作业功能：根据运输配送需求或运费计算所需的发货物品的称重作业。

规划区位：流通加工区、称重作业区或发货暂存区。

6）印贴条形码文字

作业功能：根据客户需求在发货物品外箱或外包装物印制有关条形码文字。

规划区位：流通加工区或分类区。

7）印贴标签

作业功能：根据客户需求印制标签并贴附在物品外部。

规划区位：流通加工区或分类区。

5. 物流配合作业区

1）车辆货物出入管制

作业功能：进货或发货车辆出入物流中心的管制作业。

规划区位：厂区大门。

2）装卸车辆停泊

作业功能：进货或发货车辆在没有装卸平台可用时临时停靠或回车的作业；

规划区位：运输车辆停车场或临时停车位。

3）容器回收

作业功能：配合储运箱或托盘等容器的流通使用作业。

规划区位：卸货平台、理货区或容器回收区。

4）容器暂存

作业功能：空置容器暂存及存取使用作业。

规划区位：容器暂存区或容器存储区。

5）废料回收处理

作业功能：拣选、配送和流通加工过程中所产生的废料处理作业。

规划区位：废料暂存区或废料处理区。

6. 仓储管理作业区

1）定期盘点

作业功能：定期对物流中心库存区物品进行盘点的作业。

规划区位：库存区和拣货区。

2）不定期抽盘

作业功能：不定期按照物品种类轮流抽盘的作业。

规划区位：库存区。

3）到期物品处理

作业功能：针对已超过使用期限的物品所进行的处理作业。

规划区位：库存区或废品暂存区。

4）即将到期物品处理

作业功能：针对即将到期的物品所进行的分类标示或处理作业。

规划区位：库存区。

5）移仓与储位调整

作业功能：针对需求变化与品项变动所进行的库存区调整与移仓作业。

规划区位：库存区与调拨仓储区。

7. 厂房使用配合作业区

1）电气设备

作业功能：电气设备机房的安装与使用作业。

规划区位：变电室、配电室和电话交换室。

2）动力及空调设备使用

作业功能：动力及空调设备机房的安装与使用作业。

规划区位：动力室、空压与空调机房。

3）安全消防设备

作业功能：安全消防设施的安装与使用。

规划区位：安全警报管制室。

4）设备维修工具器材存放

作业功能：设备维修保养与一般作业所需器材和工具的存放。

规划区位：设备维修间、工具间和器材室。

5）一般物料存储

作业功能：一般消耗性物料文具品的存储。

规划区位：物料存放间。

6）人员出入

作业功能：工作人员出入物流中心的区域。

规划区位：大厅、走廊和出入口。

7）搬运车辆通行

作业功能：搬运车辆在库存区内的通行。

规划区位：主要及辅助通道。

8）楼层间通行

作业功能：人员在楼层间的通行，物料在楼层间的搬运活动。

规划区位：电梯与物料暂时放置空间。

9）搬运设备停放

作业功能：机械搬运设备非使用时的停放空间。

规划区位：搬运设备停放区。

8. 办公事务区

1）办公活动

作业功能：物流中心各项事务性办公活动。

规划区位：主管办公室、一般办公室与总机室。

2）会议及培训活动

作业功能：一般会议活动与内部人员的培训活动。

规划区位：会议室与培训室。

3）资料管理

作业功能：一般公文文件与资料档案的管理活动。

规划区位：档案室、资料室与收发室。

4）计算机系统使用

作业功能：计算机系统操作处理活动与相关计算机档案报表管理。

规划区位：计算机室与档案室。

9. 劳务活动区

1）盥洗

作业功能：员工盥洗及卫生使用。

规划区位：洗浴室与卫生间。

2）员工娱乐及休息

作业功能：供员工休息及娱乐健身的场所。

规划区位：娱乐室、休息室和吸烟室。

3）急救医疗

作业功能：紧急工作伤害和突发疾病的救助活动。

规划区位：医务室。

4）接待厂商来宾

作业功能：接待厂商和客户活动。

规划区位：接待室。

5）员工饮食

作业功能：提供员工用餐的场所。

规划区位：餐厅、厨房。

6）厂商司机休息

作业功能：厂商司机等待作业的临时休息区域。

规划区位：司机休息室。

10. 厂区相关活动区

1）警卫值勤

作业功能：门卫管理和内部警卫值勤的活动。

规划区位：保卫室。

2）员工车辆停放

作业功能：提供员工车辆停放的区域。

规划区位：一般或内部停车场。

3）厂区交通

作业功能：员工车辆进出与通行活动。

规划区位：厂区通道、厂区出入大门。

4）厂区填充

作业功能：厂区内扩充预留地。

规划区位：厂区扩充区域。

5）环境美化

作业功能：物流中心外部形象和美化绿化环境区域。

规划区位：美化绿化环境区域。

4.6 作业区的能力规划

在确定作业区域功能之后，根据其功能设定，进行作业能力的规划，特别是仓储区和拣货区。一般在规划物流中心各区域时，应以物流作业区为主，然后延伸到相关外围区域。而对物流作业区的能力规划，可根据流程进出顺序逐区规划。当缺乏有关资料而无法逐区规划时，可重点对仓储和拣货区进行详细分析与能力规划，再根据仓储和拣货区的能力，进行相应的前后相关作业的能力规划。

4.6.1 仓储区储运能力规划

物流中心仓储区储运能力的规划方法主要有周转率估计法、商品送货频率估计法两种。

1. 周转率估计法

利用周转率估计仓储运转能力的特点是简便快速、实用性强，但不够精确。其计算步骤如下。

（1）年运转量计算。把物流中心的各项进出商品单元换算成相同单位的存储总量，如托盘或标准箱等。这种单位是现在或今后规划的仓储作业的基本单位。求出全年各种物品的总量就是物流中心的年运转量。

（2）估计周转次数。就是估计未来物流中心仓存储量周转率目标。一般情况下，食品零售业年周转约为20 25次，制造业约为12 15次。在建立物流中心时，可针对经营品项的特性、物品价值、附加利润和缺货成本等因素，决定仓储区的周转次数。

（3）计算仓容量。以年运转量除以周转次数便是仓容量，即：

$$仓容量 = 年运转量/周转次数 \qquad (4-2)$$

（4）估计保险系数。考虑到仓储运转的变化弹性，以估计的仓容量乘以保险系数，便是规划仓容量，以适应高峰期的高运转量要求，一般取保险系数为1.1 1.25。如果保险系数取得过高，就相应增加了仓储空间过剩的投资费用。

（5）计算规划仓容量，即：

$$规划仓容量 = 年运转量 \times 保险系数/周转次数 \qquad (4-3)$$

2. 商品送货频率估计法

如果能搜集到各物品的年运转量和工作天数，根据厂商送货频率进行分析，则可计算仓储量。其计算程序如下。

（1）估计每年的发货天数。根据有关分析资料和经验，列出各种仓储物品在一年时段内的发货天数。由于物流中心仓储物品品项太多，既不易分析，也无此必要。因此，将发货天数大致相近物品归为一类，得到按发货天数分类的物品统计表。

（2）年运转量计算。把进出商品换算成相同单位的存储总量，如托盘或标准箱等。这种单位是仓储作业的基本单位。按基本单位分别计算各类物品的年运转量。

（3）计算发货的平均日储运量，即：

$$平均日储运量 = 年运转量/年发货天数 \tag{4-4}$$

（4）估计送货周期。根据厂家送货频率，估计送货周期。如某类物品一年厂家送货 24次，则送货周期为 15 天。

（5）计算仓容量，即：

$$仓容量 = 平均日储运量 \times 送货周期 \tag{4-5}$$

（6）估计保险系数。估计仓储运转的变化弹性，需确定保险系数，其计算与周转率计算法中计算过程相同。

（7）计算规划仓容量，即：

$$规划仓容量 = 平均日储运量 \times 保险系数 \tag{4-6}$$

关于实际工作天数计算有两种基准：一种为每年的实际工作天数；另一种为各产品的实际发货天数。如果能真实求出各产品的实际发货天数，则可计算平均日储运量，这一基准比较接近真实情况。但要特别注意，当部分商品发货天数很小，并集中在少数天数发货时，就会造成仓储量计算偏高，造成闲置储运空间过多，浪费投资。

4.6.2 拣货区的运转能力计算

拣货区是以单日发货品所需的拣货作业空间为主。为此，最主要考虑的因素是品项数和作业面。一般拣货区的规划不包括当日所有发货量，在拣货区货品不足时可以由仓储区进行补货。拣货区运转能力规划计算方法如下。

（1）年拣货量计算。把物流中心的各项进出产品换算成相同拣货单位，并估计各物品的年拣货量。

（2）估计各物品的发货天数。根据有关资料分析各类物品估计年发货天数。

（3）估计放宽比。

（4）计算各物品平均发货天数的拣货量，即：

$$平均发货天数的拣货量 = 各物品年拣货量/年发货天数 \tag{4-7}$$

（5）ABC 分析。对各物品进行年发货量和平均发货天数的拣货量 ABC 分析。根据这种分析，可确定拣货量高、中、低档的等级和范围。在后续的设计阶段，可根据高、中、低档等级的物品类别进行物性分析和分类。这样，根据发货高、中、低档的类别，可确定不同拣货区存量水平。将各类产品的品项数乘以拣货区存量水平，便是拣货区存储量的初估值。

一般来说，假设某物流中心年工作天数为 300 d，把发货天数分成三个等级：200 d 以上，30～200 d 和 30 d 以下三类。把各类物品发货天数分为高、中和低档三组。实际上天数分类范围是根据发货天数分布范围而定的。表 4-6 所示为综合发货天数的物品发货量分类情况。

表4-6 综合发货天数的物品发货量分类

发货天数 发货量分类	高 200 d 以上	中 30　200 d	低 30 d 以下
A. 年发货量和平均日发货量很大	1	1	5
B. 年发货量大，但平均日发货量较小	2	8	—
C. 年发货量小，但平均日发货量较大	—	—	6
D. 年发货量小，但平均日发货量小	3	8	6
E. 年发货量中，但平均日发货量小	4	8	7

此表中有 A　E5 类，根据发货天数的高低，可具体分为以下8类，现在对各类说明如下。

分类1：年发货量和平均日发货的发货量均很大，发货天数很高。这是发货最多的主力物品群。要求拣货区存储量应有固定储位和大的存量水平。

分类2：年发货量大，平均日发货的发货量较小，但是发货天数很多。单日的发货量不大，但是发货天数很频繁。为此，仍以固定储位方式为主，存量水平可取较低一些。

分类3：年发货量和平均日发货的发货量都小。虽然发货量不高，但是发货天数超过200天，是最频繁的少量物品。处理方法是少量存货、单品发货。

分类4：年发货量中等，平均日发货的发货量较小，但是发货天数很多，处理烦琐，以少量存货、单品发货为主。

分类5：年发货量和平均日发货的发货量均很大，但发货天数很少，可集中在少数几天内发货。这种情况可视为发货特例，应以临时储位方式处理为主，避免全年占用储位和浪费资金。

分类6：年发货量和发货天数都较小，但品项数多。为避免占用过多的储位，可按临时储位或弹性储位的方式来处理。

分类7：年发货量中等，平均日发货的发货量较小，发货天数也少。对于这种情况，可视为特例，以临时储位方式处理，避免全年占用储位。

分类8：发货天数在30　200天之间，发货量中等。对于这种情况，以储位方式为主，但存置水平亦为中等。

上述分类可以作为一种参考，在实际规划过程中要根据物流中心的具体情况和商品发货特性来进一步调整。对于年发货量较小的商品，在规划中可省略拣货区。这种情况下，可与仓储区一起规划，即仓储区兼拣货作业区。

4.6.3 物流量平衡分析

物流量平衡分析是以每个独立的物流作业为分析单元，如一般物流作业、运货作业、盘点移仓作业等在各项物流作业活动中对物料从某一区域到另一区域的物料流量大小进行研究。在此必须说明，为了便于研究物流量，必须把不同搬运单位的货物转换成相同的搬运单位。

为了使物流作业有序流畅，物流中心的物品，从采购进货到发货配送的每一项作业，所表现的数目、重量和容量都要保持平衡。因此，必须根据作业流程的顺序，整理各程序的物流量大小，把物流中心内由进货到发货各阶段的物品动态特性、数量和单位表示出来。由于作业时序安排、批次作业的处理周期等原因，可能在作业高峰期产生物流堵塞现象。为了避免这种情况，必须调整规划，使前后作业平衡。通过物流量平衡分析，可调整各作业流程的物流量数值，避免堵塞和脱节，以便达到物流畅通目的。

对于批发型物流中心，其物流量平衡分析的要素如下。

- 进货：采购地个数、数量和进货车台数。
- 保管：托盘数、箱数、件数和项目数。
- 出库：托盘数、箱数、件数和订货家数。
- 流通加工：标价数和箱数。
- 捆包装箱：捆包个数。
- 分类暂存：按线路分个数、作业数和暂存数。

表 4 - 7 所示为物流中心作业流程的物流量平衡分析表。

表 4 - 7 物流中心作业流程的物流量平衡分析表

作业程序	主要规划参数	平均作业频率 ①	规划值 ②	峰值系数 ③	调整性 ④ = ② × ③
进货	进货车台数	10 台/日	7	1.3	9
	进货托盘数	250 盘/日	200	1.2	240
	进货品项数				
	进货厂家数				
存储	托盘数	2 800	2 200	1.2	2 680
	箱数	1 600	1 400	1.2	1 680
	品项数				
拣货	托盘数				
	箱数				
	品项数				
	拣货单数				
	发货品项数				
	发货家数				
集货	发货家数				
	托盘数				
	箱数				
发货	发货车台数				
	发货家数				

4.7 物流中心区域平面布置设计

4.7.1 相关性分析

1. 物流相关性分析

物流相关性分析就是对物流中心各作业区域间的物流距离和物流量进行分析，用物流强度和物流相关表来表示各功能区域之间的物流关系强弱，从而确定各区域的物流相关程度。在对物流流量、物流强度分析时，可以采用从至表计算汇总各项物流作业活动从某区域至另一区域的物流流量或物流强度，作为分析各区域间物流流量或强度大小的依据。若不同物流作业在各区域之间的物料搬运单位不同，则必须先转换为相同单位后，再合并计算其物流流量或强度的总和。

从至表以资料分析所得出的定量单据为基础，目的是分析各作业区域之间的物流流动规模的大小，使设计者在进行区域布置时，避免搬运流量大的作业要经过太长的搬运距离，以减少人力、物力的浪费，并为设计各区域的空间规模提供依据。定量从至表如表4-8所示。

从至表包括物流距离从至表、物流运量从至表、物流强度从至表及物流成本从至表等。具体物流强度从至表的制定过程如下。

（1）依据主要作业流程，将所有作业区域分别以搬运起始区域搬运到达区按同一顺序列表（为方便起见可使用作业编号），画出物流距离从至表。

（2）为了正确地表现各流量之间的关系，需要统一各区域的搬运单位，以方便计算流量的总和。

（3）根据作业流程将物料搬运流量测量值制定物流运量从至表。

（4）根据作业单位对流量和距离的乘积得到物流强度从至表。

根据物流强度，确定物流相关程度等级。物流相关程度等级的划分可采用著名的A、E、I、O、U等级，一般A占总作业单位对的10%，E占20%，I占30%，O占40%，U级代表那些无物流量的作业单位对。

表4-8　物流中心定量从至表

物流作业区域		搬运到达区										合计
		1	2	3	4	5	6	7	8	9	10	
搬运到达区	1											
	2											
	3											
	4											
	5											
	6											
	7											
	8											
	9											
	10											
	合计											

2. 非物流相关性分析

除了物流作业区域外，物流中心内还有一些管理或辅助性的功能区域。这些区域尽管本身没有物流活动，但却与作业区域有密切的业务关系，故还需要对所有区域进行业务活动相关性分析，确定各区域之间的密切程度。

各作业区域间的活动相关关系可以从以下几个方面考虑。

- 程序性的关系：因物料流、信息流而建立的关系。
- 组织与管理上的关系：部门组织上形成的关系。
- 功能上的关系：区域间因功能需要而形成的关系。
- 环境上的关系：因操作环境、安全考虑上需保持的关系。

根据相关要素，可以对任意两个区域的相关性进行评价。评定相关程度的参考因素主要包括人员往返接触的程度、文件往返频度、组织与管理关系、使用共享设备与否、使用相同空间区域与否、物料搬运次数、配合业务流程的顺序、是否进行类似性质的活动、作业安全上的考虑、工作环境改善、提升工作效率及人员作业区域的分布等内容。各作业活动之间的相互关系可以采用定性关联图来分析。在定性关联图中，任何两个区域之间都有将两个区域联系在一起的一对三角形，其中上三角记录两个区域关联程度等级的评估值，下三角记录关联程度等级的理由编号。活动关系关联程度等级包括 A、E、I、O、U 和 X 六种，其比例一般按表 4-9 掌握。关联程度等级评价的主要理由如表 4-10 所示。

表 4-9　作业区域相互关系等级

符　合	A	E	I	O	U	X
意义	绝对重要	特别重要	重要	一般	不重要	禁止靠近
量化值	4	3	2	1	0	-1
比例/%	2　5	3　10	5　15	10　25	45　80	根据需要

表 4-10　关联程度等级理由

编　号	理　由	编　号	理　由
1	工作流程	6	监督和管理
2	作业性质相似	7	作业安全考虑
3	使用相同设施、设备或在同一场地	8	噪声、震动、烟尘、易燃、易爆
4	使用相同文件	9	改善工作环境
5	联系频繁程度	10	使用相同人员

3. 综合相关性分析

综合考虑物流和非物流关系时，要确定两种关系的相对重要性。这一重要性比值用 $m:n$ 来表示，一般不应超过 1:3　3:1。当比值大于 3:1 时，说明物流关系占主导地位，设施布置只考虑物流即可；当比值小于 1:3 时，说明物流的影响很小，只考虑非物流关系即可。实际情况下，根据两者的相对重要性，比值可为 3:1，2:1，1:1，1:2，1:3。

有了此比值、物流相关性等级和非物流相关性等级，就可把各作业区域的密切程度等级按表 4-9 予以量化。

然后用以下公式计算两作业单位 i 和 j 之间的相关密切程度 CR_{ij}：

$$CR_{ij} = mMR_{ij} + nNR_{ij} \tag{4-8}$$

式中：MR_{ij} 和 NR_{ij} ——物流相互关系等级和非物流相互关系等级。

然后就可以按 CR_{ij} 值再来划分综合等级，各档比例还可按表 4-9 控制。这里要注意 X

级的处理。任何一级物流强度与 X 级的非物流关系综合时，不应超过 O 级。对于一些绝对不能靠近的作业单位，相互关系可定为 XX 级。最后，再根据经验和实际约束情况，来适当调整综合相关图。

一般综合相关程度高的区域在布置时应尽量紧临或接近，如出货区与称重区，而相关程度低的区域则不宜接近，如库存区与司机休息室。在规划过程中应由规划设计者根据使用单位或企业经营者的意见，进行综合的分析和判断。

4.7.2 流动模式分析

布置问题的定量分析常见的目标是降低物流成本，这时就要对设施内的流动模式作出分析。流动模式可以分为水平和竖直的，如是单层设施，就只用考虑水平流动模式，多层设施布置时还要考虑竖立模式。但总的来说，水平模式是最基本的。不论布置对象的大小，也不论采用何种原则布置，都要考虑物料的流动模式。

选择流动模式时主要考虑收发口、场地和建筑物的限制、物流强度、通道和运输方式等，实际设施布置的流动规划常常是上述几种模式的组合。物流中心作业区域间的物流路线形式如图 4－12 所示，说明如下。

项次	作业区域物流动线形式	
1	直线式	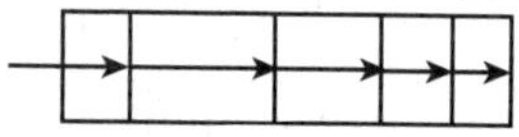
2	双直线式	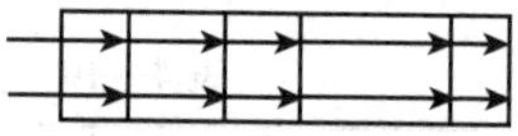
3	锯齿形或S形	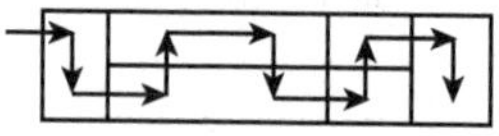
4	U字形	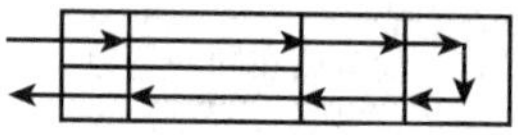
5	分流式	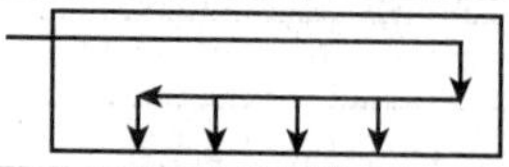
6	集中式	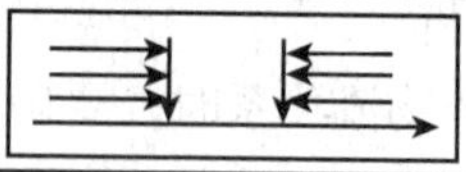

图 4－12　作业区域间物流动线形式

（1）直线式。适用于出入口在库房两侧、作业流程简单、规模较小的物流作业，无论订单大小与配货品种多少，均需通过库房全程。

（2）双直线式。适用于出入口在库房两侧、作业流程相似但是有两种不同进出货形态或作业需求的物流作业。

（3）锯齿形（或 S 形）。通常适用于多排并列的库房货架区内。

（4）U 形。适用于出入口在库房同侧的作业，可依进出货频率大小安排接近进出口端的储区，以缩短拣货搬运路线。

（5）分流式。适用于批量拣取后进行分流配送的作业。

（6）集中式。适用于因储区特性将订单分割在不同区域拣取后进行集货的作业。

4.7.3　总体平面布置

1. 面积计算

各功能区域面积的确定与各区域的功能、作业方式、所配备的设施和设备及物流强度等有关，应分别对各功能区面积进行计算。例如，仓储区面积的大小与仓储区具体采用的存储方法、存储设备和作业设备密切相关，常用的存储方法有地面堆码、货架存放、自动仓库等几种方式，应根据所确定的总的仓储能力计算所需的面积或空间。

这里介绍一种对功能区域的面积进行估算的方法。对于物流作业区域，由于其面积主要取决于货物作业量，因此可以用如下的简单公式估算该区域的面积：

$$S = \sum \frac{A_j}{h} \tag{4-9}$$

式中：A_j——第 j 种货物每日的作业量（t）；

$\quad\quad h$——该区域的面积利用系数（t/m^2）。

各区域的面积利用系数取决于货物的类型、货物的存放方式及所采用的作业设备等，应根据经验和具体条件确定。

将各作业单位面积需求汇总，根据场地的要求，确定建筑的基本形式；在此基础上按各作业单位的面积需求进行分配。

2. 位置布置方法

物流中心区域平面布置有两种方法，即流程性布置法和活动相关性布置法。

流程性布置法是根据物流移动路线作为布置的主要依据，适用于物流作业区域的布置。首先确定物流中心内由进货到出货的主要物流路线形式，并完成物流相关性分析。在此基础上，按作业流程顺序和关联程度配置各作业区域位置。即由进货作业开始进行布置，再按物流前后相关顺序按序安排各物流作业区域的相关位置。其中，将面积较大且长宽比例不易变动的区域先置入建筑平面内，如自动仓库、分类输送机等作业区。

活动相关性布置法是根据各区域的综合相关表或综合相关图进行区域布置，一般用于整个库区或辅助作业区域和建筑外围区域的布置。首先选择与各部门活动相关性最高的部门区域先行置入规划范围内，再按活动相关表的关联关系和作业区域重要程度，依次置入布置范围内。通常，物流中心行政管理办公区均采用集中式布置，并与物流仓储区分隔，但也应进行合理的配置。由于目前物流中心仓储区采用立体化仓库的形式较多，其高度需求与办公区不同，故办公区布置应进一步考虑空间的有效利用，如采用多楼层办公室、单独利用某一楼层、利用进出货区上层的空间等方式。

根据物流相关表和活动相关表，探讨各种可能的区域布置组合，以利于最终的决策。物流中心的区域布置可以用绘图方法直接绘成平面布置图；也可以将各功能区域按面积制成相应的卡片，在物流中心总面积图上进行摆放，以找出合理方案；还可以采用计算机辅助平面区域布置技术进行平面布置。平面布置可以作出几种方案，最后通过综合比较和评价选择一个最佳方案。

经过关联性分析和内部货物流的路线分析后，在根据不同作业区之间的定性测量值即接近程度或定量测量值（即货物流动密度）来配置各作业区的相对位置时，可以将整个布置的过程简化为算法程序。以下介绍三种方法：关联线图法、图形建构法、动线布置法。

1）关联线图法

在绘制关联线图之前，首先汇总各个作业区的基本资料，如作业流程与面积需求等，然后制作各个作业区的作业关联图，如图4-13所示。

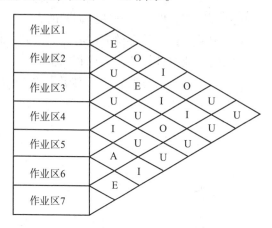

图4-13 作业关联图

根据图4-13所示的基本资料，按照作业区间的各级接近程度将其转换为关联线图底稿表（见表4-11），表中数字表示与特定作业区有某级关联的作业区号。

表4-11 关联线图底稿表

关 联	作业区1	作业区2	作业区3	作业区4	作业区5	作业区6	作业区7
A					6	5	
E	2	1、4		2		7	6
I	4	5、6		1、5	2、4、7	2	5
O	3、5		1、6		1	3	
U	6、7	3、7	2、4、5、7	3、6、7	3	1、4	1、2、3、4
X							

关联线图法的基本步骤如下。

（1）选定第一个进入布置的作业区。从具有最多的"A"关联的作业区开始。若有多个作业区同时符合条件，则以下列顺序加以选定：最多"E"的关联，最多"I"的关联，最少"X"的关联；如果最后还是无法选定，就在这些条件完全相同的作业区中，任意选定一个作业区作为第一个进入布置的作业区。本例选定的作业区为6。

（2）选定第二个进入布置的作业区。第二个被选定的作业区是与第一个进入布置的作业区相关联的未被选定的作业区中具有最多"A"的关联作业区。如果有多个作业区具有相同条件，则与（1）一样，按照最多"E"的关联，最多"I"的关联，最少"X"的关联进行选择。如果最后还是无法选定，就在与第一个进入布置的作业区相关联的这些条件完全相同的作业区中，任意选定一个作业区作为第二个进入布置的作业区。本例选定的第二个进入布置的作业区为 5。

（3）选定第三个进入布置的作业区。第三个被选定的作业区，应与已被选定的前两个作业区同时具有最高的接近程度。与前两个作业区关系组合的优先顺序依次为 AA、AE、AI、A*、EA、EE、EI、E*、II、I*，其中符号*代表"O"或"U"的关联。如果遇到多个作业区具有相同的优先顺序，仍采用（1）的顺序法则来处理。本例选定的第三个进入布置的作业区为 7。

（4）选定第四个进入布置的作业区。第四个作业区选定的过程与（3）相同，被选定的作业区应与前三个作业区具有最高的接近组合关系。组合的优先顺序为：AAA、AAE、AAI、AA*、AEA、AEE、AEI、AE*、AII、AI*、A**、EEE、EEl、EE*、EII、EI*、E**、III、II*、I**。本例选定的第四个进入布置的作业区为 2。

（5）依此类推，选择其余的 $n-4$ 个作业区，其过程如图 4-14 所示。

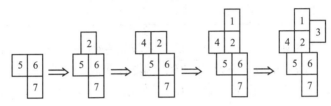

图 4-14　关联线图的基本步骤

在绘制关联线图时，可使用图 4-14 所示的方块样板来表示每个作业区。在相对位置确定以后，即可依照各作业区的实际规模，完成最终的实际布置。但由于样板的放置过程中有很多主观因素，因此，最后可能会产生数个布置方案。此外，如果各作业区面积不同，也会产生多个最终布置方案。

2）图形建构法

图形建构法和关联线图法相似，所不同的是，此方法以不同作业区间的权数总和（定量测量）作为挑选作业区的法则，而关联线图法则是以作业区间接近程度（定性测量）作为挑选作业区的法则。这里介绍一种启发式的图形建构法，主要是根据节点插入的算法来建构邻接图，并且保持共平面的性质。图形建构法首先要设定各作业区间的关联权重，图 4-15（a）（b）分别为作业关联图与关联线图。

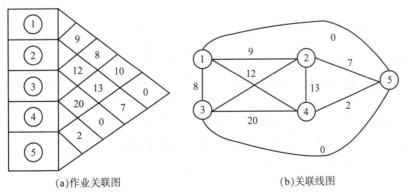

(a)作业关联图　　　　　　　　　　(b)关联线图

图 4-15　作业关联图与关联线图

在此基础上，图形建构法的基本步骤如下所述。

（1）从图 4-15 所示的关联线图中，选择具有最大关联权重的成对作业区。因此，在本例中作业区 3 和作业区 4 首先被选中而进入关联线图中。

（2）选定第三个作业区进入关联线图中，其根据是这个作业区与已选入的作业区 3 和作业区 4 所具有的权重总和为最大。在表 4-12 中，作业区 2 的权数总和为 25，所以入选。如图 4-16 所示，线段（2—3）、（3—4）和（4—2）构成一个封闭的三角形图面，这个图面可以用符号（2—3—4）来表示。

表 4-12 作业区选择（2）关联权重总和表

作 业 区	3	4	合 计
1	8	10	18
2	12	13	25（最佳）
5	0	2	2

（3）对尚未选定的作业区，建立（3）的关联权重总和表（见表 4-13），由于加入作业区 1 和作业区 5 的关联权重值分别为 27 和 9，因此作业区 1 被选定，以节点的形态加入图面，并置于区域（2—3—4）的内部，如图 4-17 所示。

表 4-13 作业区选择（3）关联权重总和表

作 业 区	2	3	4	合 计
1	9	8	10	27（最佳）
5	7	0	2	9

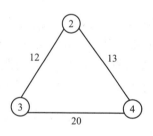

图 4-16 图形构建法（2）示意图

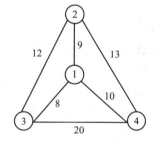

图 4-17 图形构建法（3）示意图

（4）剩余的工作是决定作业区 5 应该加入哪一个图面上。在这个步骤中，先建立作业区选择关联权重总和表（见表 4-14）。显然，作业区 5 可以加入图面（1—2—3）、（1—2—4）、（1—3—4）或（2—3—4）之内。作业区 5 加入图面（1—2—4）或加入图面（2—3—4）都得到相同的权重值为 9，所以任意选择其一即可，本例将作业区 5 加入图面（1—2—4）的内部。最后所得到的邻接图如图 4-18 所示，此图为图形构建法的最佳解，线段上的权数总和为 81。

表4-14 作业区选择（4）关联权重总和表

作业区	1	2	3	4
5	0	7	0	2
图 画		合 计		
1—2—3		7		
1—2—4		9（最佳）		
1—3—4		2		
2—3—4		9（最佳）		

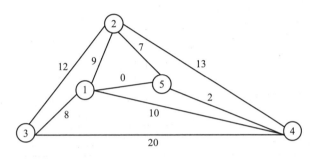

图4-18 图形构建法（4）示意图

（5）建构完成一个邻接图之后，最后一步是依据邻接图来重建区块布置，如图4-19所示。在建构区块布置图时，各作业区的原始形状必须作出改变，以配合邻接图的要求。但在实际应用上，由于作业区形状需要配合内部个别设备的几何外形，以及内部布置结构的限制，所以作业区的形状还需根据具体情况来决定。在决定各作业空间的面积时，需要考虑仓库本身的大小、设备的大小和设备的摆放位置等因素。

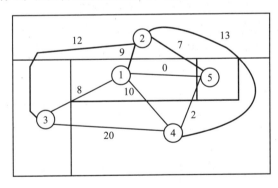

图4-19 最终邻近区布置示意图

3）动线布置法

前述两种区域布置方法是在完成各作业区面积需求的计算及基本规划后，对货物流程与活动关联性的关系进行整合，以决定不同作业区域的可行位置。动线布置法则是先决定作业系统的主要动线进行方向，再依据流程性质或关联性关系进行区域配置。为此，应先将各作业区依估计面积大小与长宽比例制作成模板形式，然后在布置规则区域时根据各作业区域性质决定其配置程序，其方式包括两种，一种是流程式，即配送中心的各作业区多半具有流程性的关系，在以模板进行配置时应考虑区域间物流动线的形式。规划设计时一般采用混合式的动线规划，而非单一的固定模式。另一种是关联式，即以整个物流中心作业配置为主，根据活动关联分析得出各作业区域间的活动流量，两区域间的流量以线条表示。为避免流量大的区域间活动经过的距离太长，应将两区域尽量接近。

以下区域布置安排以流程式为主，其基本步骤如下。

（1）决定物流中心对外的连接道路形式，以决定出入口位置及内部配置形式。

（2）决定物流中心厂房空间位置、大致的面积和长宽比例。由于各作业区域的面积和长宽比还没有经过详细计算。因此，这里的面积和长宽比仅仅是一个大概的数值。图4-20所示为各作业区域的面积与长宽比示意图。

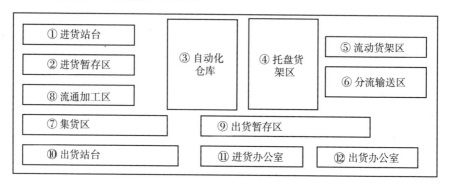

图4-20　各区域面积大小与长宽比示意图

（3）决定物流中心内由进货到发货的主要物流动线形式，如U形、S形等。图4-21所示为进发货平台和厂内物流动线形式的布置图。

（4）布置刚性区域。刚性区域就是作业区域中面积较大且长宽不易变动的区域。根据作业流程顺序，安排各区域位置。物流作业区域是由进货作业开始，根据物料流程前后关系顺次安排相应位置。其中作业区域中面积较大且长宽不易变动的区域（刚性区域），应首先安排在建筑平面中，如自动化立体仓库、分类输送机等作业区域。如图4-22所示为刚性区域的布置图。

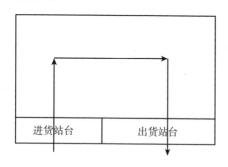

图4-21　进发货站台与物流动线关系图

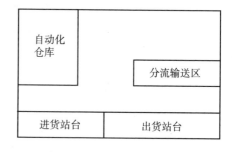

图4-22　刚性区域布置图

（5）插入柔性区域。柔性区域首先是指虽然面积较大但长宽比例容易调整的区域，如托盘料货架、流动货架与集货区等。图4-23所示为面积较大但长宽比例可变的物流作业区域的配置图。柔性区域还应包括面积较小且长宽比例容易调整的区域，如理货区、暂存区、流通加工区等。如图4-24所示为布置其余面积较小见长宽比例可变的区域图。

自动化仓库	托盘货架区	流动货架区	
		分流输送区	
		集货区	
进货暂存区		出货暂存区	
进货站台		出货站台	

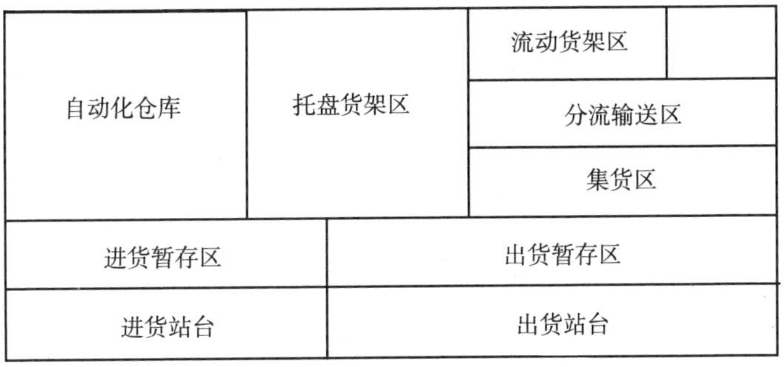

图4-23 布置面积较大但长宽比例可变的区域图

自动化仓库	托盘货架区	流动货架区	流通加工区
		分流输送区	
		集货区	
进货暂存区		出货暂存区	
进货站台		出货站台	

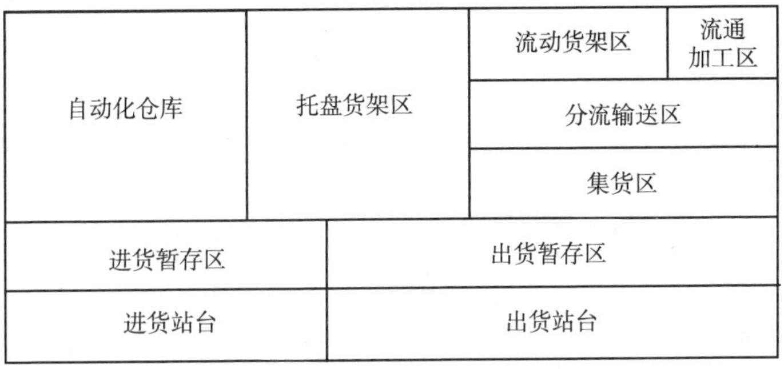

图4-24 布置面积较小且长宽比例可变的区域图

（6）决定行政办公区和物流仓储区的关系。一般物流中心行政办公区是集中式布置。为了提高空间利用率，多采用多楼层办公方案。图4-25所示为现场行政管理和办公区的布置图。

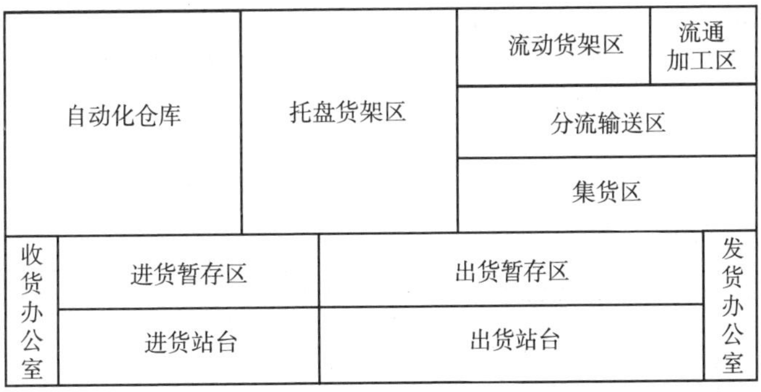

自动化仓库	托盘货架区	流动货架区	流通加工区
		分流输送区	
		集货区	
收货办公室	进货暂存区	出货暂存区	发货办公室
	进货站台	出货站台	

图4-25 布置现场管理与办公区域图

根据上述步骤，可以逐步完成各区域的概略布置，然后以区域模板置入相对位置，并作适当调整，形成关联布置图，最后经过调整部分作业区域的面积或长宽比例后，即得到作业区域配置图。

使用以上区域布置方法时，当各区域布置的面积无法完全置入作业平面时，必须修改部分区域面积或长宽比例。若修改的幅度超过设备规划的底线，则必须进行设备规划的变更后，再重新进入作业空间规划程序及进行面积布置。各区域布置经调整后即可确定，并绘制区域布置图。

由于用户需求和竞争环境的变化，许多作业活动经常需要扩充或缩减其容量，从而导致其空间需求和设备需求有所改变，此时区域布置即成为一个动态过程。为了让每一个作业区能够更有效率地运作，应针对特定的流程需求，设计出不同的替代布置方案，特别是在初步设计时，必须考虑足够的弹性，以适应物流需求在一定范围的变化，否则有可能产生作业瓶颈。

4.7.4　布置方案的调整与评估

1. 活动流程的动线分析

在区域位置布置阶段，还没有进行设备的选用设计，但是按物流特性和作业流程已经对设备的种类有大致的要求。活动流程的动线分析就是根据这些设备性能，逐一分析区域内和各区域之间的物流动线是否流畅，其分析步骤如下。

（1）根据装卸货的出入形式、作业区域内物流动线形式，以及各区域相对位置，设计厂房内的主要通道。

（2）进行物流设备方向的规划。在此规划过程中，需要考虑作业空间和区域内的通道情况。

（3）分析各区域之间的物流动线形式，绘制物流动线图。进一步研究物流动线的合理性和流畅性。如图 4 - 26 所示为物流作业区域布置物流动线图例。

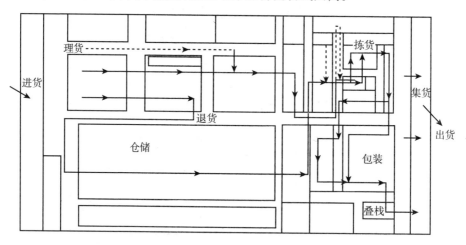

图 4 - 26　物流动线图例

2. 方案评价、修正与调整

经由上述的规划分析，得到了物流中心区域布置的草图，最后还应根据一些实际限制条件进行必要的修正与调整。这些影响包括以下因素。

（1）库房与土地面积比例。库房建筑比率、容积率、绿地与环境保护空间的比例及限制等。

（2）库房建筑的特性。建筑造型、长宽比例、柱位跨距、梁高等限制或需求。

（3）法规限制。土地、建筑法规、环保、卫生、安全相关法规、劳动法等。

（4）交通出入限制。交通出入口及所在区域的特殊限制等因素。

（5）其他。如经费预算限制、政策配合因素等。

3. 方案选择

在方案分析评价的基础上，最后选择一个最优的作业区域配置方案。

修正后规划方案是否可行、是否合理、是否科学、是否符合实际，还要组织有关专家和决策层进行评估。评估内容如下。

1）经济性方面

这方面的评估内容包括土地面积、库房建筑面积维护费用、人力成本及耗能等方面。

2）技术性方面

自动化程度是否合理，主要对搬运省力化、出入库系统自动化、拣货系统自动化和信息处理自动化等内容进行评估。

设备可靠性是指当发生任何故障时，系统能否快速响应，立即采取应对措施，进行主要的物流作业。同时，当主要系统发生故障时，能否迅速修复或有备用系统代替等内容。

设备维护保养是指是否建立设备的维护管理档案，有没有专设机构和专人管理，设备的运行状态维护与定期保养是否规范等内容。

3）系统作业方面

这方面的内容包括储位柔性程度、系统作业柔性、系统扩充性、人员安全性和人员素质等要素。

储位柔性是指存取空间能否调整、储位能否按需求弹性应用和是否限定存放特性物品等。

系统作业柔性是指系统是否容易改变，系统作业的原则、程序和方法是否可以变更。

系统扩充性是指当系统扩充时，是否改变原有布置形式和现有建筑，原有设备能否继续使用，是否改变现有作业方式，以及是否需要增加土地等。

人员安全性是指仓库货架稳定性如何，人员、路径和搬运设备之间是否交错和频繁接触，自高处向下撤运货物是否潜在危及人员安全因素，电气设备是否有安全隐患，通道是否畅通、遭遇紧急情况时是否畅通、遇难时可否安全逃生等。

 复习思考题

1. 简述物流中心区域布置的目标和程序。
2. 影响物流中心总体规模的主要因素有哪些？
3. 物流中心作业流程设计的原则是什么？
4. 物流中心主要包括哪些功能分区？
5. 如何确定仓储区的储运能力？
6. 如何确定拣货区的运转能力？
7. 物流中心流动模式主要包括哪些？
8. 简述物流中心区域平面布置的程序。

 **案例分析**

扬子江冶金物流中心规划

为促进区域冶金工业的发展，满足区域经济发展对冶金物流的需求，江苏扬子江国际冶金工业园积极依托世界500强企业沙钢集团的产业优势，加快推进冶金物流中心的建设，力争早日建成以苏锡常为服务核心区域，并辐射长三角经济区域，集交易、存储、加工包装、配送、信息于一身的现代化冶金物流中心。

1. 指导思想

规划指导思想为：以科学发展观和现代物流为指导，以市场为导向，以企业为主体，以信息技术为支撑，以降低物流成本和提高综合服务质量为中心，依据江苏省、苏州市及张家港有关规划，结合冶金物流的特点，最大可能地促使物流中心布局合理安全，设施配套安全有效，充分发挥长江岸线及土地资源利用效率。

2. 规划原则

（1）可行性原则。规划力求高起点、高标准，但需与当地规划及区域经济社会发展步伐相一致，适度超前。

（2）近远结合原则。充分体现规划的前瞻性、综合性、科学性、政策性，做到长远规划，分期建设，逐步实施。

（3）以人为本原则。满足顾客和服务员工的需求，力求创造一个人与自然，人与人之间和谐的环境。

3. 规划范围

扬子江冶金物流中心规划范围包括两个地块：一块在长江与十三圩港的西南角，四至范围为东起十三圩港、西至沙洲电厂及越洋码头，南起新安村七组、北至长江及越洋码头，面积为159公顷；另一块的四至范围为东始二干河、西至扬锦公路，南始港丰路、北至规划人民路，面积为81.73公顷。

4. 规划目标

依托沙钢集团及周边地区冶金产业与港口的优势以及江苏（我省）大力发展制造业和三角洲经济一体化的优越条件，以苏锡常为重点、长三角经济区为补充，以水运为主体，兼顾公路和铁路等运输方式，通过招商引资，引进国外先进的理念和管理方法，建立第三方专业物流中心，为苏锡常通乃至三角洲经济区冶金上下游行业搭建一个信息交流平台和快速高效的物流通道，更好地为区域经济发展服务，其目标为：

一期主要完成必要的码头等基础设施建设；

二期将建成江苏省最大的现代化冶金物流中心；

三期将建成为华东地区最大的现代化冶金物流中心。

5. 规划内容

扬子江冶金物流中心规划内容主要包括功能及结构规划、基础设施规划、信息系统规划和环境保护规划。

功能规划主要包括作业区的流程规划、作业区功能规划和作业区的能力规划；结构规划是功能规划的细化，主要包括区域布置规划、码头、库房、道路和其他服务功能规划。

基础设施规划主要是对满足物流中心规划目标所需的通信、供电、给排水等基础设施的规划。

信息系统规划是在对冶金物流信息需求进行分析基础上，对信息功能及总体方案进行规划设计。

环境保护规划需结合相关规划，对物流中心环境保护建设进行规划。

案例思考题：

1. 扬子江冶金物流中心规划的总体目标是什么？

2. 扬子江冶金物流中心规划的主要内容有哪些？

3. 根据冶金行业物流中心的定位，提出冶金行业物流中心合理化规划的建议。

第5章

物流中心仓储系统规划设计

本章要点

- 了解仓储系统的功能，掌握仓储系统的主要构成要素；
- 熟悉仓储系统的评价指标；
- 掌握常见的存储策略；
- 掌握仓储系统存储空间规划的内容；
- 掌握储位编码和货物编码的常用方法；
- 掌握三种常用的物流模式；
- 掌握高层货架区与作业区之间常用的衔接方式。

 开篇案例

台湾雀巢与家乐福的供应商管理库存系统

雀巢公司为世界最大的食品公司，建立于 1867 年，总部位于瑞士威伟市（Vevey），行销全球超过 81 国，200 多家子公司，超过 500 座工厂，员工总数全球约有 22 万名，主要产品涵盖婴幼儿食品、营养品类、饮料类、冷冻食品及厨房调理食品类、糖果类、宠物食品类等。台湾雀巢成立于 1983 年，为岛内最大的外商食品公司，产品种类包括奶粉乳制品、咖啡、即溶饮品、巧克力及糖果与宠物食品等。家乐福公司为世界第二大连锁零售集团，成立于 1959 年，全球有 9 061 家店，24 万名员工。台湾家乐福拥有 23 家连锁店。

雀巢与家乐福公司在全球均为流通业的龙头企业，积极致力于 ECR 方面的推动工作。台湾雀巢在 2000 年 10 月积极开始与家乐福公司合作，制订建立供应商管理库存系统（VMI）的计划，目标是要提高商品的供货率，降低家乐福库存持有天数，缩短订货前置期及降低双方物流作业的成本。

计划目标除了建立一套可行的 VMI 运作模式及系统之外，具体而言还要达到：雀巢对家乐福物流中心产品到货率达 90%，家乐福物流中心对零售店面产品到货率达 95%，家乐

福物流中心库存持有天数下降至预计标准，以及家乐福对雀巢建议性订单的修改率下降至10% 等。另外，雀巢也期望将新建立的模式扩展至其他渠道，特别是对其占有重大销售比率的渠道，以加强掌控能力并获得更大规模的效益。相对地，家乐福也会持续与更多的主要供应商进行相关的合作。

系统实施后，雀巢对家乐福物流中心产品到货率由原来的 80% 左右提升至 95%（超越目标值），家乐福物流中心对零售店面产品到货率也由 70% 左右提升至 90% 左右，而且仍在继续改善中，库存天数由原来的 25 天左右下降至目标值以下，在订单修改率方面也由 60%　70% 的修改率下降至现在的 10% 以下。此外，对雀巢来说最大的收获是改善了与家乐福合作的关系，过去与家乐福是单向的买卖关系，顾客要什么就给他什么，甚至是尽可能地推销产品，彼此都忽略了真正的市场需求，导致卖得好的商品经常缺货，而不畅销的商品却有很高的库存量，经过这次合作增进了双方的相互了解，并致力于共同解决问题，有利于供应链效率的根本改进。雀巢也开始将 VMI 系统推广到其他销售渠道。

思考题： 分析台湾雀巢与家乐福实施 VMI 计划对家乐福物流中心库存的影响。

5.1　物流中心仓储系统概述

5.1.1　仓储系统的功能

仓储系统的功能，从通常意义上讲是对物品的存储和保管。但是，存储和保管却不是物流中心仓储系统的全部功能。也就是说，物流中心仓储系统的功能除了存储物品和保管物品的基本功能外，还有其他诸如供需调节、运输能力调节、流通配送加工、取得采购优惠等功能。

1. 存储和保管功能

仓储系统具有一定空间，用于容纳和保管物品的场所。而现代仓储系统常常不仅是一个物品存储和保管的场所，还应具备相应的设备，根据存储和保管物品的特性进行搬运与存储。例如，对于存储挥发性溶剂的仓储系统，必须设置通风设备；而精密仪器的仓储系统，需要防潮、防尘、恒温，必要时还必须设置空调、恒温等调控设备。

仓储系统的存储原则如下。

（1）面向通道进行存储。为使物品进入库方便，容易在仓库内移动，基本条件是将物品面向通道存储。

（2）尽可能地向高处码放，提高存储效率。为有效利用库内容积，应尽量向高处码放物品，为防止破损，保证安全，应该尽可能使用货架等存储设备。

（3）根据出入库频率选定位置。出货和进货频率高的物品应放在靠近出入口、易于作业的地方；流动性差的物品放在距离出入口稍远的地方；季节性物品则依其季节特性来选定放置的场所。

（4）同一品种在同一地方存储。为提高作业效率和存储效率，同一物品或类似物品应在同一地方存储，员工对仓储系统内物品放置位置的熟悉程度直接影响着出入库时间，将类似的物品放在邻近的地方是提高效率的重要方法。

（5）根据物品重量安排存储位置。安排放置场所时，要把重的物品放在货架的下层，把轻的物品放在货架的上层。需要人工搬运的大型物品则以腰部的高度为基准。这对于提高效率、保证安全是一项重要的原则。

（6）依据形状安排存储方法。依据物品形状来存储是很重要的，如标准的物品放在托盘或货架上来存储。

（7）先进先出的原则。存储的重要一条是对于易变质、易破损、易腐败的物品，对于机能易退化、老化的物品，应尽可能按先进先出的原则，加快周转。

2. 调节供需功能

创造物流的时间效用是物流系统的基本功能之一，物流系统这一功能的实现是通过仓储活动来完成的。生产的社会化、专业化整体的提高与消费的多样化和复杂性之间的矛盾，生产的连续性与消费的非均衡性，或消费的连续性与生产的非均衡性之间的不协调等，所有这些决定了生产与消费之间都不是同步进行的。为了使生产与消费、供应与需求之间协调起来，就需要仓储系统的调节，使社会再生产过程连续不断进行。

3. 货物运输能力调节功能

物品从生产地向消费地的转移，是通过不同的运输方式来实现的。根据采用的运输方式，使用的各种运输工具的运输能力是有差别的。船舶的运输能力较大，海运船可以达到万吨级以上，江河船在数百吨至数千吨；火车的运输能力相对较弱，每节车皮的装载能力在30～60 t，一列货运火车的运输量可达数百吨；汽车的运输能力小，一般每辆车可装4～30 t。因此，相互之间的运输衔接是不平衡的，这种运输能力的差异，必须通过仓储系统进行调节和衔接。

4. 取得采购优惠功能

零售商型物流中心或批发商型物流中心，为了在采购环节获得价格折扣，常因此采购经济批量的商品，所以仓储系统也需要考虑每一批量的大小。

5. 补充拣货作业区商品存量功能

物流中心内存储作业最重要的功能，就在于补充拣货作业区的商品存量。有时一个物流中心找不到真正的存储区域，其存储作业已包含在拣货作业区。

5.1.2 仓储系统的构成

物流中心的仓储系统主要由存储空间、物品、人员及物流设备等要素构成。

1. 存储空间

存储空间是物流中心内的仓储保管空间。在进行存储空间规划时，必须考虑到空间大小、柱子排列、梁下高度、通道宽度、设备回转半径等基本规划要素，再配合其他相关因素的分析，方可作出完善的设计方案。

2. 物品

物品是物流中心仓储系统重要的组成要素之一。物品的特性、物品在存储空间的摆放方式及物品的管理和控制是仓储系统需要解决的关键问题。

物品的特性包括以下几个方面的内容。

（1）供应商。即商品是由供应商处采购而来，还是自己生产而来，有无行业特性及影响等。

（2）商品特性。商品的体积大小、重量、单位、包装、周转率快慢、季节性的分布，以及物性（腐蚀或溶化等）、温湿度要求、气味影响等。

（3）数量。生产量、进货量、库存量等。

（4）进货时效。采购提前期、采购作业的特殊需求等。

（5）品项。种类类别、规格大小等。

物品在存储空间摆放的影响因素包括以下几个方面的内容。

（1）存储单位。存储单位是单品、箱、托盘，且其商品特性如何。

（2）存储策略。是定位存储、随机存储、分类存储，还是分类随机存储，或者其他的分级、分区存储。

（3）储位指派原则。靠近出口，以周转率为基础，还是其他原则。

（4）其他因素。商品特性、补货方便性、单位在库时间、商品互补性等。

商品摆放好后，就要做好有效的在库管理，随时掌握库存状态，了解其品项、数量、位置、出入库状况等信息。

3. 人员

人员包括库管人员、搬运人员、拣货和补货人员等。库管人员负责管理及盘点作业，拣货人员负责拣选作业，补货人员负责补货作业，搬运人员负责入、出库作业、翻堆作业（为了商品先进先出、通风、气味避免混合等目的）等。在物流中心的作业中，人员在存取搬运商品时，讲求的是省时、有效率，在照顾员工的条件下，讲求的是省力。

4. 物流设备

除了上述三项基本要素，另外一个关键要素是存储设备、搬运与输送设备，也即当物品不是直接堆叠在地面上时，则必须考虑相关的托盘、货架等。而当人员不是以手工操作时，则必须考虑使用输送机、笼车、叉车等输送与搬运设备。

1）存储设备

存储设备也要考虑如商品特性、物品的单位、容器、托盘等商品的基本条件，再选择适当的设备配合使用。例如，自动化立体仓库，或是轻型货架、重力式货架等货架的选择使用。有了货架设备时，必须将其做标识、区隔，或是颜色辨识管理等。若是在拣货作业及在出货、点货时，有电子标签辅助拣选设备的应用，则无线电传输设备的导入等都需考虑。之后，需要将各储位及货架等做编码，以方便管理；编码原则必须明晰易懂，方便作业。

2）搬运与输送设备

在选择搬运与输送设备时，需考虑商品特性、物品的单位、容器、托盘等因素，以及人员作业时的流程与状况，再加上储位空间的配置等，选择合适的搬运与输送设备。当然，还要考虑设备成本与人员使用操作的方便性。

5.1.3 仓储系统管理的任务

1. 宏观方面

良好的仓储系统管理的作用不仅表现在它是社会再生产过程得以顺利进行的必要条件，是保存物资原有使用价值的必要环节，而且还表现在它是促进资源合理配置的重要手段。相对于无限的需求而言，不论一个国家的资源多么富有，它总是有限的，因而合理配置和利用有限的资源，做到物尽其用，是一个国家谋求经济发展的重要目标。

仓储管理不是一个简单的企业行为或部门需求，因为一个企业的库存及其仓储管理是这个企业所在的行业、所处的城市或地区物流系统的一个组成部分，涉及一个行业、一个城市和地区的资源分布与组合。当一部分企业的库存超过了保证再生产所需的界限时，从整个国家来看，就是对资源的浪费。因此，从宏观方面来看，仓储系统管理的任务是进行资源的合理配置及存储，为我国的市场经济发展及现代化建设建立一个科学合理的仓储网络系统。

在现实经济生活中，可以看到行行设库、层层设库的问题依然比较突出，某些产品在一些行业和企业呆滞、长期闲置不用，而在另一些行业和企业却非常短缺，使得开工不足。

积压和短缺并存是我国经济的一大"顽疾"。除了产品结构方面的原因外，流通体制不合理和仓储管理水平落后也是重要的原因。我国是一个人均资源相对有限的发展中国家，充分利用有限的资源对我国经济协调稳定发展具有重大的现实意义。

2. 微观方面

仓储系统是物流中心的重要子系统。在保证服务质量的前提下，提高仓储效率、降低储运成本、减少仓储损耗是仓储系统的主要任务。具体内容如下。

（1）合理组织货物收发，保证收发作业准确、迅速、及时，使供货单位及用户满意。

（2）采取科学的保管保养方法，创造适宜的保管环境，提供良好的保管条件，确保在库物品数量准确、质量完好。

（3）合理规划并有效利用各种仓储设备，搞好革新、改造，不断扩大存储能力，提高作业效率。

（4）积极采取有效措施，保证仓储设施、库存物品和仓库人员的人身安全。

（5）搞好经营管理，开源节流，提高经济效益。

5.2 物流中心仓储系统作业流程

从作业程序上看，物流中心仓储系统的作业流程一般包括到货与接收、货物验收入库、货物存储保管、分拣包装、验货出库、盘点等。其他的作业流程，如拣选作业将在拣选系统设计的章节进行详细的介绍。

5.2.1 收货、检验与入库作业流程

1. 入库作业流程

入库是物品存储的开始，是指在接到物品入库通知单后，经过接运提货、装卸搬运、检查验收、办理入库手续等一系列作业环节，构成的操作过程。

在实际应用中，由于仓储系统业务的多样性，因此可能有多种不同的入库方式。比如，运输委托入库、仓储委托入库、货运单入库、退货入库及其他入库模式。不管是哪种入库模式均有以下共同特点。

（1）物品入库都需要入库依据，这些依据就是仓库同货主签订的仓储合同或仓库上级主管部门下达的入库通知或物品入库计划。

（2）物品入库前要有准备工作，即组织准备和工具准备。

（3）完成准备工作后，物品的入库一般主要有如下几个环节：①入库准备；②物品接运；③物品验收；④入库交接；⑤办理入库凭证。

入库作业流程如图 5 - 1 所示。

图 5 - 1　入库作业流程

在入库作业流程的四个模块中，所涉及的具体设备、人员操作流程在各仓库管理模式中可能会有所不同，具体的入库操作流程如图 5 - 2 所示。

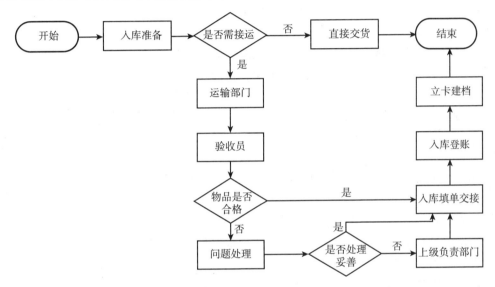

图 5 - 2　具体的入库作业流程图

2. 主要入库作业流程说明

1）入库准备

物流中心仓储系统的入库准备需要仓储的业务部门、管理部门、设备作业部门相互合作，共同完成如下工作。

（1）熟悉入库货物仓库业务。管理人员应该核对物品的资料，必要时向存货人询问，掌握入库货物的规格、数量、包装状态、单件体积、到库确切时间、货物存期、货物的物化特性及保管的要求等。据此精确和妥善地进行仓储区安排准备。

（2）了解仓储区的情况。熟悉货物入库时间、保管期间、仓储区的容量、设备、人员的变动情况，以便对工作进行具体安排。必要时对仓储区进行清查、清理归位，以保证库容。对于必须使用重型设备操作的货物，一定要事先准备好货位。

（3）制订仓储计划。仓库业务部门根据货物情况、仓储区情况、设备情况制订仓储计划，并将计划下达到各相应的作业单位和管理部门。

（4）文件单证准备。仓库理货人员将货物入库所需的各种单据凭证、单证、记录簿（如入库记录、理货检验单、料卡、残损单等）等预填单证备齐，以便使用或查询。由于货物不同、仓库不同、业务性质不同，入库准备工作也有很大差异，需要根据具体情况和仓库制度做好充分准备。

（5）装卸搬运工艺。根据货物、货位、人员及设备条件等情况科学合理地安排、制定卸车搬运工艺，同时确定工作顺序。

2）物品接运

物品的接运是物品入库作业流程的第一道作业环节，也是仓库直接与外部发生的经济联系。它的主要任务是及时而准确地向交通运输部门提取入库商品，要求手续清楚、责任明确，为仓库验收工作创造有利条件。接运工作是仓库业务活动的开始，是物品入库和保管的前提，所以接运工作的好坏直接影响物品的验收和入库后的保管保养。因此，在接收到由交通运输部门（包括铁路）转运的物品时，必须认真检查，分清责任，取得必要的证件，避免将一些在运输过程中或运输前就已经损坏的物品带入仓库，造成验收中责任难分的现象和保管工作的困难和损失。

由于接运工作直接与交通运输部门接触，所以做好接运工作还需要熟悉交通运输部门的要求和制度。如发货人与运输部门的交接关系和责任的划分；铁路或航运等运输部门在运输中应负的责任；收货人的责任；铁路或其他运输部门编制普通记录和商务记录的范围；向交通运输部门索赔的手续和必要的证件。

接运可在车站、码头、仓库或专用线进行。因而，可以简单地分为到货和提货两种方式。到货方式下，仓库不需要组织库外运输；提货方式下，仓库要组织库外运输，除要选择运输线路、确定派车方案外，更加注意物品在回库途中的安全。

3）物品验收

物品验收是按照验收作业流程，核对凭证等规定的程序和手续，对入库货物进行数量和质量检验的经济技术活动的总称。所有到库货物必须在正式入库前进行验收，只有验收合格的货物才可以入库保管。

物品的验收环节包括验收准备、核对凭证、实物检验及验收中问题的处理等工作。

（1）验收准备。仓库接到到货通知后，应根据货物的性质和批量提前做验收前的准备工作。大致包括如下几方面内容。

① 人员准备。安排好负责验收的技术人员或用物料单位的专业技术人员及配合数量验收的装卸搬运人员。

② 资料准备。收集并熟悉待检验货物的有关文件，如技术标准、订货合同等，同时还要根据货物情况和仓库管理制度确定验收方法及相关资料。

③ 器具准备。准备好验收所需的测试、称量、开箱装箱、测量、移动照明等用具和工具，确保其运作时处于正常状态。

④ 货位准备。妥善安排货位，根据入库货物的数量、性能、类别结合仓库分区及分类保管的具体要求，核算货位大小，妥善安排货位、验收场地，确定堆垛方式等。

⑤ 设备准备。大批量货物的数量验收必须有装卸搬运机械的配合，应做好设备的申请调用。此外，对于有些特殊货物的验收，如毒害品、腐蚀品、放射品等还要准备相应的防护用品。进口货物或上级业务主管部门指定需要检验质量的，应通知有关检验部门会同验收。

（2）核对凭证。核对凭证是指仓储保管部门对货物的入库通知单、仓储合同、供货单位提供的质量证明书或合格证、装箱单、发货明细表，运输部门提供的运单（若入库前在运输中发生残损情况，必须有普通记录和商务记录）等证件加以整理和核对。入库通知单、仓储合同要与供货单位提供的所有凭证逐一核对，相符后才能进入下一步的实物检验。

（3）实物检验。实物检验是指根据入库单、有关技术资料和仓储合同中约定的检验方式，对实物进行的相关检验，包括数量检验、质量检验和包装检验三个方面。数量检验可分为全检和抽检两种，采取哪一种应在合同中约定。质量检验分为外观质量检验和内在质量检验两种。外观质量检验一般只检验货物品种、规格、型号是否符合合同要求，是否有锈蚀、断裂、变形、脱漆、发霉、老化、破碎、碰伤、划痕等。物品的内在质量检验不应由仓储企业承担，应由专门的质量检验机构负责。存货人可以自请检验机构，也可以委托仓储企业请检验机构并出具检验报告。包装检验主要检验物品的外包装是否完整、牢固、破损、受潮、水浸，油污封条是否完整等。

4）入库交接

入库货物经点数、查验后可以安排卸货、入库堆码、标识为仓库接收货物。在卸货、搬运、堆垛作业完毕后，与运货人办理交接手续，并建立仓库台账。即入库交接包括交接手续、登账货物入库、立卡、建档四个方面。

（1）交接手续。交接手续是指仓库对接收到的货物向送货人进行确认，表示已接收货物。办理完交接手续，意味着划清运输、供货部门和仓库的责任。完整的交接手续包括：接收货物，即仓库通过理货、查验货物，将不良货物剔除、退回或者编制残损单证等明确责任，确定收到货物的确切数量、货物表面状态良好；接收文件，即接收送货人送交的货物资料、运输的货运记录、普通记录等，以及随在运输单证上注明的相应文件，如图纸、准运证等；签署单证，即仓库与送货人或承运人共同在供货人交来的供货单、交接清单上签字，如表 5－1 所示，各方签署后留存相应单证。提供相应的入库、查询、理货、残损单证、事故报告，由送货人或承运人签署。

表 5－1　到接货交接清单

收货人	发站	发货人	品名	标记	单位	件数	重量	车号	运单号	货位	合同号
备注											

送货人：　　　　　　　　　　　收货人：　　　　　　　　　　　经办人：

（2）登账货物入库。仓库应建立详细反映货物仓储的明细账，登记货物入库、出库、结存等详细情况，用以记录库存货物动态和入库过程。登账的主要内容有货物名称、规格、数量、件数、累计数或结存数、存货人、批数、金额，注明货位号或运输工具、接（发）货经办人等。

（3）立卡。货物入库或上架后，将货物名称、规格、数量或出入状态等内容填在料卡上，称为立卡。料卡又叫货卡、货牌，插放在货物下方的货架支架或摆放在货垛正面的明显位置。

（4）建档。仓库应对所接收仓储的货物建立存货档案，以便货物管理和保持客户连续，也为将来可能发生的争议保留凭证。同时有助于总结和积累仓库保管经验，研究仓储管理规律。存货档案应一货一档设置，将该货物入库、保管、交付的相应单证、报表、记录、作业安排、资料等的原件、附件或复印件存档。

5.2.2　摆位与存储作业流程

货物接收入库之后，就是将货物放入储位进行存储保管。摆位过程通常采取三种形式，即按收货顺序摆位、按货品分类摆位和按目的地摆位。

1. 按收货顺序摆位

最常见的方法是把所有订单上的货物都按接货顺序进行堆码，然后根据包装清单和其他相关文档进行核收。这种方法可以确保所收货品的种类和数量在向下配送前是准确可靠的，尽管上述操作流程可能很容易发现货品的不符点，并且能够轻松地对货品进行管理，但是它需要较大的作业平台，同时增加了货品在站台上的作业时间。

2. 按货品分类摆位

按货品分类进行堆码的方法使得在接收到订单上的所有货品之前将部分摆位作业完成。这种方法使用较少的存储空间，也使得把产品送到最终存货点的时间减少。

3. 按目的地摆位

为了加快产品移动速度，减少产品从接货到送达存储地点的时间，并降低作业平台的使用面积，可以将产品从运输车辆上接收后直接送到最终的存货点。这样的流程比前两种方法快，同时将产品送到最终存货点所需的时间要少，但是这种形式需要更加复杂的管理系统和仓储系统。

4. 摆位对后续分拣的影响

虽然摆位过程非常重要，同样重要的还包括认识到摆位作业中的分拣对整个操作业绩带来的巨大影响。分拣主要考虑的是单位货品的分拣速度和尺寸的大小。例如，快速移动的、按件分拣的货品应保存在优先区，这样既可以实现快速分拣，又可以减少补货距离。根据货品尺寸的大小进行摆位的操作主要发生在货品需要被直接装入发货集装箱的情况。这样，较重的货物应该在分拣顺序上优先拣选，以避免对产品造成损害。

5.2.3　包装加工作业流程

包装加工是指在物流中心内对出库货物进行改包，简易加工。加工的内容一般包括袋装、定量化小包装、配货、分类、混装、贴标签等。更大范围的外延库内加工甚至还包括剪断、打孔、折弯、拉拔、组装、改装、配套等。

5.2.4　盘点作业流程

仓储系统的物资盘点是指在一定的时间段结束后对仓储系统的物资进行实地的清查，以确保物品储备的现状及与账存数量或者价值等相符。物资盘点的主要内容如下。

（1）清查账物是否相符。

（2）检查物资的收发是否符合先进先出的原则。

（3）检查物资的堆放及维护情况。

（4）检查物资有无超储积压、损坏变质的情况。

（5）检查不合格及呆废物资的处理情况。

（6）检查仓储安全设施及安全情况。

仓储系统物资盘点的基本步骤如下。

（1）盘点前准备。确定时间、范围、方式、人员、表单及确定盘点时物资的进出要求，一般来讲，盘点时间应安排在连续的假期，尽量不要影响正常的物资供应工作。

（2）预盘。正式盘点之前，仓储人员对所管理的物资进行预盘点，填写相关表单，以便作正式盘点参考。

（3）复盘。按预定的时间由预定的人员对需盘点的物资进行预盘点单和实物的核对，并检查物资堆放及其他情况。

（4）盘点报告。编写盘点报告，确定盘点物资盈亏及分析原因。

（5）结果处理。总结差异原因，加强管理，并将有关盈亏情况上报有关部门（如财务部门），调整账面材料差异。

对于信息化水平较高的物流中心，可以用计算机辅助进行盘点。计算机辅助盘点的一般程序如下。

（1）生成盘点账存表。首先定义盘点种类，选择好盘点范围后按"生成"按钮，系统自动生成盘点账存表。

（2）打印盘点单。在盘点单中包括的项目有：商品储位、所属部门、类别、商品编号、商品名称、经营方式、实盘数量及盘点日期。

（3）盘点。盘点人员按照盘点单到指定储位清点商品，并且将数量填入盘点单中实盘数量处。

（4）盘点单录入、审核。

（5）生成盘点盈亏表。

（6）盘点记账。盘点记账是整个盘点确认的过程，这里还要针对商品有盘盈或盘亏情况进行记账，做到账物相符。

5.2.5　发货、集运与运输作业流程

1. 出库作业流程

不同物流中心的仓储系统的出库流程不同，一般的做法是将核对凭证、备货加工、出货验收作为主要的出库作业流程，如图 5 - 3 所示。

图 5 - 3　出库作业流程

按照这个流程构成，具体的出库作业流程如图 5 - 4 所示。

2. 主要出库作业流程说明

出库是指仓储系统方接到货主要求提货的指令后，由库房人员依据出库指令从仓库拣选到装车的一系列操作过程，其中还伴有商务结算、收费、单证交接等业务行为。

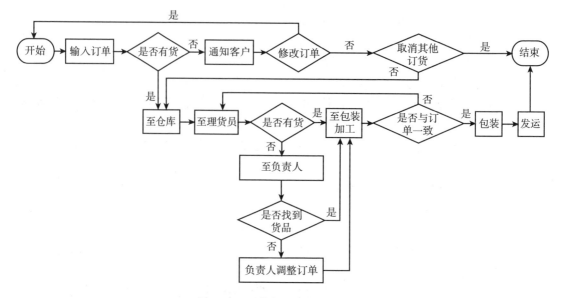

图5-4 具体的出库作业流程图

货物出库的方式主要有三种：客户自提、委托发货、公司送货。客户自提是指客户自己派人或派车到物流中心的库房来提货。委托发货是指对于自己去提货有困难的客户，委托第三方物流公司进行提货。公司送货则是指物流中心派自己的货车，给客户送货的一种出库方式。

无论采用哪种货物出货的方式，都要填写出库单。出库单主要有以下项目：发货单位、发货时间、出库品种、出库数量、金额、出库方式、结算方式、提货人签字、出库验收人签章。当货物出库作业完成后，出库单必须留档保存。

总体来说，出库作业包括核对凭证、备货加工及出货验收三大内容。

1）核对凭证

发货物品必须要有正式的出库凭证，这些凭证也是物品出库的依据，必须严禁按照凭证信誉或正式手续发货出库。仓储系统管理员接到出库凭证后仔细核对，这是出库业务的核单工作。首先要审核出库凭证的合理性和真实性；其次核对商品品名、型号、规格、单价、数量、收货单位、到站、银行账户等；最后审核出库凭证的有效期。如果是部门内部自提物品，还需要检查有无财务部门准许发货的签字。

2）备货加工

出库核对无误后进行出货准备，此时有两种不同的处理方式：按单拣选并准备出货验收，视情况拣选并准备改变包装或简易加工。

3）出货验收

出货验收的方法和拣选方式有很大关联。拣选方式主要有摘果式和播种式两种。摘果式是让拣货搬运巡回于仓储系统的存储区，按订单的要求，挑选出每一种物品，巡回完毕也就完成了一次配货作业，将配齐的商品放置到发货区所指定的位置，然后再进行下一要货单位的配货。播种式是将每批订单上的同类商品各自累加起来，从仓储系统的存储区取出，集中搬运到理货区，然后将每一个客户所需要的数量取出，分放到该要货单位待运货位处暂存直至配货完毕。

播种式拣选时，出货验收的工作就显得比较轻松。在"播种"完毕时只要所有的品类数量无误，出货检验的工作就可以说已经结束。相反，采用摘果式拣选的订单验收时，须倍加仔细检查数量和品项，而且须有专人负责。出货验收通常是以订单为准，结束出库流程时必须在货物上易于看到的位置保留一份有出验员签章的订单留底，以便装车人员将配送单和此订单留底一并交给司机，随货送交客户。

5.3　物流中心仓储系统布置设计

物流中心仓储系统布置设计包括仓储系统设施选址、仓储网络设计、仓储系统的空间规划设计等内容。本节主要以仓储系统的空间规划设计为主，其中包括仓储系统的设计原则、储位管理、仓储系统空间规划设计、自动化立体仓库的规划设计等内容。

5.3.1　仓储系统的设计原则

物流中心仓储系统的设计原则主要包括仓储系统作业设计原则和仓储区设计原则两方面的内容。

1. 仓储系统作业设计原则

仓储系统作业设计原则主要包括速率分析，战略改进还是战术改进，按回收期进行设计，最少接触，批量分拣，活找人、而非人找活，走捷径，延迟配送等。

1）速率分析

一个产品系列的速率，衡量的是一个最小库存单位（SKU）的分拣频率；而一个货品的速率，衡量的是为履行一个订单所需要拣出的某个产品系列中一个货品的数量。每个速率分析都会注重分拣高频度货品和低频度货品时劳动力的消耗。如果使用帕累托法则来划分分拣区（20%的最小库存单位占80%的吞吐量），那么很可能会产生大量不必要的资本投入。

2）战略改进还是战术改进

大多数改进项目采用的是一个战术层面的方法，它能描述出"就我们现在所处的战略位置而言，下一步应该做什么？"然而，每一个操作细节每隔几年都需要用一个战略的眼光来加以审视，它所描述的是"别管我们现在处于什么位置，就目前公司的规模、竞争环境、客户需求和成本而言，我们应该处于什么位置？"

3）按回收期进行设计

这条原则评估了在根据投资回报而改进流程设计时所涉及的各种资本要素。具体而言，主要的节约来自提高劳动生产率，因而不需要花费太多的时间证实"软"利益。大多数客户需要用有吸引力的投资回报率来使得项目所需资金获得批准。美国 DDI 公司采用规范的方法，为设计中的每个要素测算了投资回报率，而不是仅仅关注整个项目的投资回报率。根据投资回报率进行流程设计的原则能够防止根据设计中一个要素的投资回报率，来对其他没有考虑到的要素进行推断。

4）最少接触

与所存货品接触得越频繁，运作成本就会增加得越多。一定要保证所有的"接触"都是能够增加价值的操作，不仅仅只是支出额外的成本。

5）批量分拣

在大多数物流中心的作业中，一个员工每天至少有 50% 的时间用于走路和找货。在一个仓储系统中，分拣工作本身就要耗费大半的劳动力。通过将订单集中在一起，形成不同的订单组，并利用一些技术按组进行分批分拣，物流中心就能够大大减少员工行走的时间。

6）活找人、而非人找活

在仓储系统的作业中，有很多环节可以使用成本合理的技术和手段把"活"交给分拣人员，这样可以减少行走和找货的时间，从而提高生产率。这个原则通常是与输送机、区域分拣（一种订单分拣技术）或者专业训练的分拣小组一同实施的。

7）走捷径

这个原则被用于省略物料流动过程中某些步骤，它通常是合理的仓储管理系统的一个特征。例如，基于提前装运通知单，提前接收货品项目，将货品直接从收货区送到分拣区或不经过存储和补货环节，越库转运，以及直接从存储区进行整箱分拣。

8）延迟配送

根据这条原则，尽量推迟对有特殊目的或为特殊客户定制的产品做任何工作。延迟策略的一个主要应用就是在接收订单后再对零部件进行组装，而不是在接收订单前就将其组装好再进行存储。这个原则最好被用在延迟策略与仓储操作已经成为一个有机整体的时候。这样，接收订单的后续工作就能顺利而快速地完成。

2. 仓储区设计原则

通过引进经验丰富的操作人员，如经理、主管和营运经理，能够有效地提高物流中心仓储系统的生产能力、物料搬运效率和仓储空间的利用率。如果在最初的设计阶段就考虑结构设计、建筑技巧和物流中心运作经验等问题，它们之间就不容易再产生冲突。因此，在仓储系统规划与设计初期，设计人员应该与具体的业务人员就以下问题进行详细的讨论。

（1）最终确定的管理战略。

（2）各种业务增长计划和可能的措施。

（3）开发出概念性的设计方案。

（4）物料搬运系统的各种备选方案。

（5）详细的库房布局和其他可选的布局规划。

（6）员工和劳动力需求。

（7）制定操作纲领。

（8）详细的设计及相应的设备配置。

（9）起草操作规程。

通过要求业务人员参与到这些步骤当中，不但能够获得他们的输入信息，而且还能够确保他们对物流中心设计过程的了解程度。

为了能够包容必要的运营作业，任何最后一刻的修改甚至是建成后的返工都将妨碍工作的顺利进行，并且都将浪费大量的时间，更不用说这要比首次施工的代价昂贵得多。例如，即便是在首次施工过程中，自动站台升降台的成本是非常高的，然而如果首次施工完成后再安装这些设备，费用将会接近前者的 4 倍。

仓储系统设计时要考虑的问题如下。

（1）装卸站台的要求。

（2）充电区域的位置和通风要求。

（3）根据优化的通道布置，配置支撑建筑物的立柱。

（4）库门数量满足批量处理货物的要求。

（5）办公室和休息区的位置。

（6）整个仓储系统的照明条件。

（7）影响仓储系统内货品平稳流动的障碍物。

（8）从收货站台到仓储区和发货站台的最短运输距离。

（9）喷淋装置的要求，包括高压泵、蓄水池、架内喷淋装置、高密度系统。

（10）灭火器和防爆室。

（11）充足的排水能力。

（12）减少维修的屋顶设计。

（13）建筑物绝缘。

（14）暖气循环系统。

（15）大型装卸设备。

（16）计算机工作站的位置。

（17）射频设备安装问题。

（18）空托盘存放区域。

（19）废品箱的堆放位置。

（20）安全问题，包括远离建筑物的停车场。

（21）未来的扩张、自动化计划和存储货品种类变化等因素。

5.3.2 储位管理

在配货的前置准备工作中，一个非常重要的管理内容就是储位管理。可以说，它是实现配货快速、准确、低费、高效的基础与保证。因此，在配货作业过程中，必须重视储位管理，尽可能提高存储空间的使用效率，提高进出货及盘点作业速度，在先进先出的存储原则基础上，做到配货快、及时、准确无误、无缺货，同时维护和保管好各储位上的库存物品，使存储的物品处于随存随取的状态，以保证商品的有效供给和配送服务质量。

1. 储位管理的概念

储位管理是指对物流中心的仓储系统货物存储的货位空间进行合理规划与分配、对储位进行编码及对各货位所存储的物品的数量进行监控、对质量进行维护等一系列管理工作的总称。它主要包括存储空间的规划与分配、储位指派、储位编码与货品定位、储位存货数量控制、储位盘点等工作。

合理的储位管理是一种既能节省投资，又能理想地提高仓储系统使用效率的有效手段。通过储位规划与调整，可以达到以下五个效果。

（1）按合理的拣货顺序放置货物，能够减少拣货人员数量。

（2）合理的储位规划，可以平衡仓储系统员工的工作量及缩短作业周期。

（3）将容易混淆的货物分配到不同的拣选区，可以提高拣货准确率。

（4）合理地规划货物摆放位置，不但可以降低货物破损的概率，还可以减少作业人员受到伤害的可能性。

（5）通过合理地调整仓库布置，可以提高空间利用率，推迟或避免再建设的投资。

2. 储位管理的基本原则

储位管理主要有以下三个基本原则。

1）存储位置明确标识

先将存储区域详细地进行规划，划分区域，并对每个区域进行明确的编号和定位。要做到不仅每一项预储的商品有明确的位置可以存储，而且每一储位还必须能被明确地标识和记录。

2）货品有效定位

依据恰当的保管分区、分类方式确定合适的存储单位和存储方式，将货物准确地存储在预定的储位上。

3）变动要确实登记

当货物放入储位后，要对货物的数量、品种、存放位置、拣货取出、淘汰更新和损耗损伤等情况进行详细的登记建账，做到货物与账物完全相符。

3. 储位管理的对象

储位管理对象有保管物品和其他材料两种类型。

1）保管物品

保管物品是储位管理的主要工作。在物流中心的仓储系统中保管的货物，往往用许多种保管形态进行保管。如托盘、箱、散装和其他包装方式等。这样才能满足货物存储、搬运和拣货作业的要求。

2）其他材料

其他材料包括包装材料、辅助材料和副材料。所谓包装材料是指一些标签和包装纸等包装时需要的材料。随着各种促销活动的增加，使得物流中心的贴标签工作、重新包装作业、组合包装作业等流通加工作业量也增加。为此，所需包装材料也随之增加。这就必须对包装材料加以科学管理，否则不是造成积压就是造成缺货，严重影响物流作业的进行。所谓辅助材料就是托盘、容器等搬运工具。随着物流业的发展，物流中心需要的托盘和各种容器的数量大为增加，必须进行妥善管理，否则容易造成物品流通混乱。所谓副材料就是经过补货作业和拣货作业拆箱所剩下的空纸箱。这些纸箱有回收利用价值，但是由于形状大小不一，容易造成混乱，影响工作，必须加以管理，其管理方法是划分特定储位进行副材料的管理。

4. 储位规划中的存储策略

存储策略是决定货品在存储区域存放位置的方法或原则。良好的存储策略可以减少入库移动的距离、缩短作业时间，甚至能够充分利用存储空间。一般常见的存储策略有：定位存储、随机存储、分类存储、分类随机存储和共同存储。

1）定位存储

定位存储是指每一项货物都有固定的储位，货物在存储时不可互用储位。在采用这一存储方法时，必须注意每一项货物的储位容量必须大于其可能的最大在库量。例如，有的货物要求控制温度，尤其是易燃易爆物品必须存于一定高度并满足安全标准及防火条件的储位。按照管理要求某些货物必须分开存储，比如，一般化学原料与药品必须分开存储。重要保护的物品要有专门的储位。

（1）定位存储的优点。

① 储位能被记录、固定和记忆，便于提高作业效率。

② 储位按周转率高低来安排，通常周转率高的货物储位安排在出入口附近，可以缩短出入库搬运距离。

③ 针对不同货物特性安排储位，可以将货物之间的不良影响降低到最低。

（2）定位存储的缺点。需要较大的存储空间，影响库房及设施的使用效率。

2）随机存储

随机存储是指根据库存货物及储位使用情况，随机安排和使用储位，每种物品的储位可随机改变。模拟研究显示：随机存储比定位存储可节省35%的移动库存货物的时间，存储空间利用率可提高30%。随机存储适用于两种情况：①仓储系统空间有限，需要尽量利用存储空间；②物品品种少，或体积较大的物品。

（1）随机存储的优点。储位可以共用，储区空间的利用率高，因此只需按所有库存货品最大在库量进行储位设计即可。

（2）随机存储的缺点。

① 增加货物出入库管理及盘点工作的难度。

② 周转率高的货物可能被储放在远离出入口的储位上，增加出入库搬运的工作量。

③ 有些可能发生物化反应的货物相邻存放，可能会造成货物的损坏变质或发生危险。

④ 储位不易于记忆、货物难以查找。

由于随机存储的储位不容易记忆、货物难以查找。因此，随机存储管理的有效措施是建立存储记录卡，将存储信息详细记录，以随时准确掌握库存货物的储位和数量，以提高出入库作业效率。如果能运用计算机辅助管理，将仓库中每项随机存储的货物的存储位置存入计算机，则随机存储的管理的效率将大大提高。这样既可以通过计算机随时准确地查询到货物的储位，又能利用计算机来调配进货存储的位置空间，特别是能够充分有效利用储位剩余的空间。这里要注意的是存储信息必须随时与进货、出货信息一起更新。仓库进货时，存货数量相应增加，同时扣除储位剩余空间；相反，分拣配货出货时，存货数量相应扣除，同时增加储位剩余空间。随机存储记录卡的格式如表5-2所示。

表5-2 随机存储记录卡

储位编号	储位额定空间	商品名称及规格	商品编号	存货数量	单位	供应商	到货时期	储位剩余空间

3）分类存储

分类存储是指所有货物按一定特性加以分类，每一类货物固定其存储位置，同类货物不同品种又按一定的法则来安排储位。分类存储考虑的主要因素有：商品相关性大小、商品周转率高低、商品体积、重量、商品的物理、化学、机械性能等因素。分类存储主要适应几种情况：①物品相关性大，经常被同时订购；②周转率差别大的货物；③体积、重量相差大的货物。

（1）分类存储的优点。

① 便于按周转率高低来安排存取，具有定位存储的各项优点。

② 分类后各存储区域再根据货物的特性选择存储方式，有利于货物的存储管理。

（2）分类存储的缺点。

① 储位必须按各项物品的最大在库量进行设计，因此储区空间平均的使用效率低于随机存储。

② 分类存储较定位存储有弹性，但也有与定位存储同样的缺点。

4）分类随机存储

分类随机存储是指每一类货物具有固定储位，但各储区每个储位的安排是随机的。因此，分类随机存储兼有定位存储和随机存储的特点。

5）共同存储

共同存储是指在确定了各货物进出仓储系统的具体时间的前提下，不同的货物共用相同的储位。这种存储方式在管理上比较复杂，但存储空间及搬运时间却更为经济。

5. 储位管理的步骤

储位管理的目标是尽可能提高存储空间的使用效率，提高进出货及盘点作业速度，坚持先进先出，做到配送快、无缺货，同时，维护和保养好库存物品。要实现这一目标，在管理方法上应严格各种表格信息的登记与管理，同时，采用科学有效的计算机控制技术，并做好系统的监督和维护工作。

储位管理的步骤为：从存储目标出发，确定相应的存储条件，在分析存储条件的基础上规划存储空间，并选定存储搬运设备及相应的配置方式，建设存储系统，然后对存储货位进行编码，货物通过人工表单或自动控制系统进入预定的货位，在储位管理中还必须加强储位管理的检查与维护。储位管理的步骤如图 5-5 所示。

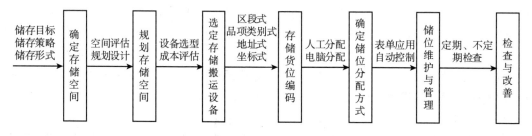

图 5-5　储位管理的步骤

6. 储位编码

当清楚地规划好各储区储位后，这些位置开始经常被使用，为了方便记忆与记录，故储位编号、品名、序号、标签记号等用以辨识的记录代码就非常重要。如果没有这些可辨识区分的符号代码，记忆系统便无法运作。实际上，储位编码就如同货品的住址，而货物编号就如同姓名一样。也就是说，每一品项都要有一个地址及姓名，以便在需要时马上找到。

1）储位编码的功能

储位经过编码后，在管理上具有以下若干功能。

（1）确定储位资料的正确性。

（2）提供计算机相对的记录位置以供识别。

（3）提供进出货、拣货、补货等人员存取货品的位置依据，以方便货品进出上架和查询，节省重复寻找货品的时间且能提高工作效率。

（4）提高调仓、移仓的工作效率。

（5）可以利用计算机处理分析。

（6）因记录正确，可迅速按顺序存储或拣货，一目了然，减少弊端。

（7）方便盘点。

（8）可以让仓储及采购管理人员了解掌握存储空间，以控制货物库存量。

（9）可避免货物乱放、堆置致使过期而报废，并可有效掌握存货而降低库存量。

2）储位编码的方法

一般储位编码的方法有下列四种。

（1）区段方式。把保管区域分割为几个区段，再对每个区段编码。此种编码方式是以区段为单位，每个号码所标注代表的储位区域将会很大，因此适用于容易单元化的货品及大量或保管周期短的货品。在ABC分类中的A、B类货品也很适合此种编码方式。货品以物流量大小来决定其所占的区段大小，以进出货频率来决定其配置顺序。区段方式编码如图5-6所示。

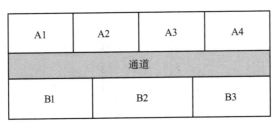

图5-6 区段方式编码

（2）品项类别方式。把一些相关性物品经过集合以后，区分成好几个品项别，再对每个品项别进行编码。此种编码方式适用于比较容易进行商品保管及品牌差异较大的货品，如服饰、五金方面的货品。

（3）地址式。利用保管区域中的现成参考单位，如建筑物第几栋、区段、排、行、层、格等，依照其相关顺序进行编码，就像地址的几段、几巷、几弄、几号一样。这种编码方式由于其所标注代表的区域通常以一个储位为限，且其有相对顺序性可遵循，使用起来容易、明了又方便。所以，其是目前物流中心使用最多的编码方式。但由于其储位体积所限，适合一些量少或单价高的货品存储使用，如ABC分类中的C类货品。例如，10-5-6，表示第10区，第5个储位，第6号物品，地址式编码方式示意图如图5-7所示。

（4）坐标式。利用空间概念来编排储位的方式，此种编排方式由于其对每个储位定位切割细小，在管理上比较复杂，对于流通率较小、要长时间存放的货物，也就是一些生命周期较长的货物比较适用。坐标式编码方式如图5-8所示。

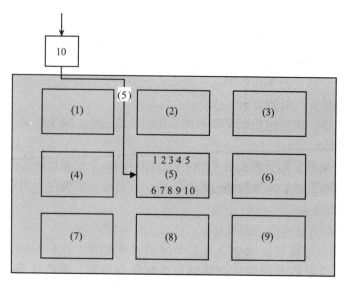

图 5-7 地址式编码方式示意图

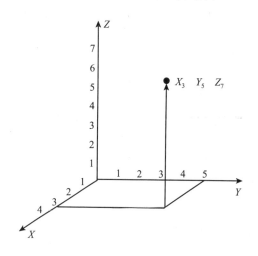

图 5-8 坐标式编码方式

　　一般而言，由于存储货品特性不同，所适合采取的储位编码方式也不同，而如何选择编码方式就得依保管货品的存储量、流动率、保管空间布置及所使用的保管设备来作出选择。不同的储位编码方法对管理的容易与否也有影响，这些都必须先考虑上述因素及信息管理设备才能适宜地选用。

7. 货物编码

　　货物编码就是将货物按其分类内容加以有次序地编排，用简洁的文字、符号或数字代替货物的名称、类别及其他有关资料的一种方式。物流中心在进货后，商品本身大部分都已经有商品号码及条形码，但有时为了物流管理及存货管制，配合自身的物流作业系统而将商品编排货物代码及物流条形码，以方便储位管理系统运作，并能掌握货物的动向。

　　货物编码的功能主要包括以下几个方面。

　　● 增加货品资料的正确性。

- 提高货品活动的工作效率。
- 可以利用计算机整理分析。
- 可以节省人力、减少开支、降低成本。
- 便于拣货或送货。
- 因记录正确可提供存储或拣取货品的核对工作。
- 消减存货。因有了统一编号，可以防止重复订购相同的货品。
- 可考虑选择作业的优先性，并达到货品先进先出的目的。

货物编码的原则包括以下几个方面。

- 简单性。应将货品化繁为简，便于货品活动的处理。
- 完整性。使每一种货品的编号能清楚完整的代表货品内容。
- 单一性。使每一个编号代表一种货品。
- 一贯性。号码尾数要统一且有一贯性。
- 伸缩性。为未来货品的扩展及产品规格的增加预留号码序列。
- 组织性。应有组织，以便存档或使用账上资料。
- 充足性。其所采用的文字、记号或数字，必须有足够的数量。
- 易记性。应选择易于记忆的文字、符号或数字，或富于暗示及联想性的编码。
- 分类展开性。货品复杂，其物类编号大，分类后还要再加以细分。
- 适应机械性。能适应事务性机械或计算机处理。

对货物编码的方法进行整理归纳，大致有六种方法。

1）流水编号法

这种编号法最为简单。由 1 开始，按数字顺序一直编下去。这种方法又叫延伸式编号，多用于账号或发票编号。流水编号法如表 5 – 3 所示。

表 5 – 3　流水编号法

货物编号	货物名称	货物编号	货物名称
1	牙刷	⋮	⋮
2	毛巾	n	脸盆
3	梳子		

2）数字分段法

把数字分段，每一段代表具有共同特性的一类货物。数字分段法如表 5 – 4 所示。

表 5 – 4　数字分段法

货物编号	货物名称	备　注
1	5 支装碳素笔	
2	10 支装碳素笔	
3	20 支装碳素笔	4、5 碳素笔预留编号位
4		
5		

续表

货物编号	货物名称	备　注
6	300g 装洗衣粉	
7	500g 装洗衣粉	
8		8　15 洗衣粉预留编号位
⋮		
15		

3）分组编号法

这种编号法是按货物特性分成多个数字组，每个数字组代表货物的一种特性。例如，第一组代表货类，第二组代表包装形式，第三组代表货物名称，第四组代表容量。这种编号方法使用广泛。分组编号法如表 5－5 所示。

表 5－5　分组编号法

	货　类	包装形式	货物名称	容　量
货物编号	05	7	058	350
编号意义	饮料	易拉罐	可口可乐	350 毫升

4）实际意义编号法

在编号时，用部分或全部编号代表货品的重量、尺寸、距离、产能或其他特性。特点是由编号即能了解货品的内容。实际意义编号法如图 5－9 所示。

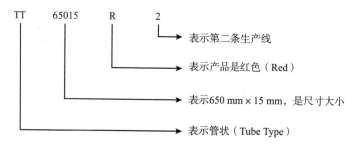

图 5－9　实际意义编号法

5）后数位编号法

用编号最后的数字，对同类货品作进一步的细分。后数位编号法如表 5－6 所示。

表 5－6　后数位编号法

编　号	货品类别	编　号	货品类别
520	饮料	531.1	箱装休闲食品
530	食品	531.11	箱装休闲食品薯片
531	休闲食品	531.12	箱装休闲食品鱿鱼丝

6）暗示编号法

用数字与文字的组合来编号，编号本身暗示货品的内容，这种方法的优点是容易记忆。例如，BY RB01，其含义如下：

BY 表示自行车（Bicycle）；

R 表示红色（Red）；

B 表示小孩型（Boy）；

01 表示制造商名称。

8. 储位管理技术

储位管理技术包括储位指派方式和储位管理中的控管技术。

1）储位指派方式

所谓储位指派方式就是在保管空间、存储设备、储位编码等一切前期工作准备就绪之后，用什么方法把货物指派到最佳储位上。指派的方式有人工指派、计算机辅助指派和计算机全自动指派三种指派方式。

（1）人工指派方式。人工指派方式凭借的是管理者的知识和经验，其效率因人而异。人工指派的优点是计算机等设备投入费用少，但是缺点是指派效率低、出错率高、需要投入大量人力。人工指派的管理要点如下。

① 要求指派者必须熟记储位指派原则，并能灵活应用这些原则。

② 仓储人员必须按指派者决定（书面形式）把货物放在指定的货位上，并将货物的上架情况记录在储位表单上。

③ 仓储人员每完成一个储位指派内容后，必须把这个储位内容记录在表单中。此外，因补货或拣货从储位中移出货物后，也应登记消除，从而保证物账一致。

人工指派的作业流程如图 5 - 10 所示。

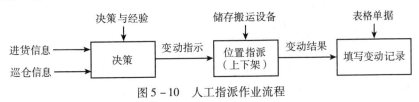

图 5 - 10　人工指派作业流程

（2）计算机辅助指派方式。计算机辅助指派方式是利用图形监控系统，收集储位信息，并显示储位的使用情况，提供给储位指派者实时查询，为储位指派提供参考，最终还是由人工下达储位指派指令。

计算机辅助指派的作业流程如图 5 - 11 所示。

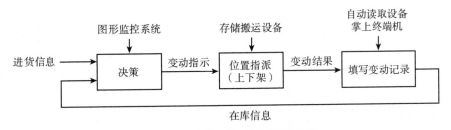

图 5 - 11　计算机辅助指派作业流程

（3）计算机全自动指派方式。计算机全自动指派方式是利用图形监控系统和现代化信息技术（条形码扫描仪、无线通信设备、网络技术、计算机系统等），收集与货位有关的信息，通过计算机分析后直接完成货位分配工作，整个作业过程不需要人工指派工作。计算机全自动指派方式因为不受人为因素的影响，出错率低、效率高，但设备投资和维护费用高。

计算机全自动指派的作业流程如图 5 - 12 所示。

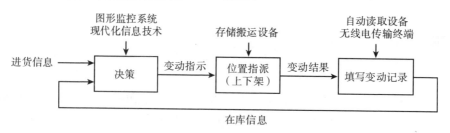

图 5 - 12　计算机全自动指派作业流程

2）储位管理中的控管技术

储位管理的构成要素是空间、设备、物品和人员，而控管技术是指针对物流中心的设备、物品、人员与车辆的动态信息能及时与准确掌握监控，它是提升物流中心作业与管理品质，达到节省人力、降低成本及提升物流中心经营效率与竞争力的手段。最主要的是，它更是进行储位管理最为有效且最为科学的方法。控管技术对储位管理有以下功能。

（1）各种作业节点的资料收集。

（2）储位整理指示（上下架、调仓）。

（3）储位监控。

（4）管理表单、信息的输出。

（5）全程掌握保管、动管的货品。

（6）辅助盘点作业。

整体而言，控管技术在应用上是针对整个物流中心的改善应用，但实际上它的应用目的就是储位管理的目的。也就是辅助物流中心的各项作业，使其能更顺利进行。

物流中心储位管理的控管技术主要由计算机网络技术、信息管理系统、控管系统、自动识别系统、自动控制系统和无线电传输技术组成。控管技术系统如图 5 - 13 所示。

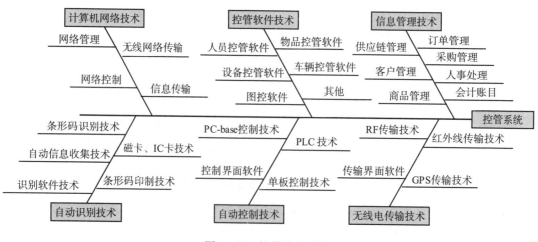

图 5 - 13　控管技术系统

控管技术应用在进货、补货、拣货和发货的储位管理中，能收集各时点的资料和信息、指示储位管理（如调仓等）、监控储位、管理表单、输出信息、掌握保管区和动管区货物情况，有利于盘点作业。在物流中心控管系统框架结构中，从进货、理货上架、拣货、输送分货到配送等各作业，都是在计算机的监控下进行的。关于各种技术的详细介绍，可参见相关教材，这里不再赘述。

5.3.3　仓储系统的空间规划设计

存储是物流中心的核心功能和重要的作业环节。存储区域规划的合理与否直接影响到物流中心的作业效率和存储能力。因此，存储空间的有效利用成为物流中心改善的重要课题。

在布置存储空间时，首先考虑的就是存储货品的多少及其存储形态，以便能提供适当的空间来满足需求，因为在存储货品时，必须规划大小不同的区域，以适应不同尺寸数量货品的存放。对于空间的规划，首先必须先行分类，了解各空间的使用目的，确定存储空间的大小，然后再进行存储空间的布置设计。如果由于存储空间的限制而无法满足存储要求时，就要寻求可以提高保管效率的存储方法来满足规划要求。

1. 仓储系统存储空间的构成与评价

1）存储空间的构成

存储空间是物流中心以保管为功能的空间。存储空间包括物理空间、潜在可利用空间、作业空间和无用空间。

（1）物理空间。指货物实际占用的空间。

（2）潜在可利用空间。这是指存储空间中没有充分利用的空间，一般物流中心至少有10%　30%的潜在利用空间可以加以利用。

（3）作业空间。指为了作业活动顺利进行所必备的空间，如作业通道、货物之间的安全间隙等。

存储空间的构成如图5-14所示。

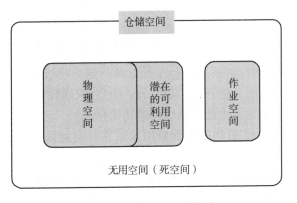

图 5-14　存储空间的构成

2）存储空间布局的评价要素和评价方法

（1）评价要素。存储空间规划的成功与否，需要从空间效率、货物流量、作业感觉、仓储成本、作业时间5个方面进行评价。图5-15说明了各要素与存储空间设计的关系。

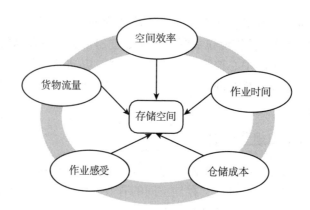

图 5－15　存储空间的评价要素

各项要素具体包括的内容如下所述。

① 空间效率。主要指存储品特性、存储货物量、出入库设备、梁柱、走道的安排布置。

② 货物流量。主要指进货量、保管量、拣货量、补货量、出货量等。

③ 作业感受（人性）。主要指作业方法、作业环境等。

④ 仓储成本。主要指固定保管费用、设备保管费用、其他搬运设备费用等。

⑤ 作业时间。主要指出入库时段、出入库时间。

（2）评价方法。可以利用下面几个指标衡量存储空间的布局规划是否科学合理。

① 空间效率指标。空间效率的评估可用实际保管可利用容积来判别，其计算公式为：

$$空间效率 = \frac{实际保管可利用容积}{仓库空间容积} \times 100\% \qquad (5-1)$$

② 货物流量指标。流量的评估基准以月为单位，即以每月的入库量、出库量、库存量三项因子来运算，其值在 0　1 之间，越接近 1 者，其流通性（周转率）越高。其计算公式为：

$$仓库流量 = \frac{入库量 + 出库量}{入库量 + 出货量 + 库存量} \qquad (5-2)$$

③ 作业感受（人性）指标。该指标仓库可以自行定义层级数，例如，宽的、窄的、大的、小的、舒服的、不舒服的、整齐的、杂乱的、明亮的、暗的，再采用问卷方式对作业人员调查其对作业空间的感觉，而由此感觉得到量化指标。

④ 仓储成本指标。以 $1m^3$ 货物的保管费用来估算，而此保管费用含固定保管费用及设备费用，单位为元/m^3。

⑤ 作业时间指标。作业时间主要用备货时间、拣货时间加上在保管时因储位空间的调整而移动货物的时间来表示。

2. 仓储系统的空间规划

仓储系统空间规划的内容主要包括：仓储区域的作业空间规划、分拣区域的作业空间规划、柱子间隔规划、库房高度规划、通道规划。本章主要介绍仓储区域的作业空间规划、柱子间隔规划和库房高度规划。其他两个方面的内容放在其他章节进行介绍。最后，再简要介绍货架系统的布局与设计。

1）仓储区的作业空间规划

在进行仓储系统的仓储区域的空间规划时，应先求出存货所需占用的面积的大小，并考虑货物的尺寸及数量、堆码方式、托盘尺寸、货架货位空间等因素，再进行仓储区域空间的规划。

因为区域空间的规划与具体的存储策略和方法有着密切的关系，下面针对不同的存储策略和方法，分别介绍其空间规划的计算方法。

（1）托盘平置堆码。所谓托盘平置堆码是指将物品码放在托盘上，然后以托盘为单位直接平放在地面上（只放一层托盘）的存储方式。托盘平置堆码方式示意图如图 5 – 16 所示。

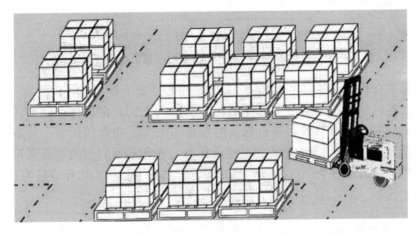

图 5 – 16　托盘平置堆码示意图

如果物流中心的货物多为大量出货，且物流中心面积充足，现代化程度不高，货物怕重压，则可考虑托盘平置堆码的方式。在这种存储方式下，计算存货面积所需要考虑到的因素有物品的数量和尺寸、托盘的尺寸、通道的面积。假设托盘的尺寸为 $L \times W$，由货物尺寸及托盘尺寸和码盘的层数可计算出每个托盘可以码放 N 箱货品，若物流中心的平均存货量为 Q，则存货面积需求 D 为：

$$D = \frac{平均存货量}{平均每托盘堆码货品箱数} \times 托盘尺寸 = \frac{Q}{N} \times (L \times W) \qquad (5-3)$$

实际仓储区域面积需求还需考虑叉车存取作业所需面积。若以一般中枢通道配合单位通道规划，通道约占全部面积的 30% 35%，故实际仓储区域的最大面积需求（A）为：

$$A = \frac{D}{1 - 35\%} = 1.54D \qquad (5-4)$$

（2）用托盘堆码。所谓使用托盘堆码是指将物品码放在托盘上，然后以托盘为单位进行码放，托盘货上面继续码放托盘货（>1 层）的存储方式。使用托盘堆码方式示意图如图 5 – 17 所示。

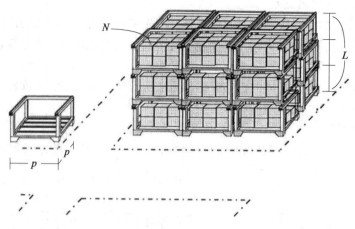

图 5 - 17 使用托盘堆码示意图

如果物流中心的货物多为大量出货，且物流中心面积不算太充足，货物不怕重压，可用装卸搬运工具码放多层，则可考虑使用托盘堆码的方式。在这种存储方式下，计算存货的理论面积所需要考虑到的因素有物品的数量和尺寸、托盘的尺寸、可堆码的层数等因素。假设托盘尺寸为 $L \times W$，由货物尺寸及托盘尺寸和码盘的层数可计算出每个托盘可以码放 N 箱货品，托盘在仓储区域可码放 S 层，若物流中心的平均存货量为 Q，则存货面积需求 D 为：

$$D = \frac{平均存货量}{平均每托盘堆码货品箱数 \times 托盘可堆码层数} \times 托盘尺寸$$
$$= \frac{Q}{N \times S} \times (L \times W) \tag{5-5}$$

（3）使用托盘货架存储。若物流中心使用托盘货架来存储货物，则存货面积的计算除了要考虑货品尺寸和数量、托盘尺寸、货架形式、货架层数外，还需考虑的是巷道的面积需求。假设托盘的尺寸为 $L \times W$，货架为 S 层，每托盘约可码放 N 箱，若物流中心平均存货量为 Q，则存货所需的面积 D 为：

$$D = \frac{平均存货量}{平均每托盘堆码货品箱数 \times 货架层数} \times 托盘尺寸$$
$$= \frac{Q}{N \times S} \times (L \times W) \tag{5-6}$$

由于货架系统具有区域特性，每区由两排货架及存取通道组成，因此由基本托盘占地面积需换算成仓库区再加上存取通道面积，才是实际所需的仓储工作空间。其中存取通道空间需视叉车是否做直角存取或仅是通行而定。而在存储货架内的空间计算，以一个货格为计算基准，一般的货格通常可存放两个托盘。图 5 - 18 为使用托盘货架存储方式的俯视示意图。

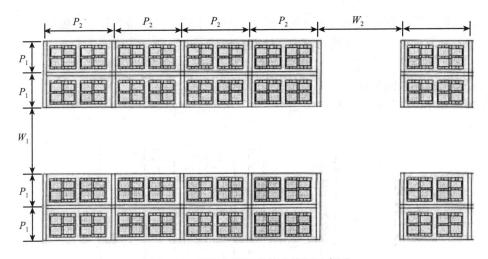

图 5 – 18 以托盘货架存储的俯视示意图

在图 5 – 18 中：

P_1——货格宽度；

P_2——货格长度；

Z——每货格区的货位数（每个货格含两个托盘）；

W_1——货叉直角存取的通道宽度；

W_2——货架区侧向通道宽度；

A——货架使用平面面积；

B——存储区内货架使用平面总面积；

S——总库存区平面面积；

Q——平均存货需求量；

L——货架层数；

N——平均每托盘码放货品箱数；

P——存货所需的基本托盘地面空间。

则货架使用平面面积：

$$A = （P_1 \times 4）\times （P_2 \times 5）= 20P_1P_2 \tag{5-7}$$

货架使用的总面积：

$$B = 货架使用平面面积 \times 货架层数 = A \times L \tag{5-8}$$

总库存区平面面积：

$$
\begin{aligned}
S &= 货架使用平面面积 + 叉车通道 + 侧向通道 \\
&= A + W_1 \times （5P_2 + W_2）+ 2P_1 \times W_2 \times 2
\end{aligned}
\tag{5-9}
$$

2）柱子间距设计

一方面，柱子的间隔会影响到货架的摆放、搬运车辆的移动、输送分类设备的安装；另一方面，物流中心的柱子间距设计的主要依据包括建筑物的楼层数、楼层的高度、地面承重能力、抗震能力等。以存储空间来讨论，除了上述基本建筑设计条件外，还需考虑物流中心内的保管效率及作业效率。影响物流中心仓储空间柱子间隔设计的因素主要有三个。

（1）进入仓库内停靠的卡车台数及种类。不同型式重量的载货卡车会有不同的体积长度，对停靠所需的空间和柱距均有不同规格的需求。

卡车在仓库内停靠时柱子的排列如图 5 - 19 所示。

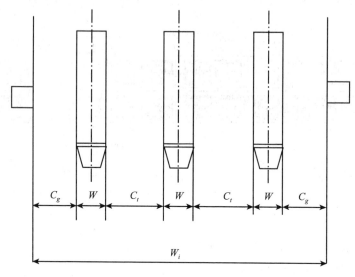

图 5 - 19　卡车在仓库内停靠时的柱子间距

在图 5 - 20 中，W_i：柱子间距；W：货车宽度；C_t：货车间距；C_g：侧面间隙尺寸；N：货车数量。则柱子间距的计算公式为：

$$W_i = W \times N + (N - 1) \times C_t + 2 \times C_g \qquad (5 - 10)$$

（2）保管区存放设备的种类和尺寸。保管区的设计以选用保管设备的布置效率最为优先，其空间的设计尽可能大而完整，以供存储设备的安置，配合存储设备的规划来决定柱子的间隔。

① 托盘货架深度方向柱子的排列如图 5 - 20 所示。

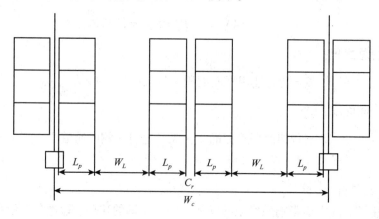

图 5 - 20　托盘货架深度方向柱子的排列

在图 5－21 中，W_c：柱子间距；L_p：货架深度；W_L：通道宽度；C_r：货架背面间隔；N：货架巷道数。则柱子间距的计算公式为：

$$W_c = （W_L + 2 \times L_p + C_r） \times N \tag{5－11}$$

② 托盘货架宽度方向柱子的排列，如图 5－21 所示。

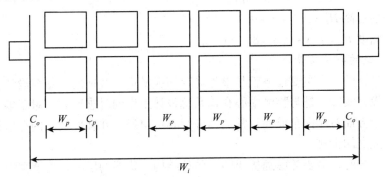

图 5－21　托盘货架深宽度方向柱子的排列

在图 5－21 中，W_i：柱子间距；W_p：货架宽度；N_p：货架列数；C_p：货架间距；C_o：侧面间隙间隔。则柱子间距的计算公式为：

$$W_i = W_p \times N_p + C_p \times （N_p - 1） + 2 \times C_o \tag{5－12}$$

（3）保管区域与出入口的关系。当决定保管区域时，必须考虑其前方是否有柱子，受电动堆高机出入口和输送机的安装及吊车的移动的干涉等而有所限制，此时柱子间隔设计是依据通道宽度和存储设备间隔等尺寸来计算的。

3）库房高度规划

在存储空间中，库房的有效高度也称为梁下高度；理论上是越高越好，但在实际的应用上，梁下高度受货物所能堆码的高度、叉车的扬程、货架高度等因素的限制，太高反而会增加成本及降低建筑物单位高度的楼层数。在进行库房的有效高度设计时，应从以下四个方面考虑。

（1）保管物品的形态、保管设备的形式和堆码高度。由于所保管物品的形态及所采用的保管货架形式均与高度有关，采用托盘地面堆码或采用高层货架时，两者所需的堆码高度差距非常大，耐压的坚硬货物及不耐压的货物两者在采用地面堆码时，对梁下高度的需求也有很大差距。因此，必须根据所采用的保管设备与堆码方式来决定库内的梁下高度。

（2）所使用堆垛搬运设备的种类。由于各类堆高机、吊车等，对梁下高度有不同的需求，需要根据具体的堆垛搬运设备的起升参数和梁下高度进行计算。

（3）所采用的存储保管设备对高度的要求。由于各类货架都有其基本设计高度，装设货架时必须达到此高度才能有经济效益。因此，梁下高度的设计必须能符合所采用保管存储设备的基本高度要求。

（4）梁下间隙尺寸。在梁下，为了满足消防、空调、采光等要求，必须放置一些配电、风管、消防设备、灯光照明设备等，需要预留这些设备装设空间，在梁下高度的计算中必须把梁下间隙尺寸考虑进去。即梁下有效高度为：

$$梁下有效高度 = 最大举升的货高 + 梁下间隙尺寸 \tag{5－13}$$

下面以一道题为例，说明梁下有效高度的设计。

货架每层高 $h_r = 2.4$ m，货架共可存储三层货物（第三层货物放在第二层货架顶层横梁上即可），底层高度 $H_f = 0.4$ m，货物高度 $H_A = 2$ m，梁下间隙 $= 0.6$ m，货叉的抬货高度 $F_A = 0.3$ m；求货架高度（H）、最大举升的货高（H_L）和梁下有效高度（H_e）？

货架高度 $H = 2.4 \times 2 + 0.4 = 5.2$ m；

最大举升的货高 $H_L = 5.2 + 2 + 0.3 = 7.5$ m；

梁下有效高度 $H_e = 7.5 + 0.6 = 8.1$ m。

4）货架系统的布局与设计

物流中心设计的一个主要任务就是事先对存储区域进行合理的划分与设计。因此，货架系统的布局与设计实际上是与物流中心仓储系统设计工作同时进行的。对于整个仓储系统从战略和运作两个方面对库内布局和日常运作进行有机协调，并确保货品的存取作业能够有效地与分拣等作业之间衔接。

设计货架系统时，需要考虑到货架的材质与结构、货架的层高、通道宽度和安全搬运间距及货架保护设备等因素。

（1）货架的材质与机构。仓储区域所存货物的特点决定对货架的材质和结构要求。比如，"重货物"要求货架的材质和结构的承重能力要高，而存取频繁的货物则要求存取效率高的货架结构。同时，货品的"轻重"和存取频率的"高低"对货架系统的布局也有一定的影响。

（2）货架的层高。货架的层高与所存货物的"轻重"和存取设备的类型有关。尽管从理论上讲货架层数的增加会相对减少对平面库区面积的需求，但是货架的高度会对货架材质、结构、存取设备的最大安全存取高度和对通道的机动宽度要求等产生影响。因此，货架系统的设计要综合考虑相关的因素，选出最恰当的货架层高。

（3）通道宽度和安全搬运间距。货架系统中操作通道（两排货架之间的通道）和转运通道（两列货架之间的通道，即存储区域的主干道）宽度不仅对货架系统的设计有影响，而且对整个仓储系统的设计也有重要的影响。任何存储系统的布局设计就是在成本最低的前提下，最大限度地利用有效的存储空间。因此货架系统的设计者要尽可能地减少通道的宽度和最小安全间距。

① 操作通道。通常，操作通道的宽度只能允许一个存取人员或设备进行存取操作。如果存取设备是叉车，设计者要向叉车制造商了解叉车的操作性能和机动特点。叉车制造商会提供车辆的最小转弯半径。由于叉车装卸货物时通常会造成货品在一定范围内的位移，同时，不同的司机所需的实际操作半径也会因人而异。因此，用理论上的叉车最小转弯半径设计操作通道宽度是不够用的，必须加上一定的安全操作间距。计算安全操作距离时还要考虑到托盘在叉车上没有被"四四方方"地托起，以及叉车的货叉有可能没有完全插入托盘中。再有就是托盘本身可能是不标准的，而且托盘上的货物可能比托盘的实际尺寸大一些。

② 转运通道。通常，转运通道允许一个以上的存取人员或设备相向而行。有时，转运通道宽度还能够保证两个存取设备同时做90度的相背转向而不至于相互干扰。转运通道的安全高度也要被适当地加以考虑。因为有时叉车司机在完成存放货品后忘记将升降叉降下来就从操作通道出来进入转运通道。转运通道上方的横梁及通道两侧应该画上警示性斑马线以提醒司机注意。有时，过低的横梁下方还应该加上安全网或限高横梁。在与人行通道交叉的

地方, 应该适当地增加安全宽度, 并安装广角镜帮助司机了解其他通道上的交通情况。

③ 最小安全距离。除了上面提到的物料搬运设备所需的最小安全距离外, 设计者还应该考虑其他一些影响通道间距的因素。例如, 有些货架系统需要加装于地面连接的"安全插销"。这些安全插销有时会限制叉车的机动性, 因此设计时需要对这些插销所占的宽度加以考虑。此外, 许多货架系统要求在转角处及一些关键的地方加上保护装置。这些保护装置会对叉车的机动范围有一定影响。因此, 设计时也必须加以考虑。

5.3.4 自动化立体仓库的规划设计

物流技术自动化的基础是信息化, 核心是机电一体化, 外在表现是无纸化, 效果是省力化。自动化立体仓库作为物流技术自动化的主要表现形式, 已经成为现代物流中心规划建设的重要课题。

1. 自动化立体仓库概述

1) 自动化立体仓库的概念

根据中华人民共和国国家标准《物流术语》(GB/T 18354—2006) 的定义: 自动化立体仓库是指由高层货架、巷道堆垛起重机 (有轨堆垛机)、入出库输送系统、自动化控制系统、计算机仓储管理系统及其周边设备组成, 可对集装单元物品实现自动化存取和控制的仓库

因此, 自动化立体仓库是一种用高层立体货架 (托盘系统) 存储货物, 一般采用几层、十几层甚至几十层高的货架存储货物, 并用计算机控制管理和采用专门的仓储作业设备进行存取作业的仓库。图 5 - 22 为自动化立体仓库实例图。自动化立体仓库的发展有助于实现高效率物流和大量存储, 能适应现代化生产和商品流通的需求。

图 5 - 22 自动化立体仓库实例图

2) 自动化立体仓库的组成

自动化立体仓库的结构和种类很多, 但一般可分为三大类设施。

（1）土建及公用工程设施。

① 库房。库存容量和货架规格是库房设计的主要依据。

② 消防系统。对于自动化立体仓库而言，由于库房规模大，存储的货物和设备较多且密度大，而仓库的管理和操作人员较少，所以仓库内一般都采用自动消防系统。

③ 其他设施。照明系统、动力系统、通风及采暖系统、排水设施、避雷接地设施和环境保护设施等。

（2）机械设备。

① 货架。货架的材料一般选用钢材或钢筋混凝土，钢货架的优点是构件尺寸小，制作方便，安装建设周期短，而且可以提高仓库的库容利用率。钢筋混凝土货架的优点在于其防火性能较好，抗腐蚀能力较强，维护保养也相对简单。自动化立体仓库的货架一般都分隔成一个个的单元货格，单元货格是用于存放托盘或直接存放货物的。

② 货箱与托盘。货箱和托盘的基本功能是装小件的货物，以便于叉车和堆垛机叉取和存放。采用货箱和托盘存放货物可以提高货物装卸和存取的效率。

③ 巷道堆垛机。巷道堆垛机是自动化立体仓库中最重要的设备，它是随自动化立体仓库的出现而发展起来的专用起重机。巷道堆垛机可在高层货架间的巷道内来回运动，其升降平台可作上下运动，升降平台上的货物存取装置可将货物存入货格或从货格中取出。

④ 周边搬运设备。搬运设备一般是由电力来驱动，由自动或手动控制，把货物从一处移到另一处。这类设备包括输送机、自动导向车等。设备形式可以是单轨、双轨；地面的、空中的；一维运行（即沿水平直线或垂直直线运行）、二维运行、三维运行等。其作用是配合巷道堆垛机完成货物的输送、转移、分拣等作业。在仓库内的主要搬运系统因故停止工作时，周边设备还可以发挥其作用，使作业继续进行。

（3）电气与电子设备。自动化仓库中的电气与电子设备主要指检测装置、信息识别装置、控制装置、通信设备、监控调度设备、计算机管理设备以及大屏幕显示设备等。

① 检测装置。检测装置是用于检测各种作业设备的物理参数和相应的化学参数，通过对检测数据的判断和处理可为系统决策提供最佳依据，以保证系统安全可靠地运行。

② 信息识别设备。在自动化立体仓库中，这种设备必不可少，它是用于采集货物的名称、类别、货号、数量、等级、目的地、生产厂、货物地址等物流信息。这类设备通常采用条形码、磁条、光学字符和射频等识别技术。

③ 控制装置。自动化立体仓库内所配备的各种存取设备和输送设备必须具有控制装置，以实现自动化运转。这类控制装置包括普通开关、继电器、微处理器、单片机和可编程序控制器等。

④ 监控与调度设备。监控与调度设备主要负责协调系统中各部分的运行，它是自动化立体仓库的信息枢纽，在整个系统中举足轻重。

⑤ 计算机管理系统。计算机管理系统用于进行仓库的账目管理和作业管理，并可与企业的管理系统交换信息。

⑥ 数据通信设备。自动化立体仓库是一个构造复杂的自动化系统，它由众多的子系统组成。各系统、各设备之间需要进行大量的信息交换以完成规定的任务。因此，需要大量的数据通信设备作为信息传递的媒介，这类设备包括电缆、远红外光、光纤和电磁波等。

⑦ 大屏幕显示器。这是为了仓库内的工作人员操作方便，便于观察设备情况而设置的。

⑧ 图像监视设备。工业电视监视系统是通过高分辨率、低照度变焦摄像装置对自动化仓库中人身及设备安全进行观察，对主要操作点进行集中监视的现代化装置，是提高企业管理水平，创造无人化作业环境的重要手段。此外，还有一些特殊要求的自动化仓库，比如，存储冷冻食品的立体仓库中，环境温度要进行检测和控制；存储感光材料的立体仓库，要使整个仓库内部完全黑暗，以免感光材料失效而造成产品报废；存储某些药品的立体仓库，对仓库的温度、气压等均有一定要求，因此需要特殊处理。

3）自动化立体仓库的分类

立体仓库的种类是随着生产的不断发展和进步而变化的。物流系统的多样性，决定了自动化立体仓库的多样性。

（1）按建筑物的形式分类，可以分为整体式和分离式两种。整体式立体仓库的货架与建筑物构成一个不可分割的整体，货架不仅承受货物的载荷，还要承受建筑物屋顶和侧壁的载荷。这种仓库结构重量轻，整体性好，对抗震也特别有效。分离式立体仓库的货架和建筑物是独立的，适用于利用原有建筑物作库房，或者在厂房和仓库内单建一个高货架的场合；由于这种仓库可以先建库房后建立体架，所以施工安装比较灵活方便。整体式和分离式立体仓库分别如图 5-23 和图 5-24 所示。

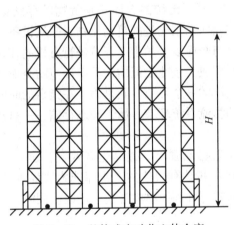

图 5-23 整体式自动化立体仓库

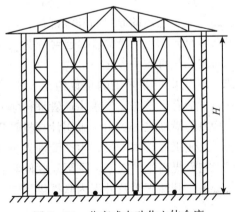

图 5-24 分离式自动化立体仓库

（2）按仓库高度分类。按仓库的高度分类，自动化立体仓库可以分为高层（＞12m）、中层（5　12m）、低层（＜5m）。

（3）按货架的形式分类。按库内货架形式的不同分类，自动化立体仓库可以分为单元货格式货架仓库、贯通式货架仓库、旋转式货架仓库、移动式货架仓库。

（4）按仓库的作业方式分类。按仓库的作业方式分类，自动化立体仓库可以分为单元式仓库、拣选式仓库。

单元式仓库的出入库作业都是以货物单元为单位，中途不拆散，所使用的设备为叉车或带伸缩货叉的巷道堆垛机。拣选式仓库的出货是根据提货单的要求从货物单元中拣选一部分出库。

4）自动化立体仓库的优点

（1）提高空间利用率。早期立体仓库构想的基本出发点是提高空间利用率，充分节约有限且昂贵的土地资源。在西方发达国家提高空间利用率的观点已有更广泛、深刻的含义——节约土地已与节约能源、保护环境等更多方面联系起来，有些甚至把空间利用率作为考核仓库系统合理性和先进性的重要指标。仓库空间利用率与其规划紧密相连，一般来说，立体仓库的空间利用率为普通仓库的2　5倍。

（2）提高企业生产管理水平。传统的仓库只是货物的存储场所，保存货物是其唯一的功能，属于静态存储。立体仓库采用先进的自动化物料搬运设备，不仅能使货物在仓库内按需要自动存取，而且还可以与仓库以外的生产环节进行有机的连接，并通过计算机管理系统和自动化物料搬运设备使仓库成为企业物流中的重要环节。企业外购件和自制件进入自动化立体仓库短时存储是整个生产的一个环节。其是为了在指定的时间自动输出到下一道工序进行生产，从而形成自动化的物流系统环节，属于动态存储——自动化立体仓库发展的明显技术趋势。

（3）加快货物存取、减轻劳动强度、提高生产效率。建立以自动化立体仓库为中心的物流系统，其优越性还表现在其具有快速的入出库能力，妥善地将货物存入自动化立体仓库，及时自动地将生产所需零部件和原材料送达生产线。同时，自动化立体仓库系统减轻了工人综合劳动强度。

（4）减少库存资金积压。通过对一些大型企业的调查，了解到由于历史原因造成管理手段落后，物资管理零散，使生产管理和生产环节的紧密联系难以到位。为了达到预期的生产能力和满足生产要求，就必须准备充足的原材料和零部件，这样，库存积压就成为较大的问题。如何降低库存资金积压和充分满足生产需要，已经成为大型企业面对的大问题。自动化立体仓库系统是解决这一问题的最有效手段之一。

（5）现代化企业的标志。现代化企业采用的是集约化大规模生产模式，这就要求生产过程中各环节紧密相连，成为一个有机整体，要求生产管理科学实用，做到决策科学化。建立自动化立体仓库系统是其有力的措施之一。由于采用计算机管理和网络技术使企业领导宏观快速地掌握各种物资信息，且使工程技术人员、生产管理人员和生产技术人员及时了解库存信息，以便合理安排生产工艺，提高生产效率。国际互联网和企业内部网络更为企业取得与外界在线连接，突破信息瓶颈，开阔视野及外引内联提供了广阔的空间和坚实强大的技术支持。

2. 自动化立体仓库的规划与设计

1）自动化立体仓库规划设计须考虑的基础数据

自动化立体仓库的规划设计是在一定区域或库区内，对仓库的数量、规格、地址位置和仓储设施、道路等各要素进行科学规划和总体设计。自动化立体仓库的规划设计由如下要素构成：存储物品类型、可用空间、高度、库存周转周期、存取量、仓库周围公路、铁路布局及其他因素。

对于自动化立体仓库的规划设计需要注意如下六个基础数据。

（1）物料的分类信息。自动化立体仓库不要求将企业 100% 的货物都放在仓库内。一般情况下，将大部分物料放在自动化立体仓库内即可。关于存放量"度"的把握，应根据实际情况区别对待。货物分类可按照其尺寸分类，也可按 ABC 分类，即根据入出库的分布情况进行分类。从而提高对库区划分和托盘选型的指导。

（2）物理空间的限制。对于一个自动化立体仓库而言，一般均存在物理空间的限制。这就要求设计人员充分考虑实际需要，最大限度满足客户需求。

仓库的平面区域中包括：入库暂存区、检验区、码垛区、存储区、出库暂存区、托盘暂存区、不合格品暂存区以及杂物区。规划时，自动化立体仓库内不一定要把上述的每一个分区都规划进入，而是要根据用户的工艺特点及要求来合理划分各区域和增减区域。与此同时，还要合理考虑物料的流程，使物料的流动畅通无阻。这将直接影响到自动化立体仓库的能力和效率。

（3）出入库能力的要求。出入库能力的要求决定了设备的能力和数量，间接地决定了投资规模。一般情况下，能力太大往往造成浪费。

（4）库容量的需求。对库容量的需求应建立在可靠的统计分析基础上，理想的规划应保持库容量大于实际的 10%～15%。

（5）控制水平的需求。决定一项立体仓库工程投资的关键还包括自动化水平的高低。一般而言，自动化程度越高，投资越大。随着科学技术的发展，普通的选择是采用较高的自动化水平。因为，短期内的改造，意味着重复建设和浪费。

（6）技术经济原则。自动化立体仓库的总体设计，还应考虑技术的可行性和经济性。一般情况下，对自动化程度的过分追求不能获得最佳效果，往往还会造成资金的过大投入。经济原则是指在总体设计中，对于各种设计方案应按货币指标和实物指标进行比较，如投资、经营费用、投资回收期、劳动生产率、材料消耗、货物完好率以及运输工具停机时间等。同时，在选择仓库的参数和立体布置方案时，必须考虑到各种特殊的因素和技术经济指标。

2）自动化立体仓库规划设计的步骤

自动化立体仓库的规划设计包括以下三个阶段。自动化立体仓库规划设计的流程如图 5 - 25 所示。

（1）概念设计阶段。该阶段明确建设自动化立体仓库的目标和有关的背景条件，也称为总体设计的准备阶段。

自动化立体仓库的建设是一项系统工程，需要花费大量的投资。因此，在建设前必须明确企业建设自动化立体仓库的必要性和可行性，并对建库的背景条件进行详细的分析。一般来说，需要做以下几个方面的工作。

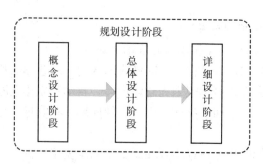

图 5-25　自动化立体仓库规划设计流程

① 确认自动化立体仓库建设的必要性。根据企业的生产经营方针、企业物流系统的总体布置和流程，明确自动化立体仓库与上游、下游衔接的工艺流程，分析确定自动化立体仓库在企业物流系统中的位置、功能和作用。

② 明确企业对自动化立体仓库的要求。根据企业的生产规模和水平及自动化立体仓库在整个物流系统中的位置，分析企业物流和生产系统对自动化立体仓库的要求如上游进入仓库的最大入库量、向下游转运的最大出库量及所要求的库容量，同时结合企业的经营状况和经济实力，确定自动化立体仓库的基本规模和自动化水平。

③ 调查建库现场条件。建库现场条件的调查包括气象、地形、选址条件、地面承载能力、风及雪载荷、地震情况及其他环境影响等。

④ 调查自动化立体仓库基础资料。调查拟存货品的名称、特征（如易碎、怕光、怕潮等）、包装、外形尺寸、单件重量、平均库存量、最大库容量、每日入库数量、出库数量与频率等，以便确定仓库的类型、库容量和出入库频率等。

⑤ 调查特殊需求。调查了解与仓储有关的其他方面条件及企业的某些特殊要求，如入库货物的来源及入库作业方式、入出库门数量、包装形式、搬运方法、出库货物的去向和运输工具等。

概念设计阶段也是项目的详细论证阶段。如果论证通过，本阶段的分析结果便可为自动化立体仓库的总体设计奠定一个坚实的基础。

（2）总体设计阶段。该阶段对自动化立体仓库的总体步骤、设施布置、管理和控制方式、进度计划及预算等进行全面的规划与设计，也称为基本设计阶段。

① 确定仓库的结构类型和作业方式。自动化立体仓库一般由建筑物、货架、理货区（整理和倒货区）、管理区、机械设备等组成。确定仓库的结构类型就是确定各个组成部分的结构组成。

对于分拣仓库，需要配备自动分拣和配货的装置。应根据自动化立体仓库的规模和工艺流程的要求，确定配套设备的类型。

最后，根据工艺要求决定是否采用拣选作业。如果以整单元出库为主，则采用单元出库作业方式；如果以零星出货为主，则可采用拣选作业方式，并根据具体情况确定采用"人到货前"还是"货到人前"的拣选方式。

② 确定货物单元的形状、尺寸和重量。单元式自动化立体仓库是以单元化搬运为前提的，所以确定货物单元的形式、尺寸及重量就显得尤为重要。一般需要确定两个方面的内容：集装单元化器具的类型和货物单元的外形尺寸及重量。

自动化立体仓库常用的集装单元化器具有托盘和集装箱，且以托盘最为常见。托盘的类型又有许多种，如平托盘、箱式托盘、柱式托盘和轮式托盘等，一般要根据所存储货物的特征来选择。当采用堆垛机作业时，不同结构的货架对托盘的支腿有不同的要求，在设计时尤其要注意。

为了合理确定货物单元的尺寸和重量，需要对所有入库的货物进行 ABC 分析，以流通量大而种类少的 A 类货物为主，选择合适的货物单元的外形尺寸和重量。对于少数形状和尺寸比较特殊及很重的货物，可以单独进行存储。

③ 确定堆垛机械和配套设备的主要参数。自动化立体仓库常用的堆垛机械包括有轨巷道堆垛机、无轨堆垛机（高架叉车）、桥式堆垛机和普通叉车等。在总体设计时，要根据仓库的高度、自动化程度和货物的特征等合理选择其规格结构，并确定其主要性能参数（包括外形尺寸、工作速度、起重量和工作级别等）。

自动化立体仓库配套设备的配备应根据系统的流程和工艺统筹安排，并根据出入库频率、货物单元的尺寸和重量等确定各配套机械及设备的性能参数。

总体设计时，要根据仓库的规模、货物的品种、出入库频率选择最合适的机械设备，并确定其参数。根据入库频率确定各个机构的工作速度；根据货物单元的重量选定起重、装卸和堆垛设备的起重量；根据货物单元尺寸确定输送机的宽度，并确定使整个系统协调工作的输送机速度。

④ 确定仓库总体尺寸。确定仓库总体尺寸的关键是确定货架的长、宽、高总体尺寸。自动化立体仓库的设计规模主要取决于其库容量，即同一时间内存储在仓库内的货物单元数。如果已经给出库容量，可直接应用这个参数；如果没有给出要根据拟存入库内的货物数量、出入库的规律等通过预测技术来确定库容量。根据库容量和所采用的作业设备的性能参数及其他空间限制条件，即可确定仓库的总体尺寸。

⑤ 确定仓库的总体布置。确定了自动化立体仓库的总体尺寸之后，便可以进一步根据仓库作业的要求进行总体布置。主要包括自动化立体仓库的物流模式、高架区的布局方式和入出库输送系统方式等。

⑥ 选定控制方式。仓库的控制方式一般分为手动控制和自动控制两种。

- 手动控制方式设备简单、投资小、对土建和货架的要求也较低，主要适用于规模较小、入出库频率较低的仓库，尤其是拣选仓库。
- 自动控制是自动化立体仓库的主要控制方式。自动化立体仓库的自动控制系统根据其控制层次和结构不同，可分为三级控制系统和二级控制系统。一般由管理级、监控级和直接控制级组成（二级控制系统由管理级、控制级组成），可以完成自动化立体仓库的自动认址和自动程序作业。适用于入出库频率较高、规模较大的自动化立体仓库，特别是一些暗库、冷库或生产线中的自动化立体仓库，可以减轻工人的劳动强度，提高系统的生产率。

⑦ 选择管理方式。仓库的管理方式一般分为人工管理和计算机管理两种。

人工管理方式适用于库存量小、品种不多、出入库频率不高的仓库。

在自动化立体仓库中一般采用计算机管理与自动控制系统相结合，实现自动化立体仓库的自动化管理与控制。在总体设计阶段，要根据仓库的规模、入出库频率、生产管理的要求、仓库自动化水平等各方面因素，综合考虑选定合理的管理方式。

⑧ 提出土建、公用设计的要求。在总体设计时，还要提出对仓库的土建和公用设计的要求。比如，根据货架的工艺载荷，提出对货架的精度要求；提出地面需要承受的载荷及对基础均匀沉降的要求；确定对采光、采暖、通风、照明、给排水、电力、防火、防污染等方面的要求。

⑨ 投资概算。分别计算自动化立体仓库各组成部分的设备费用、制造费用、设计费用及软件费用、运输费用、安装及调试费用等，综合得到自动化立体仓库的总体投资。

⑩ 进度计划。在总体设计的最后，要提出立体仓库设计、制造、安装、调试、试运营的进度计划及监督和检验措施。

（3）详细设计阶段。根据总体设计的要求，对组成立体仓库的所有设备和设施的详细设计或选型，此阶段要完成所有设备和设施的制造和施工图纸。

3. 自动化立体仓库的总体布置

1）物流模式

货物在自动化立体仓库的流动形式主要有三种：贯通式、同端出入式和旁流式，如图 5 – 26 所示。

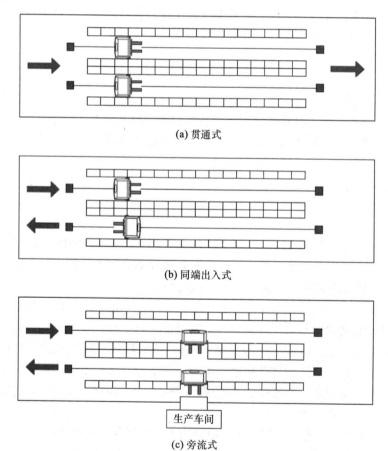

(a) 贯通式

(b) 同端出入式

(c) 旁流式

图 5 – 26　自动化立体仓库的物流模式

（1）贯通式。贯通式即货物从巷道的一端入库，从另一端出库。这种方式总体布置比较简单，便于管理操作和维护保养。但是，对于每一格货物单元来说，要完成它的入库和出库全过程，堆垛机需要穿过整个巷道。

（2）同端出入式。同端出入式是货物入库和出库在巷道同一端的布置形式。这种布置的最大优点是能缩短出入库周期。特别是仓库存货不满，而且采用随机存储策略时，优点更为明显。此时可以挑选距离出入库口较近的货位存放货物，缩短搬运路程，提高出入库效率。此外，入库作业区和出库作业区还可以合在一起，便于集中管理。

（3）旁流式。旁流式自动化立体仓库其货物从仓库的一端（或侧面）入库，从侧面（或一端）出库。这种方式是在货架中间分开，设立通道，同侧门相通。这样，减少了货格即减少了库存量。但是，由于可以组织两条路线进行搬运，提高了搬运效率，方便了不同方向的出入库。

在自动化立体仓库实际设计中，究竟采用哪种布置方式应该视仓库在整个企业物流中的位置和作业而定。

2）高架区的布置

在单元货格自动化立体仓库中，其主要的作业设备是有轨巷道堆垛机。自动化立体仓库中堆垛机的轨道布置形式主要有三种：直线轨道式、U 形轨道式和转轨车式，如图 5 – 27 所示。

（1）直线轨道式。每一个巷道配置一台堆垛机。

（2）U 形轨道式。每台堆垛机可服务于多条巷道，通过 U 形轨道实现堆垛机的转巷道作业。

（3）转轨车式。堆垛机通过转轨车服务于多条巷道。通常，以每巷道配置一台堆垛机最为常见。当库容量很大，巷道数多而入库频率要求较低时，可采用 U 形堆垛轨道式或转轨车式以减少堆垛机的数量。

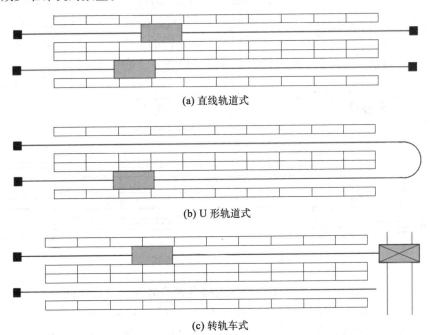

(a) 直线轨道式

(b) U 形轨道式

(c) 转轨车式

图 5 – 27　自动化立体仓库轨道布置方式

3）入出库输送系统

对于采用巷道式堆垛机的自动化立体仓库，巷道式堆垛机只能在高架区的巷道内运行，故需要各种设备与之配套衔接，使入库作业区、出库作业区（检验、理货、包装、发货等）与高层货架区联结起来，构成一个完成的物流系统。究竟采用什么搬运设备与之配套，是总体设计中要解决的问题。一般来说，高层货架区与作业区之间常见有以下几种衔接方式。

（1）叉车—出入库台方式。如图 5 – 28 所示，这是最简单的一种配置方式，在货架的端部设立入库台和出库台。入库时，用搬运车辆（叉车、有轨小车、无人搬运车等）将托盘从入库作业区运到入库台，由高架区内的堆垛机取走送入货格。出库时，由堆垛机从货格内取出货物单元，放到出库台上，由搬运车辆取走，送到出库作业区。

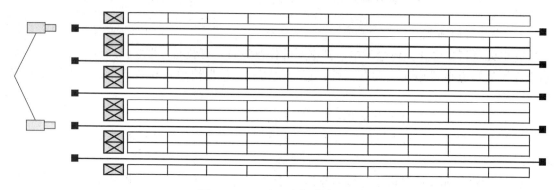

图 5 – 28　叉车—出入库台方式

（2）连续输送机方式。如图 5 – 29 所示，这种衔接方式是一些大型自动化立体仓库和流水线中立体仓库最常采用的方式，整个出入库系统可根据需要设计成各种形式。其出入库输送系统可以分开设置（如设在仓库的两端或同端不同的平面内），也可以合为一体，既可出库又可入库。通常还可配置一些升降台、秤重、检测和分拣装置，以满足系统的需要。

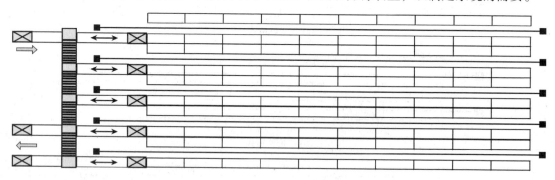

图 5 – 29　连续输送机方式

（3）AGV 方式。如图 5 – 30 所示，这种衔接方式是由 AGV 和巷内输送机组成的出入库系统，在一些和自动化生产线相连的自动化仓库中，如卷烟厂的原材料库等经常采用这种方式，这种出入库系统的最大优点是系统柔性好，可根据需要增加 AGV 的数量，也是一种全自动的输送系统。

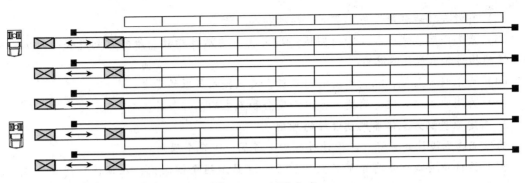

图 5 - 30　AGV 方式

（4）穿梭车方式。如图 5 - 31 所示，这种衔接方式是由巷内输送机、穿梭车和入出库输送机构成的出入库系统，由于穿梭车动作敏捷、容易更换的特点，因此也被广泛地应用在自动化立体仓库中。它的柔性介于输送机和 AGV 之间，是一种经济高效的出入库输送系统。

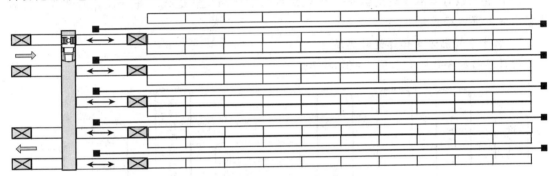

图 5 - 31　穿梭车方式

 复习思考题

1. 简述自动化立体仓库的物流模式。
2. 简述高层货架区与作业区域常见的衔接方式。
3. 简述存储空间布局的评价要素。
4. 简述储位管理的原则。
5. 简述自动化立体仓库的规划设计步骤，并说明总体设计阶段的主要工作。

 案例分析

某卷烟厂烟叶原料配方自动化立体仓库设计

1. 确定原料配方立体库设计的目标

原料配方立体库设计的目标如下。

（1）简化工艺流程，使原材料从进库到出库，实施最少工艺过程。

（2）有效合理地利用设备、空间、能源和人力资源。

（3）最大限度地减少人工物料搬运，增大物料的活性指数，争取做到在整个物流过程中搬运的物料和承载体不落地。

（4）力求投资最低，既达到设定的目标，又只投入最低的资金。

（5）为用户提供方便、简捷、舒适、安全和卫生的工作条件。

2. 确定原料配方立体库规划设计的原则

为保证达到设计的目标，在设计过程中应遵循以下几个原则。

（1）设计中要减少或消除不必要的作业，这是缩短仓储区出、入库循环周期，减少设备，增大仓库使用面积，降低成本的有效手段。

（2）以人流、物流、信息流流动的观点作为设计的出发点，贯穿整个设计的始终，合理确定流动方向。

（3）运用系统分析的方法求得系统的整体优化。

（4）整个设计是从宏观到微观，又从微观到宏观的反复迭代、并行设计的过程，最后使整个方案得以修正完善。

3. 烟叶原料配方立体库设计思路

设计思路的整体流程如图5-32所示。

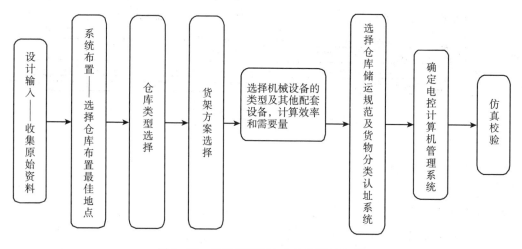

图5-32 烟叶原料配方立体库设计流程

1）设计输入——收集研究原始资料

首先要从用户方面收集资料，才能依据资料进行下一步的工作，倘若资料不全、模糊或者精度不高，则往往造成设计上的困难和设计出的总体目标与实际要求差距较大。

通常烟叶原料配方库所需收集的原始资料有：工厂的年生产能力；工厂的有效工作日、工作时、工作班次；需求的库容量；库房情况；要求平均每天出库、入库的占用时间。

存储烟叶原料的参数：品牌数量、原始外形尺寸、原始包装装载方式、原始包装捆扎方式等。

2）系统布置设计——选择仓库布置最佳地点

系统布置设计分为大系统设计与小系统设计两个方面：大系统设计——总体考虑全厂

的布局，仓库的大小与位置及周边区域的相互联系等多方面因素；小系统设计——主要考虑整个仓库库房内的区域分配布置，计算库房面积、高度和容积的利用系数、仓储系统存储区占地面积及其他各部分（如货物卸货、验收、条形码处理、配发及其他进出货配套区等）占地面积的比例及各分区安排，满足货物的仓内流向与仓外流向的统一性和技术经济性。

3）仓库类型的选择

仓库的类型较多，主要有室内仓库、露天仓库、堆垛存储式仓库、货架立体多层仓库、舱罐式仓库等。

4）货架方案设计

立体仓库布置方案的选择主要取决于货架的类型、结构、起重运输机类型与各配套区的相互布局。

货架在立体仓库中起着决定性作用，它是仓库的主体。它的类型、结构、尺寸的变化，都将使整个仓库从各种设备到土建、从总体布局到通风、空调、防虫、消防设备等产生变化。所以，要做好立体仓库的规划设计，必须首先进行好货架方案的设计。

5）选择机械设备的类型及其配套设备，计算其效率和需求量

机械设备和其他配套设备的选择，主要应考虑货架的类型、装载形式、经济性和可靠性。

6）选择仓库储运规范及货物分类认址系统

（1）仓库的储运规范。通常仓库的储运规范主要是以"先进先出"为原则，但作为烟叶原料配方库来说，主要是以"批量存储，批量配方出货"为原则，库存存储时间在5～10天，从而原料配方仓库大多是以"批量先进先出"为原则进行入库储料，出库提料。

（2）货物分类认址系统。在立体仓库中，具有数量众多的货位、设备，进出货物必须能按要求在规定的货格存放或提取的所需求的货物，这个工作由货物分类认址系统来完成的。现在货物分类认址大多由计算机、光电控制设备完成。对于烟叶原料配方库，由于烟叶的牌号、规格种类较多，所以对计算机等控制元件要求高，同时对货格定位控制系统要求较高。货物存储一般分两类进行，一是随机存储，二是分区随机存储。对存储种类较少的烟叶原料配方库，一般多采用随机存取，这样便于提高仓库的有效利用率。

7）确定电控、计算机管理系统

总体工艺、设备方案确定后，要进一步确定电控、计算机管理系统。确定电控、计算机管理系统主要依据工艺方案配置、经济性、可靠性、实用性、全局性。

烟叶原料库与烟厂生产计划供应、生产资金周转调配直接相关，它关系着整个烟厂的全局，所以建议原料库管理系统应与全厂主机管理系统连接，进而能进行全厂统一性管理。

8）仿真校验

方案设计的可行性及成败，系统问题的查找，须经过计算机仿真才能以模拟真实的形态反映出来，大多数自动化立体系统设计完成后，都需要通过计算机仿真系统来对其进行仿真校验，才能确保方案的可行性。

9）其他方面

烟叶原料库与其他各类立体库一样，还必须配备消防系统，以确保仓库的安全性。在进行这方面的规划设计时，须与有关方面的设计人员进行协商讨论，共同设计。

案例思考题:

1. 货架系统的选择依据是什么?

2. 讨论货架利用与通道作业效率的关系。

3. 如何选择装卸搬运设备及确定装卸搬运设备的数量?

4. 怎么选择计算机管理系统,与全厂系统有什么关系?

5. 计算机仿真的作用是什么?

第6章

物流中心分拣系统规划设计

本章要点

- 了解分拣系统的拣选作业流程;
- 掌握两种基本的拣选作业方法;
- 熟悉不同拣选信息传递方式下的拣选作业方法;
- 掌握四类拣选策略:分区、订单分割、订单分批、分类;
- 掌握分拣系统规划的步骤;
- 熟悉拣选作业常用的考核指标。

 开篇案例

货物分拣系统提高顶峰公司的物流速度

顶峰电子公司是位于美国亨维尔市的 160 000 ft² 的仓库,采用自动识别系统技术改进货物分拣系统,从出货到装船,实现了全部自动化操作,显著改善了该公司的物流管理。这套系统在基于 UNIX 的 HP9000 上运行美国 Oracle 公司的数据库,服务器由 4 台 9 000 MHz 的 NorandRF 工作站组成。它连接各个基本区域,每个区域支持 20 个带有扫描器的手持式无线射频终端。订单从物流中心的商务系统(在另一个 HP9000 上运行的)下载到仓储管理系统(WMS),管理系统的服务器根据订单的大小、装船日期等信息对订单进行分类,实施根据订单分拣与零星分拣策略,并且指导分拣者选择最佳分拣路线。

根据订单分拣货物。如果订单订货数量比较大,可以根据订单,一个人一次提取大量订货。货物分拣者从他(她)的无线终端进入服务器,选择订单上各种货物,系统会通过射频终端直接向货物分拣者发送货物位置信息,指导分拣者选择最佳路径。货物分拣者在分拣前扫描货柜箱上的条形码标签,如果与订单相符,直接分拣。完成货物选择后,所有选择的货物经由传送设备运到打包地点。扫描货物的目的地条形码,对分拣出来的货物进行包装前检查,然后打印包装清单。完成包装以后在包装箱外面打印订单号码(使用 CODE - 39 条形码)。包装箱在 UPS 航运站称重,扫描条形码订单号,并且把它加入到 UPS 的跟踪号和重

量信息条形码中，这些数据，加上目的地数据，构成跟踪记录的一部分上报到 UPS。

零星分拣货物。小的订单（尤其是 5 磅以下订货）的分拣或者单一路线货物的分拣，则采用"零星分拣货物"的策略来处理。信号系统直接将订单分组分派给货物分拣者，每个分拣者负责 3 4 个通道之间的区域。货物分拣者在他（她）负责的区域内，携带取货小车进行货物分拣，取货小车上装有多个货箱，一个货箱盛放一个订单的货物。如果货架上的货物与订单相符，就把货物放进小车上的货箱，并且扫描货箱上条形码序列号。在货物包装站，打印的包装清单既包括货物的条形码，也包括包装箱序列号。

新的拣货分拣系统使装船准确率增长到 99.9%，详细目录的准确率保持在 99.9%，货物分拣比例显著提高。以前，货物分拣者平均每小时分拣 16 次，现在是 120 次。由于这一系列的运用，劳动力减少到原来的 1/3，从事的业务量增加了 26%。尽管公司保证 48 小时内出货，实际上 99% 的 UPS 订货在 15 分钟内就能完成，当日发出。

思考题： 用图表示顶峰电子公司的"订单分拣货物"、"零星分拣货物"的作业流程，说明这两种模式各有什么特点？

6.1　物流中心分拣系统概述

6.1.1　分拣系统的概念及重要性

1. 拣货的术语

自古以来，在各类仓库中就存在拣货作业。人们经常用如下术语来表示拣货的意思：如货物集中、选品、摘取、播种、挑选、总体选择、盘点货物、配货作业等。在英文中，常用 Picking、Order Picking、Order Selection、Order Assembing 和 Order Gathering 等术语。

拣货用的叉车称为拣选叉车，自动拣货的机器则称为自动拣货机器（Automatic Picking Machine）。在自动化立体仓库中，乘坐人的堆垛机（Stacker Crane）称为拣货起重机或堆积机（Gathering Tower）。

2. 分拣作业和分拣系统

1）分拣作业

分拣作业是依据订单要求或物流中心的送货计划，尽可能迅速、准确地将商品从其储位或其他区域拣选出来，并按一定的方式进行分类和集中，等待配装送货的作业过程。

2）分拣系统

随着经济的发展，分拣作业的内容也趋于复杂化和多样化，为了提高多品种、小批量货物的分拣效率和效益，把分拣作业视作一个系统。

不管怎么说，订货这项商业活动是分拣的基础，根据用户订单要求从仓储区中选货物并出库，这是订货活动中的重要环节。在订货这一商业活动的基础上，再根据出库指示单、拣货单、发货单等一系列的信息流程，就可以选出货来。可见信息伴随货而移动，如图 6-1 所示。

与分拣作业相关的还有订单处理（Oder Enter System 或 Order Process）。这仅表示一般事务处理的主体，不涉及对物品的处理。取货的分拣系统中包括了订单的事务处理作业。这种范围较大的分拣系统是很重要的。

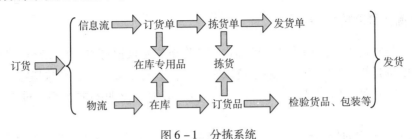

图 6 - 1 分拣系统

3. 分拣系统的重要性

分拣、配货及送货是物流中心的主要职能，而送货是在物流中心之外进行的，所以分拣配货就成了物流中心的核心作业。分拣作业的效率直接影响着物流中心的作业效率和经营效益，是物流中心服务水平高低的重要标志。因此，如何在无拣选错误率的情况下，将正确的货品、正确的数量，在正确的时间内及时配送给客户，是拣选系统的最终目的和功能。要达到这一目的，必须根据订单分析采用适当的拣选设备，按拣选的实际情况运用一定的方法策略组合，采取切实可行且高效的拣选方式提高拣选效率，将各项作业缩短，提升作业速度和能力；同时，必须在拣选时防止错误，避免送错货，尽量减少内部库存的料账不符现象及作业成本的增加。

下面分别从某物流中心拣选作业在物流总成本中所占的比例和在搬运成本中所占的比例两个方面来说明分拣系统的重要性。

图 6 - 2 给出了某物流中心物流成本比例。由该图可以看出：拣选和配送两大项目几乎占整个物流成本的 80%，而配送费用的发生大多在厂区外部，影响因素大都难以控制。拣选成本约是其他堆叠、装卸、运输等成本总和的 9 倍，占物流搬运成本的绝大部分。因此，若要降低物流成本及其中的搬运成本，由拣选作业上着手改进，可以获得事半功倍的效果。

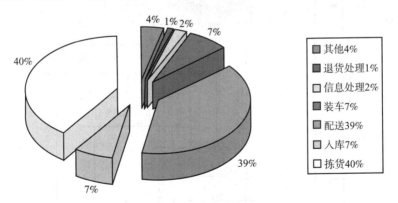

图 6 - 2 某物流中心物流成本比例图

从人力需求的角度看，绝大多数的物流中心仍属于劳动密集型产业，其中与拣选作业直接相关的人力，更是 50% 以上，且拣选作业时间占整个物流中心作业时间的比例为 30% 40%。由此可见，合理的拣选作业方法，对物流中心运作效率的高低具有决定性的影响。因此，就物流中心的拣选作业，归纳构建出一些管理模型，再导入一些策略应用手法，以期对物流中心的管理提供参考，进而促进物流中心的现代化。

6.1.2 分拣系统的拣货单位

拣货单位分成托盘、箱和单品三种形式。拣货单位是根据订单分析结果而决定的。如果订货的最小单位是箱，则拣货单位最小是以箱为单位。对于大体积、形状特殊的无法按托盘和箱来归类的特殊品，则用特殊的拣选方法。为了能够作出明确的判断，进一步作出以下划分。

（1）单品。拣货的最小单位。单品可由箱中取出，可以用一只手进行拣货。

（2）箱。由单品组成，可由托盘上取出，用人手时必须用双手进行拣货。

（3）托盘。由箱堆码而成，无法用人手直接搬运，必须利用堆垛机或托板车等机械设备。

（4）体积大、形状特殊，无法按托盘、箱归类，或必须在特殊条件下作业者，如大型家具、桶装油料、长杆形货物、冷冻货品等，都属于具有特殊的商品特性，分拣系统的设计将严格受其限制。

拣货单位是根据订单分析出来的结果而定的，如果订货的最小单位是托盘，则不需要以单品或箱为拣货单位。库存的每一品项皆须作出以上的分析，以判断拣货单位，但一些品项可能因为需要而有两种以上的拣货单位，则在设计上要针对每一种情况进行分区处理。在物流中心物流结构分析上，必须清楚划分拣货单位。图6-3为物流中心物流结构图。

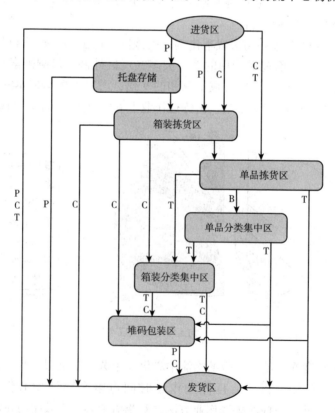

图6-3 物流中心物流结构图

图 6 - 4 所示为决定拣货单位的程序。其中商品特性分组是将分别存储处理的商品依其特性进行分组，例如，商品有互斥性或体积、重量和外形差异较大。而后再根据历史订单来衡量客户需求，利用 EIQ 分析法求出各组商品的 IQ - PCB 分析表（一年或一月）。看出各组商品的 IQ - PCB 特性后，便须与客户协商将各组商品的订单合理化，避免过小单位出现在订单中，造成拣货时还要拆装或重组的困扰。原则上各组商品在三种单位以内。如此即能将各分组商品的拣货单位做最终单位，从而增加了作业的规律性和稳定性，省去不必要的烦琐手续，提高了拣货效率和效益。

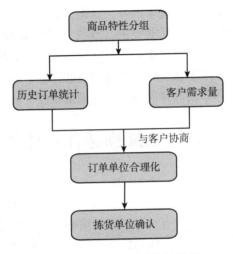

图 6 - 4 确认拣货单位的程序

6.1.3 分拣系统作业合理化的原则

1）存放时应考虑易于出库和拣选

了解和记忆各种货物存放位置，存放时对出入库频繁的货物应放在距离出口较近的地方，这样可以缩短取货时间。

2）提高保管效率，充分利用存储空间

在现实中存储空间不能充分利用的情况是常见的，除了提倡立体化存储之外，可以通过减少通道所占用的空间来提高保管效率，还可以采用一些有特色的保管和拣选设备。

3）减少拣选错误

拣选作业中，误发货往往是不可避免的，然而这是最大的浪费，应加以避免。为解决这一问题，除了实现机械化和自动化外，还要求拣选作业者尽可能减少目视及取物操作上的错误。为此，在作业指示和货物的放置方面要仔细研究。

4）作业应力求平衡，避免忙闲不均的现象

必须重视收货入库、接收订单后出库等作业和进、出卡车的装卸作业的时间表的调整。通常卡车卸货到入库前的暂存，以及出库和卡车装载之间的理货作业，是作业不能均衡调节的重要因素，其他作业也应周到考虑、合理安排。这样可以减少忙乱，节约人力。

5）事务处理和作业环节要协调配合

事务处理和作业环节要协调配合也就是要调整物流和信息流，使作业环节协同运作。通常在物流作业之前要进行信息处理，例如，在发货时先要根据发货通知将货物取出，在出库区进行理货作业，再填写出库单，这些事务工作完成后，配送车辆的司机再拿着出库单来提货。

6）分拣作业的安排要和配送路线的顺序一致

向配送车辆装货时必须考虑配送顺序，而在出库区理货时又要考虑装载方便。在分拣选物时也要依据这个原则，即分拣作业的安排要和配送路线的顺序一致。

7）缩短配送车辆的滞留时间

缩短滞留时间是减少运输成本的重要因素。首先，如前所述作业均衡化，事务处理和作业环节协调配合对缩短车辆等待时间是必要的。其次，减少卡车的装卸时间也是很重要的；为了减少装卸时间应尽可能采用单元化集装系统，有效地应用各种托盘进行装卸作业。还应在理货时考虑配送顺序，便于卡车在短时间内完成装卸作业。如果想进一步提高效率还可以采用大型集装箱或拖车，使卡车的等待时间减少到最低限度。

6.2 物流中心分拣系统拣选作业流程和拣货要点

6.2.1 拣选作业流程

众所周知，每张用户订单中最少有一种以上的商品，如何把这些不同种类、数量的商品由物流中心集中在一起，这就是所谓的拣选作业。拣选作业在物流中心作业环节中不仅工作量大，工艺过程复杂，而且作业要求时间短，准确度高，服务质量好。因此，加强拣选作业的管理非常重要。在拣选作业的执行过程中，应根据顾客订单所反映的商品特性、数量多少、服务要求、送货区域等信息，对拣选作业系统进行科学的规划和设计，并制定合理高效的作业流程，这是拣选作业的关键。拣选作业的基本流程如图6-5所示。

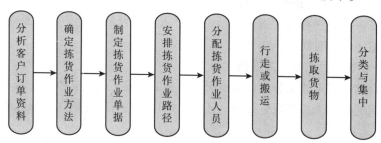

图6-5 拣选作业流程

1）分析客户订单资料

通过对收集的客户订单资料的分析，物流中心可以明确客户所订购的商品的出货单位、数量、时间需求等相关信息。

2）确定拣货作业方法

完成了客户订单资料的分析后，可以确定物流中心的拣货单位、拣货作业人员/设备的数量分配、拣货作业方法等。拣货作业方法主要有按单拣选和批量拣选。

3）制定拣货作业单据

拣货作业单据中包括拣选单编号、客户编号、客户名称、订货日期、货品名称、存储区域和货位、数量等相关信息，以提示拣选作业人员完成相应的拣货作业操作。

4）安排拣货作业路径

在制定完拣选作业单据后，货品的储位信息已经明确，可利用人工方式或计算机辅助方式完成拣选作业路径的安排。合理的拣货作业路径可以有效地缩短拣选作业人员或拣选设备的行走时间，极大地缩短拣货作业时间，同时能有效地降低拣选的错误率。

5）分配拣货作业人员

结合拣选作业方法、拣选货品的种类和数量、拣货单位及储位管理策略，分配拣货作业人员，以满足拣选作业需求。

6）行走或搬运

进行拣选时，要拣取的货品必须出现在拣货作业人员或设备面前，可以通过以下三种方式实现。

（1）人至物方式。拣货作业人员通过步行或搭乘拣选车到达货品存储位置的方式，该方式特点是货品采取一般的静态存储方式，如托盘货架、轻型货架等，主要动的一方为拣货作业人员。

（2）物至人方式。与上述方式相反，主要移动的一方为被拣取物。拣货作业人员在固定的位置内作业，不需要去寻找货品的存储位置。该方法的主要特点是货品采用动态方式存储，如旋转自动仓储系统、负载自动仓储系统。

（3）无人拣取方式。拣取的动作由自动的机械负责，电子信息输入后自动完成拣选作业，无须人员介入。这是目前国外在拣选设备研究上致力的方向。

7）拣取货物

当货品出现在拣货作业人员或设备面前时，接下来的动作便是抓取和确认。确认的目的是为了确定抓取的物品、数量是否与指示拣选的信息相同。实际作业中都是利用拣选作业人员读取品名与拣选单作对比。比较先进的方法是利用无线传输终端机读取条形码由计算机进行比对，或采用货品重量检测的方式。准确地确认动作可以大幅度降低拣选的错误率，同时也比出库验货作业发现错误并处理来得更直接而有效。

8）分类与集中

由于拣取方式的不同，拣取出来的货品可能还需按订单类别进行分类与集中，拣选作业至此结束。分类完成的每一批订单的类别和货品经过检验、包装等作业然后出货。

6.2.2　拣货作业要点

拣货作业除了少数自动化设备逐渐被开发应用外，大多数是靠人工的劳动密集型作业。因此在拣选作业时，利用工业工程的相关方法，可有效地提高拣选效率。可以从如下 7 个要点去考虑：

（1）不要等待——零闲置时间；

（2）不要拿取——零搬运（多利用输送带、无人搬运车）；

（3）不要走动——缩短行走路线（动线的缩短）；

（4）不要思考——零业务判断（不依赖熟练工人）；

（5）不要寻找——高效的储位管理；

（6）不要书写——无纸化（paper-less）；

（7）不要检查——利用条形码等技术实现计算机自动核对。

6.3　物流中心拣选作业的分类和方法

6.3.1　拣选作业的分类

物流中心拣选作业的方法随着科学技术的发展在不断地演变，拣选作业的种类也越来越多。拣选方式可以从不同的角度进行分类。

（1）按订单的组合方式，可以分为按单拣选和批量拣选两种。按单拣选是按订单进行拣选，拣选完一个订单后再拣选下一个订单；批量拣选是将数张订单加以合并，一次进行拣选，最后根据各订单的要求进行分货。

（2）按人员组合方式，可以分为单独拣选和接力拣选两种。单独拣选是一个拣选人员持一张拣选单进入拣选区拣选货物，直至将拣选单中的内容完成；接力拣选是将拣选区分为若干个子区域，由若干个拣选作业人员分别操作，每个拣选作业人员只负责本区货物的拣选，携带一张拣货单的拣选小车依次在各子区域巡回，各区拣货作业人员按拣货单的要求拣选本区段存放的货物，一个区域拣选完转移至下一个区域，直至将订单中所列的货物全部拣选完成。

（3）按运动方式，可以分为"人至货前"拣选和"货至人前"拣选。

（4）按拣选提示信息，可以分为拣选单拣选、电子标签辅助拣选、RF 辅助拣选和自动拣选等。该部分内容在下一个节详细介绍。

各种拣选作业方式之间的分类关系如表 6 - 1 所示。

表 6 - 1　各种拣选作业方式的分类关系

大　类	种　类	小　类
拣选作业	按单拣选（摘果式）	单独拣选方式
		接力拣选方式
		标签拣选方式
		拣选单拣选方式
		电子标签辅助拣选方式
		RF 拣选方式
		IC 卡拣选方式
		批量拣选方式
	批量拣选（播种式）	接力拣选方式
		标签拣选方式
		拣选单拣选方式
		数字显示拣选方式
		电子辅助标签拣选方式
		RF 拣选方式
		IC 卡拣选方式

6.3.2 拣选作业方法

作为拣货的基本方法有两种：一种是按"每一个客户的订单"分别拣选，最后把货物集中起来的按单拣选（Single Order Picking）；另一种是按"众多客户的订单"汇总起来进行拣货的批量拣选（Batch Order Picking），除了以上两种常用的拣选作业方法外，还有整合按单拣选和复合拣选两种方法。

1. 按单拣选

1）按单拣选的原理

按单拣选也叫做摘果式拣选。它是根据每一个客户订单的要货要求，拣选作业人员或设备巡回于仓库内的各个存储区，按照订单所列的数量，直接到各个物品的储位将客户所订购的商品逐个取出，一次配齐一个客户订单的商品，然后集中在一起的拣货方式。按单拣选的作业原理如图6-6所示。

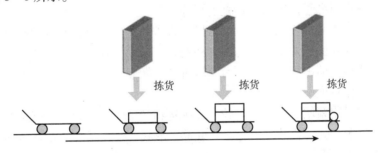

图6-6 按单拣选的作业原理

2）按单拣选作业方法的特点

（1）按单拣选容易实施，而且配货的准确度较高，不易出错。

（2）对各用户的拣选相互没有约束，可以根据用户需求的紧急程度，调整拣选的先后顺序。

（3）拣选完一个订单货物便配齐，因此货物可不再落地暂存，而直接装上配送车辆，这样有利于简化工序，提高作业效率。

（4）用户数量不受限制，可在很大范围内波动。拣选作业人员也可随时调整，在作业高峰时，可以临时增加作业人员，有利于开展即时配送，提高服务水平。

（5）对机械化、自动化没有严格要求，不受设备水平限制。

3）应用情景

（1）要货商品体积小、要货分散（要货单位较少，要货品种比较多）。

（2）客户不稳定，订单数量变化频繁、波动较大，不能建立相对稳定的客户分货货位，在难以建立稳定的分货线的情况下，宜采用灵活机动的拣选式分拣配货方式，客户少时或客户多时都可采取的按单拣选方式。

（3）在很多特殊需求的情况下，由于客户之间需求品种差异很大或商品外形体积变化较大，共同需求不多，而采取其他拣选方式容易出现差错，因此，采取按单拣选方式更为便利。

（4）客户需求的种类太多，增加统计和共同取货的难度，采取其他方式的拣选时间太长，而利用按单拣选实际能起到简化作用；客户配送时间要求不一，有紧急的，也有一定限制时间的，采用按单拣选工艺可有效地调整拣选配货的先后顺序，满足不同时间的需求，尤其对于紧急的即时需求更为有效。

（5）一般物流中心处理弹性较大，临时性的生产能力容易调整，在配送商品季节性比较强的情况下采用。

但对于仓库改造的物流中心，或新建物流中心的初期，按单拣选可作为一种过渡性的办法。

4）按单拣选方式的不同作业工艺要求

由于各物流中心业务量有大有小，装备水平不一，按单拣选应根据不同的装备条件分别采用不同的拣选作业工艺方式。

（1）人力拣选作业工艺方式。人力拣选作业工艺方式就是拣选作业由人来进行，由人与货架、集货装置（箱、托盘、手推车）配合完成全部拣选作业。在实施时，由人一次巡回或分段巡回于各货架之间，按单拣货直至配齐。

人力拣选可以与普通货架配合，也可与拣选式货架配合。与普通货架配合，拣选路线较长，且货架补充货物和拣选人员拣货是同一路线，容易发生补货和拣货的冲突混乱；与拣选式货架配合，拣选在一端进行，补货在另一端进行，能减轻人力的劳动强度，且补货与拣货也不冲突，计量也比较准确。

人力拣选主要适用领域是：拣选量较少，拣选物的个体重量轻，且拣选物体积不大，拣选路线不太长的情况。如：化妆品、文具、礼品、衣物、小工具、小量需求的五金、日用百货、染料、试剂、书籍等。

（2）人+机动作业车拣选作业工艺方式。车辆或台车载着拣选人员为一个客户或多个客户拣选，车辆上分装拣选容器，拣选的货直接装入容器，拣选结束后，整个容器卸到指定货位或直接移动到送货车上。

这种拣选作业有时配以装卸工具，作业量更大，且在拣选过程中就进行了货物装箱或码托盘的处理。由于利用机动车，拣选路线长。

（3）人+传送带拣选作业工艺方式。拣选人员固定在各货位面前，不进行巡回拣选，只在附近的几个货位进行拣选操作。在传送带运送过程中，拣选人员按拣选指令将货物放在传送带上，或置于传送带上的容器中，传送带运动到端点时便配货完毕。

传送带拣选：由于拣选人员位置基本固定，可减少巡回的劳动强度，拣货人员劳动强度降低，劳动条件好，且每个拣选员只负责几种货物的拣选，拣货操作熟练、失误较少。这种拣选方式货物种类有限，一般只适用于和拣选式货架配合，传送带位于拣选式货架低端而补货处在拣选式货架的高端。所以拣选种类数量受拣选式货架货格的限制。

由于采用不同传送带，拣选量和货物重量也可以在一定范围内变化，以人力能搬移放置为限，最终货体可能超过人力搬移能力，但采用传送带终端与车辆适当接靠方式，也可方便地移载至配送车辆上。

（4）拣选机械拣选作业工艺方式。由自动拣货机或由人操作叉车，拣货台车巡回于高层货架间进行拣货，或者在高层重力式流动架一端进行拣货。这种拣货方式一般是在标准货格中取出单元货物，以单元货物为拣货单位，再利用传送带或叉车、台车等装备集货配货，形成更大的集装货载或直接将拣货单位发货配送。

这种拣选方式的操作，可以用人力随车操作，也可以通过计算机，使拣货机械自动寻址、自动取货。这种方式拣选货物的数量可以很大，货体重量和尺寸可达一个集装体，一般是托盘货。

（5）回转式货架拣选作业工艺方式。拣选作业人员和特殊的回转货架配合进行拣选，这种配合方法是：拣货人员于固定的拣货位置，按客户的配送单操纵回转货架回转，待需要的货位回转至拣货人员面前，则将所需的货物拣出，或同时将几个客户共同需要的货拣出配货。这种方式介于拣选方式和分货方式之间，但主要是按单拣选，所以虽然已是货到人前，但仍旧归于按单拣选方式之中。

这种配置方式的拣选领域较窄，只适用于回转货架货格中能放入的货物，由于回转货架动力消耗大，一般很少有大型的。所以，只适合于仪表零件、药材、化妆品、药品等小件货物的拣选。

2. 批量拣选

1）批量拣选的原理

批量拣选是按照商品品种类别加总拣货，然后再依据不同客户或不同订单分类集中（分货）。用这种方式拣选，首先将各客户共同需要拣选的一种商品集中搬运到配货场，然后取出每一客户配货单位所需要的商品数量，分别放到每一客户配货单位的货位处。一种商品配齐后，再按同样的方法配第二种商品，直至配货完成。该方式是商品拣选的重要方式。批量拣选的作业原理如图 6-7 所示。

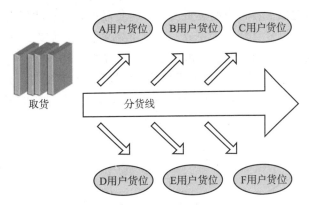

图 6-7　批量拣选的作业原理

2）批量拣选作业方法的特点

（1）由于是集中取出共同需要的货物，再按货物货位分放，这就需要在收到一定数量的订单后进行统计分析，安排好各用户的分货货位之后才能反复进行分拣作业。因此，这种工艺难度较大，计划性较强，和按单拣选相比错误率较高。

（2）由于是各用户的配送请求同时完成，可以同时开始对各用户所需货物进行配送。因此，有利于车辆的合理调配和规划配送路线，与按单拣选相比，可以更好地发挥规模效益。

（3）对到来的订单无法作及时的反应，必须等订单达到一定数量时才能做一次处理。因此，会有等待的时间。只有根据订单到达的状况作分析，决定出适当的批量大小，才能将等待的时间减至最低。

3）应用情景

（1）批量拣选方式适合要货货品集中、要货单位较多的情形，即配送客户所需商品品种接近而且批量大的订单作业。

（2）适用于外形较规则、固定的箱装、袋装商品出货。

（3）对于大体积的商品拣选，也可以采取这种播种分堆的方式分拣。

（4）对需要进行流通加工的商品也适合批量拣取，进行加工后再分类配货，以提高拣货及加工效率。

（5）物流中心通常在货物分拣系统化、自动化设置之后，为提高拣货及加工效率，充分利用分拣设备生产能力而经常采用。

（6）对一些不能共同组合配货的品种，还要与拣货配货方式结合，各客户需求的配货工作才能完成。

实际工作中为了提高效率，常常是将按单拣选和批量拣选这两种方法结合起来使用。

4）批量拣选方式的不同作业工艺要求

由于各物流中心业务量有大有小，装备水平不一，批量拣选应根据不同的装备条件分别采用不同的拣选作业工艺方式。

（1）人力分货作业工艺方式。在物品体积较小、重量很轻的情况下，可用人力或人力＋手推车操作进行分货。其过程如下：人工从普通货架或拣选式货架一次取出若干客户共同需要的某种货物，然后巡回于各客户的集货货位，将货品按各客户的指定数量分放完成后，再集中取出第二种，如此反复直至分货完成。存货货架采取普通货架、重力式货架、回转式货架或其他人工拣选式货架，所以货物一般是小包装或个装货物。

适合人力分货的有药品、仪表、仪表零部件、化妆品、小百货等。另外，人工对信件进行分拣，取出一批信件，按信件上标明的地址分放到各个储斗内，这种方式也属于分货方式。

人力分货作业工艺方式如图6-8所示。

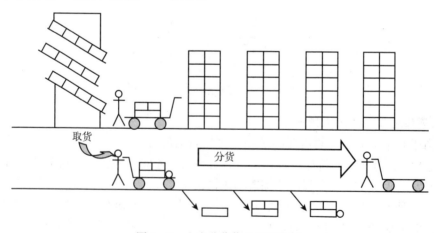

图6-8　人力分货作业工艺方式

（2）机动车分货作业工艺方式。用台车、平板作业车可一次取出数量较多、体积和重量较大的货物，有时可借助叉车、巷道起重机一次取出单元货物，然后由配货人员驾驶车辆巡回分放。在处理人工难以分放的货物时，作业车可选择带起重设备的作业车辆，各客户货位也可设置溜板、小传送带等方便装卸的设备。虽然采用机动作业车进行分货，重量体积较大，但是如果个别客户需求很大，或所需某种物品很大、很重，难以集中多个客户需求一次取出，在这种情况下一般不再选择分货方式，而采用按单拣选的方式。由于机动车辆机动性较强，可在取货处大范围巡回取货，因此取货端可采用一般仓库。

（3）传送带 + 人力分货作业工艺方式。传送带一端与货物存储点相接，传送带主体和传送带另一端分别与各客户集货点相连。传送带运行过程中，由存储点一端集中取出各客户共需的货物置于传送带上，传送带运行过程中，各配货员从传送带上取下该位置客户所需的货物，反复进行直至配货完成。

这种方式传送带的取货端往往选择重力式货架，可设计在较短距离内取出多种货物的工艺，以减少传送带的安装长度。传送带 + 人力分货作业工艺方式如图 6 - 9 所示。

图 6 - 9　传送带 + 人力分拣作业工艺方式

（4）分货机自动分拣作业工艺方式。这是分拣高技术作业的方式。目前，高水平的物流中心一般都以自动分拣机为主要设备。分拣机在一端集中取出所需的货物，随分拣机在传送带上的运行，按计算机预先设定的指令，在与分支机构连接处自动打开出口，将货物送入分支机构，分支机构的终点是客户集货货位。有时，配送车辆便停留在分支机构的终端，所分货物直接装入配送车辆，分拣完毕随即进行配送。

（5）回转式货架分货作业工艺方式。回转货架可以看成若干个分货机的组合，当客户不多、物品又适于回转货架存储时，可在回转货架的出货处，边从货架中取货，边向几个客户货位分货，直至分货完毕。

3. 整合按单拣选

整合按单拣选主要应用在一天中每一订单只有一个品项的场合，为了提高输配送的装载效率，故将某一地区的订单汇整成一张拣货单，做一次拣选后，集中捆包出库；属于按单拣选方式的一种变形形式。

4. 复合拣选

复合拣选为按单拣选与批量拣取的组合运用；按订单品项、数量及出库频率，决定哪些订单适合按单拣选，哪些适合批量拣取。

6.4 不同拣选信息传递方式下的拣选作业方法

拣选信息来源于客户订单，是拣选作业的原动力，主要目的是指示拣选人员在既定的拣货方式下正确而迅速地完成拣选。因此，拣选信息成为分拣系统规划设计的重要一环。拣选信息既可以通过手工单据来传递，也可以通过其他电子设备和自动拣货控制系统来传输。因此，按拣选信息的传递方式，可以将拣选作业分为传票拣选、拣货单拣选、电子标签辅助拣选、RF 辅助拣选、IC 卡拣选和自动拣选等不同方式。

6.4.1 传票拣选

传票拣选是直接利用客户的订单或公司的交货单作为拣取指示。在这种方式下，拣选作业人员一面看着订单的品名，另一面寻找货品，其需要来回行走才可拣完一张订单。

其优点是无须利用计算机等设备处理拣选信息，适用于订购品项数少或少量订单的情况。

其缺点如下。

（1）此类传票容易在拣选过程中受到污损，或将因存货不足、缺货等注释直接写在传票上，导致作业过程中发生错误或无法判别确认。

（2）未标示产品的货位，必须靠拣选人员的记忆在仓储区或拣选区中寻找存货位置，更不能引导拣选人员缩短拣选路径。

（3）无法运用拣选策略提升拣选效率。

6.4.2 拣选单拣选

拣选单拣选是将原始的客户订单输入计算机后，进行拣货信息处理，输出拣货单；在拣货单的指示下完成拣选。拣货单的样式如表 6-2 所示。

表 6-2 拣货单样式

订单编号：		拣货人员：		序号：	
客户编号：		客户名称：		日期：	
序　号	储位编号	物品名称		数　量	备　注

拣选单一般根据货位的拣货顺序进行输出，拣选人员根据拣货单的顺序拣货；拣货时将货品放入搬运器具内，同时在拣选单上作标记，然后再执行下一个货位的拣货；拣选人员来回一趟就可拣完一张订单。

一般来说，拣货单是按拣选区和拣货单位分别输出，分别拣货，然后在出货暂存区集货等待出货。例如，整盘拣货（P→P）、整箱拣货（P→C）、拆箱拣货（C→B）或（B→B）。拣货单拣选是最常用的方式，也最经济；其必须配合货位管理才能发挥其效益，拣货精度也可大大提高。

拣选单拣选的作业流程可以概括为：

（1）输出拣选单；

（2）看单——找货位；

（3）看单——核对货品；

（4）看单——核对数量；

（5）记录已完成情况；

（6）拣取拣选单中的下一个货品；

（7）循环（2）　　（6）的过程，直至将所有的货品拣选完毕。

拣选单拣选示意图如图 6 - 10 所示。

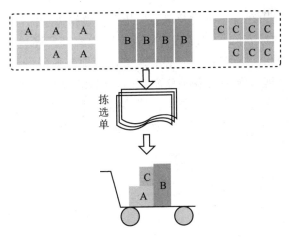

图 6 - 10　拣选单拣选示意图

其优点如下。

（1）避免传票在拣选过程中受到污损，在检验过程中使用原始传票查对，可以修正拣选作业中发生的错误。

（2）产品的货位显示在拣选单上，同时可以按到达先后次序排列货位编号，引导拣选人员按最短路径拣选。

（3）可以配合分区、订单分割、订单分批等拣选策略，提升拣选效率。

其缺点如下。

（1）拣选单处理、输出工作耗费人力和时间。

（2）拣选完成后仍需经过货品检验过程，以确保其正确无误。

6.4.3　拣选标签拣选

拣选标签拣选方式中，由打印机打印出所需拣货物品的名称、位置、价格等信息的拣货标签。拣货标签数量等于拣取数量，在拣取的同时将标签贴在物品上以便确认数量。其原理为：当接到客户订单之后，经计算机处理，依据货位的拣货顺序排列拣货标签，订购几箱（件）货品，就打印几张标签，标签张数与订购数一样，拣货人员根据拣货标签上的顺序拣货。拣货时将货品贴标签之后放入拣货容器内，当标签贴完则代表该项货品已经拣选完毕。

标签拣货是一种防错的拣货方式，主要被应用于高单价的货品拣货上；可以应用在商店别及货品别拣货上，但货品别拣货的应用较多，因为可以利用标签上的条形码来自动分类，效率非常高。带条形码的拣选标签的样式如图6－11所示。

图6-11　带条形码的拣选标签

这种拣选大部分被应用在整箱拣货及单品拣货上，整箱拣货的标签与单品拣货的标签的内容不一样。整箱拣货的标签除了单品拣货标签上的内容外，还包括客户地址及配送线路等；因此，可以直接当做出货标签使用，必要时可以增加条形码的打印，以增加作业效率。而整箱拣货之后大部分都必须装入纸箱或塑料箱内。因此，必须增加出货标签，客户地址及配送路线的资料在出货标签上打印，而整箱拣货的标签可以省略这部分内容。

单品拣货标签内容、整箱拣货标签内容及出货标签的内容参见表6－3至表6－5。

（1）整箱拣货标签。

货位编号：A0723

数量：2箱

商品编号：0789

品名：×××××

表6－3　整箱拣货标签

商品编号：0789	商品编号：0789
品　　名：×××××	品　　名：×××××
订单编号：4567	订单编号：4567
客户名称：×××	客户名称：×××
客户地址：×××××××××××××	客户地址：×××××××××××××
配送路线：10	配送路线：10
数　　量：2箱	数　　量：2箱
箱　　号：4/1	箱　　号：4/1

（2）单品拣货标签。

货位编号：A2012

数量：2件

商品编号：0123

表 6 - 4　单品拣货标签

商品编号：0123	商品编号：0123
品　　名：××××××	品　　名：××××××
订单编号：6789	订单编号：6789
客户名称：××××××××××××	客户名称：××××××××××××
配送路线：13	配送路线：13
数　　量：2 件	数　　量：2 件
箱　　号：2/1	箱　　号：2/1

（3）出货标签。

表 6 - 5　出货标签

订单编号：A789654
客户名称：××××××××××××
客户地址：×××××××××××××××
配送路线：07
数　　量：2 箱
箱　　号：7/1

这种方式中，标签贴上物品的同时，物品与信息建立了一种对应关系，所以拣选的数量不会产生错误。这种拣选方式的优缺点如下。

优点。

（1）结合拣取与贴标签的动作，减少流通加工作业与往复搬运核查动作，缩短整体作业时间。

（2）可以在拣取时清点拣取量，提高拣货的正确性。若分拣未完成时标签即贴完，或分拣完成但标签仍有剩余，则表示分拣过程有错误发生。

缺点。

（1）若要同时印出价格标签，必须统一下游零售点的商品价格及标签形式。

（2）价格标签必须贴在单品上。

（3）操作环节比较复杂，拣货费用高。

6.4.4　电子标签辅助拣选

电子标签辅助拣选是一种计算机辅助的无纸化的拣选系统，其原理是：在每个货位安装数字显示器，利用计算机的控制将订单信息传输到数字显示器内，拣货人员根据数字显示器所显示的数字拣货，拣货完成后按"确定"按钮即完成拣货工作，也叫做电子标签拣货。

这种分拣方式中，电子标签取代拣选单，在货架上显示拣货信息，以减少"寻找货品"的时间。分拣的动作仍由人来完成。电子标签是很好的人机界面，让计算机负责烦琐的拣选顺序的规划与记忆，拣选人员只需依照计算机指示执行拣选作业。电子标签上有一个小灯，灯亮表示该货位的货品是待拣货品。电子标签中间有多个字元的液晶，可显示拣货数量。如此，拣货作业人员在货架通道行走，看到灯亮的电子标签就停下来，并按显示器数字来拣取该货品所需的数量。电子标签设备主要包括电子标签货架、信息传输器、计算机辅助拣选台车、条形码、无线通信设备等。电子标签辅助拣选系统如图6-12所示。

图6-12 电子标签辅助拣选系统

电子标签拣货技术1977年由美国开发研究而成，是被物流中心经常应用的一种拣选方式。此种拣选方式可以用于批量拣选，也可应用于按单拣选方式上，但是货品品项太多时不太适合，因为成本太高，因此常被应用在ABC分类的AB类上。它可以即时处理也可以批次处理。电子标签拣货的拣货生产力为每小时约500件，而拣货错误率为0.01%左右。

电子标签辅助拣选的优点如下。

（1）沿特定拣选路径，看电子标签灯亮就停下来，并按显示数字拣选，不容易拣错货品。

（2）可省去来回寻找待拣货品的时间，拣选速度可提高30% 50%。

电子标签根据其功能可以分为传统电子标签和智能型电子标签。传统电子标签只能显示拣选数量；而智能型电子标签可显示价格、标签编号、货位编号、拣选数量、台车车号与台车格位等拣选信息。智能型电子标签是在传统电子标签的基础上发展起来的，其功能更加完善。其主要功能特点如下。

（1）一个电子标签可对应一个货位或多个货位。

（2）指示一个拣选人员进行单一订单拣选。

（3）指示一个拣选人员进行多张订单拣选。

（4）指示多个拣选人员进行单一订单拣选。

（5）指示多个拣选人员进行多张订单拣选。

（6）指示拣选路径。

（7）立即更正拣选错误。

（8）指示库存盘点。

（9）指示贴标签作业。

（10）显示标签编号。

因智能型电子标签可提供上述十项功能与优点，两者的比较如表 6-6 所示。

表 6-6 智能型电子标签与传统电子标签的比较

功 能	智能型电子标签	传统电子标签
显示方式	可显示数字及符号	仅显示数字
传输方式	网络传输	网络传输
对应货位	一个或多个货位	一个货位
对应货品	一个标签对应一种或多种	一个标签对应一种
货位动态分割	可	不可
移动路线指示	有	无
拣错防止	有	无
多订单拣选	可	不可
多人拣选指示	可	不可
店号指示	可	不可，需加上店号指示器
盘点作业	有	有些可以
拣选方式	直觉式	直觉式
导引指示	高亮度大直径 LED	一般灯泡
拣选指示	高亮度点矩阵 LED	数字型 LED
可靠度	佳	佳
作业扩展弹性	佳	困难
配线方式	简单	复杂
维修作业	简单	稍难

6.4.5　RF 辅助拣选

RF 也是拣选作业的人机界面，让计算机负责繁杂的拣选顺序规划与记忆，以减少寻找货品的时间。RF 通过无线式终端机，显示所有拣选信息，比电子标签更具作业弹性，不过其价格高于电子标签。另外，因为 RF 的显示不如电子标签简单，致使拣选人员的直觉反应较差。RF 辅助拣选适合以托盘为单位，配合叉车进行作业。

RF 也是一种计算辅助拣选方式。其原理是：利用掌上计算机终端、条形码扫描器及 RF 无线电控制装置的组合，将订单资料由计算机主机传到掌上终端，拣货人员根据掌上终端指示的货位，扫描货位上的条形码，如果与计算机的拣货资料不一致，掌上终端就会发出警告声，直到找到正确的货位为止；如果与计算机的拣货资料一致，就会显示拣货数量，根据所显示的拣货数量拣货，拣货完成后按"确定"按钮即完成拣货工作，信息利用 RF 传回计算机主机同时将库存信息更新。它是一种无纸化拣选系统，是即时的处理系统。其特点如下。

（1）成本低且作业弹性大。

（2）按单拣选和批量拣选的方式。

（3）适用于货品品项很多的场合，故常被应用于多品种、少量订单的拣选。

（4）拣货能力为每小时 300 件左右，而拣货错误率为 0.01% 左右。

6.4.6 IC 卡拣选

IC 卡拣货也是一种计算机辅助的拣货方式，其原理是：利用计算机和条形码扫描器，将订单资料由计算机主机复制到 IC 卡上，拣货作业人员将 IC 卡插入计算机，根据计算机上所指示的货位，刷取货位上的条形码，如果与计算机的拣货资料不一致，掌上终端就会发出警告声，直到找到正确货品为止；如果与计算机的拣货资料一致，就会显示拣货数量，根据所显示的拣货数量拣货，拣货完成之后按"确定"按钮即完成拣货工作；拣货信息利用 IC 卡传回计算机主机同时将库存数据更新。

IC 卡是一种无纸化的拣货系统，但不是即时的处理系统，而是批次处理系统。此种拣货方式可以用于按单拣选和批量拣选两种方式，尤其适合于货品品项很多的场合，因此常被应用在多品种、少量的拣货上，与拣货台车搭配最为常见。IC 卡拣货成本低且作业弹性大，拣货生产力每小时 300 件左右，而拣货错误率为 0.01% 左右。

6.4.7 自动拣选

分拣的动作由自动的机器负责，电子信息输入后自动完成拣选作业，无须人工介入。

自动拣选方式有 A 型拣选系统（见图 6 - 13）、旋转式仓储系统、自动化立体仓库等多种。

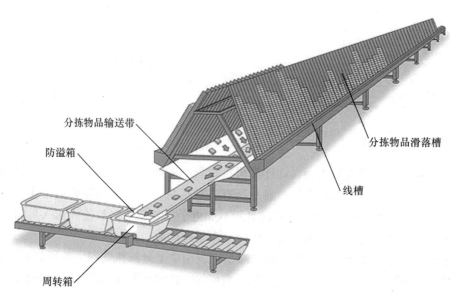

图 6 - 13 A 型拣选系统

自动拣货方式由于是无人拣货，因此设备成本非常高，此种拣货方式常被利用在高价值、出货量频繁的 A 类货品上。如用于医药、烟草、化妆品、食品、饮料等行业小件物品高速准时分拣配送，实现拣选自动化作业。自动拣货生产效率非常高，拣货错误率非常低。

6.5 拣选策略

拣选策略是影响拣选作业效率的重要因素，对不同客户的订单需求，应采用不同的拣选策略。决定拣选策略的 4 个因素有：订单分割、分区、订单分批及分类。这 4 个因素交互运用，产生了多种拣选策略。

6.5.1　订单分割策略

当客户的订单上订购的货物品项较多时，或拣选系统要求及时快速处理时，为使其能在短时间内完成分拣处理，可将订单分成若干子订单，并交由不同拣选区域同时进行拣选作业。将订单按拣选区域进行分解的过程叫做订单分割。

订单分割一般是与拣选分区相对应的，对于采用拣选分区的物流中心，其订单处理过程的第一步就是要按区域进行订单分割，各个拣选区根据分割后的子订单进行拣选作业，各拣选区域子订单拣选完成后再进行订单的汇总。

6.5.2　分区策略

分区就是将拣选作业场地作区域划分。按划分原则的不同，有以下四种分区方法。

（1）按货物特性分区。按货物特性分区就是根据货物原有的特性，将需要特别存储搬运或分离存储的货物进行分区以保证货物的品质在存储期间保持不变。

（2）按拣选单位分区。按拣选单位分区就是将拣货作业区按拣选单位划分，如箱装拣选区、单品拣选区或是具有特殊货物特性的冷冻品拣选区等。其目的是使存储单位与拣选单位分类统一，以方便拣选与搬运单元化，使拣选作业单纯化。一般来说，按拣选单位分区所形成的区域范围是最大的。

（3）按拣选方式分区。不同的拣选单位分区中，按拣选方式和设备不同，又可以分为若干区域，通常以货物销售的 ABC 分类为原则，按出货量的大小和拣选次数的多少作 ABC 分类，然后选用合适的拣选设备和拣选方式，如图 6 - 14 所示。其目的是使拣选作业单纯一致，减少不必要的重复行走时间。在同一单品拣选区中，按拣选方式不同，又可分为台车拣选区和输送机拣选区。

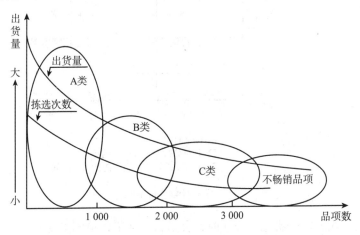

图 6 - 14　拣选方式分区

（4）按工作分区。在相同的拣选方式下，将拣选作业场地再作划分，由一个人或一组固定的拣选人员负责拣选某区域内的货物，该策略的主要优点是拣选人员需要记忆的存货位置和移动距离减少，拣选时间缩短，还可以配合订单分割策略，运用多组拣选人员在短时间内共同完成订单的拣选，但要注意工作量平衡问题。

6.5.3 订单分批策略

订单分批是为了提高拣选作业效率而把多张订单集合成一批，进行批次拣选作业。其目的是缩短拣选时平均行走搬运的距离和时间。若再将每批次订单中的同品项的货物加总后分拣，然后再把货物分类给每一个顾客订单，再形成批量拣选，这样不仅缩短了拣选平均行走搬运的距离，也减少了重复寻找货位的时间，使拣选效率提高。但如果每批次订单数目过多，则必须耗费较多的分类时间，甚至需要有强大的自动分类系统的支持。订单分批主要有以下四种。

1）总合计量分批

合计拣选作业前，累计所有订单中每一货物品项的总量，再根据这一总量进行拣选，以使拣选路径缩短至最短。同时，存储区域的存储单位也可以单纯化，但需要有功能强大的分类系统来支持。这种方式适用于固定点之间的周期性配送，可以将所有的订单在中午前收集，下午作合计量分批分拣单据的打印等信息处理，第二天上午进行拣选分类等工作。

2）时窗分批

当从订单到达到拣选完成出货所需的时间非常紧迫时，可利用此策略开启短暂（如五分钟或十分钟）而固定的时窗，再将此时窗中所到达的订单做成一批，进行批量拣选。这一方式常与分区及订单分割联合运用，特别适合于到达时间短而平均的订单，同时，订购量和品项数不宜太大。图6-15为时窗分批分拣的示意图，所开时窗长度为1小时。

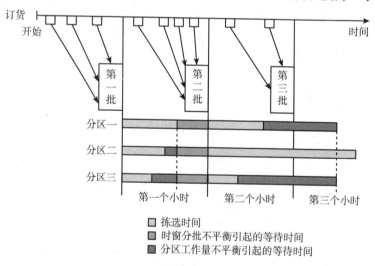

图6-15 分区时窗分批分拣示意图

各拣选区内利用时窗分批同步作业时，会因为分区工作量不平衡和时窗分批分拣量不平衡而产生作业等待，如能将这些等待时间缩短，可以大大提高拣选效率。这种拣选方式适合密集频繁的订单，且能应付紧急插单的需求。

3）固定订单量分批

订单分批按先进先处理的原则，当累计订单量达到设定的固定量时再进行拣选作业。适合于订单形态与时窗分批类似，但这种订单分批的方式更注重维持较稳定的作业效率，而处理的速度较前者慢。图 6-16 是固定订单量分批分拣的示意图，固定订单为（FN＝3），当进入系统的订单累计数达到 3 时，集合成一批进行分区批量拣选。

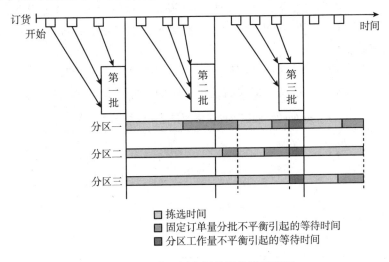

图 6-16　分区固定订单量分拣示意图

4）智能型分批

智能型分批是将订单汇总后经过复杂的计算机处理，将拣选路径相近的订单分成一批同时处理，这可大量缩短拣选作业行走搬运距离。采用这种分批方式的物流中心通常将前一天的订单汇总后，经计算机处理，在当天下班前产生次日的拣选单据，因此对紧急插单作业处理较为困难。

除以上分批方式外，还有其他方式，如按配送地区、路线分批，按配送数量、车趟次、金额分批，或按货物内容种类特性分批。

6.5.4　分类策略

当采用批量拣选作业时，拣选完毕后还必须进行分类，因此需要相互配合的分类策略。分类策略可以分成两种基本类型。

1）拣选时分类

在拣选的同时将货物按各订单分类，这种分类方式常与固定订单量分批或智能型分批方式联用。因此，需要使用计算机辅助台车作为拣选设备，才能加快拣选速度，同时避免错误发生。该方法较适合少量多样的场合，且由于拣选台车不能太大，所以每批次的客户订单量不宜过大。

2）拣选后集中分类

分批按批量合计拣选后再集中分类，一般有两种分类方法：一种是以人工作业为主，将货物总量搬运到空地上进行分发，而每批次的订单量及货物数量不宜过大，以免超出人员负荷；另一种是利用分类输送机系统进行集中分类，这是比较自动化的作业方式。当订单分割越细，分批批量品项越多时，后一种方式的效率越高。

以上拣选策略及因素可以单独或联合运用，也可不采用任何策略，直接按单拣选。

6.6 拣选设备

拣选作业过程中用到的设备相当多，有存储设备、搬运设备、分类设备、信息设备等。下面按拣选方式的不同作简要介绍。后续章节有关于此类设备的详细说明。

1. 人至物前的拣选设备

（1）静态存储设备。静态存储设备包括：托盘货架、轻型货架、储柜、流动式货架、高层货架、阁楼式货架等。这些存储设备适用的货品存储单位与拣选单位如表6-7所示。

表6-7　静态存储设备的存储单位与拣选单位

存储设备	存储单位			拣选单位		
	托盘	箱	单品	托盘	箱	单品
托盘货架	★			★	★	
轻型货架		★			★	★
储柜			★			★
流动式货架	★	★		★	★	★
高层货架	★	★		★	★	★
阁楼式货架	★	★	★	★	★	★

（2）拣选搬运设备。指与静态存储设备配合使用的搬运设备，包括：动力拣选台车、动力牵引车、叉车、拣选车、拣选式堆垛机、无动力输送机、动力输送机、计算机辅助拣货台车等。静态存储设备与拣选搬运设备的配合如表6-8所示。

表6-8　静态存储设备与拣选搬运设备的配合

存储设备＼拣选搬运设备	无动力拣选车	动力拣货台车	动力牵引车	堆垛机	拣选堆垛机	搭乘式存取机	无动力输送机	动力输送机	计算机辅助拣选台车
托盘货架	★	★	★	★	★			★	
轻型货架	★	★	★					★	★
储柜	★	★							★
流动式货架	★	★					★	★	
高层货架							★	★	
阁楼式货架	★	★	★					★	★

2. 物至人前的拣选设备

这种类型拣选设备的自动化水平比前者高，其存储设备本身具有动力，能移动货品的位置或将货品取出，可称为动态存储设备。

（1）动态存储设备。动态存储设备包括：单元自动仓储系统、小件自动仓储系统、水平旋转自动货架、垂直旋转自动货架、穿梭小车式自动仓储系统等。动态存储设备的存储单位与拣选单位如表 6-9 所示。

表 6-9　动态存储设备的存储单位与拣选单位

存储设备	存储单位			拣选单位		
	托盘	箱	单品	托盘	箱	单品
单元自动仓储系统	★			★	★	
小件自动仓储系统		★			★	★
水平旋转自动货架		★	★		★	★
垂直旋转自动货架		★	★		★	★
穿梭小车式自动仓储系统		★			★	★

（2）拣选搬运设备。主要的搬运设备有：堆垛机、动力输送带和无人搬运车。

6.7　物流中心分拣系统规划设计

在物流中心整体规划中，分拣系统的规划设计是最关键的内容之一。因为物流中心的主要任务就是要在有限的时间内将客户需要的货品组合送达，而客户多品种、小批量的需求使得拣选作业的困难度升高，如果作业时间限制不变，必定要在分拣系统规划上作更大的努力。此外，决定物流中心规划规模大小、功能、处理能力等最主要的输入条件就是订单资料，而分拣系统规划的起始步骤也是从货品的订单分析开始。因此，分拣系统规划是物流中心总体规划过程的重心，而且主导其他规划环节的进行。由于分拣系统与仓储系统的关联性很紧密，使用的空间及设备有时也难以明确区分，所以将两个系统规划组合在一起。则物流中心分拣、仓储系统规划程序如图 6-17 所示。

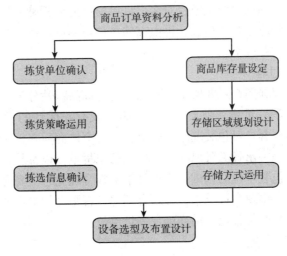

图 6-17　物流中心分拣、仓储系统规划程序

由图 6 – 17 可知：规划设计程序的第一步就是货品订单资料的分析，对订单资料进行详细分析后可得出订单数分布、包装单位数量、出货品项数分布、季节周期性趋势、货品订购频率等内容。这些分析出来的信息可在分拣系统规划设计过程中得到不断应用。

总体来说，分拣系统规划设计的内容包括拣货单位的确认、分拣方式的确定、拣选策略的运用、拣选信息的处理、拣选设备的选型等内容。

6.7.1 拣选单位的确认

确定拣选单位的必要性在于避免拣选及出货作业过程中对货物进行拆装甚至重组，以提高分拣系统的作业效率，同时也是为了适应拣选自动化作业的需要。

1. 基本拣货模式

拣选单位基本上可分为托盘、箱、单品三种，同时还有一些特殊货品。其基本拣货模式如表 6 – 10 所示。

表 6 – 10　基本拣货模式

拣货模式编号	存储单位	拣选单位	记　　号
1	托盘	托盘	P→P
2	托盘	托盘 + 箱	P→P + C
3	托盘	箱	P→C
4	箱	箱	C→C
5	箱	箱 + 单品	C→C + B
6	箱	单品	C→C
7	单品	单品	B→B

物流中心分拣系统的拣选单位是通过对客户订单资料的分析确认的，即订单决定拣选单位。而拣选单位又进一步决定存储单位，再由存储单位协调供应商货品的入库单位。通常物流中心的拣选单位在两种及以上。

2. 拣货单位的决策过程

拣货单位的决策过程如图 6 – 18 所示。首先，进行商品特性分类，即将必须分别存储的货品进行分类，如将体积、重量、外形差异较大者，或有互斥性的货品分别进行存储；其次，由历史统计资料结合客户对包装单位的要求，与客户协商后将订单上的单位合理化；历史订单资料主要是算出每一出货品种以托盘为单位的出货量，以及从托盘上以箱为单位拣取出货的数量，作为拣货包装单位的基础；为将订单资料合理化，主要是避免过小的单位出现在订单中，若过小的单位出现在订单中，必须合理化，否则会增加作业量，并且引起作业误差。将合理化的商品资料归类整理，最终确定拣货单位。

3. 存储单位的确定

拣选单位确定之后，接下来要决定的是存储单位，一般存储单位必须大于或等于拣选单位，其步骤如下。

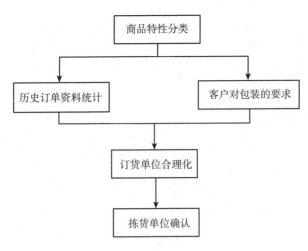

图 6 – 18　拣货单位的决策过程

（1）订出各项货品的一次采购最大、最小批量及提前期。

（2）设定物流中心的服务水平，订单到达后几日内送达。

（3）若服务水平时间 > 采购提前期 + 送达时间，且货品每日被订购量在采购最小批量和采购最大批量之间，则该项货品可不设置存货位置。

（4）通过 IQ – PCB 分析，如果货品平均每日采购量 X 采购提前期 < 上一级包装单位数量，则存储单位 = 拣选单位，反之，则存储单位 > 拣选单位。

4. 入库单位的确定

存储单位确定之后，货品入库单位最好能配合存储单位，可以凭借采购量的优势要求供应商配合。入库单位通常设定等于最大的存储单位。

6.7.2　分拣方式的确定

基本的分拣作业方式就是按单拣选和批量拣选。通常，可以按出货品项数的多少及货品周转频率的高低，确定合适的分拣作业方式。该方法需配合 EIQ 的分析结果，按当日 EN（订单品项数）值及 IK（品项受订次数）的分布判断货品品项数的多少和货品周转率的高低，确定不同作业方式的区间。其原理是：EN 值越大表示一张订单所订购的货品品项数越多，货品的种类越多越复杂时，批量分拣时分类作业越复杂，采取按单拣选较好。相对地，IK 值越大，表示某品项的重复订购频率越高，此时采用批量拣选可以大幅度地提高拣选作业效率。分拣方式确定对照表如表 6 – 11 所示。

表 6 – 11　分拣方式确定对照表

		货品重复订购频率（IK 值）		
		高	中	低
出货品项数 （EN 值）	多	按单 + 批量拣选	按单拣选	按单拣选
	中	批量拣选	批量拣选	按单拣选
	少	批量拣选	批量拣选	批量 + 按单拣选

总的来说，按单拣选弹性较大，临时性的需求能及时被满足，适合于订单大小差异较大，订单数量变化频繁，有季节性的货物的物流中心。批量拣选作业方式通常采用系统化、自动化设备，从而使得较难调整拣选能力，适合订单大变化小、订单数量稳定的物流中心。

6.7.3 拣选策略的运用

分拣系统规划设计中，最重要的环节就是拣选策略的运用。由于，拣选策略的四个主要因素（分区、订单分割、订单分批、分类）之间存在互动关系，在作整体规划时，必须按一定的决定顺序，才能使其复杂程度降到最低。

图 6－19 是拣选策略运用的组合图，从左至右是拣选系统规划时所考虑的一般顺序，可以相互配合的策略方式用箭头连接，所以任何一条由左至右可通的组合链就表示一种可行的拣选策略。

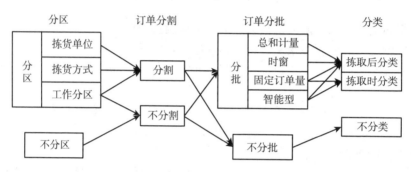

图 6－19　拣选策略运用的组合图

6.7.4 拣选信息的处理

一般来说，拣选信息与拣选系统的规模及自动化程度有着密切的关系。通常货品种类数少，自动化程度较低的拣选系统以传票作为拣选信息，其拣选方式偏向于按单拣选。拣选单是目前最常采用的一种拣选信息，与拣选方式配合的弹性较大。拣选标签的拣选信息除与下游零售商的标价作业适应外，也常与自动化分类系统配合。电子信息最主要的目的就是与计算机辅助拣选系统或自动拣选系统相互配合，以追求拣选的时效性，达到及时管控的目的。表 6－12 是拣选信息适合的拣选作业特性，可作为拣选作业方式决定后选择拣选信息的参考依据。

表 6－12　拣选作业方式与拣选信息配合的情形

拣选信息	适合的拣选作业方式	拣选信息	适合的拣选作业方式
传　票	按单拣选、订单不分割	拣选标签	批量拣选、按单拣选
拣选单	适合各种传统的拣选作业方式	电子信息	分拣时分类、工作分区、自动拣选系统

6.7.5 拣选设备的选型

表 6－13 示出了各种拣货模式及其设备组合，可作为选择拣选系统设备配置的参考。

表6-13 各种拣货模式及其设备组合

编 号	记 号	模型说明	可选用的设备组合
1-1-1	P→P SOP/MP	托盘存储/托盘取出 订单拣取/人至物拣选设备	地板直接放置/拖板车 地板直接放置 托盘货架 托盘流动式货架 驶入式货架 驶出式货架 后推式货架 托盘移动式货架
1-1-2	P→P SOP/PM	托盘存储/托盘取出 订单拣取/物至人拣选设备	立体自动仓库
2-1-1	P→P+C SOP/MP	托盘存储/托盘、箱取出 订单拣取/人至物拣选设备	地板直接放置/拖板车 地板直接放置/堆垛机 托盘货架/堆垛机 托盘货架/拣选堆垛机 托盘移动式货架/堆垛机 立体高层货架/搭乘式存取机
2-1-2	P→P+C SOP/PM	托盘存储/托盘、箱取出 订单拣取/物至人拣选设备	立体自动仓库
3-1-1	P→C SOP/MP	托盘存储/箱取出 订单拣取/人至物拣选设备	地板直接放置/台车 托盘货架/台车 托盘货架/堆垛机 立体高层货架/拣选式存取机
3-1-2	P→C SOP/PM	托盘存储/箱取出 订单拣取/物至人拣选设备	立体自动仓库
3-1-3	P→C SOP/AP	托盘存储/箱取出 订单拣取/自动拣选设备	立体自动仓库/层别拣取机 单箱拣取机器人
3-2-1	P→C SWP/MP	托盘存储/箱取出 批量拣取时分类/人至物拣选设备	地板直接放置/笼车、牵引车 托盘货架/笼车、牵引车 托盘货架/计算机拣选台车、牵引车
3-2-2	P→C SWP/PM	托盘存储/箱取出 批量拣取时分类/物至人拣选设备	立体自动仓库
3-3-1	P→C SAP/MP+ C-sort	托盘存储/箱取出 批量拣取后分类/人至物拣选设备/ 箱分类	托盘货架/堆垛机/箱装分类系统 托盘货架/输送机/箱装分类系统
3-3-2	P→C SAP/PM+ C-sort	托盘存储/箱取出 批量拣取后分类/物至人拣选设备/ 箱分类	立体自动仓库/箱装分类系统
4-1-1	C→C SOP/MP	箱存储/箱取出 订单拣取/人至物拣选设备	轻型货架 箱装流动货架
4-1-2	C→C SOP/PM	箱存储/箱取出 订单拣取/物至人拣选设备	水平旋转货架 垂直旋转货架 小件自动仓储系统
4-1-3	C→C SOP/AP	箱存储/箱取出 订单拣取/自动拣选设备	箱装自动拣选系统

编　号	记　号	模型说明	可选用的设备组合
5－1－1	C→C＋B SOP/MP	箱存储/箱、单品取出 订单拣取/人至物拣选设备	轻型货架/台车 箱装流动货架/台车、输送机 数字显示流动货架/输送机
5－1－2	C→C＋B SOP/PM	箱存储/箱、单品取出 订单拣取/物至人拣选设备	水平旋转货架 垂直旋转货架 小件自动仓储系统
6－1－1	C→B SOP/MP	箱存储/单品取出 订单拣取/人至物拣选设备	轻型货架/台车、输送机 箱装流动货架/台车、输送机 数字显示流动货架/输送机
6－1－2	C→B SOP/PM	箱存储/单品取出 订单拣取/物至人拣选设备	水平旋转货架 垂直旋转货架 小件自动仓储系统
6－2－1	C→B SWP/MP	箱存储/单品取出 批量拣取时分类/人至物拣选设备	轻型货架/计算机辅助拣选台车
6－2－2	C→B SWP/PM	箱存储/单品取出 批量拣取时分类/物至人拣选设备	水平旋转货架 垂直旋转货架 小件自动仓储系统
6－3－1	C→B SAP/MP＋ B－sort	箱存储/单品取出 批量拣取后分类/人至物拣选设备/ 单品分类	轻型货架/台车/单品分类系统
6－3－2	C→B SAP/PM＋ B－sort	箱存储/单品取出 批量拣取后分类/物至人拣选设备/ 单品分类	水平旋转货架 垂直旋转货架 小件自动仓储系统/单品分类系统
7－1－1	B→B SOP/MP	单品存储/单品取出 订单拣取/人至物拣选设备	储柜/台车 储柜/拣选蓝（手提）
7－1－2	B→B SOP/PM	单品存储/单品取出 订单拣取/物至人拣选设备	水平旋转货架 垂直旋转货架
7－1－3	B→B SOP/AP	单品存储/单品取出 订单拣取/自动拣选设备	单品自动拣选系统 A型自动拣选机

6.8　拣选作业考核指标

拣选作业的考核通过拣选人员、设备、方式、时间、成本、质量等方面的检查和考核来进行评价。评价的目的是找出存在的问题，改进系统设计与管理，进而提高效率，而评价指标的建立则是考核评价的关键。

6.8.1　拣选人员作业效率

1. 拣货人员的分工与职责

拣货作业管理人员的职责有：拣货出库计划的完成；每天拣货作业任务安排；拣货作业人员的管理；拣货作业设备的管理；对客户订单的管理；拣货作业成本管理；拣货作业质量控制。

拣货作业操作人员的职责有：拣货设备操作；每日拣货作业任务的完成；拣货出库实绩总结和报告；盘点作业；拣货设备检查；安全管理。

2. 人员业绩考核指标

（1）在配送作业中，一般拣货都是以品种为单位。因此，在人工拣货或机械化程度较低或者出货多属于多品种、小批量的配送作业中，可以采用"每人时拣取品种数"来评价人员拣货效率。其公式为：

$$每人时拣取品种数 = \frac{拣货单总品种数}{拣取人员数 \times 每日拣货时数 \times 工作天数} \tag{6-1}$$

（2）对于自动化程度较高或出货多属于大批量、小品种的配送作业，多采用"每人时拣取次数"来衡量拣货效率。其公式为：

$$每人时拣取次数 = \frac{累计拣货总件数}{拣取人员数 \times 每日拣货时数 \times 工作天数} \tag{6-2}$$

（3）每次货物拣取移动距离指标直接反映目前拣货区布局是否合理，拣货作业策略和方式是否得当，如果指标数值太高，则表示拣货消耗的时间和能力太多，此时可以从改进拣货区布局与拣货策略和方式等方面入手来提高拣货作业效率。其公式为：

$$每次货物拣取移动距离 = \frac{总拣货行走距离}{总拣货次数} \tag{6-3}$$

6.8.2 拣选设备使用效率

不同的存储方式和拣选方式需要采用不同的拣货设备。在影响拣货设备选型的因素中，拣货包装单位的大小和拣货批量是两个主要因素。拣货设备在使用过程中的效率直接影响着配送作业的成本。因此，可以用拣货人员装备率和拣货设备成本产出来评价物流中心设备的使用效率和装备情况。

（1）拣货人员装备率可衡量出物流中心对拣货设备的投资情况。装备率越高，通常说明物流中心机械化程度越高。其公式为：

$$拣货人员装备率 = \frac{拣货设备投资成本}{拣货人员数} \tag{6-4}$$

（2）装备率越高并不等于设备使用效率越高。所以，为了衡量设备成本使用效率的高低，引入拣货设备成本产出这一指标。该指标反映了单位拣货设备成本所拣取的商品的体积数。因此，设备成本产出率越高，说明设备的使用效率越高。其公式为：

$$拣货设备成本产出 = \frac{出货物品总体积}{拣选设备成本} \tag{6-5}$$

6.8.3 拣选时间与速度

拣选时间与速度直接反映了物流中心拣货作业的处理能力，拣选速度可以通过单位时间处理订单数和单位时间拣取品种数来衡量。

（1）单位时间处理订单数反映了单位时间处理订单的能力。指标值越高，说明拣货系统处理订单的能力越强。其公式为：

$$单位时间处理订单数 = \frac{订单总数}{每日拣取时数 \times 工作天数} \qquad (6-6)$$

（2）单位时间拣取品种数反映了单位时间拣取商品品种的能力。指标值越高，说明拣货系统的作业速度越快。其公式为：

$$单位时间拣取品种数 = \frac{订单数量 \times 每张订单平均商品品种数}{每日拣取时数 \times 工作天数} \qquad (6-7)$$

6.8.4 拣选成本核算

拣货成本通常包括：人工费用、设备折旧费、信息处理费等。评价拣货成本的高低可以用每份订单投入的平均拣货成本和订单每项货物投入拣货成本两个指标来衡量，其公式为：

$$每份订单投入的平均拣货成本 = \frac{拣货投入成本}{订单份数} \qquad (6-8)$$

$$订单每项货物投入拣货成本 = \frac{拣货投入成本}{订单上货物的总项数} \qquad (6-9)$$

6.8.5 拣选质量控制指标

物流中心拣货、出货的工作质量直接影响到服务质量和公司信誉。因此，尽可能降低"拣货错误率"始终是拣货作业管理的目标之一。拣货错误率可以用以下公式表示：

$$拣货错误率 = \frac{拣货作业错误次数}{同期订单累计总次数} \qquad (6-10)$$

当拣货错误上升时，必须及时查找原因，解决问题，提高拣货作业的准确性，拣货作业过程中常见的错误、原因及其对策如表 6-14 所示。

表 6-14 拣货作业中常见的错误、原因及其对策

常见错误	原　因	对　策
作业信息传递发生错误	单据打印不清 传递信息不明确 单据混乱发生错误	加强信息系统的维护 实施单据分类、编号管理
拣货指示发生错误	储位指示错误 货品放置错误	信息处理准确化 加强储位管理
商品拣取错误	拣取数量错误 看错货物 作业员注意力不集中 作业员责任感不强	提高信息传递的准确性 增强货物的区分标志 改善作业环境 提高员工工作热情
货物混位串位存放	放置空间不够 储位分配不明确	加强存货控制与管理

 **复习思考题**

　　1. 简述拣选作业的流程。

　　2. 简述物流中心分拣系统规划的内容。

　　3. 简述分拣系统的拣货单位。

　　4. 不同拣选信息传递方式下的拣选作业有哪些？其中哪种拣选方式的信息是实时更新的，哪种拣选方式的信息会有延迟？

　　5. 物流中心拣选策略如何组合运用？

　　6. 如何提升物流中心拣选绩效？

案例分析

北京邮区中心局邮件分拣

　　如果从现代物流的角度看，邮政服务可以称之为个人对个人（C to C）的第三方物流服务。在我国国内，邮件从甲方传递到乙方，通常要经过收寄、分拣、运输、投递四个主要环节、30 多道工序，其复杂程度胜于一般的商品流通。

　　在全国 201 个邮区中心局，北京邮区中心局是业务最繁重的邮件处理中心，作为北京邮政的邮件处理中心和邮件总包的经转中心，肩负着北京通往全国的航空、铁路、公路等邮路的转运任务。在国内交寄的进出北京市的所有普通或挂号邮件都要在北京邮区进行集中分拣，再运送到相应的地点投递。

　　在邮政服务几大环节中，分拣是其中最为复杂、技术含量最高、耗费人力、物力最多的一个重要环节，邮政服务水平与效率的高低与分拣工作的质量和内部处理时限密切相关。目前中国邮政将邮件统一划分为信函、印刷品和包裹三大类。北京邮区中心局作业场所分为东西两个，分别位于北京站和北京西站附近，其中东部作业区可以处理信函、挂号印刷品和包裹三大类邮件，西站作业区主要处理平常印刷品。下面分别介绍北京邮区中心局对不同类型邮件的分拣过程。

　　1. 平常信函分拣

　　北京邮区中心局要承担从北京及周边地区寄往全国各地，以及从全国各地寄达北京的邮件的分拣与运输任务，前者被称之为出口业务，后者被称之为进口业务。因此，平常信函分拣也相应地分为信函进口分拣和信函出口分拣。

　　现以平常信函出口分拣为例，介绍业务处理过程。

　　北京邮区中心局拥有 17 台套先进的现代化信函处理系统，全部设备从国外引进，目前信函分拣基本上实现了机械化、自动化。

　　在北 4 楼作业现场，所有出口信函首先要通过理信机处理，做到顺头顺面排列整齐，再放在绿色信盒中，装载到台车上运送至分拣机旁边。分拣操作人员将信函整齐地码放在分拣机的供件台上，信函按次序进入分拣机。分拣机识读信封上的"邮政编码"，按不同邮政编码将信函分送到不同的格口。在分拣机自动识读过程中，可以通过先进的现场调度监视系统，随时查看邮件处理情况。电脑屏幕实时显示出机器正在识读的邮政编码，如果有写得不清楚的邮政编码，操作人员可立即进行人工校验改正，辅助机器识读。目前北京邮区中心局信函处共有4台分拣机，平时3台工作，1台维护待用，每小时可处理信函2万件，识读率85%左右。

在分拣机末端连接着封装机，不同格口的邮件在此处集中塑封包装，之后进入输送带，运送到滑槽处。一袋袋信函从滑道滑下后，堆放在料箱内。经过按路向分拣，寄往不同省份的信函装在不同邮袋内封发，交运输处待运。

目前，由于信封质地不结实、书写不规范等原因，部分信函根本不能上分拣机，或者机器不能识读，只能从分拣机溢出，这就需要在2楼进行手工分拣。

2. 挂号信函分拣

挂号信函分拣作业现场位于8楼。由于挂号信函都贴有条形码，可以实现条形码化管理。通常，挂号信函先分出口、进口或本转，再按支局分路向，通过扫描条形码来实现数据记录。最后，分拣完的信函也要装袋并进行铅封待运。

3. 退信与"黄帽邮件"分拣

因地址或收件人不详、不清或变更而导致无法投递的信函，按退信处理。这些信最终被送往中心局，经登记造册后，退回交寄局。因北京地址变化太快，许多地名已从版图中消失，目前退信数量呈上升趋势。

北京地区设置的"黄帽邮筒"，专门供市民交寄急需投递的信函。北京内现有52个黄帽邮筒。北京邮区中心局每天安排专车前去开筒取信，经手工特殊分拣。"黄帽邮件"往往上午10点之前交寄，当天下午4时左右就可寄达；下午交寄，次日上午就可寄达。现在"黄帽邮件"的数量不是很多。

4. 包裹出口邮件分拣

北京邮区中心局包刷处负责印刷品和包裹的分拣与封发。包裹与印刷品处理中心位于中楼，按进出口分为不同的作业车间。

包裹出口邮件分拣作业区位于1楼，目前正在安装新的分拣设备，所以拣选作业仍基本上由老设备辅助条形码识读器来完成。

出口包裹作业从晚上7时开始，因为北京市邮局营业结束时间基本定在晚7时。市内各邮局收寄上来的包裹原则上应在22时之前送抵北京邮区中心局，经初步整理后上自动分拣机分拣。目前包裹出口仍以铁路运输为主，所以分拣格口主要按铁路路线来划分。包裹经自动分拣后进入相应的格口，再由工作人员装袋封口。操作人员按所处理邮件量的大小安排坐席，每人负责一段，约十几个格口。所有分装完毕的包裹要赶乘次日上午8时后的有效车次，运送至目的地中心局等待再次分拣投递。

5. 包裹进口邮件分拣

相对于出口作业，包裹进口邮件分拣更为复杂。通常作业从下午2时开始，22时结束，但因邮件量不断增加，经常需要加班至深夜才能完成。下面介绍主要流程。

1）挂袋

所有进口邮袋都在地下一层由工人完成悬挂工作，并经悬挂输送链送至4楼开拆车间。

2）开拆除尘

在开拆车间安装了包裹开拆除尘系统。在包裹开拆时，启动除尘系统，将灰尘吸去，以维护操作现场的清洁环境。

3）粗分

在开拆车间设置了 9 个座位的工作台，操作人员拆开邮袋后，先按印刷品或包裹进行初分。不同的邮件被放入工作台前面不停转动的输送带上不同颜色的翻板上，它们会通过不同的格口与滑槽，进入下一步分拣作业区。

4）分拣

包裹进口邮件分拣车间拥有先进的自动分拣设备。从上层粗分后的包裹在这里按投送局编号进行细分。操作人员先用条形码识读器扫描包裹上的条形码，然后按包裹该去的路向，输入相应的数字，之后将该包裹放在辊子输送机上。包裹会按指令准确无误地进入皮带式分拣机。当包裹来到相应格口，分拣机自动将其推下，分拣工作即告结束。

5）装袋

按相同投递路线分到一个格口的包裹，再由工作人员负责装袋、封口，交给运输处待运。

至此，整个包裹进口分拣过程全部结束。北京邮区中心局现在每天处理进口包裹约 1 万件。

6）印刷品分拣

北京邮区中心局东区印刷品分拣工作流程与包裹分拣工作流程基本相同。另外，在西区专门建设了扁平件（印刷品）分拣中心。但是，前几年安装的国外进口的扁平件自动分拣设备，因识读率太低（仅50％）和业务量急速上升，而失去了使用价值。目前北京邮区中心局正委托国内科研单位对这些设备进行二次开发与功能改善，尽快提高识读率，满足正常分拣作业需要。

扁平件分拣流程是：先按省份粗分，再按 201 个中心局细分，装袋、封口。从西站运输的邮件准备装车发运，而从东站运输的还需先用汽车转运到北京站，再按袋分拣，装车发运。

西区扁平件处理量因季节不同而波动较大，平均每天约 90 万件。

（资料来源：江宏. 物流技术与应用，2002（3）：26－32.）

案例思考题：

1. 简述平常信函出口分拣流程。
2. 简述包裹进口邮件分拣流程。
3. 简述扁平件分拣流程。

第7章

物流中心配送系统规划设计

本章要点

● 掌握配送系统的基本构成；

● 掌握配送系统的功能要素；

● 理解配送系统设计的原则及目标；

● 掌握配送运输影响因素及组织方法；

● 掌握配送积载的原则和方法；

● 掌握配送线路优化方法。

开篇案例

青岛海尔物流中心存储雏凤展翅

海尔物流现有青岛物流中心、青岛开发区物流中心、合肥物流中心、武汉物流中心、重庆物流中心、北京物流中心等全国物流中心。青岛物流中心位于青岛开发区海尔工业园内，紧靠青岛开发区前湾港和保税区。青岛海尔集团物流公司在开发区设立的物流中心存储，运营仅仅1个多月，晋南160多户经销商就享受到该公司"即需即送"的服务。日前，一客户送给他们的感谢信称，"配送中心自从10月份设立以来，从下单开货到送到，整个配送时效提高了2～3倍，可以做到当天开货，次日配送到位，甚至当天到位。这种配送速度是以前从未有过的。"

作为世界第四大白色家电制造商、被评为"中国十大世界级品牌"的海尔集团，其产品占到中国家电市场整体份额的26.2%以上。为实现其战略目标，提高市场竞争力，海尔集团在物流管理上实行"零库存"模式。在海尔，仓库不再是存储物资的水库，而是一条流动的河，河中流动的是按单采购来生产必需的物资，从根本上消除呆滞物资、消灭库存，使采购、配送和物流分拨流程实现同步，从而保证资金和生产优质循环。这一模式使海尔在金融危机中傲然挺立。为此，海尔更加重视配送中心的合理布局。侯马开发区长期跟踪大企业的发展。当了解到海尔的这一发展意向后，及时联系沟通，将自身所具有的交通区位优势，及优惠政策、优质服务等反馈给海尔物流公司。此时迅速得到海尔回应，决定继太原配送中心之后在侯马开发区设立山西第二个配送中心，业务覆盖晋南地区。

在配送中心建立的过程中，开发区给予全方位、全过程服务，协助办理注册手续，免费提供办公场所，及时解决仓储用房，协调解决运输问题，使中心的业务迅速开展起来。配送中心秉持海尔的服务理念，以热情的心态对待客户，以无微不至的关怀来服务客户。它们以"即需即供，按需送达"为目标，区别于过去单纯由车队送货的模式，主推加盟车模式，及时下单开货，及时送达，做到"零库存"，端对端，对客户实现了零距离服务。一方面使客户的需求得到极大的满足，另一方面使海尔的市场份额得到明显的扩大。

思考题： 青岛开发区海尔物流中心如何推行"即需即送"的配送服务？

7.1　物流中心配送系统概述

7.1.1　配送系统的构成

1. 配送的主体
配送的主体是指实施配送的组织，如从事专业配送的企业或企业的配送部门。要提高配送效率，达到既定的服务水平，实现配送的合理化，必须发挥配送主体的主观能动性，也就是发挥从事配送管理工作和执行工作的人的主观能动性。

2. 配送的客体
配送的客体是指配送的对象，即为客户配送的产品。配送的对象不是独立的产品，而是有特定指向的产品，即为哪个客户配送的哪种产品。客户的需求和产品的特性共同决定了配送模式的选择、配送计划的制订、运输工具的选择等配送作业问题。

3. 配送的环境
配送的环境是指实施配送所面对的客观环境，如城市交通状况、现有车辆、人员、交通法规等。任何系统都是在一定的客观环境中运行的。配送是物流服务中的一个外向的环节，是直接面对客户、直接与外界环境发生相互作用的环节，环境对配送系统运行的影响不可忽视。

4. 配送的设备
配送的设备是指在配送中具体使用的各种设备，如运输车辆、装卸搬运设备、分拣设备等。配送设备需要根据配送对象的特点和客户的需求加以选择。

7.1.2　配送系统的功能要素

1. 备货
备货是配送的准备工作或基础工作，备货工作包括筹集货源、订货或购货、集货、进货及有关的质量检查、结算、交接等。配送的优势之一，就是可以集中用户的需求进行一定规模的备货。备货是决定配送成败的初期工作，如果备货成本太高，会大大降低配送的效益。

2. 存储

配送中的存储有储备及暂存两种形态。配送储备是按一定时期的配送经营要求形成的对配送的货源保证。这种类型的储备数量较大，储备结构也较完善，视货源及到货情况，可以有计划地确定周转储备及保险储备结构、数量。配送的储备保证有时间在配送中心附近单独设库解决。另一种存储形态是暂存，是具体执行日配送时，按分拣配货要求，在理货场地所做的少量存储准备。由于总体存储效益取决于存储总量，所以这部分暂存数量只会对工作方便与否造成影响，而不会影响存储的总效益，因而在数量上控制并不严格。还有另一种形式的暂存，即在分拣、配货之后形成的发送货物的暂存，这个暂存主要是调节配货与送货的节奏，暂存时间不长。

3. 分拣及配货

分拣是指按用户的要求对货物进行分类和拣选的作业，配货是对不同用户进行货物的配备。分拣和配货是配送不同于其他物流形式的功能要素，也是配送成败的一项重要支持性工作。分拣及配货是完善送货、支持送货的准备性工作，是不同配送企业在送货时进行竞争和提高自身经济效益的必然延伸，是送货向高级形式发展的必然要求。有了分拣及配货就会大大提高送货服务水平，所以分拣及配货是决定整个配送系统水平的关键要素。

4. 配装及配载

在单个用户配送数量不能达到车辆的有效载运负荷时，就存在如何集中不同用户的配送货物，进行搭配装载以充分利用运能、运力的问题，这就需要配装；和一般送货不同之处在于，通过配装送货可以大大提高送货水平及降低送货成本，所以，配装也是配送系统中有现代特点的功能要素，也是现代配送不同于以往送货的重要区别之处。

5. 配送运输

配送运输通常是一种短距离、小批量、高频率的运输形式，它以服务为目标，以尽可能满足客户要求为优先。配送运输过程中，货物可能是从工厂等生产地仓库直接送至客户，也可能通过批发商、经销商或由配送中心转送至客户手中。

6. 送达服务

配好的货运输到用户还不算配送工作的完结，这是因为送达货和用户接货往往还会出现不协调，使配送前功尽弃。因此，要圆满地实现运到之货的移交，并有效地、方便地处理相关手续并完成结算，还应讲究卸货地点、卸货方式等。送达服务也是配送独具的特殊性。

7. 配送加工

在配送中，配送加工这一功能要素不具有普遍性，但往往是有重要作用的功能要素。主要原因是通过配送加工，可以大大提高用户的满意程度。配送加工是流通加工的一种，但配送加工有它不同于一般流通加工的特点，即配送加工一般只取决于用户要求，其加工的目的较为单一。

7.1.3 配送系统的目标

配送系统的目标和整个物流大系统的目标是一致的，就是要在满足一定的服务水平的前提下，尽可能地降低配送成本。具体可以分为以下几个目标。

1. 快速

快速是配送的要求，也是配送服务存在的基础。作为一种新型的物流手段，配送的最大作用就在于能够为客户提供快速的"门到门"服务，缩短流通时间。

2. 及时

及时是配送的生命。在配送方式下，客户会更依赖于配送中心的服务，尤其是实施零库存战略的企业，完全依靠配送服务将生产所需要的零部件直接送到生产线而不保持自己的库存。如果配送不能达到及时的要求，企业就会转而寻求库存的保障，配送也就失去了存在的意义。

3. 可靠

可靠是配送的基本要求。配送不但要以最快的速度及时供货，还要做到货物保质保量地送到客户手中，不能在配送中发生货物的短缺、破损等问题，保证货物安全到达客户手中。

4. 节约

节约是配送的利润源泉。恰当的配送方式能够有效地改善支线运输和货物的搬运流程，特别是准时配送方式，生产企业可以大大降低库存，减少库存资金的占用。

配送系统的目标之间具有二律背反性，服务水平的提高必然带来费用的上升，配送系统管理就是要在服务水平和费用之间加以权衡，实现最佳的配送系统效益。

7.2 物流中心配送系统规划设计

7.2.1 配送系统分析

一个系统应该随着经济的发展而发展，不能是一成不变的，因此，在建立一个系统或经营一个系统时，应全面分析研究影响系统的内外环境因素，把握系统的运行特点，据此进行设计和调整，以保证系统的有效性。

1. 系统分析

首先要对配送系统的一个或多个部分进行有次序、有计划的调查了解，以确定各个部分及整个系统如何良好地运行。分析的对象可能是一项简单的作业活动，如对分拣作业的效率和准确度进行分析，也可以是对整个配送系统的分析和重新设计，包括配送中心的规划、配送区域的确定、作业流程的设计等。

系统分析具体可分为以下几个步骤：

（1）通过调查了解获得进行系统分析所需的数据。

（2）将这些数据组合建立配送系统规划模型并对模型进行模拟及解析分析。

（3）对整个配送系统进行反复迭代设计。

2. 配送系统分析的一般原则

1）实现配送系统整体目标

配送的各个作业环节的分析设计，应以实现配送系统的整体目标为前提。配送中心的选址、分拣系统的建立、配送中心管理、配送作业流程规划等环境都有各自不同的目标，这些目标又具有"二律背反性"，某些目标可能与配送系统整体目标相悖。在进行配送系统的分析和设计时，要遵循局部服从整体的原则，以配送系统的整体目标为终极目标，依它们对整个系统的绩效作用确定各环节的价值。

2）坚持局部优化服从整体优化

配送系统包含多个要素，各要素的设计并不要求都达到最佳或最优化的设计，重点在于组成系统的各要素之间的综合运行状态达到最优。例如，在配送中心的规划上，如果配送商品的数量没有达到一定规模，而片面地追求分拣作业的高效和准确，进而采用自动化的分拣设备，就是一个偏重局部而忽略了整体效益的做法，反而增加投资，降低了配送系统的效益。

3. 配送系统分析的内容

依据配送系统分析的原则，配送系统分析可以分为整体分析和局部分析。

1）配送系统的整体分析

配送系统是对配送系统的各个环节进行综合性分析，从客户需求分析、配送系统服务目标分析到物流中心存储的选址分析、配送业务流程分析，再到配送作业流程分析、配送质量分析、配送成本分析等在内的整体性综合分析。整体分析一般在配送系统最初建立时进行。

2）配送系统的局部分析

当配送系统整体已经建立起来，只需要对局部进行改造及优化时，只要基于一定要求，进行局部分析就可以了。比如，配送中心考虑引进一个新型装卸设备，这时就需要对装卸部分进行局部分析，经过实际试用，再作出决策。常见的配送系统局部分析有：顾客服务标准分析、配送中心内部布局分析、进货流程分析、存储作业分析、分拣作业分析、送货流程分析、配送线路分析、车辆配载分析、收货站台（码头）的作业过程分析、订单处理流程分析、系统改进需要的时间分析等。当然配送系统局部分析的内容不仅于此，还需要根据具体配送系统的现状和委托人的要求而定。

在进行局部分析后，最好再一次对整体进行分析，以免发生局部达到最优而对整体造成损害的情况。

7.2.2 配送系统设计

配送系统设计是一项系统工程，其基本逻辑程序如图 7-1 所示。

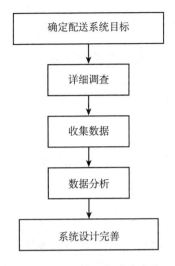

图 7 - 1 配送系统设计步骤

1. 确定配送系统目标

在开始设计或重新设计一个配送系统之前，首先应明确系统的目标。配送系统的目标在7.1 节中已经述及。在配送系统设计中，需要将系统的目标进一步明确、量化。比如，顾客的订单传输时间不超过 24 h，接受到的订单要在 12 h 内处理完毕；85% 的顾客订货时间不超过 24 h，所有订货要在 48 h 之内送到；送达货物的可用性不低于 99%。

2. 详细调查

详细调查是指要对现有配送系统的组织结构、功能体系、业务流程及薄弱环节等方面进行调查分析。在调查分析的过程中，尽可能使用各种形象和直观的图表，帮助管理人员描述系统、记录要点和分析问题。

1）组织结构调查

组织结构调查要对配送系统的组织结构状况，也就是部门划分及它们的相互关系进行调查。调查中应详细了解各部门人员的业务分工情况和有关人员的姓名、工作职责、决策内容、存在问题和对系统改进的要求等。将配送企业的部门划分及它们的相互关系用图形表示出来，就构成了一个系统的组织结构图。

2）功能体系调查

配送系统的总目标，必须依赖于各子系统功能的完成，而各子系统功能的完成，又依赖于各项更具体的操作来执行。功能结构调查的任务，就是要了解进而确定配送系统的各种功能构造。因此，在掌握配送系统组成体系的基础上，以组织结构为线索，层层了解各个部门的职责、工作内容和内部分工，就可以掌握配送系统的功能体系。

3. 业务流程调查

通过对组织结构和功能体系的调查，可以看出配送系统的部门划分及这些部门的主要职能。进一步的任务就是要弄清这些职能在有关部门具体完成的情况，以及在完成这些职能时信息处理工作的一些细节，即完成对管理业务流程的调查与分析。

4. 制约因素分析

在进行系统设计时，必须对配送系统的制约因素加以分析。这些因素在系统设计时需要作为约束条件进行处理。

5. 收集数据

数据是配送系统设计的基础，在配送系统设计中，主要有以下数据需要收集：

1）配送的产品

关于产品的数据需要收集的有：产品的种类、包装状况、数量、地理分布、生产或销售的季节性和使用的配送方式等。

2）现有的设施

这方面的数据包括：配送中心的位置及其存储和配送设施的能力、订单处理的速度和准确性等。

3）客户

对现有客户和潜在客户进行分析考察，应收集的信息包括：现有和潜在客户的地区分布、每位客户订购的产品、订货的季节性、对客户服务的重要性、客户所需的特殊服务、对每位客户的销售数量和可获得的销售利润。客户数据收集是系统设计的关键性内容，因为系统设计最终的目的就是满足客户的需求。

6. 数据分析

通过上述步骤，将配送系统的信息资料汇总后，就可以进行数据分析了。简单的局部系统分析可以采用图表的方式，如某些配送线路的分析。但是对整个配送系统进行分析时，数据量通常很大，需要采用比较复杂的技术，一般有模拟法、SAD 法和 PERT 法。

1）模拟法

在设计配送系统时，应用最为广泛的就是计算机模拟法。模拟法通常的模式是建立一个表达系统的一系列数学关系的模拟模型，有选择地改变特定的参数来观察这个系统的运行情况。模拟的可靠性依赖于建立的模型要尽可能地接近现实世界。

美国亨氏公司最早使用模拟法技术进行配送系统分析。在研究公司的仓库网络结构时，有下列几项问题：①应该使用多少个仓库？②它们应如何分布？③每个仓库应对哪些客户服务？鉴于问题的广泛性和复杂性，该公司的专家们选定模拟模型为理想的分析技术。

研究开始时，该公司在美国拥有仓库 68 个。随着时间的推移，公司管理部门认识到，以家庭为经营单位的小型零售店在杂货流通中已日益变得不太重要，而连锁店却已成为杂货流通的主导形式，它们只在少数几个地点接受公司送货，但每次购货的批量较大。显然，公司的仓库是太多了。

研究目标已经确定，工作分析和管理监督两个小组也相应成立，并完成了关于产品、现有设施、顾客等项目的调查。公司的专家确定，有三种可供选择的配送方法能被采用：①一些产品可以从生产厂到其他生产厂，在那里再与该厂产品拼装在一起，立即送交客户；②一些产品可以从生产厂直接运交客户；③一些产品可以从生产厂运到一个仓库，然后再转发给客户。前两个方法不需要使用仓库设施，需要使用仓库的是那些批量小、不适宜直接送达的客户和那些订货周期比较短的客户。

在计算机中输入需要存储的和中转的货物信息，按不同数目的仓库和地址进行试验。对于每一种仓库网络结构，模拟一年的销售金额数据，并确定每种方案的费用和对客户的服务水平。在每种方案经计算机约 7500 万次计算后，结果表明，仓库的最优数目大约是 40 个。这时可以做到在满足对客户服务水平的情况下达到配送费用最少。

2）SAD 法

当分析的问题设计到一些人们的感觉的、抽象的、模糊的定性因素时，如企业出现各部门间的利益冲突、矛盾涉及面广、关系复杂、感性的和理性的因素混杂在一起或某个经济活动过程发生恶性循环时，采用 SAD 法较为有效。SAD 法是一种一方面对系统进行调查和调整，另一方面对系统进行开发的系统分析与设计方法。它通过数学分析方法，并借助计算机，将混杂在一起的各种问题加以整理，并对它们之间的相互关系及其各自的重要程度加以分析，从而求出优先的系统改善步骤。

3）PERT 法

当分析人员需要确定配送系统应该完成的所有任务之间的时间关系时，采用 PERT 法十分有效。它的基本思路是：某些任务需要按一定的先后顺序依次完成，如订单处理与货物分拣；而另一些任务则可以并行处理，如货物分拣与车辆调配；完成每一项任务都需要一定的持续时间。PERT 法通过分解全部任务，确定每一项任务的作业时间，分析任务之间的逻辑关系，绘制网络图，对配送系统进行分析和优化。具体的 PERT 方法的原理和运用，可参照有关管理科学或运筹学方面的书籍。

7. 配送系统设计的完善

系统设计的最后工作是对研究结果进行完善。配送系统的改进不是一次就可以解决的，而是一个持续递进的过程。系统的全面变革对于大多数配送中心来说影响都很大，往往无法承受，而且也可能导致对客户服务功能的中断，如订单遗失、配送货物数量被搞错、缺货现象频繁发生，这些都是一个配送系统在短期内变化太快而可能引发的典型问题。此外，配送系统的工作人员也可能抵制这些变革。一般来说，大多数配送中心倾向于使用模拟法和 PERT 法寻找那些首先应该改革的领域。因为这些领域的功能是提高效率的最大的瓶颈，并且费用支出也可能比较高。

7.3 物流中心配送运输

7.3.1 配送运输的概念、特点及影响因素

1. 概念

配送运输是指将被订购的货物使用汽车或其他运输工具从供应点送至顾客手中的活动。

如果单从运输的角度看，它是对干线运输的一种补充和完善，属于末端运输、支线运输，主要由汽车运输进行，具有城市轨道货运条件的可以采用轨道运输，对于跨城市的地区配送可以采用铁路运输进行，或者在河道水域通过船舶进行。

2. 特点

1）时效性

快速及时，即确保在客户指定的时间内交货，是客户源重视的因素，也是配送运输服务性的充分体现。配送运输是从客户订货到交货的最后环节，也是最容易引起时间延误的环节。

2）安全性

配送运输的宗旨是将货物完好无损地送到目的地。影响安全性的因素有货物的装卸作

业、运送过程中的机械振动和冲击及其他意外事故、客户地点及作业环境、配送人员的素质等。

3）沟通性

配送运输是配送的末端服务，它通过送货上门服务直接与客户接触，是与顾客沟通最直接的桥梁，代表着公司的形象和信誉，在沟通中起着非常重要的作用。

4）方便性

配送以服务为目标，以最大限度地满足客户要求为优先，因此，应尽可能地让顾客享受到便捷的服务。通过采用高弹性的送货系统，如紧急送货、退货、辅助资源回收等，为客户提供真正意义上的便利服务。

5）经济性

实现一定的经济利益是企业运作的基本目标，因此，对合作双方来说，以较低的费用，完成配送作业是企业与客户建扩双赢机制、加强合作的基础。

3. 影响因素

影响配送运输效果的因素很多。动态因素，如车流量变化、道路施工、配送客户的变动、可供调动的车辆变动等；静态因素，如配送客户的分布区域、道路交通网络、车辆运行限制等。各种因素互相影响，很容易造成送货不及时、配送路径选择不当、贻误交货时间等问题。因此，对配送运输的有效管理极为重要，否则不仅影响配送效率和信誉，而且将直接导致配送成本的上升。

7.3.2 配送运输方法

影响配送运输的因素较多，为了在运输方法的选择上既有利于客户的便捷性、经济性，又有利于货物的安全性，应尽量避免不合理运输。配送运输方法主要有：汽车整车运输、多点分运及快运。

1. 汽车整车运输

汽车整车运输是指同一收货人、一次性需要到达同一站点，且适合配送装运 3 t 以上的货物运输，或者货物重量在 3 t 以下，但其性质、体积、形状需要一辆 3 t 以上车辆一次或一批运输到目的地的运输。

1）特点

整车货物运输一般中间环节较少，送达速度快，运输成本较低。通常以整车为基本单位订立运输合同，以便充分体现整车配送运输的可靠、快速、方便、经济等特性。

2）基本程序

按客户需求订单备货→验货→配车→配装→装车→发车→运送→卸车交付→运杂费结算→货运事故处理。

3）作业过程

整车货物运输作业过程是一个多工种的联合作业系统，是社会物流中必不可少的重要过程。这一过程是货物运输的劳动者借助于运输线路、运输车辆、装卸设备、站场等设施，通过各个作业环节，将货物从配送地点运送到客户地点的全过程。它由四个相互关联又相互区别的过程构成，即运输准备过程、基本运输过程、辅助运输过程和运输服务过程。

2. 多点分运

多点分运是在保证满足客户要求的前提下，集多个客户的配送货物进行搭配装载，以充分利用运能、运力，降低配送成本，提高配送效率。

1）往复式行驶线路

一般是指由一个供应点对一个客户的专门送货。从物流优化的角度看，其基本条件是客户的需求量接近或大于可用车辆的核定载重量，需专门派一辆或多辆车一次或多次送货。可以说往复式行驶线路是指配送车辆在两个物流节点间往复行驶的路线类型。根据运载情况，具体可分为三种形式：

- 单程有载往复式线路；
- 回程部分有载往复式线路；
- 双程有载往复式线路。

2）环形行驶线路

环形行驶线路是指配送车辆在由若干物流节点间组成的封闭回路上，所作的连续单向运行的行驶路线。车辆在环形式行驶路线上行驶一周时，至少应完成两个运次的货物运送任务。由于不同运送任务其装卸作业点的位置分布不同，环形式行驶线路可分为四种形式，即简单环形式、交叉环形式、三角环形式、复合环形式。

3）汇集式行驶线路

汇集式行驶线路是指配送车辆沿分布于运行线路上各物流节点间，依次完成相应的装卸任务，而且每一运次的货物装卸量均小于该车核定载重量，沿路装或卸，直到整辆车装满或卸空，然后再返回出发点的行驶线路。汇集式行驶线路可分为直线形和环形两类，其中汇集式直线形线路实质是往复式行驶线路的变形。这两种类型的线路各自都可分为分送式、聚集式、分送—聚集式。

4）星形行驶线路

星形行驶线路是指车辆以一个物流节点为中心，向其周围多个方向上的一个或多个节点行驶而形成的辐射状行驶线路。

3. 快运

根据《道路货物运输管理办法》的有关规定，快件货运是指接受委托的当天 15 时起算，300 km 运距内，24 h 内送达；1 000 km 运距内，48 h 内送达；2 000 km 运距内，72 h 内送达。

1）快运的特点

- 送达速度快；
- 配装手续简捷；
- 实行承诺制服务；
- 可随时进行信息查询。

2）快运业务操作流程

通过电话、传真、电子邮件接受客户的委托→快速通道备货→分拣→包装→发货→装车→快速运送→货到分发→送货上门→信息查询→费用结算。

7.3.3 合理运输

1. 不合理运输

不合理运输是指对国民经济不产生任何效益与作用，而又相对增加运输工作量、运输费用或运输时间的运输，以及没有很好利用各种运输方式和无谓浪费运输能力的运输。其表现形式（种类）有：过远运输、相向或对流运输、迂回运输、重复运输、未能充分利用运力和合理使用交通运输工具的运输等。其原因主要由于工农业生产、路网与有关仓储站点布局上的缺陷，各种运输方式利用欠妥，物资调运安排不当，以及运输的计划、组织与管理不善等。因此，合理布局生产力，不断改善交通网，正确配置中转仓储站点，合理调运物资，科学组织与通盘规划货流及改进运价等，都是消除各种不合理运输的重要途径与措施。

目前我国存在主要不合理运输形式有以下几种。

1）返程或启程空驶

空车无货载行驶，可以说是不合理运输的最严重形式。在实际运输组织中，有时候必须调运空车，从管理上不能将其看成不合理运输。但是，因调运不当，货源计划不周，不采用运输社会化而形成的空驶，是不合理运输的表现。造成空驶的不合理运输主要有以下几种原因。

（1）能利用社会化的运输体系而不利用，却依靠自备车送货提货，这往往出现单程重车、单程空驶的不合理运输。

（2）由于工作失误或计划不周，造成货源不实，车辆空去空回，形成双程空驶。

（3）由于车辆过分专用，无法搭运回程货，只能单程实车，单程回空周转。

2）对流运输

对流运输亦称"相向运输"、"交错运输"，指同一种货物，或彼此间可以互相代用而又不影响管理、技术及效益的货物，在同一线路上或平行线路上作相对方向的运送，而与对方运程的全部或一部分发生重叠交错的运输称对流运输。已经制定了合理流向图的产品，一般必须按合理流向的方向运输，如果与合理流向图指定的方向相反，也属对流运输。

在判断对流运输时需注意的是，有的对流运输是不很明显的隐蔽对流，例如，不同时间的相向运输，从发生运输的那个时间看，并未出现对流，可能作出错误的判断，所以要注意隐蔽的对流运输。

（1）迂回运输。这是一种舍近取远的运输方式。即可以选取短距离进行运输而不办，却选择路程较长路线进行运输的一种不合理形式。迂回运输有一定复杂性，不能简单处之，只有当计划不周、地理不熟、组织不当而发生的迂回，才属于不合理运输，如果最短距离有交通阻塞、道路情况不好或有对噪声、排气等特殊限制而不能使用时发生的迂回运输，不能称为不合理运输。

（2）重复运输。本来可以直接将货物运到目的地，但是在未达目的地之处，或目的地之外的其他场所将货卸下，再重复装运送达目的地，这是重复运输的一种形式。另一种形式是，同品种货物在同一地点一面运进，同时又向外运出。重复运输的最大毛病是增加了非必要的中间环节，这就延缓了流通速度，增加了费用，增大了货损。

（3）倒流运输。这是指货物从销地或中转地向产地或起运地回流的一种运输现象。其不合理程度要甚于对流运输，其原因在于，往返两程的运输都是不必要的，形成了双程的浪费。倒流运输也可以看成是隐蔽对流的一种特殊形式。

（4）过远运输。这是指调运物资舍近求远，近处有资源不调而从远处调，这就造成可采取近程运输而未采取，拉长了货物运距的浪费现象。过远运输占用运力时间长、运输工具周转慢、物资占压资金时间长，远距离自然条件相差大，又易出现货损，增加了费用支出。

（5）运力选择不当。未选择各种运输工具优势而不正确地利用运输工具造成的不合理现象，常见有以下若干形式。

① 弃水走陆。在同时可以利用水运及陆运时，不利用成本较低的水运或水陆联运，而选择成本较高的铁路运输或汽车运输，使水运优势不能发挥。

② 铁路、大型船舶的过近运输。不是铁路及大型船舶的经济运行里程却利用这些运力进行运输的不合理做法。主要不合理之处在于火车及大型船舶起运及到达目的地的准备、装卸时间长，且机动灵活性不足，在过近距离中利用，发挥不了运速快的优势。相反，由于装卸时间长，反而会延长运输时间。另外，和小型运输设备比较，火车及大型船舶装卸难度大、费用也较高。

③ 运输工具承载能力选择不当。不根据承运货物数量及重量选择，而盲目决定运输工具，造成过分超载、损坏车辆及货物不满载、浪费运力的现象。尤其是"大马拉小车"现象发生较多，由于装货量小，单位货物运输成本必然增加。

（6）托运方式选择不当。对于货主而言，在可以选择最好托运方式的情况下而未选择，造成运力浪费及费用支出加大的一种不合理运输。

例如，应选择整车的情况下，反而采取零担托运，应选择直达的情况下反而选择了中转运输，应选择中转运输的情况下反而选择了直达运输等都属于这一类型的不合理运输。

上述的各种不合理运输形式都是在特定条件下表现出来的，在进行判断时必须注意其不合理的前提条件，否则就容易出现判断的失误。例如，如果同一种产品，商标不同，价格不同，所发生的对流，不能绝对看成不合理，因为其中存在着市场机制引导的竞争，优胜劣汰，如果强调因为表面的对流而不允许运输，就会起到保护落后、阻碍竞争甚至助长地区封锁的作用。类似的例子，在各种不合理运输形式中都可以举出一些。

再者，以上对不合理运输的描述，就形式本身而言，是从微观观察得出的结论。在实践中，必须将其放在物流系统中做综合判断，在不做系统分析和综合判断时，很可能出现"效益背反"现象。单从一种情况来看，避免了不合理，做到了合理，但它的合理却使其他部分出现不合理。只有从系统角度，综合进行判断才能有效避免"效益背反"现象，从而优化全系统。

2. 合理运输

所谓合理运输，就是在实现物资产品实体从生产地至消费地转移的过程中，充分有效地运用各种运输工具的运输能力，以最少的人、财、物消耗，及时、迅速、按质、按量和安全地完成运输任务。其标志是：运输距离最短、运输环节最少、运输时间最短和运输费用最省。

合理运输是在满足国民经济对运输需要、并充分与合理利用各种运输方式能力的条件下，社会产品或商品运输的运距最短、耗时最少和费用最低的运输形式。其实质是货流分布合理化。合理运输的作用在于尽可能节省运力，减少运费，缩短运送时间，并可促进生产力的合理布局。在中国，国民经济各部门是在统一计划或宏观控制下相互协调发展的，在客观上为运输合理化创造了良好基础。但真正要实现合理运输，除必须注意合理布局生产力、不断改善交通网、正确配置有关中转仓储站点外，尚须借助一定的手段与方法，对货流进行合理组织与通盘规划。实行按货物分区产销平衡合理运输流向图进行运输，以及按经济区划组织物资调运等，都是实现合理运输的有效手段。合理运输的方法主要有以下几种。

1）分区产销合理运输

分区产销合理运输是指对品种单、数量较大、多地生产、调运面广的大宗商品，如煤炭、粮食、木材、食盐、食糖、肥皂、火柴、纸张、水泥、石油等，按照近产近销的原则，在产销平衡的基础上，划定商品调运区域，制定商品合理流向。"商品流向"就是把商品从生产、分配、调拨、仓储和运输路线，以及运输工具方面固定下来，防止商品盲目乱流，消除不合理的对流运输、迂回运输和过远运输。这一制度于1951年首先在东北推行，1954年这一办法在全国推广。各地商业部门根据本地区情况，相继实行了分区产销合理平衡这一制度。推行这一制度，主要适用于品种单一的大宗商品。但是对于供应市场的日用工业品来说，除纸张、火柴、肥皂等大宗商品外，随着商品花色品种的不断发展，为了繁荣市场，各地之间的商品调剂范围越来越广，因此，为了繁荣市场，在开展合理运输时，既要坚持近产近销的原则，又要根据市场需要，注意搞好商品的品种调剂，更好地满足人民生活的需要。

2）直达、直线运输

直达运输是指把商品从产地直接运达到要货单位的运输，中间不需要经过各级批发企业的仓库的运输，直线运输是指减少商品流通环节，采取最短运距的运输。直达、直线运输是合理组织商品运输的重要措施之一。它可以减少商品的周转环节，消除商品的迂回、对流等不合理运输，从而减少商品的损耗，节省运输费用。品种简单、数量很大的商品或需要尽可能缩短周转时间的商品，应尽可能采取直达运输。

3）"四就"直拨运输

"四就"直拨，即指就厂直拨、就站直拨、就库直拨和就船过载。

（1）就厂直拨，是将商品由生产厂家直接发送到要货单位，又分为厂际直拨、厂库直拨、厂站直拨等几种形式。一般日用工业品多采用就厂直拨的方式。

（2）就站直拨，是将到达车站或码头的商品，不经过中间环节，直接分拨给要货单位。

（3）就库直拨，是将由工厂送入一、二级批发企业仓库的商品，由批发企业调拨给要货单位或直接送到基层商店。

（4）就船过载，是将到达消费地或集散地的商品，在卸船的同时，装上另外的船，分送给要货单位，中间不再经过其他环节。

"四就"直拨，需要各部门紧密配合，加强协作，才能做到及时、准确、安全、经济。

7.3.4 配送积载的概念、原则及方法

1. 概念

配送中心服务的对象是众多的客户和各种不同的货物品种，为了降低配送运输成本，需要充分利用运输配送的资源，对货物进行装车调配、优化处理，达到提高车辆在容积和载货两方面的装载效率，进而提高车辆运能、运力的利用率，降低配送运输成本，这就是积载。

2. 影响配送车辆积载因素

（1）货物特性因素。如轻泡货物，由于车辆容积的限制和运行限制（主要是超高），而无法满足吨位，造成吨位利用率降低。

（2）货物包装情况。如车厢尺寸不与货物包装容器的尺寸成整倍数关系，则无法装满车厢。如货物宽度 80 cm，车厢宽度 220 cm，将会剩余 60 cm。

（3）不能拼装运输。应尽量选派核定吨位与所配送的货物数量接近的车辆进行运输，或按有关规定而必须减载运送，比如有些危险品必须减载运送才能保证安全。

（4）由于装载技术的原因，造成不能装足吨位。

3. 车辆积载的原则

（1）轻重搭配的原则。车辆装货时，必须将重货置于底部，轻货置于上部，避免重货压坏轻货，并使货物重心下移，从而保证运输安全。

（2）大小搭配的原则。货物包装的尺寸有大有小，为了充分利用车厢内的容积，可在同一层或上下层合理搭配不同尺寸的货物，以减少箱内的空隙。

（3）货物性质搭配原则。拼装在一个车厢内的货物，其化学性质、物理属性不能互相抵触。如不能将散发臭味的货物与具有吸臭性的食品混装；不能将散发粉尘的货物与清洁货物混装。

（4）到达同一地点的适合配装的货物应尽可能一次积载。

（5）确定合理的堆码层次及方法，可根据车厢的尺寸、容积，货物外包装的尺寸来确定。

（6）装载时不允许超过车辆所允许的最大载重量。

（7）装载易滚动的卷状、桶状货物，要垂直摆放。

（8）货与货之间，货与车辆之间应留有空隙并适当衬垫，防止货损。

（9）装货完毕，应在门端处采取适当的稳固措施，以防开门卸货时，货物倾倒造成货损。

（10）尽量做到"后送先装"。

4. 提高车辆装载效率的具体办法

（1）研究各类车厢的装载标准，根据不同货物和不同包装体积的要求，合理安排装载顺序，努力提高装载技术和操作水平，力求装足车辆核定吨位。

（2）根据客户所需要的货物品种和数量，调派适宜的车型承运，这就要求配送中心根据经营商品的特性，配备合适的车型结构。

（3）凡是可以拼装运输的，尽可能拼装运输，但要注意防止差错。

（4）配送积载的方法。

配送运输中最典型的装货积载问题用数学语言可以描述为：假设配送车辆的最大装载量为 G，用于运送 n 种不同的物品，此 n 种不同物品的重量分别为 W_1，W_2，$\cdots$，W_n，每一种货物的价值系数（可表示价值、运费、重量等）分别用 P_1，P_2，$\cdots$，P_n 表示。另设 X_k 表示第 k 种物品的装入数量，则在 $\sum\limits_{k=1}^{n} W_k X_k \leqslant G$ 的约束条件下，要求 $f(X) = \sum\limits_{k=1}^{n} P_k X_k$ 最大。

如果把装入一件物品作为一个阶段，则整个车辆装货问题转化为一个动态规划问题。动态规划问题的求解过程是从最后一个阶段开始由后向前推进。由于装入货物的先后次序不影响最优解，所以求解过程可以从第一阶段开始，由前向后逐步进行。

7.3.5 车辆调度

1. 车辆调度工作的作用

（1）保证运输任务按期完成；

（2）能及时了解运输任务的执行情况；

（3）促进运输及相关工作的有序进行；

（4）实现最小的运力投入。

2. 车辆调度的方法

车辆调度的方法有多种，可根据客户所需货物、配送中心站点及交通线路的布局不同，简单的可采用定向专车运行调度法、循环调度法、交叉调度法等。如果运输任务较重，交通网络较复杂，为合理调度车辆的运行，可运用运筹学中线性规划的方法，如最短路径法、表上作业法、图上作业法等。这里只介绍表上作业法。

1）基本步骤

运输问题是线性规划最早研究的问题，也是与交通运输行业密切相关的问题。其表述如下：设某类物资有 m 个配送中心地（产地）A_1，A_2，$\cdots$，A_m，其供给（产）量分别为 a_1，a_2，$\cdots$，a_m；有 n 个客户（销地）B_1，B_2，$\cdots$，B_n，其需求（销）量分别是 b_1，b_2，$\cdots$，b_n，且供需平衡（$\sum\limits_{i=1}^{m} a_i = \sum\limits_{j=1}^{n} b_j$）。已知单位物资从 A_i 运到 B_j 的运价为 C_{ij}（$i = 1, 2, \cdots, m$；$j = 1, 2, \cdots, n$），试求使总运费最小的调运方案。

由于此问题结构比较特殊，通常均采用比较简单的表上作业法求解。表上作业法基本步骤如下：

（1）列出调运物资的供需（产销）平衡表及运价表；

（2）按最小元素法建立初始调运方案；

（3）采用位势法计算初始方案每个空格的闭回路的检验数；

（4）检查检验数，如所有检验数均为非负，说明方案是最优的，已经得到你想要的方案，结束求解；

（5）如果有某个或某几个检验数小于 0，则选择负检验数中绝对值最大的闭回路进行调整，建立新的方案；

（6）重复（3）　（5）步，直至获得最优调运方案。

2）供需不平衡的物资调运问题

在应用表上作业法制订物资调运方案时，要求有产销（供需）平衡的条件。可是在实际中常常会碰到产销不平衡的情况。此时虽然不能直接应用表上作业法，但经过适当的处理后，还是可以化成供需平衡问题来应用表上作业法，使之获得圆满解决。

（1）供应量大于需求量。为了解决这一问题，可以引入一个虚设的需求点，令其需求量等于实际问题中供应量与需求量之差。实际上，这就相当于在某个供应点的仓库里，将多余部分的供应量存储起来。由于虚设的需求并没有参加实际的调配运输，因此可视它的相应运价为零，从而实际上不会对整个物资调运问题最小运输费用值的结果产生影响。但是，由于引入了一个需求点，其需求量刚好等于多余的供应量，从而使不平衡的调运问题转化为供销平衡的运输问题，所以可以应用表上作业法求出它的物资调运最优方案。

（2）需求量大于供应量。为了使该问题转化为供需平衡问题，可以虚设一个供应点，令这个虚设的供应点的供应量等于实际问题中需求量与供应量的差额。这样，就相当于在某个需求点内设立一个仓库，假设需求不足部分的物资已经通过另找出路供应，预先储备起来了。因此，这一部分需求量对该调运问题来说，也不存在运输问题，所以同样可设它的相应运价为零，从而也不会影响到最小运输费用的值。但这时已经可以应用表上作业法来求出它的最优物资调运方案。

7.4　物流中心配送路径优化

配送路线设计是指在考虑影响配送运输的各因素及约束条件下，根据道路状况，及时、安全、方便、经济地将客户所需货物准确送达客户手中。为此在配送运输线路设计时，需要根据客户群的不同特点和要求，选择不同的线路设计模型，最终达到节省时间、运输距离和运输费用的目的。

7.4.1　点点间运输配送——最短路径求解

配送运输网络由节点和线组成，点与点之间由线连接，线代表节点之间的运输距离（或时间）。除起点外，所有节点都被认为是未连接的。起点作为已解的点，是计算的开始点。计算方法如下。

1）第 N 次迭代的目标

寻求第 N 次离起点最近的节点，重复 $N = 1, 2, 3, 4 \cdots$ 直到最近的节点是终点为止。

2）第 N 次迭代的输入数值

（ $N - 1$ ）个离起点最近的节点及之前的迭代，根据离起点最短的线路和距离计算而得。这些节点称为已解的节点，其余的节点称为未解的节点。

3）第 N 个最近节点候选点

每个已解的节点通过一个或多个尚未解的节点，这些未解的节点中有一个以最短的线连接，就是候选点。

4）第 N 个最近节点的计算

将每个已解的节点及其候选点之间的距离与起点到该点之间的距离相加，总距离最短的候选点即是第 N 个最近的节点。

【例7-1】图7-2是一运输配送网络示意图，其中 A 是起点，J 是终点，B、C、D、E、F、G、H、I 是网络上的节点，节点与节点之间以线路连接，线路上的数字表明了两个节点之间的距离。求从起点 A 到终点 J 之间的最短运输配送路线。

计算说明：首先列出一张计算表格，如表7-1所示。

（1）第一个已解的节点是起点 A，与 A 点直接连接的未解的节点有 B、C 和 D。B 点是距离 A 点最近的节点，记为 AB。由于 B 点是唯一的选择，所以 B 点成为已解的节点。

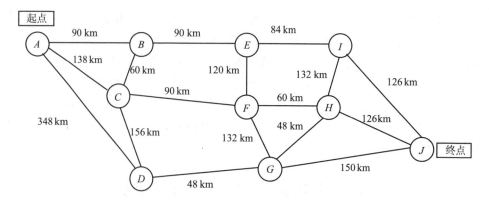

图 7 - 2 运输配送网络示意图

表 7 - 1 最短路径求解步骤

步 骤	与未解节点相连的已解节点	与已解节点直接相连的未解节点	相关总距离	第 N 个最近节点	最小距离	最新连接
1	A	B	90	B	90	☆AB
2	A B	C C	$AC = 138$ $AB + BC = 90 + 66 = 156$	C	138	AC
3	A B	D E	$AD = 348$ $AB + BE = 90 + 90 = 180$	E	180	☆BE
4	A C E	D F I	$AD = 348$ $AC + CF = 138 + 90 = 228$ $AB + BE + EI = 90 + 90 + 84 = 264$	F	228	CF
5	A C E F	D D I H	$AD = 348$ $AC + CD = 138 + 156 = 294$ $AB + BE + EI = 90 + 90 + 84 = 264$ $AC + CF + FH = 138 + 90 + 60 = 288$	I	264	☆EI
6	A C F I	D D H J	$AD = 348$ $AC + CD = 138 + 156 = 294$ $AC + CF + FH = 138 + 90 + 60 = 288$ $AB + BE + EI + IJ = 264 + 126 = 390$	H	288	FH
7	A C F H I	D D G G J	$AD = 348$ $AC + CD = 138 + 156 = 294$ $AC + CF + FG = 138 + 90 + 132 = 360$ $AC + CF + FH + HG = 138 + 90 + 60 + 48 = 336$ $AB + BE + EI + IJ = 264 + 126 = 390$	D	294	CD
8	H I	J J	$AC + CF + FH + HJ = 288 + 126 = 414$ $AB + BE + EI + IJ = 264 + 126 = 390$	J	390	☆IJ

☆为最短距离

（2）找出距 A 点和 B 点最近的连接点，有 AC 和 BC。从 A 点到 B 点的距离为 $AB + BC = 90 + 66 = 156$ km，AC 直达为 138 km，C 成为已解的节点。

（3）第三次迭代要找到与已解节点直接连接的最近的未解节点。三个候选点 D、E、F 与 A 点的距离分别为 348 km、180 km、228 km，其中 BE 的距离最短，为 180 km，因此 E 点就是三次迭代的结果。

重复上述步骤直达终点 J，即最短距离为 390 km，连接表中带 ☆ 符号，最短路线为 $A—B—E—I—J$。

7.4.2 单回路运输——TSP 模型及求解

单回路运输问题是指在路线优化中，对于存在的节点集合 D，选择一条合适的路径遍历所有节点，并且要求闭合。单回路模型在运输决策中，主要用于单一车辆的路径安排。目的是该车在遍历所有用户的同时，行驶的距离最短。

TSP（Traveling Salesman Problem，旅行商问题）模型是单回路运输问题中最典型的一个模型，它是一个典型的 NP-Hard 问题。对于大规模的线路优化问题，无法获得最优解，只能通过启发式算法获得近似解。启发式算法不仅可用于复杂的 TSP 问题求解，对于小规模的问题也同样适用。它的不足在于，它只能保证得到可行解，而且不同的启发式算法所得到的结果也不完全相同。下面介绍两种比较简单的启发式算法，以便对该法有一个较全面的认识。

1. 最近邻点法

最近邻点法（Nearest Neighbor）是由 Rosenkrantz 和 Stearns 等人在 1977 年提出的一种解决 TSP 问题的算法。该算法十分简单，但是它得到的解并不十分理想，有很大的改善余地。但由于该法简单、快速，所以常用来构造优化的初始解。

最近邻点法可以通过如下 5 步完成。

（1）将起始点定为整个回路的起点。

（2）找到刚加入到回路上离一个点最近的一个点，并将其加入到线路中。

（3）重复步骤（2），直到集合了所有节点都加入到线路中。

（4）将最后加入的节点和起始点连接起来，形成回路。

（5）按流线型要求调整回路的形状。如果调整后的结果小于步骤（4）所得的解，将该解定为 TSP 问题的解。

【例 7 - 2】现有一个连通图，$i = 6$。它们之间的距离如表 7 - 2 所示，它们的相对位置关系如图 7 - 3（a）所示，求通过各点的路径最短的封闭回路。

表 7 - 2 距离矩阵

	V_1	V_2	V_3	V_4	V_5	V_6
V_1	—	10	6	8	7	15
V_2		—	5	20	15	16
V_3			—	14	7	8
V_4				—	4	12
V_5					—	6
V_6						—

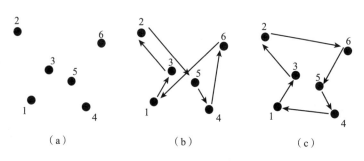

$$（a）\qquad\qquad（b）\qquad\qquad（c）$$

图 7 - 3　最近邻点法的求解过程

解:将节点 V_1 加入到线路中,集合 $T=\{V_1\}$;从节点 V_1 出发,比较其到节点 V_2、V_3、V_4、V_5 和 V_6 的距离,选择距 V_1 点最近的节点,加入到线路中。从距离矩阵中可以看到,从 V_1 到 V_3 的距离最小,为 6。因此将节点 V_3 加入到线路中:集合 $T=\{V_1,V_3\}$。然后从节点 V_3 出发,寻找离 V_3 最近的节点。

$$\min\{C_{3i}\}=C_{32}=5$$

再将节点 V_2 加入到线路中,得到解:集合 $T=\{V_1,V_3,V_2\}$

再从节点 V_2 出发,观察离 V_2 最近的节点。

$$\min\{C_{2i}\}=C_{25}=15,i\in\mathbf{N},1\leqslant i\leqslant 6,且 i\neq 1,3,2$$

将节点 V_5 加入到线路中,得到解:集合 $T=\{V_1,V_3,V_2,V_5\}$。以此类推,分别将 V_4 和 V_6 加入到线路中,得到解:集合 $T=\{V_1,V_3,V_2,V_5,V_4,V_6\}$,总的行驶路程为 57,如图 7 - 3 (b) 所示。

最后按流线型要求,对回路进行调整得:$T=\{V_1,V_3,V_2,V_6,V_5,V_4\}$,如图 7 - 3 (c) 所示。总的行驶路程为 46 km,小于上面得到的解,故将此方案取为最后解。

2. 最近插入法

最近插入法(Nearest Insertion)是 Rosenkrantz 和 Stearns 等人在 1977 年提出的另一种解决 TSP 问题的算法,它比最近邻点法复杂,但可得到相对满意的解。最近插入法可以通过如下步骤完成。

(1) 从第一点 V_1 出发,找到距离最近的节点 V_k,形成一个子回路,$T=\{V_1,V_k,V_1\}$。

(2) 在余下的节点中,寻找一个离子回路中某一节点最近的节点 V_k。

(3) 在子回路中找到一条弧 (i,j),使 $C_{i,k}+C_{kj}-C_{ij}$ 最小,然后将节点 V_k 插入到节点 V_i,V_j 之间,用两条新弧 (i,k),(k,j) 代替原来的弧 (i,j),并将节点 V_k 加入到子回路中。

(4) 重复步骤 (2) 和 (3),直到所有节点都加入到子回路中。此时,子回路就演变成一个 TSP 的解。

【例 7 - 3】比较表 7 - 2 中从 V_1 出发的所有路径的长短

$$\min\{C_{1i}\}=C_{13}=6,i\in\mathbf{N},1\leqslant i\leqslant 6,\quad 且 i\neq 1$$

由 V_1 和 V_3 构成一个子回路,$T=\{V_1,V_3,V_1\}$,如图 7 - 4 所示。

解:然后再考虑剩下的节点 V_3,V_4,V_5,V_6 到 V_1 和 V_3 中某一个节点的最小距离:

$$\min\{C_{1i}=C_{32}=5,C_{3i}\},i\in\mathbf{N},1\leqslant i\leqslant 6,\quad 且 i\neq 1,3$$

由于对称性，无论将人插入到 V_1 或 V_3 之间的往返路上，结果都是一样的。这样得到一个新的子回路 $T = \{V_1, V_3, V_2, V_1\}$，其结果如图 7 – 5 所示。

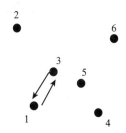

图 7 – 4　由 V_1 和 V_3 构成的子回路

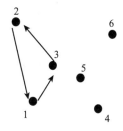

图 7 – 5　由 V_1、V_3 和 V_2 构成的子回路

接着考虑剩下的节点 V_4, V_5 和 V_6 到 V_1、V_3 和 V_2 中某一个节点的最小距离：

$$\min\{C_{1i} = C_{35} = 7, C_{3i}, C_{2i}\}, i \in \mathbf{N}, \quad 1 \leqslant i \leqslant 6, \quad 且 i \neq 1, 3, 2$$

由图 7 – 5 所示，节点 V_5 有三个位置可以插入：

① 插入到 （1，3）间，$\triangle C_{13} = C_{15} + C_{53} - C_{13} = 7 + 7 - 6 = 8$；

② 插入至 （3，2）间，$\triangle C_{32} = C_{35} + C_{52} - C_{32} = 7 + 15 - 5 = 17$；

③ 插入至 （2，1）间，$\triangle C_{21} = C_{25} + C_{51} - C_{21} = 15 + 7 - 10 = 12$。

比较三种情况的增量，插入到 （1，3）之间的增量最小，所以应将 V_5 加入到 （1，3）之间。结果为 $T = \{V_1, V_5, V_3, V_2, V_1\}$，其子回路则变成如图 7 – 6 所示。

重复上述各步，分别将节点 V_4 和 V_6 加入到子回路中，就可得到用最近插入法所得到的解。$T = \{V_1, V_4, V_5, V_6, V_3, V_2, V_1\}$，如图 7 – 7 所示。

总的行驶距离为：$S = 8 + 4 + 6 + 8 + 5 + 10 = 41$。

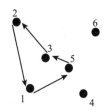

图 7 – 6　由 V_1、V_5、V_3 和 V_2 构成的子回路

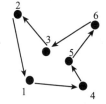

图 7 – 7　由最近插入法求得的回路

7.4.3　多回路运输——VRP 模型及求解

由于客户的需求总量和运输车辆能力有限之间存在的矛盾，配送运输应是一个多回路的运输问题，解决此类问题的核心是车辆的调度。因此，VRP（Vehicle Routing Problem）模型应运而生，并很快引起运筹学、应用数学、组合数学、图论与系统分析、物流科学和计算机应用等学科专家的极大重视，成为运筹学和组合优化领域的前沿与研究热点问题。该问题的研究目标是，在客户群体很大，一台车辆的配送运力不够时，选用多台车辆分别为不同的客户群体服务，在满足一定的约束条件的情况下（如发送量、交发货时间、车辆运力，时间限制等），达到一定的优化目标（如运距最短、费用

最少、车辆利用率最高等）。

一个典型的 VRP 模型的基本条件是 N 台车辆为 L 个客户配送货物。模型的目标是确定所需要的车辆数目 $M(M \leq N)$，并完成回路的安排与调度，使总的运输费用最小。其决策模型可表示如下：

目标函数： $\qquad \min Z = \sum_{m=1}^{M} \sum_{l=1}^{L} d_{lm} x_{lm} \qquad\qquad$ （7－1）

约束条件： $\qquad \sum_{l=1}^{L} w_l x_{lm} \leq b_m \qquad （m = 1,2,\cdots,M） \qquad$ （7－2）

$$\sum_{m=1}^{M} x_{lm} = L \qquad （l = 1,2,\cdots,L） \qquad （7-3）$$

$$x_{lm} \in \{0,1\} \qquad （l = 1,2,\cdots,L; m = 1,2,\cdots,M） \qquad （7-4）$$

式中： b_m ——第 m 台车的运力；

$\qquad L$ ——客户的总数；

$\qquad M$ ——车辆的总数；

$\qquad w_l$ ——第 l 个客户的需求量（或以重量计，或以体积计）。

如果第 m 台车给第 l 个客户送货，则 $x_{lm} = 1$，其他情况 $x_{lm} = 0$。通过约束方程（7－2），可以确定每个回路中的运量；通过方程（7－3），通过一次运输，可以保证所有客户的要求得到满足。d_{lm} 为第 m 台车给第 l 个客户送货的运费。至于该项运费是多少，还必须在了解了送货的最优行车线路后才能弄清楚。VRP 问题的求解可采用下面两种方法。

1. 节约算法

节约算法（Savings Algorithm）是 Clarke 和 Wright 在 1964 年提出的。可以用它来解决运输车辆数目不确定的 VRP 问题，对有向和无向问题同样有效。

节约算法的核心思想是将运输问题中存在的两个回路 $T_1 = \{0,\cdots,i,0\}$ 和 $T_2 = \{0,j,\cdots,0\}$ 整合成一个回路 $T^* = \{0,\cdots,i,j,\cdots,0\}$，如图 7－8 所示。回路整合后，运输距离下降，相应的变化值称做节约距离，亦为两点间的最短距离，其大小为：

$$\Delta C_{ij} = C_{i0} + C_{0j} - C_{ij} \qquad （7-5）$$

求解时可按如下步骤进行。

（1）按钟摆直送方式，构建初始配送运输方案。

（2）计算所有路程的节约量，按降序排列合并回路。

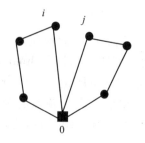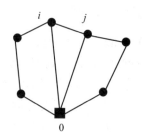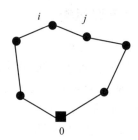

图 7－8　节约算法的基本思想

（3）因 ΔC_{ij} 最大值的存在，i 和 j 两客户目前尚不在同一运输线上，在 i,j 两客户的需求量之和小于车辆的额定载重量时，删除回路 $T_1 = \{0,i,0\}$ 和 $T_2 = \{0,j,0\}$，按新回路 $T^* = \{0,i,j,0\}$，同时向 i,j 送货，可最大限度地节约配送里程，由此形成第一个修正方案。

（4）在余下的 ΔC_{ij} 中，选出最大的，只要 i,j 两客户目前还不在同一运输线路上，合并回路 $T_1 = \{0,\cdots,i,0\}$ 和 $T_2 = \{0,j,\cdots,0\}$，修正原修正方案，构成新的回路 $T^* = \{0,\cdots,i,j,\cdots,0\}$，直至该回路中运输车辆的能力得到满足，否则另外构造新的回路。

（5）按 ΔC_{ij} 的降序排列顺序继续迭代，直至所有的节约量都已得到处理。

【例7-4】根据统一车型、统一标识的要求，某配送中心配置的车辆的载重能力一次最多只能为4个客户服务。表7-3给出了配送中心与10个客户的距离矩阵。由于配送时间的要求，每车配送的运距不超过160 km，试用节约算法给出相应的配送线路。

表7-3 距离矩阵

	0	1	2	3	4	5	6	7	8	9	10
0	0	41	22	50	42	22	51	51	32	36	61
1	41	0	32	57	73	60	60	92	64	32	28
2	22	32	0	32	41	32	61	67	54	45	58
3	50	57	32	0	36	45	64	78	81	76	85
4	42	73	41	36	0	22	28	45	63	79	98
5	22	60	32	45	22	0	30	36	41	58	82
6	51	90	61	64	28	30	0	20	57	85	112
7	51	92	67	78	45	36	20	0	45	81	110
8	32	64	54	81	63	41	57	45	0	41	73
9	36	32	45	76	78	58	85	81	41	0	32
10	61	28	58	85	98	82	112	110	73	32	0

解：

（1）根据式（7-5）计算节约路程，结果见表7-4。

（2）最大的节约里程为 $\Delta C_{6,7} = 82$。因此将路径 $T_1 = \{0,6,0\}$ 和路径 $T_2 = \{0,7,0\}$ 合并成 $T^* = \{0,6,7,0\}$。

（3）最大的节约里程为 $\Delta C_{1,10} = 74$。因此将路径 $T_1 = \{0,1,0\}$ 和路径 $T_2 = \{0,10,0\}$ 合并成 $T^* = \{0,1,10,0\}$。

（4）最大的节约里程为 $\Delta C_{4,6} = 65$。因此将路径 $T_1 = \{0,6,7,0\}$ 和路径 $T_2 = \{0,4,0\}$ 合并成 $T^* = \{0,4,6,7,0\}$。

表 7 – 4　节约历程表

	1	2	3	4	5	6	7	8	9	10
1		31	34	10	3	2	0	9	45	74
2			40	23	12	12	6	0	13	25
3				56	27	37	23	1	10	26
4					42	65	48	11	0	5
5						43	37	13	0	1
6							82	26	2	0
7								38	6	2
8									27	20
9										65

（5）最大的节约里程为 $\Delta C_{9,10} = 65$ 。因此将路径 $T_1 = \{0,9,0\}$ 和路径 $T_2 = \{0,1,10,0\}$ 合并成 $T^* = \{0,1,10,9,0\}$ 。

（6）最大的节约里程为 $\Delta C_{3,4} = 56$ 。因此将路径 $T_1 = \{0,3,0\}$ 和路径 $T_2 = \{0,4,6,7,0\}$ 合并成 $T^* = \{0,3,4,6,7,0\}$ 。因该线路的运距为 185 km，超过了 160 km 的要求，故不可取。

（7）最大的节约里程为 $\Delta C_{4,5} = 42$ 。因此将路径 $T_1 = \{0,4,6,7,0\}$ 和路径 $T_2 = \{0,5,0\}$ 合并成 $T^* = \{0,5,4,6,7,0\}$ 。

（8）最大的节约里程为 $\Delta C_{2,3} = 40$ 。因此将路径 $T_1 = \{0,2,0\}$ 和路径 $T_2 = \{0,3,0\}$ 合并成 $T^* = \{0,2,3,0\}$ 。

（9）若将第 8 个节点合并到相邻的两个回路中，回路的里程会超过约束。所以，现有的 4 条线路线 $\{0,1,10,9,0\}$、$\{0,5,4,6,7,0\}$、$\{0,2,3,0\}$ 和 $\{0,8,0\}$ 均为满足约束条件的求解结果，见图 7 – 9。

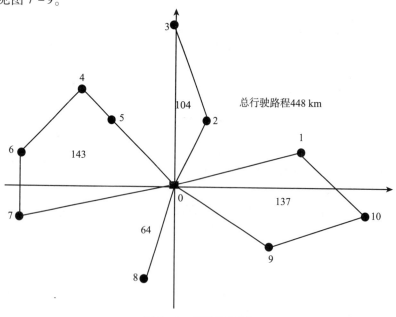

图 7 – 9　配送线路图

2. 旋转射线法

旋转射线法是 Gillert 和 Miller 在 1974 年首先提出的。旋转射线法求解 VRP 问题时分如下几步完成。

（1）以起始点作为射线的原点，如图 7 – 10 所示。使射线的初始位置 LS0 不与任何客户位置相交。

（2）然后旋转射线 LS0 使 LS0 与 LS1 之间一组客户节点的供货要求能满足一辆运输工具运量的 80%～90%，确定射线 LSI；然后继续旋转射线，直至射线与 LS0 重合。

（3）如果最后射线不能与 LS0 重合，且最后扇形区域内的货运量小于其他区域的运量，将此运量平均分到各区域，再按此货运量确定单台运输工具的运量，旋转射线 LS0 对服务区重新分组。

（4）按单回路运输的 TSP 模型确定每个区域内的行车线路，检查线路是否满足约束条件，如果不满足约束条件，对节点重新分组。

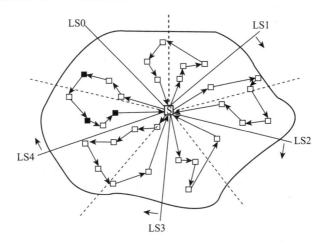

图 7 – 10　旋转射线法

 复习思考题

1. 物流中心配送系统主要由哪些要素构成？
2. 物流中心配送系统的主要目标与任务是什么？
3. 简述物流中心配送系统设计步骤。
4. 简述物流中心配送运输的方法。
5. 物流中心合理化运输的手段主要有哪些？
6. 分析物流中心配送积载的原则和方法。
7. 物流中心配送路径优化主要有哪些方法？各适合于什么条件？

百安居物流中心存储配送分析

欧洲装饰建材超市第一品牌——来自英国的百安居，以一流的产品品质、周到的全程服务、超低的市场价格，赢得了中国广大消费者的认同，在同行业市场占有率名列前茅。其成功运营的背后离不开不断优化的供应体系、高效的物流配送系统和功能强大的 IT 系统的支撑。

下面以北京金四季店为例，简要介绍百安居的收货与商品配送流程。

2003 年开设的北京金四季店占地 3 万多 m²，拥有 1 200 车位超大免费停车场，不仅是 B&Q 全球最大的旗舰店，而且在年销售额、商店贡献率（包括每平方米销售额、员工平均销售额、毛利、利润额等指标）和管理技术（包括公司运作管理水平、人力资源管理、各部门的专有技术、信息技术等指标）等方面居于领先地位。该店有 50 000 多种商品，一层以建材管件、地板木材、油漆涂料、五金工具、园艺花卉为主，能为顾客提供在家居装潢过程中所需要的一切建材用品；二层不仅有精心设计的样板房，同时有各种灯具、厨房设备、卫浴洁具、时尚家具及软装潢产品琳琅满目，可以满足顾客轻松完成个性化家居装饰的需要。

百安居的每家门店都设立了商品部，商品部又分为前台和后台，前台主要负责销售与客户投诉，后台主要有收货部与配送中心两个业务部门。

收货基本安排在百安居的营业时间范围内，从早上 8 点到晚上 8 点，为节省费用，尽量避免晚上接货。收货部接到厂商送货后，同配送中心和销售前台进行交接。如果是 IS 现货，属于常规补货，由商品部相关部门人员负责直接送到不同的货位，收货部也有小面积的仓库，可暂时存放商品；如果属于 CAB（已经销售出去的产品）特殊订单，则直接交给配送中心，配送中心再根据不同的送货方式——顾客自提、配送（消费者购物额达到 6 000 元由百安居负责配送）、电话联系（确定是自提还是配送），不同处理。北京金四季店的收货部平均每天约处理 120 个订单，每月共三四千个订单。

收货时，SAP 系统的流程控制模块 SOP 严格规定了每个员工的职责。如货物送到以后，先要由保安进行送货单登记，再由两名收货员分别签字，然后文员进行送货单信息录入（只需在系统显示的相关品项后面添加数量即可），最后由主管复核（每天傍晚抽查）。有了极为严格的监督机制，经层层把关，有效地减少了漏入、录错现象，将收货差错率控制在千分之一到千分之二。

按照百安居的规定，进入门店销售的商品必须有条形码。条形码贴在每个销售单位商品的外包装上，销售时简单地扫一下条形码即可，大大加快了顾客结账时间，也便于了解商品销售情况，更好地实现销售、采购、库存等内部管理。如果供应商的商品自带条形码并可以识读，则直接添加到系统中，以减少工作量与成本，提高运作效率；否则由百安居自己制作、打印条形码后再粘贴在商品上（此项成本由百安居承担）。

配送中心主要承担仓储管理与配送管理两项业务，按照工作职责设立了文员、仓管员、自提组、发车组、调度组 5 个工作岗位，分工清晰，各司其职。百安居销售出去的 90% 的商品都从这里送出去。

在配送中心，文员起到物流导航的作用。文员每天到商品部前台取回送货单，再录入到系统中，并对每天的发货数量进行核实、统计。送货之前，文员需要预先同顾客联系好，约定送货时间；送完货之后，文员马上在系统中登记送货时间、送货司机，便于顾客今后查询商品。

配送中心采用高层货架，商品码放密集但极有条理。库区首先分为自提区与配送区，自提区再按照商品类型划分存储区域，如瓷砖、厨电、浴室设备等分门别类集中存放。货架上层存放整托盘货物，以叉车完成存取；不方便叉车行走的地方，专门存放需要手工搬运的商品，如浴缸等；易碎品如瓷砖等存放在货架上，以避免因不慎造成的损失；对于非标商品，如玻璃淋浴房要垂直竖放，则按照商品的特殊形状与特性专门定做了非标货架。为避免顾客到期限不来提货，占用仓储空间，配送中心有专门人员提醒顾客来提货，并规定如果超过期限，每天收取商品总额的千分之一作为仓储费。

配送中心收货后为每个送货单位都制作了一张标签，贴在商品包装的显著位置，内容包括订单号、顾客姓名、提货时间等信息。每天收货后对配送中心货物进行整理，只需要 3 个工作人员即可。

配送中心打印出送货单，交给第三方物流公司的送货员。百安居将北京地区划分为十几条线路，同一线路顾客的商品要集中配送，并保证车辆的满载率。前一天晚上，送货司机到百安居的配送中心装车，第二天早上送货。

发货区设在仓库外面，共划分了 15 个车位，一辆车对应一个车位。按照送货路线，将一个顾客的商品放在一个托盘上，以免出错。物流公司运输车按照实际需要灵活调动，旺季时每天约需 20 辆车。百安居规定，每辆车一天要完成 20 个顾客的商品配送。

案例思考题：
1. 百安居配送中心的配送系统的核心是什么？
2. 百安居配送中心的配送业务主要包括哪些作业环节？
3. 百安居配送中心是如何提高配送效率的？

第8章

物流中心基础设施的规划设计

本章要点

● 掌握物流中心库房设施的类型、结构设计及空间利用策略；

● 掌握物流中心收发站台设计要素与内容；

● 掌握物流中心站台规划设计方法；

● 掌握物流中心通道类型及设计方法；

● 掌握物流中心停车场设计内容及方法；

● 理解物流中心公用设施规划的主要内容。

 开篇案例

苏果马群配送中心规划

苏果马群配送中心位于南京市栖霞区马群信息科技园，毗邻中山陵风景区，南接沪宁高速、宁杭高速、312 国道，西连长江大桥、二桥、三桥。周边环境优美，交通极为便利。

配送中心园区占地约 18 万 m^2，主体大型常温高架仓库位于园区中心，平面呈 L 形布置，层高 20 m，东西长 312 m，南北长 172 m，建筑面积 4.5 万 m^2，是目前国内单体最大的高架仓库。主体仓库采用了国际通用的钢结构建筑形式，门型钢架为轻钢结构，屋面采用自洁彩钢板，墙体采用复合保温彩钢板，屋顶和墙面采用自然采光设计，仓库和码头的地面也采用了先进的特殊工艺，达到超平标准；另外，仓库还配套了电动滑升门、升降调平台，以降低日常运营成本。除立体仓库工程外，苏果还规划了农产品和生鲜加工、流通加工等二期、三期工程。

配送中心的规划设计秉承现代物流理念，采用了具有效率和成本优势的流程化运作模式，并广泛运用了很多先进、成熟的技术及设备。

（1）物流信息系统为具有国际领先水平的专业仓库管理软件（SSA Exceed 4000），具有导向性任务管理、实时库存状态管理、支持多配送中心、多货主管理、开放式的功能扩展等诸多先进功能。

（2）采用无线网络技术和手持 RF 射频终端等技术设备，支持物流无纸化作业。

（3）运用了国内领先的组合式货架系统，并根据立体仓库多层货位高度超过 10 m、库内搬运距离长等实际需要，运用了从德国、瑞典引进的 72 台套性能优良的垂直、水平搬运设备等一系列先进的物流技术设备，提高了空间利用和物流作业效率。

（4）适应发展需要，立体仓库规划，预留了自动分拣机、电子标签系统等设备接口，时机成熟即可上线运营，增强了物流配送能力。

（5）拥有各式常温、保温厢式自备货车 60 多台，引进了地理信息系统（GIS）和车辆管理系统，运用了车载 GPS 技术，不仅大大拓宽了运输管理的有效空间范围，也为进一步深化物流管理，提升物流服务水平创造了良好的技术条件。

目前，马群配送中心为 1 000 多家苏果门店提供常温商品配送服务，每天通过苏果局域网接收门店订单，根据门店需求实行每天配送，一般订单 24 h 内履行，物流服务半径超过 250 km。此外，还面向社会客户提供批发、第三方物流等服务。

思考题：分析苏果马群配送中心库房设施设计要求和标准是什么？

8.1　物流中心库房设计

8.1.1　库房类型

库房是任何物流中心存储必不可少的组成部分。物流中心的库房主要用于货物的保管、拣选、包装等。不同的配送物品特性、不同的配送经营方式、不同的配送服务对象，对仓储系统有不同的要求，因而就需要各种各样的库房以满足不同的配送需求。根据货物的形态和物流中心的主要功能，库房主要分为以下几类。

1. 按仓库保管条件分类

（1）普通仓库，指在常温条件下，用于存放无特殊要求的物品的仓库。

（2）冷藏仓库，主要有冷藏库、冷冻库及恒温库。冷藏库的温度在 −5℃　10℃ 之间，冷冻库的温度在 −5℃ 以下。冷藏仓库多用于储备食品、果蔬、粮食，要求有较好的封闭性，同时要有换气功能，有的果蔬、粮食还需要药物熏蒸，消灭病虫害。图 8−1 和图 8−2 分别为保温库内部、外部结构。

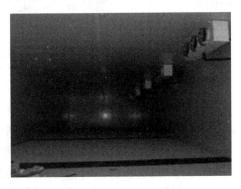

图 8−1　保温库内部结构

图 8−2　保温库外部结构

（3）恒温仓库，指能够调节温度的仓库（一般在10℃　20℃之间）。

（4）特种仓库，指用于存放易燃、易爆、有毒、有腐蚀性或辐射性物品的仓库。

（5）气调仓库，指用于存放要求控制库内氧气和二氧化碳浓度的物品的仓库。

2. 按使用范围不同分类

（1）自用仓库，是生产企业或流通企业为了本企业经营的需要而修建的附属仓库，完全用于存储本企业的原材料、燃料和产成品等。

（2）营业仓库，是某些企业专门为了经营储运业务而修建的仓库。

（3）公用仓库，是由国家或主管部门修建的为社会服务的仓库，如机场、港口、铁路的货场、库房等。

（4）出口监管仓库，是经海关批准，在海关监管下，存放已按规定领取了出口货物许可证或批件，已对外买断结汇并向海关办完全部出口海关手续的货物的专用仓库。

（5）保税仓库，是经海关批准，在海关监管下，专供存放未办理关税手续但已入境或过境货物的场所。

3. 按保管物品种类多少分类

（1）专业型仓库，是指存放一种或某一大类物品的仓库。

（2）综合型仓库，是指用于存放多种不同属性物品的仓库。

4. 按货物在库内的存储位置分类

（1）地面型仓库，是指单层地面库，多使用非货架型的保管设备。

（2）货架型仓库，是指采用多层货架保管的仓库。在货架上放着货物和托盘，货物和托盘可在货架上滑动。货架分为固定式货架和移动式货架。

（3）自动化立体仓库，是指由立体货架、有轨巷道堆垛机、出入库托盘输送机系统、尺寸检测条形码阅读系统、通信系统、自动控制系统、计算机监控系统、计算机管理系统及其他如电线电缆桥架、配电柜、托盘、调节平台、钢结构平台等辅助设备组成的复杂的自动化仓库系统。其运用集成化物流理念，采用先进的控制、总线、通信和信息技术，通过以上设备的协调动作，按照用户的需要完成指定货物的自动有序、快速准确、高效的入库出库作业。

5. 按建筑结构分类

1）平库

平库是指平面布局的仓库，是一层式库房，如图8－3所示。一般有钢筋混凝土结构、钢架金属屋面结构等。它主要包括基础、站台、骨架、柱、顶、墙、地面、门、宙、装卸平台、雨棚、通风装置、防潮、防火、电气、照明、保温等设施。在平库中进行收发保管，具有地面单位面积承载能力大、货物进出库作业方便等优点，但是平库占用土地面积大。

在平库中，货物可以堆码存放，也可以货架存放。使用货架存放的仓库，如果配备自动化存取分拣设施，又被称做自动化立体仓库。自动化立体仓库由货物存储系统、货物拣选系统、传送系统、自动控制系统所构成。存储系统由高层货架和托盘、货箱组成。高层货架有固定式货架、通廊式货架、悬臂式货架、垂直旋转式货架、水平旋转式货架、垂直重力式货架、水平重力式货架等许多种，它们有各自的储物特点，如悬臂式货架适合于存储长条形货物等。

图 8 - 3 平库外景

2）楼库

楼库是立体布局的仓库即立体库，是多层式库房，多适用于土地紧缺地区。它利用仓库的高度，单位面积存储的货物量增大，可节省用地。由于楼库柱距较小，柱的数量增加，从而减少库房的存储面积，影响搬运车辆的行走。升降货梯常常是楼库物流的瓶颈，将影响货流速度，货梯增加又会减少存储面积。每楼层高度一般不超过 5 m，随楼层增加地面负荷会逐层减少。楼库占用土地较少，但造价较平库高。日本物流中心多采用楼库，图 8 - 4 为东京货运中心楼库外景。

图 8 - 4 东京货运中心楼库外景

3）高层货架仓库

高层货架仓库是指，主要使用电子计算机控制，能实现机械化和自动化操作的仓库。

4）罐式仓库

罐式仓库是指结构特殊，呈球形或柱形的仓库，主要用于存储石油、天然气和液体化工品等。

5）简易仓库

简易仓库是在仓库不足而又不能及时建库的情况下采用的临时代用办法，简易仓库的构造简单、造价低廉，包括一些固定或活动的简易货棚等。

8.1.2 库房结构设计

1. 结构形式

库房的建设可根据实际要求，结合建筑设计规范，采用相应的结构形式。目前，随着现代物流的发展及要求，流行的库房结构形式为门式钢架结构和拱形彩板结构。

门式钢架结构是一种建筑钢结构，具有强度高、自重轻、造价低、跨度大、抗震性能好、施工速度快、周期短、投资回收快、地基费用省、占用面积小、工业化程度高、维护费用低、施工污染环境小、外形美观、可拆迁等一系列优点。无论是结构性能、使用功能及经济效益上，钢结构都有一定优越性，与混凝土结构相比，它是环保型的和可再次利用的。轻钢结构中门式钢架最受人们的青睐，因柱子与梁连在一起，形成一个门字形状，故称门式钢架结构。一般跨度在18～36 m之间，比较经济，必要时可超出此范围。业主可根据需要选择是否需要吊车和通风气楼等其他辅助设备。图8-5为门式钢架结构库房示意图。

图8-5 门式钢架结构库房

拱形彩板结构是直接将彩板根据跨度及荷载的要求制成拱形，做成库房的屋顶，墙体就可采用混凝土或砖墙。其主要技术特点是：无梁无檩，空间开阔，跨度在8 42 m 之间任意选择；造价低，投资少；设计施工周期短，10 000 m² 屋顶建筑25 天即可完成；彩色镀锌钢板，机械锁边连接，自然防水，没有渗漏。图8－6 为拱形彩板结构库房。

图8－6 拱形彩板结构库房

2. 库房层数与库房面积

库房可采用单层库房或多层库房，但必须与库房的结构形式相匹配。根据目前物流发展的方向，货架和托盘的广泛应用，从便于理货分拣角度出发，宜采用单层的高架库房。

库房的长度和宽度应由库房所存储的货物类别、搬运方式及建筑构造选型等因素确定，库房的长宽比例应适当，一般采用矩形，长度为宽度的3 倍左右比较合适，高架库房的最小宽度与长度不宜小于30 m×60 m，不宜大于60 m×180 m，但可根据货物的存储需要建成超大型库房。

3. 库房高度

在存储空间中，库房的有效高度也称为梁下高度，理论上是越高越好，但实际上受货物所能堆码的高度、叉车的扬程、货架高度等因素的限制，库房太高有时反而会增加成本及降低建筑物的楼层数，因此要合理设计库房的有效高度。在进行库房的有效高度设计时，应从以下三个方面进行考虑。

1）保管货物的形态、保管设备的形式和堆码高度

由于所保管货物的形态及所采用的保管货架形式均和高度有关，当采用托盘地面堆码或采用高层货架时，两者所需的堆码高度差距非常大，耐压的坚硬货物及不耐压的货物在采用地面堆码时，其对梁下有效高度的需求也有很大差异，故必须根据所采用的保管设备与堆码方式来决定库内的有效高度。

2）所使用堆垛搬运设备的种类

存储区内采用不同的作业设备，如各类叉车、吊车等，对梁下间隙有不同的要求，需要根据具体的堆垛搬运设备的起升参数和梁下间隙进行计算。这里，梁下间隙是为了消防、空调、采光等因素而必须预留的装设空间。

3）所采用的存储保管设备的高度

由于各种货架都有其基本设计高度，装设货架时必须达到此高度才有经济效益，因此有效高度的设计必须能符合所采用的保管存储设备的基本高度要求。

在实践中，一般单层高架库房的净高不应小于 7 m，如采用门式钢架结构，考虑钢结构特点及经济性，净高取 8   10 m，采用拱形彩板库房，净高为 8   12 m 比较适合。

4. 库房门窗与进出口的布局

1）门窗

（1）库房门的设置应考虑货物流量的大小和货物对环境条件的要求。

（2）库房门高度与宽度应视作业机械和存储货物的外包装尺寸而定，宜按表 8-1 所示确定库房门高度与宽度（单位：m）。

表 8-1　物流中心库房门参考尺寸表

单位：m

作业机械	铲车、汽车	手推车、电瓶车
门洞高	3.9 5.4	2.1 2.4
门洞宽	3.3 4.5	1.8 2.1

（3）库房门宽不大于 3.3 m 时，宜用双扇外平开门，并在适当的位置设置定门器。库房门宽大于 3.3 m 时，宜用双扇推拉门。

（4）门上方设置雨罩，雨罩比门洞每边应宽出 500 mm，伸出墙外的长度不应小于 900 mm，门外有站台时，按站台设计。

（5）库房的窗地面积比宜为 1:10   1:18。窗的功能以采光为主的库房，宜用固定窗，窗地面积比应取大值；窗的功能以通风为主的库房，宜用中悬窗，窗地面积比应取小值，但应按自然通风换气次数验算核定。

（6）库房的通风口面积应通过计算确定，单个通风口的面积不宜大于 0.2 m²，且应设置有安全防护措施，通风口底部距库房内地面的高度差不应大于 250 mm。

2）进出口的布局

通常，库房设有两个站台，各位于一端，一个收货站台，一个发货站台。货物在两个站台之间移动。另一种布局是只有一个站台，规定时间来分别进行收货和发货工作。前一种布局货物的移动路线是直线，而后一种布局货物在库内的移动路线是 U 型的。前一种布局多占用一个站台的空间，而后一种布局货物的分拣和作业效率相对较低。

5. 仓库主要地面形式的选择

随着现代化工业生产的迅速发展，物流仓储业得到了空前的繁荣，同时随着企业对产品包装、存储要求标准的提高，物流仓储业对库区地面也提出了更高的要求。

1）传统地面形式

目前物流中心的地面基本以普通水泥混凝土地面为主，部分条件较好的库区采用水磨石或地板砖，经过多年使用证明，这些地面分别存在着不同的问题。

普通水泥混凝土地面一般采用 C20 以上强度、15   20 cm 厚的素混凝土直接收光做面层，或在混凝土垫层上再做 3   5 cm 厚、C30 以上强度的水泥砂浆罩面层。这种地面形式是最便宜的地面形式，但并不是最经济的地面形式，一般使用两年以后，在叉车的作用下地面会出现不同程度的翻砂、起尘现象。随着使用年限的延长，加上碳化、水侵蚀和风化的作用，地坪表面会继续粉化，影响正常使用。具体表现在货物堆放无论时间长短，上面总是布满灰尘。

水磨石地面和地板砖地面，根据不同材质的选择，一般每平方米造价比普通混凝土地面增加 30　60 元左右。这两种地面形式在使用功能上基本解决了混凝土地面的翻砂起尘问题，但其面层本身与混凝土基层是剥离的，所以在重车的作用下，极容易造成水磨石或地板砖面层起壳、空鼓、碎裂、脱落现象，不但影响了库区的整洁、平整，而其随着使用，破坏区域会越来越大，使用寿命也很短。

2）新型地面形式

对于物流仓储中心地面的要求，实际上最关键要解决的是抗叉车碾压和抗车轮摩擦的问题，同时尽量能提高地面的装饰性，达到耐用、美观的效果。目前存在三种新型地面形式适应这些要求，分别是耐磨地坪、环氧涂装地坪和水泥地坪增硬剂。

（1）耐磨地坪。耐磨地坪是新建物流中心库区和站台地面最佳的选择，是所有地面形式中最耐用、最经济的一种地面方案。选择耐磨地坪，不但彻底解决了地面的翻砂，起尘问题，使用寿命可达到 20　30 年以上，而且地面施工速度快、周期短，与混凝土摊铺施工同步进行和结束，地面完工以后还可以承受重荷载车辆的碾压。

耐磨地坪是在新浇筑水泥混凝土并摊铺平整的表面，均匀撒布一层耐磨地坪材料，运用专业的抹光机进行提浆和收光作业，利用基层混凝土的浆将耐磨材料润湿后与基层混凝土形成一个整体，并在表面形成一个防滑耐磨面层，明显提高了混凝土的表面强度，增强了耐磨性能，最大限度地解决了库区地面的翻砂、起尘问题。耐磨地坪材料是由含有不同精选（石英砂、金刚砂、金属、合金）骨料、特种水泥、聚合物添加剂、颜料等均匀混合而成的。耐磨地坪可以做成本色、灰色、红色、黄色、绿色等。

为了提高耐磨地坪的美观程度，可以对耐磨地坪进行上蜡处理，使地坪表面形成一层无色透明的蜡膜。蜡膜可以对地坪表面的微细孔洞进行封闭，隔绝水汽、污渍、灰尘对地坪的渗透和污染；同时更有利于防止地坪的粉化和起灰。采用封闭打蜡的方法可以在几个小时之内完成对地坪的护理，在防滑要求上能够保证叉车、运输车的正常运营，使用过程中蜡面本身不黏附灰尘，整个封闭区域易于清理。

（2）环氧涂装地坪。环氧涂装地坪面层材料采用双组分、含溶剂彩色环氧涂料，是环氧地坪的一种，具有良好的耐久性、耐化学性、防尘、易保养、色泽鲜艳等特点，适用于旧仓库地面的改造，更适用于有耐酸、耐碱等抗化学腐蚀要求的库区地面，能够承受叉车和小轮车的碾压作用。环氧涂装地坪的颜色比较丰富，可以用电脑任意调色。环氧涂装地坪一般由底涂、中涂和面涂三部分组成。环氧底涂特易渗入混凝土表面，有极好的附着力，可以密封混凝土表面，起到坚固基底的作用。环氧中涂含有适量的溶剂和砂粉，主要起到封闭混凝土表面砂眼和局部找平的作用。环氧面涂耐久性极好，并具有良好的耐化学性和耐磨性。对于一般的普通混凝土地面，整个环氧涂装地坪的厚度为 0.4　0.6 mm，对于表面条件较差的旧混凝土面层，可以达到 1 mm 的厚度。

（3）水泥地坪耐磨增硬剂。使用水泥地坪耐磨增硬剂直接在混凝土地面表层刷涂一层，是最便宜的一种地面护理方案。水泥地坪耐磨增硬剂是一种高分聚合物，含有独特的网状交联树脂，本身透明无色，具有超强渗透作用，可以渗透至混凝土内部 3 mm，在混凝土内部及表面形成坚固持久的保护膜，可有效防止地坪粉化，延长地坪的使用寿命。水泥地坪耐磨增硬剂可以单独在混凝土表面使用，也可以在耐磨地坪的表面配套使用，能达到更好的效果。

综合以上新推荐的三种地坪方案，根据物流中心的新建或改造项目的不同，可以采用不同的地面形式。对于新建的物流中心，应该考虑采用经济、实用的耐磨地坪；对于改造的物流中心，在考虑采用耐磨地坪的同时，可以在原地面的基础上考虑采用环氧涂装地坪和水泥地坪增硬剂进行处理。

8.1.3 库房设施空间的利用

1. 影响存储空间的主要因素

存储空间主要包括物理空间、潜在利用空间、作业空间和无用空间。物理空间是货物实际上占有的空间；潜在利用空间就是存储空间中没有充分利用的空间，一般物流中心中至少有10%～30%的潜在利用空间可加以利用；作业空间是为了作业活动顺利进行所必备的空间，如作业通道、货物之间的安全间隙等。

影响存储空间的主要因素有8项，在人为因素上有作业方法及作业环境，在货物因素上有货物特性、货物存量、出入库量等，而在设备因素上有保管设备及出入库设备。各项因素对存储空间的影响程度如表8-2所示。

表8-2　存储空间的影响因素及其影响程度

影响因素＼空间	人	物				设　备	
	作业方法 作业环境	货物特性	保管货物量	出入库量	出入库件数	保管设备	出入库设备
物理空间	—	很大	很大	—	—	很大	—
潜在利用空间	—	很大	很大	—	—	很大	—
作业空间	很大	大	—	很大	很大	—	很大

2. 存储空间的有效利用策略

在存储空间中，不管货物是地面直接堆码或是以货架存储，均得占用保管面积。在地价日益昂贵的今天，若能有效利用空间，可以大大地降低仓储成本。如何能有效地利用仓储空间呢？除了合理地设计柱、梁、通道位置外，存储空间的充分利用很重要。空间有效利用的方法和策略主要有以下三种。

1）向上发展

当合理化设置好梁、柱后，在有限的立体空间中，面积固定，要增加可利用空间，就要向上发展。仓库空间的向上发展会影响货物搬运工作的安全与困难程度，也会造成盘点困难，但是目前科学技术发展迅速，堆高技术日新月异，堆高设备推陈出新，因此向上发展的困难已不大。堆高的方法是多利用货架，例如，驶出/驶入式货架便可高达10 m以上，而窄道式货架更可高达15 m左右。利用这些高层货架把重量较轻的货物存储于上层，而把较重的货物存储于下层，或使用托盘来多层堆放以提高储物量，增加库房的利用空间。

2）平面区域的有效利用

（1）非存储空间设置角落。所谓非存储空间就是指厕所、楼梯、办公室、清扫工具室等，它们应尽量设置在存储区域的角落或边缘，以免影响存储空间的整体性，这样可以增加存储货物的存储空间。

（2）减少通道面积。减少通道面积相对就会增加保管面积，但可能会因通道的变窄、变少而影响作业车辆的通行及回转，因此需要在空间利用率与作业影响两个条件中根据需求取得均衡。不能因为扩展存储空间而影响了整个作业的方便性。一般的做法是把通道设定成保管区中行走搬运车辆的最小宽度，再于适当长度中另设一较宽通道区域以供搬运车辆的回转。

（3）货架的安装设置应尽量采取方形配置，以减少因货架安置而剩下过多无法使用的空间。

（4）存储空间顶上的通风管路及配电线槽，宜安装于最不影响存取作业的角落上方，以减少对货架安置的干涉。这样，可以增加货架数量，从而提高保管使用空间。

3）采用自动化仓库

自动化仓库在空间的使用率上是最高的，但并不表示其就是最适合的。自动化仓库的选用必须先经过评估，了解物流中心的货物特性、量的大小、频率的高低及单元化处理的程度，再行决定是否适合采用自动化仓库。

8.2　物流中心收发站台设计

8.2.1　收发站台设计原则

收发站台的设计是整个物流中心设施设计的重要组成部分。收发站台是物料在设施流通程序的起点和终点，它将物料在室内的流通与对外运输结合在一起，所以它必须与整个设施系统的效率相匹配，才能保持整个物流中心的高生产力。同时，收发站台亦是隐藏着许多危险的地方（包括叉车掉下站台等），故收发站台的安全设计必须给予高度的重视，以保障工人作业安全。站台有时也称"站台"、"码头"，是线路与仓库的连接点，是仓库进出货的必经之路。站台主要包括收货站台、发货站台及收发货共用站台。典型的站台如图 8-7 所示。收发站台的基本作用是，提供车辆的停靠、货物的装卸暂放，利用站台能方便地将货物装进或卸出车厢。物流中心作为一个重要的物流集散节点，进出频繁，需要专门考虑系统进出两端，即收发站台的设计。通过收发站台的设置，可以使货物装卸作业高效、有序、省力，可大幅提升物流中心进出货作业的顺畅性。

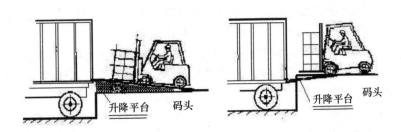

图 8-7　典型物流中心站台

为使搬运作业达到安全高效的目的，必须遵循以下设计原则。

● 站台设施位置能使车辆快速安全地进出物流中心，不产生交叉会车。

- 站台尺寸须尽可能兼顾主要车辆规格。
- 选用站台设备使作业员能安全地装卸货物。
- 规划站台内部暂存区使货物能有效地在码头与存储区之间移动。

8.2.2 站台规划与设计要素

站台规划与设计涉及的相关要素主要包括车辆尺寸规格、站台设施、车辆转弯作业空间、进出道路、进出货作业区及站台设备等，如图8-8所示。

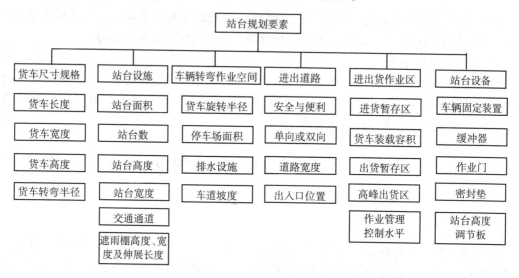

图8-8 站台规划要素

8.2.3 站台规划与设计内容

收发站台的设计主要包括站台的布置形式，站台的布置方向，收发站台是否分开设置，站台的宽度、深度和高度尺寸，门的类型、大小和数量等。

1. 进出货站台位置关系设计

出入库站台设计可根据作业性质、厂房形式及厂房内物流的动线来决定站台的形式。为使物料顺畅进出仓库，进货站台与出货站台的相对位置是很重要的。

收发站台的位置关系决定了物流的方向，站台位置的布置合理程度将直接影响物流中心进出库效率、作业的差错率。两者相对位置关系有如下几种。

（1）进货及出货共用站台，如图8-9所示。这种设计可以提高空间利用率和设备利用率，但在进、出货的高峰期容易造成进出货相互牵绊，不利于管理。所以，在管理上一般安排进货作业和出货作业错开。

（2）进货口、出货口独立但相邻，如图8-10所示。此种安排的进货作业和出货作业空间分隔，便于管理，设备仍然可以共用。这种安排方式适于库房空间适中，进货和出货常易互相干扰的情况。

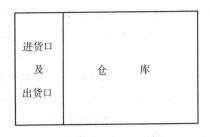

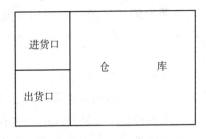

<table>
<tr><td>图 8-9　进货口及出货口混合</td><td>图 8-10　进出货口独立、相邻</td></tr>
</table>

（3）进货口及出货口分别使用站台，如图 8-11 所示。物流中心仓库的进货口和出货口不相邻，进、出货作业空间独立，设备也是专用的，这种安排使进货与出货迅速、顺畅，但空间利用率及设备使用率降低。

图 8-11　进出货口不相邻

（4）多个进出货站台，如图 8-12 所示。适用于物流中心厂房空间足够且货物进出量大且作业频繁，则可规划多个进货口及出货口以满足需求。

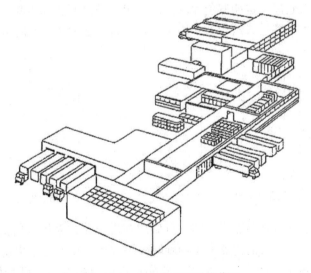

图 8-12　多个进货口及出货口

2. 站台布置形式

进出货空间的设计除考虑效率及空间的利用外，安全性的考虑也是决定因素之一，尤其是车辆与码头之间的连接设计，为了能防止大风吹入仓库内部、雨水进入货柜或仓库，以及避免库内空调冷暖气外泄等灾害损失及能源浪费，站台布置形式一般有四种，即直线式（Flush dock）、内围式（Drive-in dock）、穿过式（Drive-through dock）和伸出式（Finger dock）。

直线式站台是最常见的形式，其可分为齐平式和开放式，如图 8-13 所示。齐平式站台门开在外墙上，货车后部只要靠上门，即可转卸货。因为货车厢底面与站台高度可能有差异，故需要站台登车桥。平齐式站台也有货车侧面靠门，这时货车厢侧面开门装卸货。为防止风雨影响，齐平式站台可采用能与 2.4 m 宽 2.4   2.6 m 高的标准集装箱货车厢后门无缝对接的密封门封或门罩。开放式站台全部突出于仓库的一种形式，在战台卸货时，库内冷、暖气更容易外泄，可在外墙上搭建雨篷，避免货物淋湿。

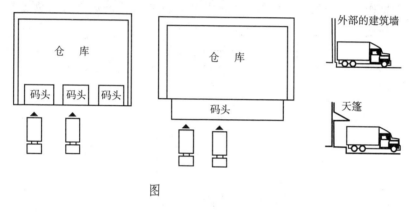

图

图 8-13　直线式站台布置

采用内围式站台，货车可以由门倒进室内，进出货车辆在围墙内，安全性好，大风和雨水也不容易进入货柜或仓库，也能避免库内空调冷暖气外泄而造成能源浪费。内围式站台布置形式如图 8-14 所示。穿过式站台主要用于铁路站台，如图 8-15 所示。

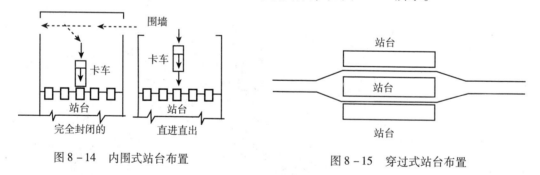

图 8-14　内围式站台布置　　　　　　　图 8-15　穿过式站台布置

当车辆很多时，直线式站台宽度不够，可做成锯齿形，或采用伸出式站台，如图 8-16 和图 8-17 所示。锯齿形站台的优点是车辆旋转纵深较浅，缺点是影响仓库内部空间。伸出式站台一次可由很多辆车装卸作业，货车可停靠伸出站台的两边，可沿伸出方向布置输送机，加快货物进出库的速度。为防雨雪，伸出式站台上可以搭建雨篷。

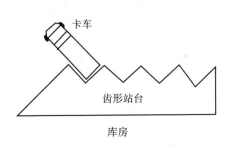

图 8 - 16 锯齿形站台布置

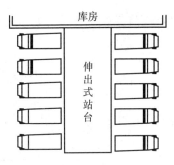

图 8 - 17 伸出式站台布置

究竟选用哪种站台布置形式，可根据物流中心土地和建筑物的价格而定。如果土地价格远低于仓库造价，则选直线式站台为佳。

3. 收发站台设计的主要参数

收发站台的设计涉及许多参数，主要参数如表 8 - 3 所示。

表 8 - 3 站台设计参数

单位：m

项 目	汽车站台	铁路站台
一般站台宽度	2.0 2.5	约 3.5
小型叉车作业站台宽度	3.4 4.0	≥4.0
站台高度	高出地面 0.9 1.2	高出轨顶 1.1
站台雨篷高度	高出地面 4.5	高出轨顶 5.0
站台边距铁路中心距离		1.75
站台端头下降坡度	≤10%	≤10%

这里以出货为例，设站台出货时间每天按两小时计算（设定值是根据调查分析得到的）。根据物流中心的规模，设出货车台数 N 和装货时间如表 8 - 4 所示。

表 8 - 4 出货车台数和装货时间

出货车台数				装货时间/min		
车吨位 货态	11t 车	4t 车	2t 车	11t 车	4t 车	2t 车
托盘出货	N_1	N_2	–	25	15	–
散装出货	N_3	N_4	N_5	60	30	25

以汽车收发站台为例，其主要参数的具体确定过程如下。

1）站台货车位数与站台长度

站台货位数量与停靠车辆的数量、车辆停靠时间成正比，为了计算站台数量，首先应掌握有关进出货的历史资料、高峰时段的车数和每车装卸货物所需要的时间。

设出货峰值系数为 1.6，要求在两小时内必须将出货车装货完毕，设所需车位数为 n，则

$$n = \frac{(25 \times N_1 + 15 \times N_2 + 60 \times N_3 + 30 \times N_4 + 25 \times N_5) \times 1.6}{60 \times 2}$$

若每个车位宽度为 4 m，出货大厅共有 n 个车位，如图 8 – 18 所示。

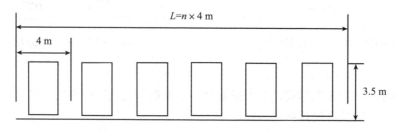

图 8 – 18　出货站台长度设计图

则出货站台长度与站台车位数呈正比关系，即 $L = n \times 4$。设出货大厅宽度为 3.5 m，则出货大厅总面积为

$$A = L \times 3.5 \ (\mathrm{m}^2)$$

2）站台宽度

进出货时的物品一般要经过拆装、理货、检查与暂存等工序，才能进入后续作业。为此，在进出货平台上应留有一定的空间作为缓冲区。为了保证装卸货的顺利进行，进出货站台需要升降平台等连接设备配合，而连接设备分为两种。

（1）活动连接设备，宽度 $s = 1$　2.5 m。

（2）固定连接设备，宽度 $s = 1.5$　3.5 m。

为使车辆及人员进出畅通，在暂存区与连接设备之间应有出入通道。图 8 – 19 所示为暂存区、连接设备和出入通道的布置形式及宽度设计图。

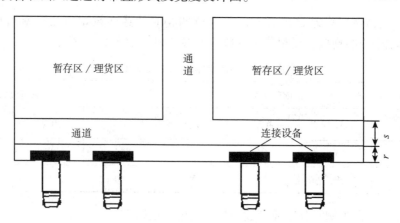

图 8 – 19　进出货站台宽度设计图

若使用人力搬运，通道宽度 $r = 2.5$　4 m。由此可见，进出货平台宽度 w 应为

$$w = s + r \qquad (8-1)$$

3）站台高度

进出货平台按高度可分为高站台和低站台两种。高站台的优点是利于手工装卸作业，此外，由于站台高出地面，泥土和雨水不易进入站台；其缺点是造价稍高。低站台的优点在于可以在后面与侧面进行装卸作业，对大重量物品的装卸作业较为方便；其缺点是作业动线交错，人力装卸作业比较困难，泥土和雨水容易浸入站台。

选择高站台还是低站台，主要取决于物流中心的环境、进出货的空间、运输车辆的种类和装卸作业的方法。建议一般选择高站台。

进货口与出货口的常用运输车辆的吨位一般是不相同的。由于进货具有时间间隔长、进货量大等特点，运输车辆吨位一般较大，可能是 11 t 大型载货汽车或是箱式载货汽车、拖车。反之，由于配送具有多批次、少量化的特点，出货口运输车辆吨位较小，大部分是 3.5 t 车及 7 t 载货汽车。

高站台高度主要取决于运输车辆的车厢高度。对于不同的车型，运输车辆车厢高度是不一样的，即使是同种车型，其生产厂家不同，车厢高度也有所区别。此外，对于同一辆车来说，重载和空载时车厢高度也略有不同。

（1）车型基本不变的情况。根据实际需要，物流中心如果只选定使用频率较高的几个厂家的几种车型来决定站台高度，可由主车型车辆基本参数中查出其车厢高度，但此高度为空载时的高度。承载时，大型车辆车厢高度将下降 100　200 mm。

【例 8 - 1】某物流中心进货主要用 ×× 汽车制造公司生产的 11t 运输车，其车厢高度为 1 380 mm，满载时车厢下降 100　200 mm，为安全起见，取下降值为 100 mm，则站台高度为多少？

解：$H = (1\,380 - 100)\,\text{mm} = 1\,280\,\text{mm}$

取 H 为 1 300 mm。

（2）车型变化较大情况。由于车型变化较大，其车厢高度变化范围也相应较大。为适应各种车厢高度车辆装卸货的需要，就必须通过油压升降平台来调整高度。

按照实际经验，站台高度值为最大车厢高度与最小车厢高度的平均值。油压升降平台踏板的倾斜角根据叉车的性能略有差异。通常按倾斜角不超过 15° 设计油压升降平台长度。

$$\text{站台高度} \qquad H = \frac{H_1 + H_2}{2} \qquad (8-2)$$

$$\text{升降平台长度} \qquad L = \frac{\dfrac{H_2 - H_1}{2}}{\sin\theta} \qquad (8-3)$$

式中：H_1——满载时车厢最低高度，mm；

　　　H_2——空载时车厢最高高度，mm；

　　　θ——升降平台倾斜角。

【例 8 - 2】某物流中心出货口所用车辆为 6t 以下车型，可由车辆参数知，车厢最低高度为 600 mm，车厢最高高度为 1 200 mm，在满载条件下，车厢将下降 100 mm，倾斜角 $\theta =$

15°，试计算站台高度和踏板长度。

解：满载时车辆最低高度 $H_1 = 600 - 100 = 500$ mm

空载时车厢最高高度 $H_2 = 1\,215$ mm

站台高度为 $H = (500 + 1\,200)/2 = 850$ mm

踏板长度 $L = (H_2 - H_1)/(2\sin\theta)$

$\qquad = (1\,200 - 500) / (2\sin15°)$

$\qquad = 350/0.258\,8$

$\qquad \approx 1\,352$ mm

取 L 为 1 400 mm。

4. 站台附属设施设备

由于站台装卸货操作平台的高度固定，但来往运输车厢的厢底高度不一，运输车辆与装卸货站台之间总是形成一定的高度落差或间隙，造成搬运叉车不能进出运输车辆，因此物流中心站台需要辅助设施配合作业，同时车辆也需固定防撞装置。物流中心站台主要辅助设施示意图如图 8-20 所示。

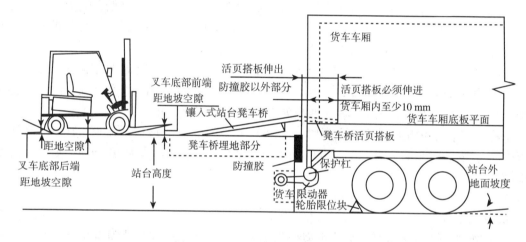

图 8-20 站台复制设施设备示意图

1）站台登车桥

站台登车桥又称站台平台高度调节板，它提供可靠的连接，使搬运叉车能够安全、快速地进出运输车辆进行装卸货作业。它分为嵌入式、台边式和移动式三种类型。

（1）嵌入式登车桥。嵌入式登车桥（见图 8-21）是指嵌入装卸货操作平台中的登车桥，安装好的登车桥主板面与装卸货操作平台的上平面呈水平，完全融合于平台中，在没有进行装卸车作业时，不会影响到平台上的其他作业任务。此种类型结构的登车桥最为广泛运用，也是相对最为快捷的一种登车辅助设备。它的设计通常早在建筑物结构设计时已通盘规划其中。嵌入式登车桥调节范围大，承重量高，使用寿命也长，斜板长度可以1.8 3.6 m，站台登车桥最大承重量可达40 t。按嵌入式站台登车桥长度的不同，调节的范围可从站台水平面以上45 cm 到以下30 cm 之间。

图 8 - 21　嵌入式登车桥

（2）台边式登车桥。台边式登车桥（见图 8 - 22）直接安装于装卸货平台前端边沿位置，无须在装卸货操作平台上开挖或是预留坑位，对建筑结构基本无改动。在建筑施工时没有考虑到登车装卸作业因素，台边式登车桥作为一种补救方案，同样能够达到进入卡车车厢装卸货作业要求。台边式登车桥亦根据不同现场情况设计成多种结构形式。同样可以在一定范围内向上（货台以下）或是向下（货台以下）调节，能够满足大多数装卸货平台的安装使用。

图 8 - 22　台边式登车桥

（3）移动式登车桥。移动式登车桥又称地面登车桥，如图 8 - 23 所示。其主要用于现场无装卸货平台或需要流动装卸货物的作业场所。如果物流现场没有既定的装卸货平台，作为补救措施，移动式登车桥是非常适用的解决方案。若站台与货车厢底高度相差太大，也可采用升降式的地面登车桥。移动式登车桥相当于一个移动的、可调节自身高度的钢结构斜坡，手动操作液压杆可轻松实现登车桥的坡度调整，达到灵活地搭接不同高度的卡车车厢，叉车同样能直接驶入卡车车厢内部进行批量装卸作业。

图 8 - 23　移动式登车桥

移动式登车桥配备两个货柜车支撑腿，在需要移动式登车桥时，收起支撑腿，借助于叉车从登车桥尾部将登车桥拖行到指定位置即可实现登车轿的移动任务。移动式登车桥操作简单，只需单人力操作，不需动力电源，轻松实现货物的安全快速装卸。

站台登车桥的长度直接影响着使用过程中升降板的坡度，这一坡度要小于装卸工具能产达到的最大爬坡坡度。站台登车桥所需的长度由站台和货车底板之间的最大高度差决定。站台登车桥的宽度有 1.8 m、1.95 m 和 2.1 m 三种，最常用的是 1.8 m，它可适用于大多数托盘货物运输车辆的转卸货。

站台登车桥调节板前端还有一个活页搭板，货车靠泊时，它必须伸进货车内部足够长度，以保证牢固可靠的支撑。根据美国 MH 14.1 标准，这一长度短于 10 cm。多数情况下，标准搭板可伸出防撞胶外 30 cm，可提供足够支撑力。

站台竖直边上还要设置货车限动器（或称卡车锁匙 Dock Lock）。它在货车靠泊站台后，与货车尾部的保护杠钩在一起，以保证在装卸过程中，货车不会发生意外离开站台。尤其是叉车驶入车辆货箱内时，由于有冲击力，若货车意外前移，站台又高，会造成叉车机毁人亡的严重事故。故在站台设计时要考虑是否设置货车限动器或采用简单的轮胎限动块。

2）防撞胶

货车靠泊在站台平台前时，需要有防撞胶保护平台不受撞击损坏。防撞胶可减少货车冲击力达 90%　95%，防止货车在装卸过程中出现货车上下左右晃动对平台造成的可能损坏。同时防撞胶限制了货车与平台之间的距离，保障站台登车桥的活页搭板和门封、门罩的正常使用。

由于防撞胶吸收大量冲击力，故需与装卸站台牢固地安装在一起。防撞胶有注塑式橡胶和层压式橡胶两种。标准厚度为 10 cm，层压式还有 15 cm 的厚度。通常选用 10 cm 的防撞胶，可使货车车厢底板与站台之间的空隙不致过大，并防止操作人员将脚或其他物件插入空隙的危险。

3）门封和门罩

门封和门罩用来封闭货车和建筑物之间的间隙，控制装卸环境，保护货物。封闭系统还能提高运作效率，减少能量消耗（尤其是对冷藏车和保温车），提高安全性。

门封由海绵外包工业纤维材料及一边加底板组成，环绕门洞安装在建筑物墙壁上，以密封货车厢后部与墙壁间的间隙。门罩外圈是一固定的框架，环绕门洞安装在建筑物墙壁上，框架内有软帘，在货车退靠站台前，软帘可以包住货车车厢的外面。因此门罩比门封更可应对不同的车辆，但价格较高。

常见门封和门罩有挤压式海绵门封和固定框架货车门罩。由于货车在装卸过程中会上下左右移动，因此门封和门罩与货车接触部位都使用了防擦损的工业纤维材料。

8.3 通 道 设 计

物流中心除了需要仓库、站台之外，还要有通道及道路与内外进行连接。对于物流中心厂房内的作业来说，通道设计的合理性会对物流中心运作流程、作业效率和空间布置产生很大的影响，因此通道设计相当重要。通道设计应提供正确的物品存取、装卸货设备进出路径及必要的服务空间。

1）通道设计原则

● 流向原则。在物流中心通道内，人员与物品的移动方向要形成固定的流通线。

● 空间经济原则。以功能和流量为设计依据，提供空间利用率，使通道的效益最大化。

● 安全原则。通道必须随时保持通畅，遇到紧急情况时，便于人员的撤离和逃生。

● 交通互利原则。各类通道不能互相干扰，次级通道不能影响主要通道的作业。

2）厂房内通道

一般来说，厂房内通道包括以下几种。

（1）工作通道。物流作业及出入厂房作业的通道，又包括主通道及辅助通道。主通道通常连接厂房的进出门口至各作业区域，道路也最宽，允许双向通行；辅助通道为连接主通道至各作业区域内的通道，通常垂直于主通道。

（2）人行通道。只使用于员工进出特殊区域的场合，应维持最小数目。

（3）电梯通道。提供出入电梯的通道，不应受任何通道阻碍。通常此通道宽度至少与电梯相同，距离主要工作通道3～4.5 m。

（4）服务通道。为存货和检验提供大量物品进出的通道，应尽量限制。

（5）其他各种性质的通道。为公共设施、防火设备或紧急逃生所需的进出通道，影响通道位置及宽度的因素有：

● 通道形式；

● 搬运设备的形式、尺寸、产能；

● 存储货品的尺寸；

● 与进出口及装卸区的距离；

● 产品和货物的批量、尺寸；

● 防火墙的位置；

● 建筑柱网结构和行列空间；

● 服务区及设备的位置；

● 地板承载能力；

● 电梯及坡道位置。

空间分配最重要的因素是通道的设置及宽度大小，因此，良好通道的设计要点如下。

（1）流量经济。让所有厂房通道的人、物移动皆形成路径。

（2）空间经济。通道通常需占据不少厂房空间，因此需谨慎地设计以发挥空间运用的效益。

（3）设计的顺序。首先是以主要通道配合出入厂门的位置进行设计，其次为出入部门及作业区间的通道设计，而后才是服务设施、参观走道等通道的设计。

（4）大规模厂房的空间经济。在一个 6 m 宽的厂房内仍需有一个宽约 1.5～2 m 的通道约占有效地板空间的 25%～30%；而一个 180 m 宽的大型或联合厂房可能有 3 个 3.6 m 宽的通道，只占所有空间的 6%，即使再加上次要通道也只占 10%～12%。因此，大厂房在通道设计上可达到大规模空间经济性。

（5）危险条件。必须要求通道足够空旷，以适应发生危险时尽快逃生的目的。

（6）楼层间的交通。电梯是通道的特例，其目的在于将主要通道的物品运至其他楼层，但又要避免阻碍到主要通道的交通。

各通道的宽度参考值如表 8-5 所示。

表 8-5　物流中心厂房通道宽度参考值

厂房内通道种类	宽度/m	厂房内通道种类	宽度/m
主通道	3.5～6	侧面货叉型叉车	1.7～2
辅助通道	3	直线单行堆垛机	1.5～2
人行通道	0.75～1	直角转弯堆垛机	2～2.5
小型台车	车宽加 0.5～0.7	直角堆叠堆垛机	3.5～4
手动叉车	1.5～2.5	伸臂、跨立、转柱堆垛机	2～3
重型平衡叉车	3.5～4		
伸长货叉叉车	2.5～3	转叉窄道堆垛机	1.6～2

3）厂区通道

厂内通道是联系仓库及其内外交通运输的线路，是实现正常生产和组织人流、物流的重要组成部分，按其用途可分为以下五类。

（1）主干道。一般为主要出入口道路，是物流中心主通道。包括货运车流频繁的道路，人流、自行车流及载人汽车流集中的道路，以及兼有上述两种情况的道路。大、中、小型物流中心主干道一般宽度分别为 7～9 m、6～7 m 和 4.5～6 m。

（2）次干道。为仓库与仓库、仓库与码头等主要交通运输的道路。大、中、小型厂主干道一般宽度分别为 6～7 m、4.5～6 m 和 3～4.5 m。

（3）辅助道路。车辆和行人通行都较少的道路（如专供通往厂内外水泵站、变电所等的道路）及消防道路等。辅助道路一般宽度为 3～4.5 m。

（4）车间引道。建筑物出入口与主干道、次干道、辅助道路相连接的道路。

（5）人行道。包括单独的只能供人行走和自行车行驶的道路及汽车道路两边的人行道。

以上各类道路可根据物流中心生产规模和交通运输等需要，全部或部分设置。厂内道路影响车辆及人员的进出、车辆回转和上卸货等动线，一般要考虑道路直线性、整齐性、安全性和车辆回转空间等问题。

根据物流中心生产工艺特点、交通运输量大小、总体规划、建筑物相互关系及厂区、地形地质条件等因素，一般可将厂内道路系统布置成环状式、尽端式和混合式三种基本形式。

厂内道路布置基本要求如下。

（1）道路布置应适应生产工艺流程需要，符合货物流转特征，保证内外运输畅通与人行方便，力求运距短捷、安全，联系方便，工程量小，并尽可能一线多用。

（2）道路系统应与物流中心总平面布置、竖向设计、铁路、管线、绿化与环境布置相协调。

（3）满足生产、安全、卫生、防火及其他特殊要求。存储危险品的物流中心，其道路布置应严格执行有关安全距离的规定，并避免由于运输线路布置不合理而使危险品运输通过安全生产区。

（4）主要货运线路和主要人流线路应尽可能避免交叉，合理地组织货流与人流，并尽量避免与运输繁忙的铁路相交叉。

（5）厂内道路系统一般宜采用正交和环形布置，其交叉路口和转弯处的视距通常不应小于 30 m；当为尽端式布置时，应在道路尽头设置回车场，在满足交通运输要求的前提下，应力求缩减厂内道路敷设面积，以节约建设投资和厂区用地。

（6）车辆转弯时，司机驾驶位应处于内圈位置，使司机视野良好，便于控制车辆。因此，在设计厂区内道路时，应使车辆在转弯时，司机处于内圈位置。即在中国这种右行道国家，车辆行驶路线应设计成逆时针方向。

8.4　停车场布置

为便于车辆作业，在收发区外还要考虑布置停车场。道路货运物流平台中的停车场设施规划应该从以下几个方面考虑。

1）停车配建指标

停车泊位数量应与物流中心配送频率和配送量的大小有关。目前，尚无有关物流中心停车场设施配建指标的统一规定，所以在设计时应满足当地规划、交通部门的规定，同时兼顾物流中心的需要。

2）停车方式设计

物流中心内的停车方式应以占地面积小，疏散方便，保证安全为原则。具体的停车方式有三种，即平行式、斜列式和垂直式，分别如图 8－24、图 8－25、图 8－26 所示。具体选用哪一种停车方式，应根据物流中心的实际情况及车辆的管理、进出车的要求等确定。

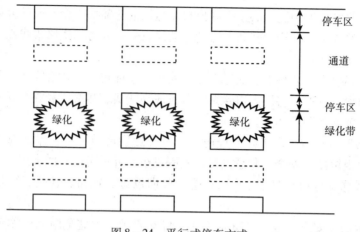

图 8-24　平行式停车方式

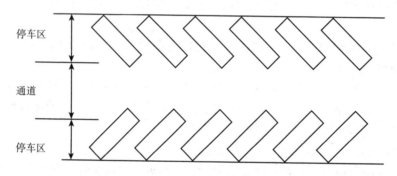

图 8-25　斜列式停车方式

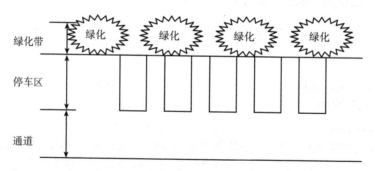

图 8-26　垂直式停车方式

3）停驶方式设计

物流中心内场地及道路的情况是车辆停驶方式设计的根本依据之一。具体停驶方式有以下三种。

（1）前进停车、后退发车（见图 8-27）。

（2）后退停车、前进发车（见图 8-28）。

（3）前进停车、前进发车（见图 8-29）。

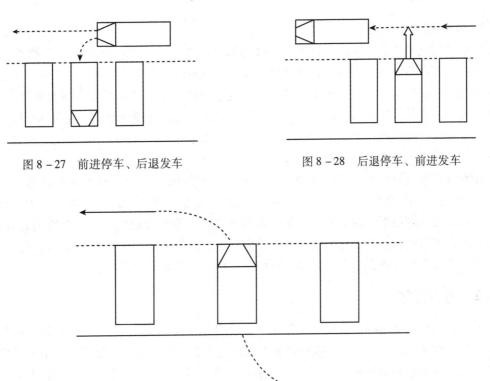

图 8 - 27　前进停车、后退发车　　　　图 8 - 28　后退停车、前进发车

图 8 - 29　前进停车、前进发车

8.5　其他建筑公用设施规划

在进行物流中心规划的时候，除了要规划物流中心的作业区域及建筑设施外，也需要对物流中心的公用设施进行规划。一般来讲，物流中心的公用设施包括给排水设施、电力设施、供热与燃气设施等。对公用设施进行规划，除了考虑物流中心的实际需要外，还要与物流中心所在地的市政工程规划相一致。

8.5.1　给水与排水设施

1. 给水设施

给水设施负责对物流中心生产、生活、消防等所需用水进行供给，包括原水的收集、处理及成品水的输配等各项工程设施。物流中心给水设施的规划，应根据物流中心的用水需求和给水工程设计规范，对给水水源的位置、水量、水质及给水工程设施建设的技术经济条件等进行综合评价，并对不同水源方案进行比较，作出方案选择。同时，给水设施规划要考虑所在区域给水系统整体规划，应尽量合理利用城市已建成的给水工程设施。给水设施不应设置在易发生滑坡、泥石流、塌陷等不良地质条件的地区及洪水淹没和内涝低洼地区，地表水取水构筑物应设置在河岸及河床稳定的地段，工程设施的防汛及排涝等级不应低于所在城市设防的相应等级。物流中心输配管线在道路中的埋设位置，应符合中华人民共和国国家标准《城市工程管线综合规划规范》（GB 50289—1998）的规定。

2. 排水设施

排水设施负责收集、输送、处理和排放物流中心的污水（生活污水、生产废水）和雨水。污水和雨水的收集、输送、处理和排放等工程设施以一定方式组成，用不同管渠分别收集和输送污水和雨水，为使污水排入某一水体或达到再次使用的水质要求而对其进行净化。根据水资源的供需平衡分析，应提出保持平衡的对策，包括合理确定产业规模和结构，并应提出水资源保护的措施；而对于物流中心，应更注重考虑水污染的防治，避免它的建设对所在地的环境造成不必要的污染。

排水管道规划设计时，应严格遵守中华人民共和国国家标准《给水排水管道工程施工及验收规范》（GB 50268—2008），尤其对管道的位置及高程设计，需要经过水力计算，并考虑与其他专业管道平行或交叉要求等因素后来确定。排水管道的管材、管道附近等材料，应符合国家现行的有关产品标准的规定，并应具有出厂合格证，具体施工时应遵守国家和地方有关安全、劳动保护、防火、防爆、环境和文物保护等方面的规定。

8.5.2　电力设施

电力设施由供电电源、输配电网等组成，应遵循中华人民共和国国家标准《城市电力规划规范》（GB 50293—1999）进行规划。在物流中心规划过程中，要求物流中心的电力设施应符合所在城市和地区的电力系统规划；应充分考虑电力设施运行噪声、电磁干扰及废水、废气、废渣"三废"排放对周围环境的干扰和影响，并应按国家环境保护方面的法律、法规有关规定，提出切实可行的防治措施；电力设施应切实贯彻"安全第一、预防为主、防消结合"的方针，满足防火、防洪、抗震等安全设防的要求；电力系统应从所在城市全局出发，充分考虑社会、经济、环境的综合效应；电力系统应与道路交通、绿化及供水、排水、供热、燃气、邮电通信等市政公用工程协调发展。

为物流中心新建或改建的供电设施的建设标准、结构选型，应与城市现代化整体水平相适应；供电设施的规划选址、选路径，应充分考虑城市人口、建筑物密度高、电能质量和供电安全可靠性要求高的特点与要求；新建的供电设施，应根据其所处地段的地形、地貌条件和环境要求，选择与周围环境、景观相协调的结构形式与建筑外形。

为实现物流中心的各项功能，保证物流作业正常（冷库存储、机电设备的运行等），避免或减少不必要的损失，供电系统的设计显得尤为重要。电力设施必须严格按照中华人民共和国国家标准《供配电系统设计规范》（GB 50052—2009）设计和施工，应注意以下几点。

（1）电力负荷应根据对供电可靠性的要求、中断供电所造成损失或影响的程度进行综合确定。这里，物流中心内的冷库、机电设备、通信设施等的中断供电将会造成较大的损失，属于一级、二级负荷；物流中心的其他设施设备属于三级负荷。

（2）应急电源与正常电源之间必须采用防止并列运行的措施。

（3）供配电系统的设计，除一级负荷中特别重要的负荷外，不应按一个电源系统检修或故障的同时另一电源又发生故障进行设计。

（4）物流中心的供电电压根据用电容量、用电设备特性、供电距离、供电线路的回路数、当地公共电网现状及其发展规划等因素，经技术经济比较后来确定。

8.5.3 供热与燃气设施

1. 供热设施

集中供热设施利用集中热源，通过供热等设施，向热能用户供应生产或生活用热能，包括集中热源、供热管网等设施和热能用户使用设施。供热设施在规划时应符合中华人民共和国行业标准《城镇供热系统安全运行技术规程》（QJ/T 88—2000），同时还应符合国家有关强制性标准的规定。

供热设施的热源应符合以下要求。

（1）新装或移装的锅炉必须向当地主管部门登记，经检查合格获得使用登记证后方可投入运行。

（2）重新启用的锅炉必须按国家现行的政策《热水锅炉安全技术监察规程》（劳锅字〔1991〕8 号）或《蒸汽锅炉安全技术监察规程》（劳部发〔1996〕276 号）要求进行定期检验，办理换证手续后方可投入运行。

（3）热源的操作人员必须具有主管部门颁发的操作证。

（4）热源使用的锅炉应采用低硫煤，排放指标应符合国家标准《锅炉大气污染物排放标准》（GB 13271—2013）的规定。

供热设施的热力网运行管理部门应设热力网平面图、热力网运行水压图、供热调节曲线图表。热力网运行人员必须经过安全技术培训，经考核合格后可独立上岗。他们应熟悉管辖范围内管道的分布情况、主要设备和附件的现场位置，掌握各种管道、设备及附件等的作用、性能、构造及操作方法。

供热设施和泵站与热力站要求基本同上，要具备设备平面图等图纸，管理人员也要经过培训考核。此外，供热设施的泵站与热力站的管道应涂有符合规定的颜色和标志，并标明供热介质的流动方向，安全保护装置要求更加灵敏、可靠。

供热设施的用热单位向供热单位提供热负、用热性质、用热方式及用热参数，提供热平面图、系统图、用热户供热平面图。供热单位应根据用热户的不同用热需要，适时进行调节，以满足用热户的不同需求；用热单位应按供热单位的运行方案、调节方案、事故处理方案、停运方案及管辖范围，进行管理和局部调节；未经供热单位同意，用热户不得私接供热管道和私自扩大供热负荷，热水取暖用户严禁从供热设施中取用热水，用热户不得擅自停热。

2. 燃气设施

燃气供应是公用事业中的一项重要设施，燃气化是我国实现现代化不可缺少的一个方面。燃气系统向物流中心供应作为燃料使用的天然气、人工煤气或液化石油气等气体能源，由燃气供应源、燃气输配设施和用户使用设施所组成。

物流中心在燃气供应源选择时，应考虑以下原则。

（1）必须根据国家有关政策，结合本地区燃料资源情况，通过技术经济比较来确定气源选择方案。

（2）应充分利用外部气源，当选择自建气源时，必须落实原料供应和产品销售等问题。

（3）根据气源规模、制气方式、负荷分布等情况，在可能的条件下，力争安排两个以上气源。

物流中心在燃气输配设施设计时，应考虑以下原则。

（1）燃气干线管路位置应尽量靠近大型用户。

（2）一般避开主要交通干道和繁华街道，以免给施工和运行管理带来困难。

（3）管线不准铺设在建筑物下面，不准与其他管线平行上下重叠。

（4）物流中心应向供气单位提供燃气负荷、用燃气性质、用燃气方式及必要的用燃气参数，提供供气平面图、系统图和用户供气平面位置图。供气单位应根据物流中心的用户需求，适时进行调节，以满足物流中心的需要；物流中心应按供气单位的运行方案、调节方案、事故处理方案、停运方案及管辖范围，进行管理和局部调节；未经燃气供应站及公安消防部门同意，未由这些相关部门进行施工监督和验收，物流中心不得私接供气管道、私自扩大供气负荷和擅自启用未经批准的燃气输配设施。

复习思考题

1. 物流中心库房主要有哪些类型？
2. 物流中心存储空间有效利用的策略有哪些？
3. 物流中心站台设计的原则是什么？
4. 简述物流中心站台规划的要素。
5. 进出货站台位置关系有哪几种类型？站台布置形式有哪些？
6. 物流中心通道如何划分？
7. 物流中心停车场如何规划设计？

案例分析

冈村横滨物流中心仓库设计

1. 概况

占地面积：43 968 m²；建筑面积：22 911 m²；总楼层建筑面积：77 110 m²；容积率：175%。

建筑物布置：

1）管理楼，5层；

2）计算机控制中心，2层，第一层为车辆管理控制室；

3）自动化立体仓库楼，7台堆垛机；

4）仓库楼，4层，空中移载车36台，垂直输送机16台，电梯6台，载重卡车82辆。

2. 设施

1）管理楼

这是一个拥有高级计算机和最先进办公设备的智能信息大楼，物流中心的全部管理和运营工作都在这里进行。各室名称为：管理办公室、物流总社、办公家具总社、迎客厅、休息式的职工食堂、顾客休息角。

2）控制中心

为了对物流中心的进/发货车辆进行实时控制，采用了先进的计算机车辆管理系统和作

业管理系统软件，利用这套管理软件可以随时跟踪和判断车辆出入情况，待命车辆情况和车辆的作业情况，从而迅速调整进/发货的工作程序。

3）自动仓库楼

这个自动化立体仓库所占空间的长×宽×高为 96 m×36 m×30 m，拥有 10 192 个货位。完全是以标准托盘为单位实现单元载荷化，实行条形码系统管理。这是高密度和高精度的仓库管理，提高了物流中心和工厂之间的输送效率。这个自动化仓库楼拥有两个自动入出库用的装载系统，实现了无人管理的自动入出库作业。此外，还装备了低噪声、高速、高精度和高柔性的入出库输送机，大大地改善了工作环境。

4）仓库楼 1

在仓库楼 1，可以实现高速三维空间自动搬运作业，这个楼仓库是 4 层楼，用 16 台垂直升降机与各层仓库联络，同时又在各层的天井空间处与水平行走的空中移载车有机配合，实现库内三维空间自动搬运。空中移载车对库内保管效率和叉车动线毫无影响。由于它是高效水平搬运设备，所以大幅度减少了叉车的搬运作业范围。从各层的拣选作业到卡车发货工作，作为分类搬运装置的空中移载车发挥了极大作用。

5）仓库楼 2

在仓库楼 2，装备了家具自动装配线。从自动仓库到出库零件的开包、分类、供给、组装和成品的输送，是以圆形带输送机为主体的自动生产线。在这条生产线上使用了空气平衡器，大大地减少了较重物体的搬运作业量，由于使用计算机控制，减少了装配作业人数，缩短了装配时间，提高了效率。此外，还装备了与旋转货架相匹配的高级自动分类供给系统和堆垛机器人，不但大幅度缩短整体作业时间，而且节省许多人力。

6）信息系统

冈村公司的上级计算机和物流中心的管理计算机已联网，物流中心管理计算机直接与物流机械控制计算机和以管理计算机为中心的 LAN 系统相连接，形成了在库状况、作业程序管理，运输车辆派车计划和进/发货指示的人、物、信息流一体化的一元化管理。

案例思考题：

1. 冈村横滨物流中心仓库主要设施有哪些？
2. 冈村横滨物流中心是如何实现对仓库设施有效管理的？

第9章

物流中心设备规划设计

本章要点

- 掌握物流中心存储设备的类型及特性;
- 掌握物流中心装卸搬运设备的类型及特性;
- 掌握物流中心输送设备的类型及特性;
- 掌握物流中心分拣设备的类型及特性;
- 掌握物流中心包装设备的类型及特性;
- 掌握物流中心流通加工设备的类型及作用。

开篇案例

北京双鹤药业股份有限公司物流中心存储

北京双鹤药业股份有限公司于1997年在上海证券交易所挂牌上市。上市以来,双鹤药业战略性地构建了四大经营发展支柱:全国最大的输液供应基地、中国领先的全合成抗菌药生产基地、天然药物创新基地、全国性的药品销售服务体系。通过以上领域的协同发展,双鹤药业已经成为一个销售网络遍布国内外,主营业务涵盖新药开发、药物制造、医药经营及制药装备等领域的大型现代化医药企业。

北京双鹤药业股份有限公司物流中心,是适应北京2008年奥运工程规划,北京双鹤整体由光华路搬迁到双桥,并随着配送业务的增长后立项建设物流中心工程的。该项目是目前由国内厂商承建的最大的物流中心。

该物流中心位于北京东郊,规模宏大,技术先进、组成复杂。该物流中心占地一万多 m²,分两层楼,是集进、储、配、送为一体的多功能、高效益的、符合 GSP 标准的、经济实用的、满足年进出货量20亿元以上要求的自动化物流中心。该中心包括1套自动化立体仓库(AS/RS),有7个巷道共14排货架,存储数量达11 242个货位;有小件存储货架系统1套,为阁楼式货架,货位数9 480个;还有冷冻、冷藏、毒麻品等普通货架;有7套以激光测距和总线控制为代表的新型快速堆垛机;有入库输送机系统和出库输送机系统 2 套物流输送系统，还有 1 套包括辊道机、皮带机、分拣设备及条形码识别系统的物流自动化分拣系统；此外，还有 1 套集中驱动物流配送系统有序高效运转的集成化物流管理系统（LOG＋＋系统），该系统包括信息管理、任务调度、设备监控、动画仿真等基本功能，是构成配送系统和实现配送功能的核心指挥系统。该系统还包括与 HOST（ERP）系统的接口通信部分，共同构筑集成化物流配送系统。

思考题： 北京双鹤药业股份有限公司物流中心设备是如何进行配置的？

9.1　物流中心存储设备

物流中心的存储设备，主要是以单元负载（Unit Load）的托盘存储方式为主，另外，配合各种拣货方式的需要，还有容器及单品等存储方式。为了提高物流中心的效率，存储设施与设备需要根据不同的物品属性、保管要求、用户要求等采用适当的存储设备，使得货物存取方便、快捷，减少面积占用。

9.1.1　物流中心存储设备概述

1. 存储设备的分类
存储设备按照存储单位分类，可大致分为托盘、容器、单品及其他四大类（见图 9−1）。

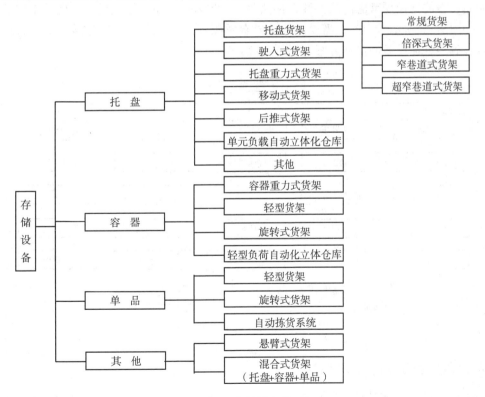

图 9−1　存储设备体系

2. 存储设备选择流程

存储设备的选择须综合考虑存储能力、单元装载单位、储位数量、出入库数量、通道的宽度和数量、投资的成本等相关要素，具体存储设备选择流程如图9-2所示。

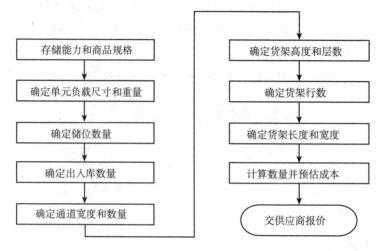

图9-2　存储设备选择流程

3. 存储设备选择要素

存储设备的选择须考虑商品特性、存储要求、出入库流量、搬运设备、建筑结构等相关要素，如图9-3所示。因此，需要对各种要素做深入的分析和调查，并通过比较和权衡各种要素，确定存储设备的最佳方案。

图9-3　存储设备选用考虑因素

9.1.2　常用存储设备

物流中心最主要的存储设备就是货架。在物流中心中，货架是专门用于存放成件物品的保管设备，是用支架、隔板或托架组成的立体存储货物的设施。

1. 托盘式货架

1）普通托盘式货架

托盘式货架是使用最广泛的托盘类货物存储系统，通用性也较强。其结构是货架通过单列或者双列连接成若干排，排与排中间留有通道供堆垛机、叉车及其他装卸搬运设备运行，每个货架在垂直方向上分为若干层，从而形成大量的货格，用以存放托盘货物。如图 9 - 4 所示。

图 9 - 4　托盘式货架

托盘式货架的优点如下。①每一块货架均能单独存入或移动，而不需要移动其他托盘。②可适应各种类型的货物，可按货物尺寸要求调整横梁高度。③配套设备最简单，成本也最低，能快速安装及拆除。④货物装卸迅速，主要适用于整托盘出入库或手工拣选的场合，能尽可能利用仓库的上层空间。

2）窄巷道式货架

窄巷道式货架是仓储货架的一种，因其货架系统的叉车搬运通道相比之下较为狭窄，故名窄巷道或窄通道货架。窄巷道式货架的通道仅比托盘稍宽，继承了托盘式货架对托盘存储布局有严格要求的特点，充分利用仓库面积和高度，具有中等存储密度。但是窄通道式货架需用特殊的叉车或起重机进行存取作业，还需要其他搬运机械配套，同时设计与安装需要更高的要求。如图 9 - 5 所示。

图9-5 窄巷道式货架

如果存储或物流中心具有下述几点特征，就可以考虑选择窄巷道式货架系统：

（1）存储的货物量大，货物进出较为频繁且对货物有较高的拣选要求；

（2）存储与物流中心急需增加储位数量或要求具有一定的存储量；

（3）物流效率要求有较高水平。

（4）仓库可用净高较高，大于8 m以上；

（5）叉车可选用独立的仓储叉车，不计划使用仓储叉车驶出室外执行其他任务。

3）双重深货架

双重深货架与普通的托盘货架具有相同的基本架构，只是把两个托盘货架结合，减少了中间的通道位置，存储密度可大大增加，如图9-6和图9-7所示。

图9-6 双重深货架

但是另一方面，也由此带来了其存取性及出入库能力的降低，而其作业时必须配合使用专用叉车以存放在第二列的托盘货物。

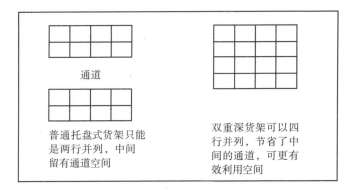

图 9 - 7 双重深货架示意图

2. 贯通式货架

贯通式货架又称通廊式货架或驶入式货架，如图 9 - 8 所示。贯通式货架采用托盘存取模式，适用于品种少，批量大类型的货物存储。贯通式货架除了靠近通道的货位，由于叉车需要进入货架内部存取货物，通常单面取货建议不超过 7 个货位深度。贯通式货架可根据实际需要选择配置导向轨道。

图 9 - 8 贯通式货架

贯通式货架在同样的空间内比通常的托盘式货架几乎多一倍的存储能力，因为取消位于各排货架之间的巷道，将货架合并在一起，使同一层、同一列的货物互相贯通。

贯通式货架广泛应用于各类仓库及物流中心，如：食品、烟草、冷库等库房。

通式货架的特点如下。

（1）在支撑导轨上，托盘按深度方向存放，一个紧接着一个，这使得高密度存储成为可能。

（2）货物存取从货架同一侧进出，先存后取、后存先取，平衡重及前移式叉车可方便地驶入货架中间存取货物，无须占用多条通道。

（3）这种货架适用存储大批量、少品种货物。

贯通式货架采用全插接组装式结构，柱片为装配式结构，靠墙区域的货架总深度一般最好控制在 5 个托盘深度以内，中间区域可两边进出的货架总深度一般最好控制在 10 个托盘深度以内，以提高叉车存取的效率和可靠性。

贯通式货架系统的稳定性是所有种类货架中较为薄弱的，为此货架不宜过高，一般在 10m 以内，另外，系统中还需加设拉固装置。此种系统货架排布密集，空间利用率极高，适于存储少品种大批量同类型货物，货物可从同一侧存入取出，也可从一侧存入另一侧取出。

3. 悬臂式货架

悬臂式货架是由在立柱上装设悬臂来构成的，悬臂可以是固定的，也可以是移动的，如图 9 - 9 所示。悬臂式货架适用于存放长物料、环型物料、板材、管材及不规则货物。悬臂可以是单面或双面，悬臂式货架具有结构稳定、载重能力好、空间利用率高等特点。悬臂式货架立柱多采用 H 型钢或冷轧型钢，悬臂采用方管、冷轧型钢或 H 型钢，悬臂与立柱间采用插接式或螺栓连接式，底座与立柱间采用螺栓连接式，底座采用冷轧型钢或 H 型钢。货物存取由叉车、行车或人工进行。货架高度通常在 2.5 m 以内（如由叉车存取货则可高达 6 m），悬臂长度在 1.5 m 以内，每臂载重通常在 1 000 kg 以内。此类货架多用于机械制造行业和建材超市等。加了隔板后，特别适合空间小、高度低的库房，管理方便，视野宽阔，与普通隔板式货架相比，利用率更高。根据承载能力可分为轻量型、中量型、重量型三种。

图 9 - 9　悬臂式货架

4. 重力式货架

重力式货架又称流动式货架，如图 9 - 10 所示。它是一种利用存储货物自身重力来达到在存储深入方向上使货物运到的存储系统，较多用于拣选系统中。重力式货架采取"先进先出"型存取模式，存货时托盘从货架斜坡高端送入滑道，通过导向轮下滑，逐个存放；取货时从斜坡低端取出货物，其后的托盘逐一向下滑动待取。托盘货物在每一条滑道中依次流入流出，故特别适用于易损货物和大批量同品种、短时期存储的货物。重力式货架仓库利用率极高，运用成本较低，但对物流通道布局有特殊要求。

重力式货架的特点如下。

图 9 – 10   重力式货架

（1）单位库房存储面积大。重力式货架能够大规模密集存储货物，并且存储货物的范围也很大，从 1kg 以下的轻小物体到小型集装箱，都可以采用重力式货架。由于重力式货架的密集程度很高，减少了仓库中通道的数量，提高了仓库的利用率。

（2）出入库工具运行距离短。由于重力式货架固定了出入库的位置，在进行搬运作业时，搬运工具无须再从通道中穿行。

（3）出入库作业的安全性较高。由于重力式货架的入库作业和出库作业完全分离，搬运工具不相互交叉，不相互干扰，事故率较低。

（4）拣选作业方便。重力式货架可以保证先进先出原则，有利于货物的拣选作业。

重力式货架属于密集存储型，可以用于大量存储的领域，可广泛应用于物流中心的仓库，以方便拣选作业。

5. 货柜式货架

货柜式货架一般用于存储非标准托盘、小件、零星货物，根据不同的货物需要可以有不同的形式。这种货架一般每格都有底板，货物可以直接搁置在底板上，这种货架的作业方式多为人工作业。货柜式货架又分为：重型层板货架、轻型层板货架、抽屉式货架等。

6. 移动式货架

移动式货架是指在货架的底部安装有运行车轮，可在地面上运行的货架，如图 9 – 11 所示。它适用于库存品种多、出入库频率较低的仓库，或库存频率较高、但可按巷道顺序出入库的仓库。因为它只需要一个作业通道，所以可大大提高仓库面积的利用率，所以在相同的空间内，移动式货架的存储能力比一般固定式货架高得多。移动式货架可广泛应用于传媒、图书馆、金融、食品等行业物流中心。移动式货架通过货架移动，选择所需要的通道位置，让出通道，由叉车进行货物的装卸作业。移动式货架一般是电动的，每列货物的底部有马达驱动装置，一般通过控制装置与操作开关进行操作并移动货架；对于轻型移动式货架也采用手动方式。

图 9 - 11　移动式货架

移动式货架可分为以下几类。

（1）敞开式移动货架。敞开式移动货架其传动机构设于货架底座内，操作盘设于货架端部，外形简洁，操作方便。货架的前后设有安全分线开关，一遇障碍物整个货架立即停止。

（2）封闭式移动货架。封闭式移动货架当不需要存取货物时，各货架移动到一起后，全部封闭，并可全部锁住。在各货架接口处装有橡皮封口，也称为封闭式货架。

7. 旋转式货架

旋转式货架又称为回转式货架。在拣选货物时，取货者不动，通过货架的水平、垂直或立体方向回转，货物随货架移动到取货者的面前。

旋转式货架在存取货物时，可以通过计算机进行自动控制，即根据下达的货格指令，该货格以最近的距离自动旋转至拣货点停止。这种货架的存储密度大，货架间不设通道，与固定式货架相比，可以节省占地面积30%　50%。

由于货架旋转，拣货线路简捷，拣货效率高，拣货时不容易出现差错。根据旋转方式不同，可分为垂直旋转式货架、水平旋转式货架、整体旋转式货架三种。

1）垂直旋转式货架

垂直旋转式货架类似垂直提升机，在两端悬挂有成排的货格，货架可正转，也可以反转，如图 9 - 12 所示。货架的高度在2　6 m之间，正面宽2 m左右，单元货位载重100　400 kg，回转速度每分钟6 m左右。

垂直旋转货架属于拣选型货架，占地空间小，存放的品种多，最多可达1 200 种左右。货架货格的小格可以拆除，这样可以灵活地存储各种尺寸的货物。在货架的正面及背面均设置拣选台面，可以方便地安排出入库作业。在旋转控制上用开关按钮即可轻松地操作，也可利用计算机操作控制，形成联动系统，将指令要求的货层经最短的路程送至要求的位置。

垂直旋转式货架主要适用于多品种、拣选频率高的货物，如果取消货格，用支架代替、也可以用于成卷货物的存取。

图 9 - 12　垂直旋转式货架

2）多层水平旋转式货架

多层水平旋转式货架的最佳长度为 10　20 m，高度为 2　3.5 m，单元货位载重为 200　250 kg，每分钟回转速度为 20　30 m。多层水平旋转式货架是一种拣选型货架，这种货架各层可以独立旋转，每层都有自己的轨道（图 9 - 13），用计算机操作时，可以同时执行几个命令，使各层货物从近到远有序地到达拣选地点，拣选效率很高。这种货架主要用于出入库频率高、多品种拣选的仓库中。

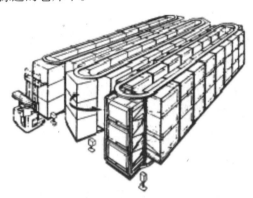

图 9 - 13　水平旋转式货架

3）整体水平旋转式货架

这种货架由多排货架连接，每排货架又有多层货格，如图 9 - 14 所示。货架作整体水平式旋转，每旋转一次，便有一排货架达到拣货面，可对这一排进行拣货。整体水平旋转货架每排可放置同种物品，也可以一排货架不同货格放置互相配套的物品，一次拣选可在一排上将相关的物品拣出。这种货架还可作为小型分货式货架使用，每排不同的货格放置同种货物，旋转到拣选面后，将货物按用户分货要求分放到指定货位；整体水平式货架主要是作为拣选式货架使用，也可以看成是拣选、分货一体化货架。

整体水平旋转式货架旋转时动力消耗大，不适于拣选频率高的作业，所放置货物主要是各种包装单位的货物。整体水平式货架也可制成较长长度的货架，增大存储容量，但出于动力消耗大，拣选等待时间长，不适于随机拣选，在需要成组拣选或按顺序拣选时可以采用。整体水平旋转货架规模较大、长度较长，其拣选功能趋向分货功能转化，适用于作为小型分货式货架使用。

图 9-14　整体水平旋转式货架

8. 阁楼式货架

阁楼式货架（图 9-15）适用于场地有限、品种繁多、数量少的情况，其底层货架不但是保管货物的场所，还是上层建筑承重梁的支撑，承重梁的跨距大大减小，建筑费用也大大降低。阁楼式货架也适用于现有旧仓库的技术改造，配合使用升降机操作，可以大大提高仓库的空间利用率。阁楼式货架采用全组合式结构，专用轻钢楼板，造价低，施工快。根据场地情况和使用需要，阁楼式货架可灵活设计成两层、多层各种形式，以充分利用空间。

图 9-15　阁楼式货架

9. 拣选式货架

拣选式货架是为满足拣选要求，存取货物时通过拣选小车完成的货架。拣选式货架为多层货架，货架载荷尺寸根据用户需要设计制作，每格载荷为 300　1 000kg，适用于多品种、大批量、出入库作业不频繁的小件货物存储。物流中心通过使用拣选式货架、拣选搬运设备（无动力拣选车、动力拣选台车、动力牵引车、堆垛机、搭乘车存取机、无动力输送机、动力输送机和计算机辅助拣选台车等）来完成货物的存储和拣选，拣选式货架与拣选搬运设备搭配使用情况如表 9 – 1 所示。

表 9 – 1　拣选式货架与拣选搬运设备配合

拣选式货架 ＼ 拣选搬运设备	无动力拣选车	动力拣选台车	动力牵引车	堆垛机	搭乘式存取机	无动力输送机	动力输送机	计算机辅助拣选台车
托盘货架	√	√	√	√			√	
轻型货架	√	√	√				√	√
储　柜	√	√						√
流动货架	√	√				√	√	
高层货架				√				

9.2　装卸搬运设备

装卸搬运设施和设备是进行装卸搬运作业的劳动工具或物质基础，其技术水平是装卸搬运作业现代化的重要标志之一。装卸搬运作业是物流中心的主要作业之一。随着物流业的发展，根据物流中心的实际需要，设计和生产的装卸搬运设备品种繁多，规格多样。物流中心的装卸搬运设备主要分为：起重机械和搬运车辆。

9.2.1　堆垛起重机

堆垛起重机是立体仓库中最重要的起重运输设备，是立体仓库特征的标志。其主要用途是在立体仓库的通道内运行，将位于巷道口的货物存入货格，或者将货格中的货物取出，运到巷道口。

堆垛机的分类方式有很多种，根据不同的应用需要采用不同的分类方式，如按有无轨道可以把堆垛起重机分为有轨堆垛起重机和无轨堆垛起重机。有轨堆垛起重机是指堆垛机沿着巷道内的轨道运行；无轨堆垛起重机又称为高架叉车。常说的堆垛起重机是指有轨堆垛起重机。与高架叉车相比，有轨堆垛起重机所能达到的高度要高得多，需要的巷道宽度更小，定位精度更高，工作效率更高，但其机动性比高架叉车要差很多。堆垛机与普通叉车性能比较如表 9 – 2 所示。

表 9－2　有轨巷道堆垛机、无轨巷道堆垛机和普通叉车性能比较

设备名称	巷道宽度	作业高度	作业灵活性	自动化程度
普通叉车	最大	<5 m	任意移动，非常灵活	一般为手动，自动化程度低
无轨巷道堆垛机	中	5　12 m	可服务于两个以上的巷道，并完成高架区外的作业	可以进行手动、半自动、自动及远距离集中控制
有轨巷道堆垛机	最小	>12	只能在高层货架巷道内作业，必须配备出入库设备	可以进行手动、半自动、自动及远距离集中控制

有轨堆垛起重机按照其构造分为桥式堆垛起重机和巷道堆垛起重机。桥式堆垛起重机是指堆垛货叉有悬挂立柱导向的堆垛起重机；巷道堆垛起重机是指金属结构有上、下支撑支持，起重机沿着仓库巷道运行，装取成件物品的堆垛起重机。

1. 桥式堆垛起重机

在桥式起重机的基础上结合叉车的特点发展起来的，在从起重小车悬垂下来的刚性立柱上有可升降的货叉，立柱可绕垂直中心线转动，因此货架间需要的巷道宽度比叉车作业时所需的小。这种起重机支承在两侧高架轨道上运行，除一般单元货物外还可堆运长物件。起重量和跨度较小时也可在悬挂在屋架下面的轨道上运行，这时它的起重小车可以过渡到邻跨的另一台悬挂式堆垛起重机上。立柱可以是单节的或多节伸缩式的。单节立柱结构简单、较轻，但不能跨越货垛和其他障碍物，主要适用于有货架的仓库。多节伸缩式的一般有 2　4 节立柱，可以跨越货垛，因此也可用于使单元货物直接堆码成垛的无架仓库。起重机可以在地面控制，也可在随货叉一起升降的司机室内控制。额定起重量一般为 0.5　5 t，有的可达 20 t，主要用于高度在 12 m 以下、跨度在 20 m 以内的仓库。

2. 巷道式堆垛起重机

巷道式堆垛起重机专用于高架仓库。采用这种起重机的仓库高度已达 45 m 左右。起重机在货架之间的巷道内运行，主要用于搬运装在托盘上或货箱内的单元货物；也可开到相应的货格前，由机上人员按出库要求拣选货物出库。巷道式堆垛起重机由起升机构、运行机构、货台司机室和机架等组成。起升机构采用钢丝绳或链条提升。机架有一根或两根立柱，货台沿立柱升降。货台上的货叉可以伸向巷道两侧的货格存取物品，巷道宽度比货物或起重机宽度大 15　20 cm。货叉一般为三节伸缩式，用齿轮齿条传动（见齿轮传动）或链传动实现伸缩。这种起重机大多在地面上的一根钢轨上运行，水平轮装在顶部；高度不大时也可以悬挂在巷道顶部的工字钢下翼缘上运行，水平轮装在下部；起重量较小时，可直接在货架顶部铺设的轨道上运行。起重量一般在 2 t 以下，最大达 10 t。起升速度为 15　25 m/min，有的可达 50 m/min。起重机运行速度为 60　100 m/min，最大达 180 m/min。货叉伸缩速度为 5　15 m/min，最大已达 30 m/min。升降、运行和货叉伸缩动作一般都设有慢速挡，以保证工作平稳和停靠准确。

9.2.2　叉车

叉车又称铲车，是指对成件托盘货物进行装卸、堆垛和短距离运输作业的各种轮式搬运车辆，是物流领域中应用最广泛的装卸搬运设备。它以货叉作为主要的取货装置。叉车的前部装置装有货叉，可以自由地插入托盘取货和放货，依靠液压起升机构升降货物，由轮胎式行驶系统实现货物的水平搬运。叉车除了使用货叉以外，通过配备其

他取物装置后，还能用于散货和多种规格品种货物的装卸作业。叉车从总体结构上可分为动力系统、传动系统、转向系统、制动系统、液压系统、起升系统、电器设备和行驶系统八大部分。

按举高能力，叉车可分为低提升和高提升两类；按人员操作姿势，叉车可分为步行式和坐立式；按采用的动力方式，叉车可分为手动叉车、内燃机叉车和电瓶叉车；按结构特点可分为平衡重式叉车、插腿式叉车、前移式叉车、伸缩臂式叉车、侧面式叉车、拣选叉车和高架叉车等。物流中心常用的叉车基本情况介绍如下。

1. 低提升托盘式叉车

一般的低提升托盘式叉车，分为手动与电动两种方式。手动托盘搬运车是以人力操作水平及垂直方向的移动，如图9-16所示。电动托盘搬运车是以电瓶提供动力做举升及搬运操作，如图9-17所示。低提升托盘叉车的操作人员进行的所有作业都可站立于地板上完成，因此该类叉车一般为步行式搬运车辆。

手动托盘搬运车，在使用时将其承载的货叉插入托盘孔内，由人力驱动液压系统来实现托盘货物的起升和下降，并由人力拉动完成搬运作业。它是托盘运输中最简便、最有效、最常见的装卸、搬运工具。但由于以手动的拖动进行作业操作，除了费力外且易造成作业人员受伤，因此电动托盘搬运车使用得越来越普遍，尽管电动托盘搬运车的成本较高。

图9-16　手动托盘搬运车

图9-17　电动托盘搬运车

2. 平衡重式叉车

平衡重式叉车的特点是在车体前方装有货叉和门架，货叉伸出到叉车的前轮前方，货物的重心落在车轮轮廓之外，如图9-18所示。为了平衡叉车前部的载荷，在车体后部装有平衡重，以保证叉车的纵向稳定性。叉车的前轮为驱动轮，后轮为转向轮。

平衡重式叉车是叉车中应用最广泛的一种形式，约占叉车总数的80%。由于其没有支撑臂，就需要较长的轴距和平衡重来平衡载荷，这样叉车的重量和尺寸都较大，需要较大的作业空间。同时，货叉直接从前轮的前方叉取货物，对叉取货物的体积一般没有要求。它的动力较大，底盘较高，具有较强的地面适应能力和爬坡能力。

图 9 – 18   平衡重式叉车

3. 插腿式叉车

插腿式叉车如图 9 – 19 所示，叉车前方带有小轮子的支腿能与货叉一起伸入货物底部，由货叉托起货物。货物的重心位于前后车轮所包围的支撑平面内，叉车稳定性好，不必再设平衡重。插腿式叉车一般由电动机驱动，蓄电池供电，起重量在 2t 以下。它的作业特点是起重量小、车速低、结构简单、外形尺寸小，行车轮直径小，对地面要求较高，适用于通道狭窄的仓库和室内堆垛、搬运作业。

图 9 – 19   插腿式叉车

4. 前移式叉车

前移式叉车是指货叉或门架可沿叉车纵向前后移动的叉车，如图 9 – 20 所示。它有两条前伸的支腿，与插腿式叉车比较，前轮较大，支腿较高，作业时支腿不能插入货物的底部。前移式叉车与插腿式叉车一样，货物的重心位于前后车轮所包围的支撑平面内，因此稳定性很好。

前移式叉车分门架前移式和叉架前移式两种。前者的货叉与门架一起移动，叉车驶近货跺时，门架可能前伸的距离要受外界空间对门架高度的限制，因此，只能对货跺的前排货物进行作业。叉架前移式叉车的门架则不动，货叉借助于伸缩机构单独前伸。如果地面上具有一定的空间允许插腿插入，叉车能够超越前排货架，对后一排货物进行作业。

前移式叉车一般由蓄电池作动力，起重量在 3t 以下。优点是车身小，重量轻，转弯半径小，机动性好，适合于通道狭窄的室内仓库作业。

图 9 - 20　前移式叉车

5. 侧面式叉车

侧面式叉车是指货叉和门架位于车体的侧面，侧面还有一货物平台，如图 9 - 21 所示。当货叉叉取货物时，货叉沿门架上升到大于货物平台的高度后，门架沿着导轨缩回，降下货叉，货物便放在叉车的货物平台上。

侧面式叉车主要用于搬运长大件货物，由于货物沿叉车纵向放置，可减少长大货物对道路宽度的要求，同时，货物重心位于车轮支承底面之内，叉车行驶时稳定性好，速度快，视野好。

图 9 - 21　侧面式叉车

6. 拣选式叉车

拣选式叉车是指操作台上的操作者可与装卸装置一起上下运动，并拣选存储在两侧货架内物品的叉车。按升举高度可分为低位拣选式叉车和高位拣选式叉车。

低位拣选式叉车适于车间内各个工序间加工部件的搬运，操作者可乘立在上下车便利的平台上，驾驶搬运车并完成上下车拣选物料，以减轻操作者搬运、拣选作业的强度。如图9－22所示。低位拣选式叉车一般乘立平台离地高度仅为200 mm左右，支撑脚轮直径较小，仅适用于在平坦路面上行驶。按承载平台（货叉）的起升高度分为微起升和低起升两种，可根据拣选物料的需要进行选择。

高位拣选式叉车适用于多品种少量入出库的特选式高层货架仓库，如图9－23所示。起升高度一般为4　6 m，最高可达13 m，可以大大提高仓库空间利用率。为保证安全，操作台起升时，只能微动运行。

图9－22　低位拣选式叉车

图9－23　高位拣选式叉车

7. 集装箱式叉车

集装箱式叉车是一种集装箱专用的装卸机械，主要用于堆垛空集装箱等辅助性作业，也可在集装箱吞吐量不大的综合性码头和堆场进行装卸与短距离搬运。

8. 高架叉车

高架叉车又称无轨巷道堆垛机或者三向堆垛叉车，如图9－24所示。

图9－24　高架叉车

高架叉车的货叉在水平面内可以做旋转和侧移的动作，即叉车向运行方向两侧进行堆垛作业时，车体无须作直角转向，而使前部的门架或货叉作直角转向及侧移，这样叉车作业时可以更加节约空间，作业通道就可大大减少，提高了面积利用率。高架叉车的门架宽度相对较大，刚性好，同时为了提高起升高度，高架叉车一般采用 3 节或者 4 节门架，高架叉车的起升高度比普通叉车要高，一般在 6 m 左右，最高可达 13 m，提高了空间利用率。其作业的基本动作是，提升（把负载提升到所需要的高度）、旋转（货叉向左或向右旋转，并对准所需的货位）、侧移（在货位中取出或存入货品）。根据作业形式分为司机室地面固定型和司机室随作业货叉升降型。司机室地面固定型的高架叉车，起升高度较低，因而视线较差；司机室随作业货叉升降型的高架叉车，起升高度较高、视线好。

在选择叉车时，根据实际需要应主要考虑其负载能力、尺寸、升程、行走及提升速度、机动性和爬坡能力等指标。随着物流业的发展，现在开发出了许多类型的叉车，上述只是列出了叉车中的一部分，在物流中心的规划与设计中，应根据需要通过调查分析加以选择。

9.2.3 手推车

手推车是一种以人力为主，在路面上水平输送物料的搬运车。在物流作业过程中，人力车轮的作业也占用一定的比重，尤其在设施外的偶发的物流活动，难以实现机械化作业时常会采用。此外，由于物流活动的复杂性和用户需要的多样性，常会以人力作业来衔接，以补充机械化的工艺流程。由于手推车轻便灵活、易操作、回转半径小，适用于短距离搬运轻型物料，可广泛应用于车间、仓库、物流中心、机场等。手推车一般每次搬运量为 5 500kg，搬运速度 30m/min 以下。

1. 二轮杠杆式手推车

二轮杠杆式手推车是最古老的、最实用的人力搬运车，它轻巧、灵活、转向方便，但因靠体力装卸、保持平衡和移动，所以仅适合装载较轻、搬运距离较短的场合。

为适合现代社会的需要，目前还采用自重轻的型钢和铝型材作为车体，使用阻力小的、耐磨的车轮，还有可折按、便携的车体，如图 9 - 25 所示。

图 9 - 25　二轮杠杆式手推车

2. 手推台车

根据其应用和形式的不同，手推台车可分为立体多层式、折登式、升降式、登高式等。

1）立体多层式手推台车

立体多层式手推台车是为了增加置物的空间及存取方便性，而把传统单板台面改成多层式台面设计，此种手推车常常用于拣货场合。如图9-26所示。

2）折叠式手推台车

为了方便携带，手推车之推杆常设计成可折叠方式，此种手推车因使用方便、收藏容易，故普及率高，市面上均有标准规格销售，如图9-27所示。

图9-26　立体多层式手推台车

图9-27　折叠式手推台车

3）升降式手推台车

在某些体积较小、重量较重之金属制品或人工搬运移动吃力的搬运场合中，由于场地的限制而无法使用堆垛机时便可采用可升降式手推台车，如图9-28所示。此种手推车除了装有升降台面来供承载物升降外，其轮子一般采用耐负荷且附有刹车定位之车轮以供准确定位和上下货。

4）登高式手推台车

在物流中心中，手推车的应用场合大多在拣货作业中使用最广，而拣货作业常因货架高度的限制需要爬高取物，故有些手推车旁设计附有梯子以方便取物，称为登高式手推台车，如图9-29所示。

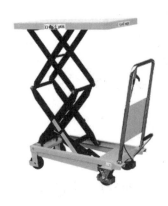

图9-28　升降式手推台车

图9-29　登高式手推台车

3. 物流台车

物流台车是在平托盘、柱式托盘或网箱托盘的底部装上脚轮而成，既便于机械化搬运，又宜于短距离的人力移动，如图9-30所示。物流台车适用于企业工序间的物流搬运；也可在工厂或物流中心装上货物运到商店，直接作为商品货架的一部分。

图9-30 物流台车

9.2.4 自动引导搬运车

无人搬运车（Automated Guided Vehicle，AGV），指装备有电磁或光学等自动导引装置，能够沿规定的导引路径行驶，具有安全保护及各种移载功能的运输车，如图9-31所示。工业应用中，其不需驾驶员，以可充电之蓄电池为其动力来源。一般可透过计算机来控制其行进路线及行为，或利用电磁轨道来设立其行进路线，电磁轨道粘贴于地板上，无人搬运车则依循电磁轨道所带来的信息进行移动与动作。

图9-31 无人搬运车

AGV 以轮式移动为特征，较之步行、爬行或其他非轮式的移动机器人具有行动快捷、工作效率高、结构简单、可控性强、安全性好等优势。与物料输送中常用的其他设备相比，AGV 的活动区域无须铺设轨道、支座架等固定装置，不受场地、道路和空间的限制。因此，在自动化物流系统中，最能充分地体现其自动性和柔性，实现高效、经济、灵活的无人化生产。

根据导引方式的不同，AGV 可分为固定路径导引，包括电磁导引、光导导引和磁带（磁气）导引，和自由路径导引，包括激光导引、惯性导引等。

根据 AGV 装卸物料方式的不同，AGV 可分为料斗式、辊道输送式、链条输送式、垂直升降式、叉车式等多种。

随着传感技术和信息技术的发展，AGV 也在向智能化方向发展，因此也称 AGV 为智能搬运车。相信智能化技术的应用一定会使 AGV 迎来一个更广阔的发展空间。

AGV 的优点如下。

（1）自动化程度高。多数的 AGV 配有系统集中控制与管理计算机，用于对 AGV 的作业过程进行优化，发出搬运指令，跟踪传送中的构件及控制 AGV 的路线。当某一环节需要辅料时，由工作人员向计算机终端输入相关信息，计算机终端再将信息发送到中央控制室，由专业的技术人员向计算机发出指令，在电控设备的合作下，这一指令最终被 AGV 接受并执行——将物料送至相应地点。

（2）充电自动化。当 AGV 小车的电量即将耗尽时，它会向系统发出请求指令，请求充电（一般技术人员会事先设置好一个值），在系统允许后自动到充电的地方"排队"充电。另外，AGV 小车的电池寿命很长（10 年以上），并且每充电 15 min 可工作 4 h 左右。

（3）美观，提高观赏度，从而提高企业的形象。

（4）方便，减少占地面积。

作为一种无人驾驶工业搬运车辆，AGV 在 20 世纪 50 年代即得到了应用。由多台不同类型、用计算机控制的自动引导搬运车组成无人搬运车系统（简称 AGVS），它是当今柔性制造系统（FMS）和自动化仓储系统中物流运输的有效手段。

9.3 输 送 设 备

9.3.1 输送机概述

输送机是以连续的方式沿着一定的线路从装货点到卸货点均匀输送货物和成件包装货物的搬运设备。

由于输送机在一个区间内能连续搬运大量货物，搬运成本非常低廉，搬运时间比较准确，货流稳定，因此，被广泛用于现代物流系统中。从国内外大量自动化立体仓库、物流中心存储、大型货场来看，其设备除起重机械以外，大部分都是由连续输送机组成的搬运系统，如进出库输送机系统、自动分拣输送机系统、自动装卸输送机系统等。

整个搬运系统均由中央计算机控制，形成了一整套复杂完整的货物输送、搬运系统，大量货物或物料的进出库、装卸、分类、分拣、识别、计量等工作均由输送机系统来完成。在现代化货物搬运系统中，输送机担当着重要的作用。

输送机与起重机械相比，不同之处在于输送机可以沿一定的线路不停地输送货物；其工作构件的装载和卸载都是在运动过程中进行的，无须停车；被输送的散货以连续形式分布于承载构件上，输送的成件货物也同样按一定的次序以连续的方式移动。具体来说，输送机有如下特点：

（1）可采用较高的运动速度，且速度稳定；

（2）具有较高的生产率；

（3）在同样生产率下，自重轻，外形尺寸小，成本低，驱动功率小；

（4）传动机械的零部件负荷较低而冲击小；

（5）结构紧凑，制造和维修容易；

（6）输送货物线路固定，动作单一，便于实现自动控制；

（7）工作过程中负载均匀，所消耗的功率几乎不变；

（8）只能按照一定的路线输送，每种机型只能用于一定类型的货物，一般不适于运输重量很大的单件物品，通用性差；

（9）大多数连续输送机不能自行取货，因而需要采用一定的供料设备。

9.3.2 输送机的分类

按不同分类方式，输送机可分为以下几种。

（1）按照安装方式的不同，输送机可分为固定式输送机和移动式输送机两大类。固定式输送机是指整个设备固定安装在一个地方，不能再移动。它主要用于固定输送场合，如专用码头、仓库中货物移动、工厂生产工序之间的输送、原料的接收和成品的发放等。它具有输送量大、单位电耗低、效率高等待点。移动式输送机是指整个设备安装在车轮上，可以移动。它具有机动性强、利用率高、能及时布置输送作业达到装卸要求的特点，这类设备输送量不太高，输送距离不长，适用于中小型仓库。

（2）按照结构特点的不同，输送机可分为具有挠性牵引构件的输送机和无挠性牵引构件的输送机。具有挠性牵引构件的输送机的工作特点是物料或货物在牵引构件的作用下，利用牵引构件的连续运动使货物向一定方向输送。牵引构件是往复循环的一个封闭系统，通常是一部分牵引构件输送货物，另一部分牵引构件返回，常见的有带式输送机、链式输送机、斗式提升机、悬挂输送机等。无挠性牵引构件的输送机的工作特点是利用工作构件的旋转运动或振动使货物向一定方向运送，它的输送构件不具有往复循环形式，常见的有气力输送机、螺旋输送机、振动输送机等。

此外，按照输送货物种类的不同，输送机还可分为输送件货输送机和输送散货输送机；按照输送货物力的形式不同，输送机可分为机械式、惯性式、汽力式、液力式等几大类。

9.3.3 常见散装物料输送机

1. 带式输送机

带式输送机又称胶带输送机，俗称"皮带输送机"，是仓库、物流中心等广泛使用的装卸搬运机械，是以封闭无端的输送带作为牵引构件和承载构件的连续输送货物的机械。目前输送带除了橡胶带外，还有其他材料的输送带（如 PVC、PU、特氟龙、尼龙带等）。带式输送机是一种摩擦驱动以连续方式运输物料的机械。应用它可以将物料在一定的输送线上，从最初的供料点到最终的卸料点间形成一种物料的输送流程。它既可以进行碎散物料的输送，也可以进行成件物品的输送。

按安装方式不同可分为固定式和移动式两种，其结构基本相似，由输送带、驱动鼓轮、导向鼓轮、张紧鼓轮、张紧装置、支撑滚柱、减速装置、机架等部件所构成。带式输送机是应用最为广泛、最典型的连续输送机。在各种连续输送机中，它的生产率最高、输送距离最长、工作平稳、能耗小、自重轻、噪声小、操作管理容易，最适合于在水平或低倾斜角度的倾斜方向上连续输送散货或者小型成件货物。

2. 刮板输送机

刮板输送机可以水平、倾斜和垂直输送粉尘状、小颗粒及小块砖等散货。输送物料时，刮板链条全埋在物料之中，它主要由封闭断面的机槽（机壳）、刮板链条、驱动装置及张紧装置等部件所组成，刮板链条既是牵引构件又是承载构件，工作时，物料可以由加料口进入机梢内，也可在机槽的开口处由运动着的刮板从料堆取料。

刮板输送机分为固定式、移动式和吊装式。固定式刮板输送机多用于在仓库和加工厂中输送物料；移动式刮板输送机长度较小，多用于汽车、飞机等场合的物料装卸及清理等过程中的加料；吊装式刮板输送机多用于港口卸船。

刮板输送机结构简单、造价低、密封性好、便于中间进料或卸料，但由于物料与刮板和机槽有摩擦，功率消耗大而且磨损严重，也易磨损物料。

3. 斗式提升机

斗式提升机可在垂直或接近垂直的方向上连续提升粉粒状物料。其牵引构件绕过上部和底部的滚筒或链轮，牵引构件上每隔一定距离有一个料斗，由上部滚筒或链轮驱动，形成具有上升的载重分支和下降的空载分支的无端闭合环路。物料从载重分支的下部进料口进入，由料斗把物料提升至上部卸料口卸出。

斗式提升机按牵引构件的不同分为链式和带式两种。链式多用于油脂和矿石运输，带式多用于粮食运输。按卸料方式的不同分为离心卸载、重力卸载和混合卸载。

斗式提升机构造简单、横向尺寸小、提升高度高、生产能力大，并可以在全封闭下工作，减少灰尘对环境的污染。但它对过载较为敏感，必须均匀进料。

4. 螺旋输送机

螺旋输送机是没有挠性牵引构件的输送设备。它利用螺旋叶片的旋转推动物料运动，在输送物料的过程中能起到掺和、搅拌和松散物料的作用，适用于输送粉状、颗粒状或小块物料，不宜输送大块的、磨损性强、易破碎、黏性大、易结块的物料。螺旋输送机可分为水平螺旋输送机和垂直螺旋输送机。

螺旋输送机结构简单、紧凑，没有空返分支，可多点装卸物料，工作可靠，可实现封闭输送。由于物料对螺旋和料槽的摩擦及物料的搅拌，使得螺旋输送机功率消耗大，螺旋和料槽易磨损、物料易破碎，螺旋输送机对超载较敏感，容易产生堵塞现象。

5. 气力输送机

气力输送机是运用风机使管道内形成气流来输送散粒状物料的。气力输送机分为吸气式、压气式和混合式。与其他输送机相比，气力运输机操作简单，生产率较高，易于实现自动化；其结构简单，易于装卸，机械故障少，维修方便，有利于实现散装运输。但是，气力运输机功率消耗大，鼓风机噪声大，弯管等部件容易磨损，物料的块度、黏度、湿度受到一定限制，输送过程中物料易破碎。

6. 振动输送机

振动输送机可把块状、粉粒状物料均匀连续地输送到卸料口。振动输送机料槽磨损小，可以实现水平、倾斜或垂直输送，同时可对物料进行干燥、冷却作业，广泛用于冶金、矿山、煤炭、建材、化工、粮食、玻璃等行业。振动输送机按工作原理的不同可分为电磁振动输送机和机械振动输送机。

7. 辊道式输送机

辊道式输送机是利用辊子的转动来输送成件物品的输送机。它可沿水平或曲线路径进行输送，其结构简单，安装、使用、维护方便，对不规则的物品可放在托盘或者托板上进行输送。

按驱动方式的不同，分为无动力辊道式输送机和动力辊道式输送机。按无动力辊道畅送机的曲线段形式不同，分为柱形辊子式、锥形辊子式、差速辊子式、短辊子差速式等。按转辙装置的形式不同，分为曲线段转辙、岔道分流、平面分流、小车转辙、直角转辙、回转台转辙、辊子输送机升降装置转辙等。

8. 滚柱式输送机

滚柱式输送机是采用滚柱来取代辊道的输送机。其特点是结构简单。一般用于无动力驱动，适用于成件包装货物或者整底面物料的短距离搬运。

9. 链式输送机

链式输送机是利用链条牵引、承载，或由链条上安装的板条、金屑网、辊道等承载物料的输送机。根据链条上安装的承载面的不同，可分为链条式、链板式、链网式、板条式、链斗式、托盘式、台车式等。此外，链式输送机也常与其他输送机、升级装置等组成各种功能的输送线。

9.4　分　拣　设　备

9.4.1　设备组成与功能

物流中心的作业流程中包括入库、保管、拣货、分拣、暂存、出库等作业活动，其中分拣作业是一项非常繁重的工作。尤其是面对零售业多品种、少批量的订货，物流中心的劳动量大大增加，若无新技术的支撑将会导致作业效率下降。与此同时，对物流服务和质量的要求也越来越高，致使一些大型连锁商业公司把拣货和分拣视为两大难题。

随着科学技术日新月异的进步，特别是感测技术（激光扫描）、条形码及计算机控制技术等的导入使用，自动分拣机已被广泛用于物流中心。我国的邮政等系统也已多年使用自动分拣设备。自动分拣机的分拣效率极高，通常每小时可分拣商品 6 000　12 000箱。在日本和欧洲，自动分拣机的使用很普遍。特别是在日本的连锁商业（如西友、日生协、高岛屋等）和宅急便（大和、西浓、佐川等）中，自动分拣机的应用更是普遍。可以肯定，随着物流大环境的逐步改善，自动分拣系统在我国流通领域大有用武之地。

自动分拣机种类很多，而其主要组成部分相似，基本上由下列各部分组成。

（1）输入装置，被拣商品由输送机送入分拣系统。

（2）货架信号设定装置：被拣商品在进入分拣机前，先由信号设定装置（键盘输入、激光扫描条形码等）把分拣信息（如配送目的地、客户户名等）输入计算机中央控制器。

（3）进货装置，或称喂料器，它使被拣商品依次均衡地进入分拣传送带，与此同时，还使商品逐步加速到分拣传送带的速度。

（4）分拣装置，是自动分拣机的主体，包括传送装置和分拣装置两部分。前者的作用是把被拣商品送到设定的分拣道口位置上；后者的作用是把被拣商品送入分拣道口。

（5）分拣道口，是从分拣传送带上接纳被拣商品的设施。可暂时存放未被取走的商品，当分拣道口满载时，由光电管控制阻止分拣商品不再进入分拣道口。

（6）计算机控制器，是传递处理和控制整个分拣系统的指挥中心。自动分拣的实施主要靠它把分拣信号传送到相应的分拣道口，并指示启动分拣装置，把被拣商品送入道口。分拣机的控制方式主要是采用脉冲信号跟踪法。

随着经济和信息技术的不断发展，自动分拣设备的发展十分迅速，自动分拣系统的应用范围日益广泛。自动分拣系统特别适用于分拣量较大、一次性分拣单位较多、被分拣的货物适应自动分拣机的货物分拣工作场合。其优点是分拣准确、迅速、吞吐能力大；缺点是系统设施复杂，投资和运营成本较高，需要计算机信息系统、作业环境等一系列配套设施和外部条件与之相适应。

9.4.2 几种常见的分拣设备

在选用分拣设备时，为了取得最为有效的应用，一般需要考虑以下因素：物品包装的大小、包装形式、物品的重量、易碎性、物品分拣的预期能力、分拣数量、批数、操作环境等。分拣设备有许多不同的类型，常见的分拣设备按照其分拣机构的结构不同，可以分为挡板型、浮出型、倾翻型、滑块型。

1. 挡板型

挡板型分拣设备是利用一个挡板（或挡杆）挡住在输送机上向前移动的商品，将商品引导到一侧的滑道排出。挡板的另一种形式是挡板一端作为支点，可作旋转。挡板动作时，像一堵墙似的挡住商品向前移动，利用输送机对商品的摩擦推力使商品沿着挡板表面移动，从主输送机上排出至滑道。平时挡板处于主输送机一侧，可让商品继续前移；如挡板作横向移动或旋转时，则商品就流向滑道。

挡板一般安装在输送机的两侧，和输送机上平面不相接触，即使在操作时也只接触商品而不触及输送机的输送表面，因此它对大多数形式的输送机都能适用。

就挡板本身而言，也有不同形式，如有直线形、曲线形，也有在挡板工作面上装有辊筒或光滑的塑料材料，以减少摩擦阻力。

2. 浮出型

浮出型分拣设备是把商品从主输送机上托起，而将商品引导出主输送机的一种结构形式。从引离主输送机的方向看，一种是引出方向与主输送机成直角；另一种是呈一定夹角（通常是30° 45°）。一般是前者比后者生产率低，且对商品容易产生较大的冲击力。

3. 倾翻型

倾翻型分拣设备大致有两种形式：倾斜式、翻盘式。

（1）倾斜式。这是一种特殊型的条板输送机，商品装载在输送机的条板上，当商品行走到需要分拣的位置时，条板的一端自动升起，使条板倾斜将商品移离主输送机。商品占用的条板数随不同商品的长度而定，所占用的条板数如同一个单元，同时倾斜。因此，这种分拣机对商品的长度在一定范围内不受限制。

（2）翻盘式。这种分拣机由一系列的盘子组成，盘子为铰接式结构，可向左或向右倾斜。商品装载在盘子上行走到一定位置时，盘子倾斜，将商品翻倒于旁边的滑道中，为减轻商品倾倒时的冲击力，有的分拣机能控制商品以抛物线状来倾倒出商品。这种分拣机对分拣商品的形状和大小可以不限制，但以不超出盘子为限。对于长形商品可以跨越两只盘子放置，倾倒时两只盘子同时倾斜。

4. 滑块型

这也是一种特殊形式的条板输送机。输送机的表面由金属条板或管子构成，如竹席状，而在每个条板或管子上有一枚用硬质材料制成的滑块，能沿条板横向滑动，而平时滑块停止在输送机的侧边。滑块的下部有销子与条板下导向杆连接，通过计算机控制，滑块能有序地自动向输送机的对面一侧滑动，因而商品就被引出主输送机。这种方式是将商品侧向逐渐推出，并不冲击商品，故商品不易损伤；它对分拣商品的形状和大小适用范围较广，是目前国外一种最新型的高速分拣机。

9.5 包 装 机 械

包装机械是指能完成全部或部分产品和商品包装过程的机械，是实现包装的主要手段。包装机械有多种分类方法，按功能可分为单功能包装机和多功能包装机；按使用目的可分为内包装机和外包装机；按包装品种又可分为专用包装机和通用包装机；按自动水平可分为半自动机和全自动机；按包装的功能可分为填充机、装箱机、液体灌装机、裹包机、封口机、捆扎机、标签机、清洗机、干燥机、杀菌机等。

随着技术的进步，包装机械在流通领域中正起着越来越大的作用。随之而来的是包装机械的全面性更新换代，更新换代的主要特点是：大量移植采用民用和军用工业的各种现代化高超技术、电子技术、微电子技术，进一步加速提高包装机械装备和生产线的可靠性、安全性、无人作业性等自动化水平。智能化将进入整个包装机械装备和生产线领域。这种发展趋势表明，包装机械装备、生产线越来越向标准化、系列化、综合化、组装化、联机化的模式发展。

物流中心根据其不同的功能和处理的产品类型，会采用不同的包装机械，常用的包装机械有装箱机、裹包机、捆扎机等。

（1）装箱机。在物流中心中，装箱机一般用于完成运输包装，它将包装成品按一定排列方式和定量装入箱中，并把箱的开口部分闭合或封固。图 9-32 是全自动装箱机的实例图。其实现的功能包括容器成形（或打开容器）、计量、装入、封口等。

图 9 – 32　全自动装箱机

（2）裹包机。裹包机是用包装材料进行全部或局部裹包产品的包装机械。裹包机按裹包成品的形式分为全裹式裹包机、半裹式裹包机；按裹包方式可分为折叠式裹包机、接缝式裹包机、覆盖式裹包机、扭结式裹包机、缠绕式裹包机、拉伸式裹包机等。图 9 – 33 是全自动拉伸式薄膜裹包机实例图。裹包机械适用于对具有一定刚度的块状物品的包装。

图 9 – 33　全自动拉伸式薄膜裹包机

（3）捆扎机。捆扎机是用于捆扎封闭包装容器的包装机械。捆扎机利用带状、绳装捆扎材料将一个或多个包件扎紧。捆扎机按自动化程度分为自动捆扎机、半自动捆扎机、手提式捆扎机；按捆扎材料分为塑料带、钢带、聚酯带、纸带捆扎机和塑料绳捆扎机。一个标准捆扎机如图 9 – 34 所示。

图 9-34 捆扎机

9.6 流通加工设备

所谓流通加工,是指某些原料或成品从供应领域向生产领域,或从生产领域向消费领域流动的过程中,为了促进销售、维护产品质量和提高物流效率而对商品所进行的初级或简单再加工,使商品发生物理、化学或形状上的变化,以满足消费者的多样化需求和提高商品的附加值。

流通加工设备是完成流通加工任务的专用机械设备,主要有剪板机、木锯机、切割机、充填机、灌装机、贴标机、封口机、计数称重设备等。流通加工机械通过对流通中的商品进行加工,改变或完善商品的原有形态,并使商品在流通过程中实现价值增值。利用流通加工机械进行流通加工的主要优点表现在:可以提高原材料利用率;可以进行初级加工,方便用户;提高加工效率;充分发挥各种输送手段的最高效率;改变功能,提高收益。所以,在物流领域中,流通加工可以成为高附加价值的活动。这种高附加价值的形成,要着眼于满足用户需要、提高服务功能,这是贯彻物流战略思想的表现,是一种低投入、高产出的加工形式。

流通加工设备根据其实现的功能不同可分为包装设备、分割设备、分拣设备、组装设备、冷冻设备、精加工设备等;根据加工的物品可分为金属加工设备、木材加工设备、玻璃加工设备、煤炭加工设备、混凝土加工设备等。

 **复习思考题**

1. 物流中心常用的存储设备有哪些?
2. 堆垛起重机如何进行分类? 其具有什么特点?
3. 物流中心常用的叉车设备有哪些?

4. 自动引导搬运车主要由哪些设备构成？分析其工作原理。

5. 物流中心常用的输送设备有哪些？

6. 物流中心常用的分拣设备有哪些？

7. 物流中心流通加工作业具有什么作用？

案例分析

联华生鲜食品加工配送中心

上海联华生鲜食品加工配送中心有限公司是联华超市股份有限公司的下属公司，于1999 年 12 月在闸北区合资注册成立的，注册资本 500 万元。公司主营生鲜食品的加工、配送和贸易。公司拥有资产总额近 3 亿元，是具有国内一流水平的现代化的生鲜加工配送企业。公司总占地面积 22 500 m²（自有），建筑面积 36 000m²。其中包括生产车间、冷库、配送场地、待发库、仓库（地下室）、办公楼、生活楼等。公司拥有：冷库 8 700 t；运输车辆 46 辆（其中 24 辆为制冷保温车）；生产加工设备：进口的包装机、封口机、流水线、灌装机、切片丝丁机、金属探测、称重、贴标、自动分拣打印一体机等共 50 余台（套）。完善的设施设备保证商品安全生产，快速流通。

上海联华生鲜食品加工配送中心有限公司物流部冷库建于 1984 年，是上海市大型冷库之一，总储藏量为 8 700 t，其中高温库 2 000 t，低温库 6 700 t，速冻能力 20 t。

该冷库是上海市冷藏库协会的理事单位，其冷冻、冷藏和服务功能齐全。近年来，随着物流配送业的兴起，其突出的冷冻性物流功能更是得到长足的发展，它在保证联华超市自有1 400 余家门店冷冻商品配送外，还为 100 余家社会客户存储各类冷冻、冷藏商品。

该冷库于 2000 年经过技术改造，先拥有国内一流的物流设备。冷库站台采用全封闭的恒温控制设备，并安装自动升降平台，冷冻食品按冷藏链要求快速装卸，提高了商品的周转速度。冷库一楼的 4 000 m² 配送场地同时兼有冷冻性物流和通过性物流配送功能，配送商品达 1 500 余个品种。并提供质量保证、价格公道、接待热情、快速便捷的一条龙服务，受到广大客户的欢迎和好评，从而使该冷库在社会效益和经济效益两方面都取得较好成绩，在行业内享有较高的声誉和信誉。

冷库的心脏系统——压缩机房的机组设备配置齐全，各条制冷管道保证冷库和生产车间不同的供冷需要，对常用不同的温度段都由计算机自动化系统控制，因此能够做到高能低耗，其标准化的制冷管理系统在行业内处于领先水平。

联华生鲜车队具有完善的常温、低温、高温组配及配送能力，现有各类型车辆 37 辆，有制冷车 0℃ ~18℃ 的配送车辆及各温度带的仓储组配场地、车辆并配套有尾板自动升降设备可承接各温度不同商品的储运能力。

案例思考题：

1. 联华生鲜食品加工配送中心主要拥有哪些专业化物流设备？

2. 依据联华生鲜食品加工配送中心设备配置，分析食品加工物流中心设备如何进行规划？

第10章

物流中心管理信息系统分析与设计

本章要点

- 掌握物流中心信息概念与特征；
- 掌握物流中心管理信息系统概念、结构、作用与特征；
- 掌握物流中心管理信息系统的建设目标、原则、开发方法和步骤；
- 理解物流中心管理信息系统推进层次；
- 掌握物流中心管理信息系统功能模块的设计；
- 理解物流中心管理信息系统建设的对策。

 开篇案例

信息化助力保税物流中心发挥巨大潜力

为应对国际金融危机对我国经济的影响，党中央、国务院相继出台了一系列保增长、扩内需的政策措施。近期，海关总署、财政部、国家税务总局和外汇局联合发文，以《海关总署财政部税务总局外汇局关于设立上海西北物流园区等 17 个保税物流中心的批复》（署加发〔2008〕515 号）形式，正式批准设立上海西北物流园区等 17 个保税物流中心（B 型）。

17 个保税物流中心包括：上海西北物流园区保税物流中心、天津经济技术开发区保税物流中心、东莞保税物流中心、中山保税物流中心、广州空港保税物流中心、江阴保税物流中心、太仓保税物流中心、杭州保税物流中心、青岛保税物流中心、日照保税物流中心、厦门火炬（翔安）保税物流中心、营口港保税物流中心、西安保税物流中心、成都保税物流中心、长沙金霞保税物流中心、宜昌保税物流中心、山西方略保税物流中心。

继苏州、北京、南京之后，这次为应对金融危机冲击，国家将保税物流政策大面积推向全国，可见决心之大。此次新批设立 17 个保税物流中心中，除了沿海沿江港口城市之外，

还增加了西安、成都、长沙、宜昌、山西等无水内陆城市，中西部地区首次能够得到与沿海发达地区近乎同步的保税政策，这显示了中央对中西部地区经济发展的重视，以及促进中部崛起、推进西部大开发的信念。

在保税物流中心批示下来后，怎么建立起一个现代化，具有竞争力的保税物流中心必将是各个地区要考虑的重中之重，而信息化是解决这个重要问题的首要选择之一，信息化将发挥出保税物流中心的巨大潜力。

在保税物流中心利用信息化手段可以对"单证"、"车"、"货"的全程电子监管，实行风险布控；实现物流全程信息化，可视化，无人值守，提高物流效率，以"信息围网"取代"物理围网"，有效地突破了特定地域的限制。使得进入保税物流中心的企业，将得到"手续更简化、管理更规范、进出更方便、通关更快捷"的全新优质服务，"信息围网"将实现机制和手段创新的一项重要措施，突破传统监管理念。由此帮助海关和企业大大提高物流效率降低通关成本，达到"管得住，通得快"的目的。

思考题：分析物流信息化在保税物流中心运营中的重要作用？

10.1　物流中心管理信息系统概述

10.1.1　物流中心信息概述

物流信息是指反映物流各种活动内容的知识、图像、数据、文件的总称。物流中心信息是物流中心活动的各个环节生成的信息，它是随着物流中心活动的产生而产生的信息流，与物流中心中的装卸、搬运、存储、保管、流通加工、包装备货、计划配送等各种职能有机结合在一起，对整个物流中心活动顺利进行有着重要作用。物流中心信息是物流系统内部及物流系统与外界相联系的重要消息，物流从一般活动成为系统活动就依赖于信息的作用。如果没有信息，物流则是一个单项的局部活动，只有靠信息的联结与反馈，物流才成为一个有组织、有反馈的系统活动。由此可知物流与信息流之间的密切关系。与其他信息相比，物流中心信息的特征如下。

1. 物流中心信息涉及面宽、绝对量大

物流中心信息随着物流活动及商品交易活功展开而大量发生。多品种少批量生产和多频度小数量配送使库存、运输等物流活动的信息大量增加。零售商广泛运用了 POS系统读取销售时点的商品品种、价格、数量等即时销售信息，并对这些销售信息进行加工整理，通过 EDI 向相关企业传送。同时为了使库存补充作业合理化，许多企业采用 EOS 系统。随着企业间合作倾向的增强和信息技术的发展，物流信息的信息量在今后将会越来越大。

2. 物流中心信息动态性强、更新速度快

物流中心信息的更新速度快。多品种少批量生产、多频度小数量配送、利用 POS 系统的即时销售使得各种作业活动频繁发生，从而要求物流中心信息不断更新，而且更新的速度越来越快。

3. 物流中心信息种类多、来源多样化

物流中心信息不仅包括中心内部的物流信息（如采购信息、库存信息等），而且还包括企业间的物流信息和与物流活动有关的基础设施的信息。企业竞争优势的获得需要供应链各参与企业之间相互协调合作。协调合作的手段之一就是信息即时交换和共享。许多企业把物流信息标准化和格式化，利用网络在相关企业间进行传送，实现信息分享。另外，物流活动往往利用道路、港湾、机场等基础设施。因此，为了高效率地完成物流活动，必须掌握与基础设施有关的信息。

10.1.2　物流中心管理信息系统结构

　　管理信息系统是一种由人、计算机（包括网络）和管理规则组成的集成化系统。该系统利用计算机软硬件资源，手工作业，分析、计划、控制和决策用的模型、数据库，为一个企业或组织的作业、管理和决策提供信息支持。

　　物流中心管理信息系统是指物流中心利用计算机硬件、软件、网络通信设备及其他设备，进行物流信息的收集、传输、加工、存储、更新和维护，以支持物流管理人员和基层操作人员进行物流管理和运作的人机系统。

　　实际上，物流中心管理信息系统是一个金字塔形的结构，它包括 4 个层次：最底层为初级信息系统，它进行一般物流中心事务数据处理，以改善人工数据处理；第二个层次是在计算机网络、数据库支持下，用于物流中心作业计划、决策制定和控制的信息系统；第三个层次为用于辅助物流中心战术计划和决策活动的信息系统；第四层（最顶层）为支持物流中心最高决策层进行战略决策的支持系统，这一层不仅要运用数据库、方法库和模型库，而且还要用人工智能、专家系统的技术，所以最高层又称为智能化信息系统。物流中心信息系统的层次结构图如图 10 - 1 所示。

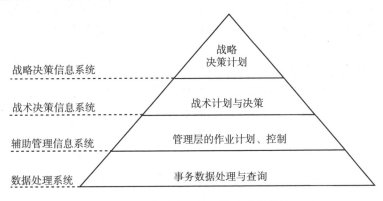

图 10 - 1　物流中心管理信息系统结构

　　伴随着物流中心作业方式的发展变化，物流中心管理信息系统正在逐步由事务处理向高层次作业计划、战术决策及战略决策领域拓展。

10.1.3　物流中心管理信息系统作用

　　物流管理信息系统是整个物流系统的心脏，是现代物流企业的灵魂。对于物流中心来说，拥有物流信息系统在某种意义上比拥有车队、仓库更为重要。物流信息系统在物流运作过程中非常关键，并且自始至终地发挥着不可替代的中枢作用。随着信息经济的发展，物流信息系统在物流中心运作管理中占有极其重要的地位，主要作用体现如下。

1. 促使物流中心运作成本的降低

物流中心信息化建设要求物流中心自觉应用现代科学技术和数学方法与手段，运用数学模型和数学工具，对企业物流活动进行决策、预测和控制，进而实现真正有效的科学管理实现管理和决策的最优化、智能化，可以最合理地利用有限的资源，以最小的消耗，取得最大的经济效益。

2. 推动物流中心业务流程重组和组织优化

物流中心信息系统建设必然要求进行物流中心流程重组。物流流程的重组是物流系统的再升华，使物流更加合理化、高效化、现代化，使物流时间、空间范围更加扩展。另一方面，物流中心信息系统建设也极大地推动了企业组织结构的优化，减少了管理层次，使物流中心内部管理趋于扁平化和合理化，加快了其对市场动态变化的响应速度，提高了管理效率。

3. 推进物流中心作业标准化

当前我国物流标准化建设落后，而物流信息化可以推进物流中心标准化。目前，基于信息技术和现代网络技术的现代物流标准化趋势有三个方面：一是业务流程标准化，二是信息流程标准化，三是文件格式标准化。物流信息系统强调作业流程、作业运作的标准化和程序化，使复杂的作业变成简单的易于推广与考核的运作。

4. 提升物流中心反应速度和服务质量

从竞争的范围上来看，物流竞争已从环节的竞争转到供应链的整个过程的竞争。如果不采取信息化，物流中心就会在供应链的整个过程中没有竞争力。在网络环境下，物流中心服务提供者对上游、下游的物流服务需求的反应速度越来越快，前置时间越来越短，配送时间越来越短，物流服务速度越来越快，商品周转次数越来越多。如果物流中心没有完善的物流信息系统，就谈不上对顾客的及时响应和服务质量的提高，就会在竞争中处于劣势。

5. 促使物流中心功能集成化

物流中心信息系统注重于将物流与供应链其他环节进行集成，包括：物流渠道与商流渠道的集成、物流渠道之间的集成、物流功能的集成、物流环节与制造环节的集成。采用物流信息系统，能将物流中心业务向上拓展至市场调查与预测、采购及订单处理，向下延伸至物流咨询、物流方案选择与规划、库存控制、货款回收与结算、教育培训等增值服务，并能为上述业务提供决策支持功能。

10.1.4 物流中心管理信息系统特征

1. 管理性和服务性

物流中心管理信息系统的目的是辅助管理者进行物流运作的管理和决策，提供与此相关的信息支持。因此，物流信息系统必须同物流中心的管理体制、管理方法、管理风格相结合，遵循管理与决策行为理论的一般规律。为了适应管理物流中心活动的需要，物流信息系统必须具备处理大量物流数据和信息的能力，具备各种分析物流数据的分析方法，拥有各种数学和管理工程模型。

2. 适应性和易用性

根据系统的一般理论，一个系统必须适应环境的变化，尽可能地做到当环境发生变化时，系统能够不需要经过太大的变化就能适应新的环境。这主要体现了系统的适应性，便于人们根据外界环境的变化对系统进行相应的修改。因此，物流中心管理信息系统也要具有较好的适应性和易用性。这就要求物流中心要根据消费需求"多品种、小批量、多批次、短周期"的特色，灵活组织和实施物流作业，最终这一特色也必须反映到对物流作业进行支持的物流管理信息系统上。此外，物流中心在设计信息系统时，应充分考虑企业为了管理及业务发展的需要，兼顾系统用户和客户两个方面的需求，以便能在原有系统基础上建立更高层次的管理模块。

3. 集成化和模块化

集成化是指物流信息系统将相互连接的各个物流环节联结在一起，为物流中心进行集成化的信息处理工作提供平台。物流信息系统各个子系统的设计将遵循统一的标准和规范，便于系统内部实行信息共享。模块化系统设计的一个基本方法就是将一个大系统根据功能的不同，分成相互独立的各个子系统。各个子系统分别遵循统一的标准进行功能模块的开发，最后再按照一定的规范进行集成。

4. 网络化和智能化

随着互联网技术的迅速发展，在物流信息系统的设计过程中也广泛地应用了网络化技术。物流中心管理信息系统建构在计算机通信网络之上，包括物流中心与供应商或制造商的联系通过计算机网络完成，另外与下游顾客之间的联系也通过计算机网络实现。智能化是物流中心信息系统的发展方向，也是物流中心自动化进程中必须解决的问题。例如，在物流中心决策支持系统中的知识子系统通过智能化处理在决策过程中所需要的物流知识、专家决策知识和经验知识等，为管理者提供决策支持服务。

5. 开放性和安全性

为实现物流中心管理一体化和资源的共享，物流中心管理信息系统不但应具备与企业内部财务、人事等管理系统相连接的性能，以实现物流中心内部数据的整合和信息的舒畅流通，还应具备与企业外部供应链的各个环节进行数据交换的能力，实现各方面的无间断连接。同时，物流中心管理信息系统应具备足够的安全性，保证数据、单证、网上支付等的安全，可通过用户授权、设置操作人员登录系统的密码、对操作人员的操作进行记录、通过对数据通信链路进行加密和监听、设计防火墙等措施来提高系统安全性。

6. 可靠性和扩容性

物流中心存储信息系统功能强大、结构复杂，充分利用了现代通信技术快速及时进行数据传输的特点，采用开放式的软硬件平台，支持多种通信协议，并提供方便、灵活、充足的网络接口，为与相关主管部门、物流服务供应商、伙伴企业、大型货物集散地信息系统的联结，提供了高速、大容量的数据传输通道，具有高可靠性和扩展性。

10.2　物流中心管理信息系统的开发

10.2.1　物流中心管理信息系统的主要影响因素

物流中心管理信息系统的开发与应用绝不仅仅是采用计算机、通信网络及相应的软件系统去简单地反映和模拟当前的手工系统，而是要求首先用现代管理思想、体系、方法和手段去变革现有企业，重构业务流程，然后在此基础上建立信息系统。只有这样才能充分发挥信息技术的战略优势。首先优化业务流程然后建设信息系统已成为现代企业信息化建设的重要原则。过去，企业管理信息系统的建设是面向职能部门的，针对企业职能化的组织结构来规划、设计信息系统，其主要问题是由于信息来源于各个职能部门，造成各个子系统间信息接口复杂，信息交流困难，因而系统运行效率低。所以必须摒弃传统的根据职能部门设计子系统及系统功能的原则，采用根据业务流程来设计子系统和系统功能的新原则，即要建设一个面向业务流程的管理信息系统。一个根据业务流程设计的系统能提高信息处理效率，更好地实现信息集成，更好地适应组织机构变化。在规划和设计过程中，有很多因素对整个信息系统的功能结构和流程有着影响作用，必须充分进行考虑和权衡才能确定系统的功能及其构成方式。

一般而言，建立物流中心信息系统要从如下 4 个方面来加以考虑：物流中心类型，将影响物流中心的功能范围；物流中心所提供的各项功能、服务，亦即其所具备的各项机能，将影响物流中心作业内容；物流中心作业项目的分类、作业阶段的划分，将影响信息系统架构的划分及模块的形成；物流中心管理方式、方法的不同，将影响实施信息系统的操作、设计、分析方法的不同与实用与否。这些信息系统架构建立的影响因素如图 10 - 2 所示。

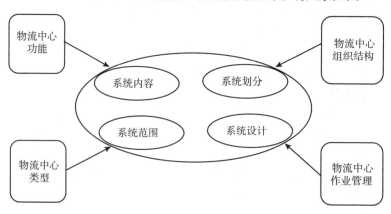

图 10 - 2　物流中心管理信息系统影响因素

10.2.2　物流中心管理信息系统建设目标

物流中心管理信息系统的建设应能充分体现现代管理思想与方法、先进信息技术的综合运用，应能充分实现信息资源的共享和企业资源的集成，具有良好的开放系统结构，能够连接外部系统并且安全可靠。具体来讲，总体目标如下。

（1）应当是一个供应链级的集成系统。通过该系统，应该可以把以物流中心为核心的供应链上的上、下游合作伙伴连接在一起，实现业务流的集成（包括信息流、工作流、资金流等内容）。

（2）应当是一个企业级的集成系统。在横向上，以生产运行管理为中心，以计划管理为龙头，通过统一的计划和控制使公司的生产运行、物资供应、财务和人事等部门协同运作；在纵向上，应当集成经营计划、作业计划，通过这几个层次计划的统一，使公司的经营目标层层细化、滚动运作、分步实现。

（3）应当为物流中心各工作部门提供办公自动化环境，以提高各部门协同工作的整体效率。

（4）应当实现与集团内部相关部门及外部 Internet 的连接。

（5）信息管理系统提供多种业务受理方式，除了 Internet 这种远程受理方式外，还包括电话、E-mail、传真、终端机、触摸屏、手机短消息等各种受理的方式。

物流中心管理信息系统是一个广域的系统集成，是物流中心信息管理的发展方向。它应有利于在供应链上的上、下游客户之间建立一种战略的合作伙伴关系。信息系统的建设决定信息传递效率，而信息传递效率直接影响物流中心的服务水平，物流中心的服务水平又决定了物流联盟的竞争力。因此，在合作伙伴之间建立管理信息系统是物流中心发展必经之路。物流中心管信息系统建设总体目标可分为两个阶段。

第一阶段——内部信息系统建设阶段。这个阶段主要实现内部信息的互动和有限信息的外部共享。具体地说，就是针对物流中心的各项作业和各项事务管理，建立完整的信息处理系统、管理支持系统、办公自动化系统和决策支持系统；同时，为外部客户提供简单的查询服务支持。当然，在这个阶段的建设中，最主要的是要预留信息系统的拓展空间，以利于物流中心整个商务网络信息系统的建立。

第二阶段——物流中心商务平台建设阶段。本阶段主要任务是将信息系统延伸到所有合作伙伴处并建立电子商务平台，为上、下游客户提供完整的服务，如网上查询、网上报价、网上交易和网上支付等功能。这是以物流中心为核心，建立一条物流供应链的重要阶段。

10.2.3　物流中心管理信息系统建设原则

1. 规模适度原则

所谓规模适度就是根据物流中心的规模和自身发展需要确定信息化目标，根据自身特点制订合适的信息化规划。

2. 整体规划原则

从一个物流中心发展来看，信息化建设应该是一个长远的、完整性的规划，因此物流中心在进行物流管理信息系统规划时，应该制订一个切实可行的长期规划、中期规划、近期规划。

3. 分步实施原则

分步实施就是要根据物流中心的发展与需要，分步骤地实施各子系统。物流中心在进行系统开发时，尽量采用面向对象法开发系统，根据需要，根据轻重缓急，可以一个一个子系统开发使用，从局部到整体。这样物流中心可以随时增加子系统模块，同时有利于企业资金的运作。

4. 系统集成原则

系统集成有两层意思：一是信息系统中，要求数据具有较高的独立性和易扩展性，并使各个系统模块或用户能够充分共享，由此获得一个高效的管理信息系统；二是信息系统应该具有良好的接口和易扩展性。

5. 长远战略原则

物流中心管理信息建设项目，是一个长远战略，强调的是终身服务。因此，物流中心管理信息建设是一个只有起点而没有终点的过程，一旦踏上信息化的道路，伴随着物流中心的发展，信息系统建设也将不断地深化和升级，信息化的应用也将逐渐成为物流中心有机整体的一个重要组成部分，中途的停顿或放弃，均将对物流中心造成无可挽回的损失。

10.2.4 物流中心管理信息系统推进层次

物流中心信息化历史比较短，基础薄弱，其信息系统建设需循序渐进，不可能一步到位。综观物流中心信息化发展过程和趋势，可以看出物流中心管理信息系统推进层次如图10-3所示。

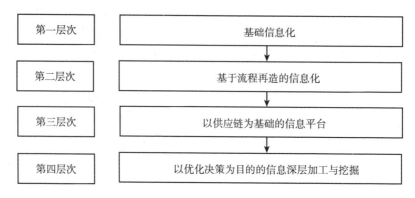

图10-3 物流中心管理信息系统建设推进层次

第一层次：基础信息化，即主要解决信息的采集、传输、加工、共享问题，从而提高企业决策水平和产生效益，其主要作用体现在信息系统提高了效率，规范了管理。当前我国大部分中小型物流中心信息信息化还处于起步阶段，其信息化水平还处于这一层次，即使一批大型物流企业也不例外。

第二层次：基于流程再造的信息化，即将系统论和优化技术用于物流的流程设计和改造，融入新的管理制度之中，其作用在于固化新的流程、管理制度以及在规定的流程中提供优化的解决方案，例如仓储优化，运输路径优化等。当前一小部分物流中心已在涉及流程改造的信息化中获得成功。

第三层次：以供应链为基础的信息平台，即通过与客户的信息系统对接，形成以供应链为基础地高效、快捷、便利的信息平台，提高快速反应能力，使信息化成为提高整个供应链效率和竞争能力的关键工具。当前我国一些在信息化走在前列的大型物流中心已经关注此层次并在采取相关措施。

第四层次：以优化决策为目的的信息深层加工与挖掘阶段，其目标是把信息变为知识，提供决策依据。这个层次是所有物流中心信息化发展的最终目标。

物流中心管理信息系统的四个层次需求是由浅入深的，后一层次往往以前一层次的基础为起点。

10.2.5 物流中心管理信息系统开发方法

1. 结构化系统开发方法

结构化系统开发方法是比较经典的一类系统开发方法，在20世纪70年代，该类方法非常盛行，在信息系统的开发上取得了较好的效果。该方法强调从系统的角度出发来分析问题和解决问题，面对要开发的系统，从层次的角度，自顶向下分析和设计系统，认为任何系统都有一个从发生、发展到消亡的生命周期，新系统是旧系统的继续。开发过程强调严格的规范管理，工作文档要成文、要标准。目前，该类方法仍不失为一种有效的方法，不过在开发工具上有了很大的革新与进步；在整体的系统开发上讲究与其他方法的结合，多种方法共同使用来开发信息系统。

2. 原型法

原型法（Prototyping Approach）的基本思想是 1977 年开始提出来的，它试图改进结构化系统开发方法的缺点，由用户与系统分析设计人员合作，在短期内定义用户的基本需求，开发出一个功能不十分完善的、实验性的、简易的应用软件基本框架（称为原型）。先运行这个原型，再不断评价和改进原型，使之逐步完善。其开发是一个分析、设计、编程、运行、评价多次重复、不断演进的过程。

3. 面向对象方法

面向对象方法是从 20 世纪 80 年代各种面向对象的程序设计方法，如 Smalltalk、C++等逐步发展而来的，起初用于程序设计，后来扩展了系统开发的全过程，出现了面向对象分析和面向对象设计。面向对象方法是一种认识问题和解决问题的思维方法，它把客观世界看成是由许多不同的对象构成的。对象是一组属性和方法的集合，对象之间通过消息进行交叉。在面向对象的系统中，可把系统中所有资源（如系统、数据、模块）都看成是对象，每一对象都有自己的运动规律和内部状态。不同对象间的相互联系和相互作用构成了完整的客观世界。

4. 计算机辅助系统开发方法

计算机辅助系统开发（Computer Aided Software Engineering，CASE）方法是运用计算机软件工具辅助系统开发的一种方法。严格地讲，CASE 方法只是一种开发环境而不是开发方法，具体开发时，仍需与其他方法结合。CASE 方法采用的软件工具有以下几个：

- 查询语言，指用来从数据库中检索数据的高级语言；
- 报表生成器；
- 图表软件；
- 决策支持系统生成器；
- 应用软件包等。

10.2.6 物流中心管理信息系统开发步骤

1. 可行性研究

以信息技术为工具的管理信息系统在开发之前，为了减少和避免决策上的失误所造成的人、财、物等方面不必要的损失，事先必须组织对物流中心有实际工作经验的领导和管理人员，对拟开发的管理信息系统的主要问题从技术、经济和管理三方面进行全面的、深入的调查、研究、分析和比较，对新建或者现行的管理信息系统就管理上需不需要、资源上有没有条件、经济上值不值得等问题进行论证，提出若干个可行方案，并向决策者推荐其中投资少、进度快、效益高的最佳方案，这就是系统可行性研究。

因此，系统可行性研究的作用主要表现在以下四个方面。

- 确定系统开发的依据。
- 筹集资金的依据。

- 与有关单位或人员互订协议。
- 系统验收的依据。

因此，系统可行性研究需要研究的问题主要有：开发的目的、新系统的定界、开发所采用的技术规范、开发的时机和所需要的时间、开发的方式、系统平台的初步设计方案、需要的投资总额和投资的时间、费用及预计产生的效益，并给出开发的方案，提交给物流中心决策者决策。在研究中，还要研究开发物流中心管理信息系统是否对现有的管理模式有影响，若现行模式不满足物流中心管理信息系统开发的要求，则应该提出解决的方案。

2. 系统分析

系统分析的主要任务是在详细调查的基础上，通过对现行系统详细调查资料的分析，分析企业生产经营管理工作及用户的需求、企业战略发展的要求，从数据和功能上，进行抽象，从而确定新系统的逻辑模型。

系统的逻辑模型描述新系统为用户"做什么"，用"什么"去做，前者即为功能，后者即为结构。它一般不涉及新系统的物理细节，即"如何去做"等问题，其工作与系统运行的平台关系不大。由于逻辑模型设计不涉及或涉及较少的具体物理设备和软件，只设计出系统的逻辑构造，设计出各构造成分应该做什么、完成什么任务，而不考虑每一个构造成分由什么物理设备构成，每一项任务由什么设备实现和实现的方法，所以系统分析工作简化，目标明确，使从事系统分析的人员能纵观全局，抓住关键而不至于陷于细节设计之中。

系统分析阶段的任务是分析业务流程、分析数据与数据流程、分析功能与数据之间的关系、提出分析处理方式和新系统逻辑方案等。

3. 系统设计

系统设计阶段的主要任务是针对新系统的目标，依据系统分析阶段所建扩的逻辑结构，确定新系统的软件总体结构和功能模块之间的关系，设计系统实现的物理方案。系统分析阶段解决管理信息系统"做什么"的问题，而系统设计阶段解决管理信息系统"怎么实现"的问题，即系统的"物理模型"，其主要工作内容如下。

1）系统的平台设计

根据系统分析阶段建立的系统逻辑模型，设计系统的平台设计，包括硬件平台和软件平台，提交多个选择方案，供企业决策者决策。在设计时，应该从实用、经济出发，考虑现有平台。

2）软件结构设计与模块设计

根据系统分析阶段建立的功能模型，以及所选系统平台，按照软件工程，对实现功能的模块进行设计，包括模块的分解和调用关系，并对每一个模块进行详细设计。

3）输入输出设计

数据的输入是系统中人机界面的主要部分之一，其手工处理量大，是最易引起差错的关键环节。因此，输入设计的重点是使工作人员操作方便，减少手工作业，避免差错。输入设计的内容包括：输入方式的选择（如键盘输入、读卡机输入、光电输入、GIS 和 GPS 采集等）、原始单据的格式设计、输入数据的错误校验等内容。

4）安全设计

根据业务要求，选择、确定采取合适的安全技术。

4. 系统实施

系统实施阶段包括程序设计、程序和系统调试，新旧切换和系统评价。

1）程序设计

程序设计是工作员相当大的一项工作，一般由多个程序员分别进行。编写计算机程序的依据是程序设计说明书。程序员根据说明书提供的图纸资料和有关的要求、规定来编写程序。程序设计也是一项技巧性比较强的工作，而且程序的语句间有着严密的逻辑性。因此，完成同一功能的程序因人而异，编出的程序大相径庭。一个可读性不强的复杂程序，另一个人来阅读是非常困难的。随着管理信息系统的发展，为了便于系统的维护，有利于发展和扩充，避免因人员变动而引起程序编写和维护的脱节，面向对象程序设计方法得到了广泛运用。

2）程序和系统调试

程序调试包括语法调试和逻辑检查。进行逻辑检查时，需要输入一些数据，这些数据分为有错误的和无错误的两类，用以考察程序的正确性。

（1）功能测试。按功能模块进行调试，这种调试的目的是保证模块内部控制关系的正确和数据处理内容的正确。

（2）系统调试。系统调试包括主控调度程序调试和系统程序总调，检查控制通路和参数传递的正确性，对系统的各种功能使用形态及其组合进行考察。

3）系统转换

系统开发的最后一项工作是新旧系统转换，也叫切换。系统转换的方法有直接方式、并行方式、分段方式和试运行方式。对物流管理信息系统来说采用并行转换比较合理，即让新旧两个系统同时运行一段时间。这种方法一方面可以用旧系统验证新系统的正确性，另一方面新系统还不完善而出现差错时，可由旧系统予以弥补，避免造成损失。

5. 系统维护与评价

1）系统维护

系统的维护作为系统研制生命周期中的最后一个阶段，其主要任务是对系统进行必要的修改和调整，以及对系统的运行状态进行检查和控制。系统维护是指在系统已经交付使用以后，为了改正错误、完善系统或满足新的应用需求而修改系统的过程。严格说来，系统维护工作往往又包括调查、分析、设计、实施等工作，是一个不断更迭的活动。系统的维护可能需要修正数据或改变软件。修正数据常常由环境的改变引起，首先要修改或更换训练集，然后重新训练和评估。改变软件可能是改变界面、程序或系统结构本身，如果系统结构本身发生了改变，有必要重复部分设计工作和大部分实现工作，以重新建立起一个满足系统需求的系统。

2）系统评价

除了在系统的可行性研究阶段，对新系统作出技术、经济、管理上的研究外，其他各阶段在完成阶段任务时，提出了系统相应要达到的指标。待系统研制成功运行之后，为了检验系统是否已达到预期目标和对系统有更进一步的了解，还需对系统做现实的评价。

10.3　物流中心管理信息系统功能设计

10.3.1　物流中心管理信息系统总体功能

对于现代物流中心而言，信息系统的功能不再只是处理作业信息，而是进一步向业绩管理和决策支持分析等高层次发展。根据一般性物流中心业务和功能需求，按照功能之间的相关性、涉及的作业内容的相关性及作业流程的相关性，将物流中心管理信息的子系统分为：销售出库管理子系统、采购入库管理子系统、库存管理子系统、运输配送管理子系统、财务管理子系统、运营绩效管理子系统和决策支持等，如图 10 - 4 所示。每个子系统又由若干作业处理模块组成，它们协同运转，实现物流中心作业的各项机能，完成物流中心系统目标。各子系统的信息关联如图 10 - 5 所示。

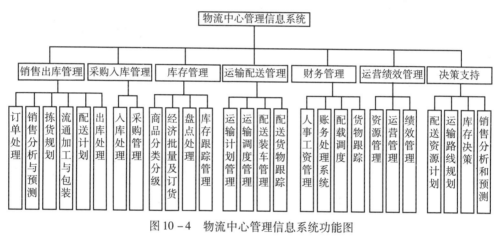

图 10 - 4　物流中心管理信息系统功能图

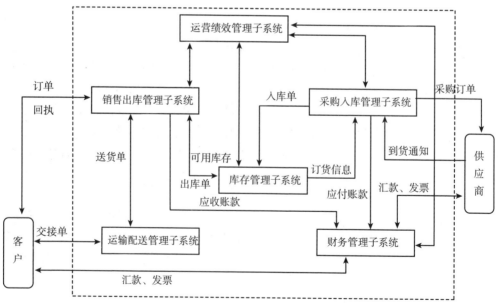

图 10 - 5　物流中心管理信息系统关联图

10.3.2　销售出库管理子系统

销售出库管理子系统是配送中心信息管理的中心之一，它所涉及的对外作业主要是从客户处取得订单、进行订单处理、拣货管理、出货准备到实际将商品运送至客户手中为止，均以对客户服务为对象。销售出库管理系统包括：订单处理系统，销售分析与销售预测系统，拣货规划系统，包装、流通加工规划系统，派车计划，仓库管理系统，出货配送系统，应收账款系统。其信息流程如图 10 - 6 所示。

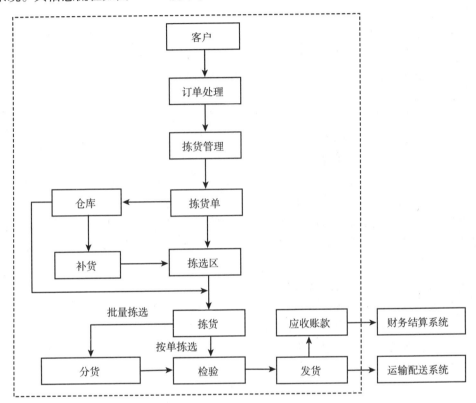

图 10 - 6　销售出库管理系统信息流程

1. 客户信息管理

客户信息管理以配送客户的基本资料管理为主，并根据配送作业所需，建立如下相关客户信息。

（1）客户配送区域划分。根据地理和交通路线特性将客户分类到不同的配送区域。

（2）配送车辆选派。根据客户所在地点和交通限制状况，选派适合该客户特点的配送车辆类型。

（3）卸货特征说明。说明客户的建筑环境（如地下室、高楼层）和设施不足造成卸货困难的情况。

（4）收货时间说明。说明有无收货时间上的特别要求。

2. 订单处理

订单处理包括自动报价和接收订单，自动报价系统需要输入的数据包括客户名称、询问商品的名称、商品的详细规格、商用等级等，然后系统根据这些数据调用产品明细数据库、客户交易此商品的历史数据库、对此客户报价的历史数据库、客户数据库、生产厂商采购报价等，以取得此项商品的报价历史资料、数量折扣、客户以往交易记录及客户折扣、商品供应价等数据，再由配送中心按其所需净利润与配送成本、保管成本等来制定估价公式并计算销售价格。接着由报价单制作系统打印出报价单，经销售主管核实后即可送予客户，报价单经客户签回后即可成为正式订单。

在订单资料输入计算机之后，如何有效地汇总和分类，是拣货作业和车辆选派的关键。因此，其中有一些重要信息必须掌握。这些信息包括以下几个方面。

（1）预定送货日期信息。确认客户对送货时间的要求，并依据此作为订单处理批次分类的依据。

（2）订单状态信息。订单进入物流中心存储后，其处理状态将一直随着作业流程的移动而发生变化，因此，必须有效掌握订单处理的状况。一般可将订单处理状态分为输入、确认、批次汇总、发货指令、拣货、装车、客户验收签字和完成确认等。

（3）订单汇总信息。物流中心存储因订单数量多、客户类型等级多，并且以每天配送次数多为特征，因此，通常需进行订单的分类和汇总以确保最佳的作业效率。

订单分类汇总按不同的作业要求分为单一订单处理；按用户路线特性分批处理；按配送区域路线分批处理；按流通加工要求分批处理；按车辆型号分批处理和批量拣货条件下分批处理等处理方式。

订单处理作业的设计功能要点如下。

（1）所需输入的数据为客户资料、货品规格资料、货品数量等。

（2）订单号码、日期、报价单号码由系统自动生成填写。

（3）具备按客户名称、编号、货品名称、编号、订单号码、订货日期、出货日期等查询订单内容的功能。

（4）具备客户的多个出货地址记录，可根据不同的交货地点开立发票。

（5）可查询客户信用、库存数量、设备工具的使用状况、人力资源分配。

（6）满足单一订单或批次订单不同需求的功能。

（7）具备客户最近报价日期、最近订货数据等查询该客户的报价历史、订购出货状况和付款状况等资料，作为对客户进行购买力分析与信用评估的依据。.

3. 发货计划管理

发货计划管理是指以客户预定送货日期为主依据，综合库存量和紧急发货情况，进行商品库存分配及配送资源和车辆的分配。

4. 拣货与包装加工

拣货与包装加工作业是指根据客户订购内容作出货前的准备工作，通常由仓库管理员或生产工作规划人员来使用。管理人员在一定时间调用此系统，输入配送日期或包装、流通加工日期后由计算机自动检索订单数据库、库存控制数据库、设备调用数据库、工具调用数据库、人力资源调用数据库、自动拣货机数据控制对照数据库、拣货产能调用数据库、自动包装机数据控制对照数据库、包装材料数据库、包装标准数据库、流通加工标准数据库、包装产能调用数据库等，来计算工作需求、人力需求和库存量需求等，以便制作拣货规划报表、包装流通加工规划报表、批次拣货调度报表、批次拣货单、订单式拣货单、客户地址标签、包装流通加工批次规划报告、包装流通加工批次调度报表、批次包装流通加工单、订货式包装流通加工单、机器设备调度报表、人力规划报表、补货调度规划报表、补货批次调度报表、库存取用统计表、自动拣取设备拣货报表、拣货差异分析、自动包装设备包装流通加工报表、库存取用统计表、自动拣取设备拣货报表、拣货差异分析、自动包装设备包装流通加工报表、包装流通加工、差异分析报表等，作为分派工作的依据及工程进度的管理与控制。拣货人员或包装流通人员领取分派工作单或拣货单时，即根据分派工作单或拣货单进行作业，完毕后将实际作业进度及其他修正数据输入各数据库，作为拣货流通加工数据库、包装流通加工数据库及订单数据库中拣货、包装流通加工需求、库存量的减项，并打印各类实际工作报表。商品经拣取、包装、流通加工后即可集中在出货区内准备装车配送。

5. 商品管理

它是协助销售主管了解消费者对商品的偏好趋势。一般只需按需求输入查询即可。常用的商品管理报表包括商品销售排行表、畅销品及滞销品分析表、商品周转率分析表、商品获利率分析表等。

6. 折扣促销作业

物流中心存储因下游零售商的销售策略，而有配合地进行折价、促销活动。

7. 换货退货作业

换货退货的功能是对满足换货、退货条件的商品进行换货、退货作业。在进行该功能模块设计时，应注意退货原因的分类、退货客户的统计、退货的分类处理及再入库等问题。

8. 客户交易咨询服务

物流中心管理人员或客户可运用该功能模块进行订单执行状态、交易内及相关订单信息查询。

10.3.3　采购入库管理子系统

1. 入库作业处理系统

入库作业处理系统包括预定入库数据处理、实际入库和采购管理作业，其管理信息流程图如图 10-7 所示。

供货商管理包括供货厂商的基本资料、交易形态（如买断、代理、委托配送等）、交货方式、交货时段和信用额度等基本信息的管理。

2. 采购计划管理

采购计划管理的主要任务是用来生成物品采购计划（包括商品规格数量、交易条件和预定交货日期等基本信息），供物品采购者使用。其主要功能有计划编制和选择、计划审核、查询修改及报表打印等。

3. 采购合同管理

采购合同管理的主要任务是用来管理物品和设备的采购合同，其主要功能有合同生成、合同录入、查询修改、合同审核、合同处理及报表打印等。

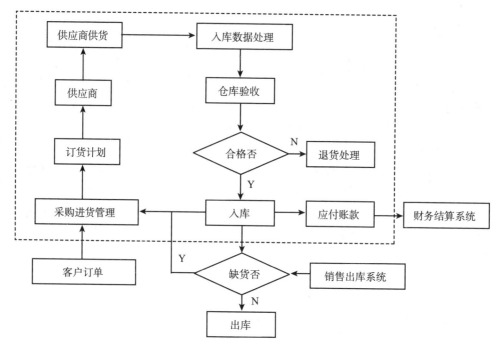

图 10 – 7 采购入库管理系统信息流程

4. 进货作业管理

进货作业管理包括按采购单进行进货验收、进一步管理要求和物品的入库等工作。

1）预定入库数据处理

预定入库数据处理打印的定期入库数据报表，为入库站台调度、入库人力资源及机具设备资源分配提供参考。其数据来自采购单上的预定入库日期、入库商品、入库数量等，供应商预先通告的进货日期、商品及入库数量。

2）实际入货作业

实际入库作业则发生在厂商交货之时，输入数据包括采购单号、厂商名称、商品名称、商品数量等，可按入库采购单号来查询商品名称、内容及数量是否符合采购内容，并用以确定入库站台。然后由仓管人员指定卸货地点及摆放方式，并将商品叠于托盘上，仓管人员检验后将修正入库数据输入，包括修正采购单转入库存入库数据库并调整库存数据库。退货入库的商品也需检验，可用品方可入库。这种入库数据既是订单数据库、出货配送数据库、应收账款数据库的减项，还是入库数据库及库存数据库的加项。商品入库后有两种处理方式：立即出库或上架入库再出库。对于立即出库，入库系统需具备待出库数据查询并连接派车计划及出货配送系统，当入库数据输入后即访问订单数据库取出该商品待出货数据，将该数据转入出货配送系统，并修正库存可调用量。对于上架入库再出库，入库系统需具备货位指定功能或货位管理功能。货位指定功能是指当入库数据输入时即启动货位指定系统，由货位数据库、产品明细数据库来计算入库商品所需货位大小。根据商品特性及货位存储现状来指定最佳货位，货位的判断可根据诸如最短搬运距离、最佳储运分类等法则来选用。货位管理系统则主要完成商品货位登记、商品跟踪并提供现行使用货位报表、空货位报表等作为货位分配的参考。也可以不使用货位管理系统，由人先行将商品入库，然后将存储位置登入货位数据库来查询商品所在货位、输出的报表包括货位指示单、商品货值报表、可用货位报表、各时间段入库一览表、入库统计数据等。

货位指定系统还需具备人工操作的功能，以方便仓管人员调整货位。还能根据多个特性查询入库数据。商品入库后系统可用随即过账的功能，使商品随入库进入总账。

5. 采购时间管理

采购时间管理的主要任务是对采购物品、交货时间和预定交货期的准确性进行管理。

6. 货源与报价管理

货源与报价管理的主要任务是对货品来源、替代品和厂商报价等记录作定期维护管理。

10.3.4　库存管理子系统

库存控制系统主要完成库存数量控制和库存量规划，以避免因库存积压过多造成的利润损失。它包括商品分类分级、订购批量及订购时点确定、库存跟踪管理和库存盘点作业。前三者只需读取现有的数据文件，如库存数据库、货位数据库、厂商报价数据库、采购批量计算公式数据库等，来做内部运算。

1. 分类分级系统

分类分级就是按商品类别统计其库存量，并按库存量排序和分类作为仓库区域规划布置、商品采购、人力资源、工具设备选用的参考。商品分类分级还可按商品单价或实际库存金额进行排序。此系统主要是以商品为主体生成各种排序报表。

2. 订购批量与时点确定系统

由于采购时间和采购数量会影响资金的调用及库存成本，因此采购前就需要制定商品经济采购批量及采购时间。这就需要系统访问产品数据库、厂商报价数据库、库存数据库、采购数据库等来获得商品名称、商品单价、商品现有库存量、采购提前期及运送成本等数据来计算经济订购批量及订购时点，也可通过诸如安全库存量、经济采购量等其他方法来完成。系统要输入的数据为商品名称，并需要其他文件，如厂商报价数据库、库存数据库、采购数据库和运送成本数据库等；主要输出报表包括商品安全库存报表、商品经济批量报表、定期采购点查核报表、定期库存员统计报表等；此外，还需建立采购量及采购时间数据库。

3. 库存跟踪管理系统

库存跟踪管理系统主要是延续入库作业处理中货位的管理，该系统不需输入太多的数据，主要是从现有的数据库中调用现有库存的存储位置、存储区域及分布状况，或由库存数据库中调用现有库存数据查核库存量等，系统主要生成的报表包括商品库存量查询报表、商品货位查询报表、积压货存量或货位报表等。

4. 库存盘点作业

库存数量的管理与控制及货位的管理等作业依赖于库存数据和货位数据的正确性，因此需要盘点作业。一般有两种盘点方式：定期盘点及循环盘点。定期盘点作业系统主要包括定期打印各类商品报表，待实际盘点后输入实际库存数据并打印盘盈盘亏报表、库存损失率分析等报表。定期盘点以季、半年或年度为盘点时段。循环盘点则在普通工作日针对某些商品进行盘点。仓库管理员在盘点前调用盘存清单打印系统，输入某类商品或某仓库名称、仓库某区域名称，此时系统调用库存数据库或货位数据库来检索商品储放位置及数量或该区域所有商品的库存数及货位数据，打印盘点清单。然后仓管人员持该清单会同会计人员进行实际盘点，将盘点误差修正在盘点清单上，盘点后可将此数据由盘点数据库维护系统输入库存数据库与货位数据库。此外，盘点还可由仓管人员会同会计人员以手持式数据收集设备现场收集库存数据，当某一区域盘点完毕或数据集满后返回办公室将数据输入计算机中，以批量方式修正库存数据库；或采用射频数据收集设备，在盘点的同时交数据同步传回计算机加以处理。若采用这些设备，系统需具备数据接收、传送、转换等功能。最后，可由盘点报表打印系统打印盘盈盘亏报表、库存损失率报表、呆废料盘存报表等。

库存控制系统必须具备按商品名称、货位、仓库、批号等数据分类查询的功能。并没有定期盘点或循环盘点时点设定功能，使系统在设定时间自动启动盘点系统，打印各种表单协助盘点作业。当同一种商品有不同存储单位时，系统应具备存储单位自动转换功能。在移库整顿或库存调整作业时，系统需具备大量货位及库存数据批量处理功能。

10.3.5 运输配送管理子系统

以流通的观念来看，配送是指将客户订购的商品，使用一定的运输工具从产地或存放地送至顾客手中的活动，而中间可能是从制造商的仓库直接运给客户，也可能再通过批发商、经销商或由物流中心转送至客户。主要目的在于克服供应商与消费者之间空间上的距离。

配送作业管理可变因素太多，且各因素之间往往又相互影响，常见问题表现为：

- 从接受订货至出货周期过长；
- 难以制订准确的配送计划；
- 配送路径选择困难；
- 配送效率低；
- 配送业务的评价指标不明确；
- 运输配送过程中存在损毁与遗失风险；
- 难以了解和监控配送在途情况。

因而如何有效管理配送作业至关重要。配送管理子系统主要用于与出库商品实际的运输交付过程相关的派车、配载、运输、签收等作业活动的管理，其主要功能模块包括配送计划管理、车辆调度管理、配送装车管理、在途监控管理、配送签收管理。配送管理系统主要功能模块如下。

1. 配送计划管理

该模块根据订单内容，即由物流中心存储管理人员（配送业务员）根据订单数据将当日预定出货订单汇总，查询当前车辆信息表、车辆调用信息表、客户信息表、地图信息表等，先将客户按其配送地址划分区域，然后统计该区域出货商品的体积与重量，以体积或重量最大化等条件为首选配送条件来分配配送车辆的种类与数量。随后查询外协车辆信息表、自营车队调用信息表、设备调用信息表、工具调用信息表、人力资源调用信息表来制订出车批次、装车计划及配送调度计划，并打印配送批次规划报告、配送调度报告等。配送调度报告包括装卸平台、机械设备、车辆、装车搬运人力、司机分配等报表。自动规划的配送计划可以进一步进行人工修改，修改后的数据即转入出货配送信息表，并作为车辆、装卸平台、设备、人力分配计划基础数据。

配送计划管理模块各功能之间的关系及处理流程如图 10-8 所示。当日订单信息的汇总结果经过订单整合功能处理，按到货时间、目的地、所在线路、商品属性等条件进行归类、排序后，分别计算不同商品的容积及各种包装物的容积、现有车辆运输能力，从而可以自动得出一个初始的装车计划与装箱单、货运清单。自动产生的装车计划可以进行人工方式的再次修改，从而产生最终的车辆需求计划作为车辆配载模块的输入。

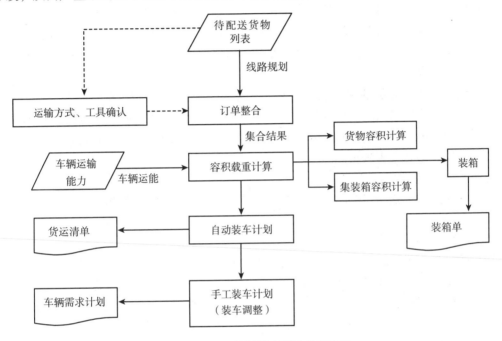

图 10-8　配送计划管理模块处理流程

1）代运管理

当用户选择的运输方式为代运时，由物流中心委托其他运输企业对商品进行运送。该功能模块负责对代运委托单据、货运提单、到货记录、客户取货记录的管理。

2）配送路线规划

配送路线如何选择以决定最佳配送顺序往往会影响整个配送作业的效率。IBM 公司开发的 VSP（Vehicle Scheduling Problem）系统，可以利用数值计算的方式由计算机来寻找最短运行路径，该系统的设计原则为以循环配送来产生缩短值。一般性的设计思想是在得到订单中商品运输的目的地信息后，按最快速度送达目的地为原则设计路径，即根据各点的位置关联性及交通状况来做路径的选择规划。除此之外，还必须考虑某些客户或其所在环境有送达时间的限制，例如，某些客户只在特定时间收货，或是某些城市个别道路在尖峰时间不准卡车进入等，都必须尽量在选择路径时避开。

3）订单整合

为让整个配送有一个可遵循的基础，物流中心通常会首先根据订单中客户所在地点的远近、关联状况做一区域上的基本划分，例如西北、华北、东北等；其次，当订单中商品性质差异很大，有必要分批配送时，则须根据各订单中商品的特性做优先级的划分，例如，生鲜食品与一般食品使用不同的运输工具，须分批配送；另外，客户订单下达时间的先后顺序也是考虑因素之一。

4）装车计划

该项功能包括两个基本部分：车辆的安排，即分配何种车型、使用自备车辆还是使用外单位车辆等；车辆装载方式。

对于车辆安排，须从客户要求、车辆状况及运输成本三方面综合考虑。在客户要求方面，需按照客户的订货量、订货体积、重量，而且要考虑客户目的地的卸货特性限制；在车辆方面，要知道到底有哪些车辆可供调派，以及这些车辆的载货体积与重量限制；从成本角度看，必须根据自备车的成本结构及外雇车的计价方式来计算选择哪种方式较为划算。综合以上三方面的信息后，才能作出最合适的车辆安排计划。

对于装车方式，一般的原则是根据客户需求的配送顺序先后，将商品按"后到先上"顺序装车。有时为了最大限度地利用装载空间，可能还会考虑物品本身的性质（怕震、怕撞、怕湿）、形状、容积及重量来做弹性调整。此外，对于这些出货品的装卸方式也有必要按物品的性质、形状等来决定。

2. 车辆调度管理

该模块完成对车辆和司机的任务分配，主要包括车辆调度、车辆编号编组、司机配置三个功能。

1）生成派车单

客户的订单在最终确认之后，承运人就要按照客户的要求进行派车。派车单管理的主要功能有派车单录入、修改、查询。派车单是由客户订单的相关信息、运送货物信息以及车辆信息经过匹配加工组合而成的。一个订单可能对应多个派车单，一个派车单也可以完成多个订单的运输任务。派车单由配送业务员下达给签有运输合同的运输人。

2）车辆编号编组

按订单整合的结果对配送计划进行手工调整。在车辆指派的基础上根据配送路线、配送优先顺序等条件对其进行编组，并记录编组信息。

3）司机配置

根据当前司机信息指派空闲的司机给已确定的配送车辆，并记录指派结果。司机及随车人员的调派最好能考虑司机的工作能力、体力、以往的工作量及曾经配送的区域范围，以便于更有效地安排配送人员。

4）生成监控计划

在配送业务中，为了能使货物及时、完好地运抵目的地，除了在派车环节进行合理的车辆调度外，货物在途的监控也必不可少。能否实施有效的监控也是客户评价物流服务提供商服务质量的一个重要指标。因此，拟订一个合理有效的监控计划是整个监控环节的首要任务。目前，一些先进的科技手段应用到配送业务中，使得实时的监控成为可能。

根据派车单上的信息如起始城市/地点、终点城市/地点、运输方式，结合地理信息系统提供的路线建议，拟订监控计划（即预计什么时间，到达什么地点）。

配送业务员可以在系统推荐的监控计划的基础上拟订最终的监控计划。监控计划的拟订方式有两种：按地点进行监控和按时间点进行监控。按地点监控这种方式是根据运输线路的规划，将一些重要的途经城市/地点设定为监控计划的监控点，在运输车辆途经或到达这些预定的监控城市/地点时，司机需要反馈到达时间及当时的运输情况和货物状况，由系统记录反馈的情况，比较监控计划的预定到达时间以及任务完成情况，并结合实际情况帮助管理人员作出进一步的安排或调整。按时间点监控的方式，是以设定时间间隔的方式来定时监控货物在途情况，这些定时监控的时间点也就是监控计划的监控点，当到预定时间点时司机反馈到达的地点信息及当时的车况和货物状况，以此实现按计划地在途监控。

3. 配送装车管理

根据物流中心存储的出库单，生成货物装车明细清单，并投运输保险。配送装车管理主要包括货物装车和运输投保两大部分。

1）货物装车

派车单和拟定的监控计划下达后，承运人就要根据客户的要求和具体情况装车，在出库单上记录货物装车明细信息。同时，记录实际装货数量，作为到达卸货点交割的依据；记录提送费、装卸费、搬运费、运输费、保险费及其他费用，作为与客户结算的依据。

2）运输投保

根据实际装货数量和单价填写投保单明细，为客户货物代投保。对于运输人投的保险，如果由运输人支付保险费，在系统中只做备注。投保单的内容主要包括投保人、保险人、投保项目、投保货物信息、投保金额、保险费率、保单状态、经办人、投保日期、回复日期等信息。

4. 在途监控管理

中途运输管理环节主要包括在途监控、事故处理、在途货物装卸三部分内容。

1）在途监控

根据监控计划中设定的沿途监控点，对一个车次进行全方位跟踪，记录每个路段的具体信息，包括计划到达时间、实际到达时间、实际行驶里程、路段费用情况。在系统中，可以根据需要增加新的监控点（重大事件记录点），记录运输过程的各种情况。

2）事故处理

在运输过程中，如果发生意外、需要拖运或者换车，司机应及时向总部调度或配送业务员反馈情况以决定下一路段是否能继续运输。中途发生意外（指车祸、雨雪等不可预知的情况）时，该系统记录发生的时间、地点，并记录货物破损的明细。中途需要拖运时，该系统记录拖运工具的车牌号、开始时间、结束时间、起点、终点、费用、里程。中途需要换车时，后续运输有两种方式，其一是本车次的运输人自己组织替换车辆、支付替换车辆的运费，将货物运达卸货点后，记录换车后的车号、司机姓名及各车货物的明细，到货交接仍是原运输人；其二是向承运人求援，由承运人重新组织车辆，完成剩余的运输任务。第二种方式要结束原运输人的运输车次，记录扣款金额；承运人重新组织的车辆，按新派车单的要求，到中途接管全部出库单，清点货物，运输到约定卸货点；如果新组织的车辆是多台，则要在派车单中分割原来装在一台车上的货物，但出库单号不变，出库单的实发数量是实际从故障车上分装的数量。

3）在途货物装卸

沿途有装货和卸货时，记录沿途所发生的货物装车与卸货起止时间。

5. 配送签收管理

运输车辆按派车单要求，将货物运至目的地，收货人核查实际到货数量，确认并签收。签收单是收货人对所到货物的实际情况进行验收记录的单据，同时也是运输人向承运人出示的货物运抵凭证。

签收单记录卸车货物名称及其数量，如果少于出库单的实发数量，一般由运输人赔偿，能确认在下一次运输时补齐的，可以在货物补齐后，再更新相关单据的完成标志；如果收货数量大于出库单的数量，要将多余货物退回给客户，或由客户补开出库单，也可以用于补齐以往的拖欠数量。

进行联运时，货物只是交割给下一运输人，由下一运输人或其后的运输人根据承运人新派车单的要求交给收货人。

10.3.6 运营绩效管理子系统

运营绩效管理子系统通过与仓储管理系统、配送管理系统及财务结算管理系统的交互取得运营绩效信息，此外，也可从外部获得各种市场信息来制定并调整各种运营政策，而后将政策内容及执行方针通知各个业务部门。运营绩效管理系统由三部分组成：资源管理、运营管理及绩效管理。

1. 资源管理

在物流配送系统中，运输配送是涉及影响因素最多的环节，包括客户、合同、运输人、车辆、司机、道路、货物、保险、运费等信息。该模块实现对上述资源的统一管理。其中，合同管理主要包括合同输入、合同查询、合同审核、合同延期、合同预警等功能；车辆管理包括车辆基本信息输入查询、规费支出、车辆保险、车辆年审、保养小修、交通事故、大修及报废、月度绩效、收支平衡等功能；司机管理包括司机基本信息输入查询、个人借款、违章记录、驾照年审、月度绩效、收支平衡等功能。

2. 运营管理

运营管理模块通常由物流中心较高层的管理人员使用，主要是用来制定各类管理政策，如车辆设备租用政策、采购计划、销售策略计划、配送成本分析、运费制定、外车管理等，偏向于投资分析与预算预测。

1）车辆设备租用政策

物流中心可执行两种不同的配送政策：使用本单位自有车辆来配送，或雇用外单位车辆配送。在两种政策的选用上，基本上考虑两点：车辆的管理方便与否，资金投入金额大小及成本效益。该模块利用现有系统数据，如配送需求统计、车辆调派信息表、人力资源的利用率等信息来作为车辆采购或租用车的分析基础。决定采用外车情形下该模块也可设计成对不同租用方案的选用分析，如采用车辆租赁公司专车配送或雇用货运公司只做单程单一批货的配送，是否租用个人货车、运费如何计算、各货运公司或个人间如何协调与管理等。而若决定自购货车来进行配送，则可利用各种成本回收方法，如回收年限预估法、净现值法、决策树分析法等来选择最有效益的资金投资及回收政策。

2）销售策略计划

该模块主要是利用销售金额、业务员的销售实绩、商品的销售能力、销售区域的分配状况等数据来做单一物流中心的销售规划，规划的内容可包括所销售商品内容、客户分布区域的规划、业务员销售金额及区域的划分、市场的行销对策制定、促销计划等。

　　3）配送成本分析

　　一般均以财务结算子系统数据作为基础进行物流中心各项费用分析，主要用来反映盈利或资源投资回收的状况，同时也可作为运费制定系统中运费制定的基准。配送成本分析与运费制定模块对以提供仓储存储、管理及配送业务为主的运输型物流中心而言是一个重要的功能，物流中心的盈亏很大程度上依赖于运费，运费是否能够低廉足以吸引客户并且合理地反映应有的成本。

　　4）外车管理

　　该模块用以管理外租车辆，主要内容包括外车租用信息的维护、管理方法的选择分析、配送车辆的调度及排程计划等。

　　3. 绩效管理

　　物流中心存储的经营状况是否良好，除了取决于各项运营管理策略制定的正确性、计划的实际执行效果之外，更在于有良好的信息反馈机制来作为政策、管理及实施方法修正的依据，这也是绩效管理模块存在的主要理由。该模块的主要内容包含：业务人员管理、客户管理、订单处理绩效分析、存货周转率评估及缺货金额损失管理报表、拣货绩效管理报表、包装绩效管理报表、入库作业绩效管理报表、装车作业绩效管理报表、车辆使用率评估报表、装卸平台使用率评估报表、人力使用绩效报表、机器设备使用率评估报表、仓库使用率评估报表、货物保管率评估报表等。

　　1）业务人员管理

　　主要包含业务销售区域划分、销售业绩管理、呆账率分析、票据期限分析等。

　　2）客户管理

　　主要包含客户销售金额管理、客户信用管理、客户投诉管理等。

　　3）订单处理绩效分析

　　主要包括订单处理失误率分析、订单处理时效分析、订单处理量统计分析等。

　　4）存货周转率评估

　　主要包含资金周转率分析与计算、单一物品周转率分析、某一种类产品的平均周转率分析与比较。

　　5）库存保管情况分析

　　物流中心一般会在一定时期进行库存盘点，比较盘盈盘亏并计算报废商品之金额及数量。

　　6）运输绩效分析

　　主要用于提供对运输作业效率的统计和分析。运输绩效为运输业务的预测与决策提供数据依据。运输绩效主要从人、财、物三个方面来考核，并进一步涉及运输规划的合理性及配送时效性等。

　　（1）设备负荷指标。衡量运输设备的总作业量、平均作业量和单位作业量等，考察运输设备的使用情况。

　　（2）运输成本指标（资金绩效）。用于衡量运输成本花费的多寡，主要考核总运输成本、吨千米运输成本、线路成本。

　　（3）人员作业指标。用于评估配送人员的工作分摊（距离、重量、车次）及其作业贡献度（配送量），以衡量配送人员的能力负荷与作业绩效；同时判断是否应增添或删减配送人员数量。主要考核的要素有人均配送量、人均配送车次、人均配送吨千米数等。

（4）配送规划指标。考核配送规划的合理程度，考核的要素有配送频率、积载率、每车次配送重量、每车次配送吨千米数等。

（5）配送时效指标。用于考核配送的时间利用情况、配送是否及时等。主要考核的要素有平均配送速度、配送时间比率、单位时间配送量、单位时间生产率等。

10.3.7　财务管理子系统

该系统主要由财务会计部门使用，对外主要以仓储管理系统产生的物品入库信息查询供应商所送来的应付款单，并据此进行付款；或由销售部门取得出货单、制作应收账款清款单并收取账款。财务系统也可自动生成各种财务报表提供给运营绩效管理系统作为调整运营政策的参考。财务系统与其他系统之间的交互关系如图 10-9 所示。

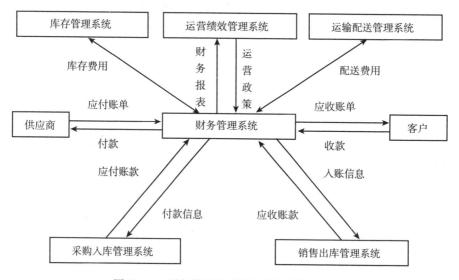

图 10-9　财务管理子系统与其他系统的关系

1. 应付账款管理模块

当采购商品入库后，采购信息即由采购数据库转入应付账款数据库，会计管理人员则在供货厂商开立发票及清款单时即可调用该模块，按供货厂商进行应付账款统计并做核对。账款支付后可由会计人员将付款信息录入系统，更改应付账款表中相应内容。领导人员可使用该模块功能制作应付账款一览表、应付账款已付款统计报表等。

2. 配送费用结算

当商品配送出库后，订购数据即由订单数据库转入应收账款数据库，财务人员于结账日将应收账款按客户进行统计，并打印催款单及发票。发票的打印可以比较灵活，将统计账款总数开成一张发票，或以订单为基础开具多张发票。收到的账款可由会计人员确认并登录，作为应收账款的销项并转为会计收支系统的进项。

3. 工资管理

工资管理模块包含人事信息维护、工资统计报表管理、工资单管理。其中，从运营绩效管理子系统获得业务部门各岗位工作人员工作量统计及绩效考核信息，以此作为工资单管理和编制的依据。

4. 财务报表管理

该模块负责各类财务报表的生成和打印，包括资产负债表、损益表两大财务报表，可以查看任意账务期间的报表，可以进行跨年度查询报表。

5. 费用设置

根据业务需要定制各项费用的名称及计价方式，使得费用名称可与业务单据自由绑定。

10.3.8　决策支持子系统

为使现代物流中心存储具有战略性的竞争力，作为经营策略分析工具的决策支持系统应包括如下几个功能模块。

1. 配送资源计划

在物流配送作业及接单过程中，应对库存量、人员、设备和运输车辆等资源进行确认，必须掌握人员数、车型、载重量、各车的可调度时间和车辆运输时间等信息，从而进行最有效的调度，实现最佳决策支援。

2. 运输路线规划

根据用户对送货的时间要求、客户的地理位置、卸货条件、车辆型号、物流中心仓库位置、可用交通路线和各时间段的交通状况等因素，进行配送车辆指派和运输路线的规划。随着物流信息技术的飞速发展及物流业务的扩展和城市环境的发展，物流中心可应用全球卫星定位系统（GPS）及地理信息系统（GIS）等信息科学技术，实现配送车辆指派和路线规划的最优化。

3. 库存决策系统

要求这个系统以降低库存量为目标，分类分项对物品进行管理，分析制定最佳订货时点、经济订货批量、安全库存量水平和库存周转率，尽量缩短交货的前置时间，并根据品项数据、发货规模和货物性质计算库存量管理水平，实现在有限成本内发挥最佳的管理效益。

4. 销售分析与预测系统

销售分析与预测系统要能分析订单增长趋势、订单季节变化趋势，并对用户的地区、阶层和订购习惯等进行销售分析。此外，还可对未来的需求变化、库存需求、物流成本和投资成本等作预测分析，从而向经营管理者提供决策用的参考信息和依据。

1）销售分析

它主要是为了让销售主管及高层主管对现有销售状况有全面的了解。管理人员可输入销售日期、月份、年度、商品类别、商品名称、客户名称、作业员名称、仓库等数据以查询各个销售资料或销售统计资料。销售分析与销售预测系统只读取文件内容，访问的文件包括订单数据库、出货配送控制数据库、入库数据库等。销售分析与销售预测系统主要有总的商品销售量统计表、年度商品销量统计表、年度及月份商品数量统计比较分析报表、商品成本利润百分比分析报表，并可查询作业员销售业绩及各仓库经营业绩等数据。

2）销售预测

它用来协助高层主管根据现有销售资料来评估配送中心的发展方向，准备未来库存需求量、产能需求及投资成本的需求。基于计算机的预测可提高时效性。销售预测一般可根据作业模式或统计方法实现，包括最小平方法、移动平均法、时间序列分析法、指数平滑法、多元回归分析等。销售预测系统还需将影响销售预测结果的外界数据转换成模型内的参数，并按特定需求查询及打印商品销售预测报表、工具设备需求报表、库存需求报表、人力资源需求报表、成本需求分析报表等。

10.4　物流中心管理信息系统建设对策

物流中心信息化建设迫在眉睫，但信息化建设是一项系统工程，是一个长期、持续改进的过程，因而必须从战略高度上加以规划，并采取相应具体措施。

1. 成立专门机构

物流中心信息化建设要有长期的、独立的组织机构，如信息管理中心。信息管理中心是物流中心管理信息系统的中枢，它既独立于其他业务部门，又要与这些部门有充分的联络与沟通渠道。信息管理中心从其他业务职能部门获得原始数据，并进行汇总、集中分析处理；及时做好信息显示反馈工作，建立各类信息档案；不断完善企业的信息管理系统，为其他部门和企业领导提供决策依据。

2. 选择合适的信息化模式

物流中心信息化有以下几种模式：第一种模式是自己开发信息系统，第二种模式是与IT公司合作开发，第三种模式是选择专业的物流软件公司。大型物流中心可以选择前两种模式。但这两种模式不是直接费用和间接费用太高，进度难以保证，就是要花费大量时间沟通，服务质量得不到保障。较之前两种模式，中小型物流中心最好是第三种模式，但目前我国物流软件供应商的水平普遍偏低，因而物流中心需慎重选择合作伙伴。

3. 加强信息规划咨询服务

无论物流中心选择哪种信息化模式，都离不开咨询服务。物流中心管理信息系统建设初期的总体规划、流程优化、需求定义及项目实施中的需求控制是保证信息系统顺利实施、取得良好效果的关键。此外，物流中心信息系统建设也需要咨询服务。

4. 流程重组与信息化同步

企业业务流程的重组才是信息化的核心。企业信息化和电子商务必然伴随着企业业务流程的重组，业务流程重组必须优于信息化和电子商务实施。我国目前一些物流中心信息化失败的主要原因就在于在推行信息化之前没有重新审查和改造传统的流程，而是用新的、先进的技术去适应旧的管理和生产运作流程，这在很大程度上羁绊了信息化的发展。信息化的本质就是借助技术设备和软件实现企业流程的重组和再造，从而实现降低成本、提高管理和生产效率，最终提高企业经济和社会效益的目的。

5. 注重先进物流技术的应用

信息系统的建立并得以发挥作用是依赖先进的科学技术，包括以下几方面。

（1）硬件方面包括打印机、扫描设备、计算机、自动辨识机、网络设备、自动拣货系统、自动分类系统、手持式终端机、资料收集器等。

（2）软件方面包括网络系统、集中式或分布式数据库处理系统、网络作业方式、信息的通信技术、人工智能、专家系统网络的开放架构及通信协议、电子订货系统（EOS）、电子数据交换技术（EDI）、应用射频技术（RF）、CAD 技术、CAM 技术、CIM 的数据处理、影像的数据处理、GIS 技术、GPS 技术等。

物流中心利用先进的科学技术提高物流的服务质量，降低成本，提高作业效率，改变产业结构，达到企业经营目的，产生新的营运机会。

6. 加速物流信息化标准建立

物流活动包括多个环节，需要物流信息系统像纽带一样把供应链上的各个伙伴、各个环节联结成一个整体，这就需要在编码、文件格式、数据接口、EDI、GPS 等相关方面实现标准化，以消除不同企业之间的信息沟通障碍。物流信息标准包括基础标准、工作标准、管理标准和技术标准及单项标准等。物流信息标准的制定，将使物流中心与客户、分包方、供应商更便于沟通和服务，物流软件也将融入了格式、流程等方面的行业标准，从而为企业物流信息系统建设创造良好环境。

7. 注意信息系统运行的集成化和统一性

物流信息系统是对企业物流、资金流、信息流进行一体化管理的系统，它的应用贯穿物流商务活动的始终，跨越多个职能部门。因此，要充分考虑各个管理部门和作业环节的衔接问题。否则，即使信息系统的各个功能模块在局部上促进了物流作业的自动化和管理效率的提高，但由于各部门之间的信息沟通不畅、传递失真，也会影响整个物流系统效率的提高。

8. 走循序渐进的信息化道路

我国物流企业信息化建设尚处于起步阶段，基础薄弱，加上整个国家的经济体制和结构都处于变动之中，一下子设计出一个成熟的流程是比较困难的。物流信息化的项目投资较大，风险也较大，所以物流中心进行物流信息化建设要从本单位的实际出发，要讲实效，要走循序渐进的道路。

9. 长远规划，注重信息化的整体性与持久性

物流中心信息系统将从简单信息采集、存储、传递、共享的层次过渡到对信息加工、分析、管理、决策的阶段，从实施供应链物流一体化的解决方案中，不仅要实现与客户物流信息的对接交换，而且将延伸到资源（运输与仓储）供应商的数据对接与交换，这样才真正体现物流中心作为一个集成物流供应商的"链主"的地位。因此，物流中心在进行信息化建设时，不仅要满足企业当前发展的需求，更要与企业长远发展战略紧密结合，以适应未来市场和企业发展的需要。物流中心要密切关注信息化技术的发展动向，积极采用国际标准或行业标准，特别是接口部分，以便为以后信息平台的升级和扩展提供较好的技术基础。这就需要企业在进行物流软件系统开发之前就应该对整个系统软件有一个宏观和长远的规划，也就是说要考虑得尽量全面具体，并要充分照顾到企业将来的应用需求以方便软件系统的升级与优化。

10. 共同构筑物流公共信息平台

物流中心必须与服务对象和政府相关职能部门紧密联系，建立物流公共信息平台，实现信息资源的充分共享和交换，是当前物流信息化的核心与关键。物流公共信息平台可有效整合行业旧资源，实现行业资源交互和共享，发挥物流行业的整体优势。它的功能主要包括综

合信息服务、数据交换支持、物流业务交易支持、货物跟踪、行业应用服务托管等。物流企业直接使用物流公共信息平台，可推动现代化物流中心的建立，进一步完善和提升物流行业的产业结构。

1. 简述物流中心信息的特征。
2. 分析物流中心管理信息系统的作用和特征。
3. 物流中心管理信息系统的开发的主要影响因素包括哪些？
4. 分析物流中心管理信息系统建设目标和原则。
5. 物流中心管理信息系统的开发方法主要有哪些？其各具有什么特点？
6. 分析物流中心管理信息系统开发的步骤。
7. 物流中心管理信息系统应包括哪些功能模块？

从上海可的物流中心看信息技术的功力

1. 上海可的物流的变迁

2004 年前，上海可的便利店的物流配送，由光明物流提供的第三方物流完成的，在光明物流的仓库区中占了 1 万 m²；2004 年 1 月 1 日，可的便利从内部组织力量，从光明物流中心接手过来自己经营，成为了上海可的名下的"可的物流中心"，开始独立经营；2004 年下半年，上海可的开始选新址筹建新物流，新物流占地 1 万 m²，货架共五层。新老物流加起来共 2 万 m²，成为可的物流中心的主体，不仅将完成可的 1 000 多家便利门店的配送工作，而且将发展第三方物流。2005 年 3 月，可的新物流中心正式启用。2006 年 6 月 20 日，上海可的冷链物流中心正式启用。

2. 上海可的物流曾经遇到的问题

1）上海可的物流的特点

可的物流中心负责提供上海可的所有物流配送服务，因为可的门店发展速度之快，对物流中心的配送要求也越来越高：

- 配送门店数量多，多达 1 000 多家门店；
- 地理范围广，遍布上海和江浙地区 15 城市；
- 出货金额高，每天 200 万元；
- 出货数量大，高达 2 万箱左右/天；
- 拆零比率大，85% 的商品需拆零配送；
- 送货时效要求高，需 24 h 内送达，至少达到一天一配。

2）几个关键 KPI 指标的"成长"困惑

几个关键 KPI 指标，如库存周转率、分拣错误率、分拣速度、库存损耗率等，在优化到一定程度后，很难再进一步优化。

（1）分拣错误率。拣货员在分拣过程中难免会记错分拣货位与分拣数量，导致分拣错误，理论上来讲，可以通过 100% 复核分拣周转箱来减少分拣错误，但是 100% 复核的成本太高，因此一般企业都只是复核一定比例的分拣周转箱。

（2）分拣速度。要提高分拣速度，人的体力毕竟有限，所以需要通过流程优化、合理库存存储布局、最大限度地减少分拣中的非增值性劳动，才能在不增加拣货员劳动强度的前提下，大幅度提高分拣速度。

（3）库存损耗率。库存损耗率可通过先进先出管理方法来降低，包括减少由于货品在库内过期而发生的损耗等，但是要对先进先出法做到严格的执行，也是依靠人的经验判断无法做到的。

以上一些关键 KPI 指标，是提高仓库管理效率的几个重要方面，但只靠人的脑力、体力无法完全解决。这些优化工作需要对大量历史数据进行分析、计算，才能做到科学、合理、有效。

3. 上海可的新物流的新技术、新方法、新效率

可的物流中心负责提供上海可的所有物流配送服务，因为可的门店发展速度之快，对物流中心的配送要求也越来越高。

1）新技术

启用的可的新物流中心综合采用了以下几大领先技术：

- HDWMS（海鼎仓库管理系统）；
- RF（无线射频技术）；
- CAPS（计算机辅助拣货系统）。

2）新方法

依赖于这些新技术，实现了多种先进的物流管理方法：

- 门店实时配货；
- ABC 仓库管理方法；
- 先进先出管理；
- 业务流程重组；
- 动态存储与动态盘点管理；
- 自动复核；
- 自动装车管理等。

3）新效率

KPI 指标有了全面改进，集中体现在以下几方面：

- 分拣速度提高，由原来的 90 s，到现在的 40 s 一家门店；
- 配货时间缩短，由 24 h 减至 12 h；
- 人力成本下降，拣货人员由原先的 40 人降为 20 人；
- 分拣错误率减少，拣货差错率万分之二；
- 复核率提高、复核效率和准确率提高，复核率高达 100%；
- 出车管理效率提高，根据电子地图计算每次出车的最佳线路，缩短路程 20%；自动计算装车的容量和体积，车辆装载利用率提高 15%；
- 仓库存储空间利用率提高，由过去的平面存储改为立体存储，并且实现了动态存储

管理；

- 收货准确率大幅提高和过期损耗额减少，实现条形码复验、批次管理和先进先出管理；
- 门店退货采用扫描枪方法，实现了无纸化操作。

案例思考题：

1. 上海可的物流中心采用了哪些物流信息技术和物流管理信息系统？
2. 信息技术的应用对提升上海可的物流中心运营绩效产生了哪些作用？

第11章

物流中心运营管理系统设计

本章要点

- 掌握物流中心组织基本形式与特点；
- 理解物流中心组织分工与职责；
- 掌握物流中心绩效评价体系的设计；
- 掌握物流中心绩效评价实施步骤；
- 掌握物流中心成本构成及成本计算方法；
- 掌握物流中心成本控制体系的设计；
- 理解物流中心成本控制思路与策略。

 开篇案例

九州通集团树立现代医药物流中心新标杆

2008年11月29日，我国第一个采用全程自动化设备的医药物流中心——九州通集团公司北京现代医药物流中心建成投入使用。在这个中心，药品入库、存储、拣选、配送各环节实现了自动化作业。该物流中心具有存储容量大、日吞吐能力强、订单处理速度快、出货准确率高的优点。它的建成为我国现代医药物流树立了一个新标杆，将引领国内医药物流向着更科学、更先进、更规范的方向发展。

九州通集团公司是我国最大的民营医药流通企业，它以医药商业为主，以药品批发、医药物流配送、医药零售连锁和医药电子商务为核心业务，2010年销售额达到212.52亿元，稳居国内医药商业企业前三强。从2010年11月，九州通在上海证券交易所主板上市，成为首家登陆A股市场的民营医药流通企业。从2000年开始，九州通集团投巨资先后在湖北、北京、河南、上海、新疆、广东、山东、福建、江苏、重庆十大区域中心城市建设了大型医药物流中心。近年来，九州通集团着力进行现代医药物流技术的研究应用，通过与国际上知名的物流集成商进行交流，引进先进的物流技术，组建自己的物流管理信息团队，自主开发物流管理信息系统。从2003年开始，九州通集团开始对业务量大的湖北、河南、上海等地

物流中心进行建设改造，采用现代化的自动存储、自动分拣、自动传输设备和仓储管理信息系统，提高了工作效率，降低了药品拣选的差错率。

2007年4月，九州通集团基于北京市的重要性及战略地位，规划建设北京大兴现代医药物流中心，工程总投资1.6亿元。通过一年多时间的建设施工，北京现代医药物流中心顺利竣工。北京现代医药物流中心总建筑面积32 000 m²，其中分拣中心建筑面积8 000 m²。安装了高速出库自动分拣机、高速复核分拣机、电子标签拣选系统、手持扫描终端设备、周转箱输送线、双层托盘输送线、自动化堆垛机和移载小车等自动化设备。北京现代医药物流中心药品存储量达到40万箱，日均吞吐能力达到15 000箱，峰值吞吐量达到25 000箱，营销网络覆盖北京及周边地区，订单配送时间控制在24 h以内，药品出库差错率控制在万分之三以内。

据权威部门指出，九州通集团北京现代医药物流中心的建成，结束了我国内地不具备独立集成规划能力的医药物流企业的历史。目前，九州通物流中心网络更趋完善，拥有20家省级物流中心、25家地市级物流配送中心及300多个业务配送站。

思考题： 依据九州通集团公司北京现代医药物流中心项目情况，分析网络型商业流通企业物流中心如何进行运营管理？

11.1 物流中心组织管理体系设计

11.1.1 物流中心组织设计原则

企业组织机构，是企业内部组织机构按分工协作关系和领导隶属关系有序结合的总体。它的基本内容包括明确组织机构的部门划分和层次划分，以及各个机构的职责、权限和相互关系，从而形成一个有机整体。不同部门及其责权的划分，反映了组织机构之间的分工协作关系，称为部门结构；不同层次及其责权的划分，反映了组织机构之间的上下级或领导隶属关系，称为层次机构。无论是生产企业物流中心，还是商业企业物流中心，或第三方物流中心，它们都要进行经营管理活动，实现企业经营目标。所以，必须建立合理的组织机构。

物流中心组织的建立原则如下。

1. 结构合理

组织结构在很大程度上决定了企业运作是否有效。企业经营管理的各类机构的组建应同企业的规模和经营的业务相适应，要求合理设计管理层次，配置工作人员。发达国家的物流企业和其他企业一样经历了从多层次的宝塔结构向扁平化演变的过程，也受到企业流程再造过程的影响，物流企业的组织结构伴随着技术水平的发展，在市场竞争的压力下发生着变化。而我国原有的国有运输、储运企业或企业的后勤部门大多存在人员过剩问题，在向现代物流转变过程中首先面对的是削减冗余人员的问题，这是物流中心结构合理化同时或之前所必须要解决的问题。物流中心应该在服从经营需要的前提下，因事设机构、设职，因职用人，尽量减少不必要的机构和人员，力求精兵简政，以达到组织机构设置的合理化，提高工作效率。同时，各级组织机构要有明确的职责范围、权限及相互间的协作关系；具有健全和完善的信息沟通渠道；制定合理的奖惩制度；还应有利于发挥职工主动性和积极性。

2. 权责分明

在物流中心管理层次设计中，各层次的机构要形成一条职责、权限分明的等级链，不得越级指挥与管理。实行这种管理的优点就是：谁指挥，谁执行都很清楚，执行者负执行的责任，指挥者负指挥的责任，自上而下地逐级负责，保证经营业务的顺利开展。同时也要注意保证各部门、环节机构在职责、权限范围内能够独立行使权力，发挥各级组织机构的主动性和积极性。

3. 利于沟通

物流中心组织机构的设置既要便于企业内部各部门之间的沟通，也要便于与企业外部、与客户之间的沟通。物流中心内部的沟通是要保证信息在企业内部的无障碍传递及决策的快速性。客户要求能得到快速反应，外部沟通是保证客户信息能有效、快速的传递到位的举措。

4. 协调一致

物流中心不管是隶属于生产企业或商业企业，还是一个第三方物流独立实体，其各组成部分必须是一个有机结合的统一的组织体系。在这个组织体系中，所有的经营活动都要有效地协调起来，因为最终目标是一致的。现代物流管理与传统管理观念不同的地方就在于，现代物流追求的是整体最优，而不是单个或几个部分的最优。因此，所有组成机构都应该在一个目标的基础上，把作业活动协调起来，以期达到最佳的效果。无论是运输、仓储、流通加工还是存货控制等部门都要把自己看做是组成系统的一个部分。

5. 效率效益

保证物流中心的高效率和高效益是建立物流中心组织机构所应遵循的原则，是验证组织机构合理性的准绳。物流中心的组织机构应同时追求管理运作的高效率和经营运作的高效益，单独强调任何一个方面，都是与物流中心的经营目标相背离的。

6. 客户优先

物流中心组织机构的设立既要考虑企业内部机构设置的合理性，同时要考虑机构设置对客户的影响。越来越多的物流中心为某一行业，或连锁企业提供专有的物流服务。客户业务特点及组织机构的特征是物流中心设置组织管理机构的重要考虑因素。

11.1.2　物流中心组织形式

物流中心组织形式，指的是中心的整个组织机构按部门划分和按层次划分组成纵横交错关系的组织形式，它决定于业务规模、经营内容、人员素质、经营管理水平和内外部环境等多种因素。而且，物流中心组织形式，也是随着物流中心的发展和管理水平和技术手段的不断提高而不断改进的，从一般的发展过程来看，主要有以下几种。

1. 直线制组织形式

这是早期的、也是最简单的形式。它的特点是组织内部各级行政领导按照直线从上到下进行垂直领导，不另设专业职能机构。这种组织管理形式的优点是机构层次少，权力集中，命令统一，决策和执行迅速，工作效率高。缺点是管理者需要处理的事务太多，精力受牵制，不利于提高经营管理水平。该形式更适用于经营规模小，经营对象简单的物流中心。直线制组织形式如图 11 - 1 所示。

2. 职能制组织形式

这种形式的特点是物流中心的经理把专业管理的职责和权限交给相应的职能管理部门，由它们在专业活动上直接经营指挥业务机构的活动。这种组织管理形式的优点是，能够充分发挥职能机构专业管理的作用和专业管理人员的专长，加强了管理工作的专业化分工，提倡内行领导，达到管理工作的正确性和高效率。缺点是各职能机构都有指挥权，形成多头领导，相互协调比较困难，另外，此结构不适于大型企业及网络化布置的物流中心。职能制组织形式如图 11 - 2 所示。

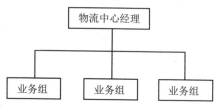

图 11 - 1　直线制组织形式管理示意图

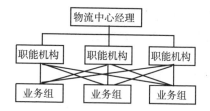

图 11 - 2　职能制组织形式管理示意图

3. 直线职能制形式

直线职能制形式是以直线制形式为基础将职能制形式结合在一起的一种组织管理形式。如设置运输部、仓储部、客户服务部、财务部、资讯部等。它的特点是各管理层的负责人自上而下进行垂直领导，并设职能机构或职能人员协助负责人工作，但职能机构或人员对下级单位不能下达指示命令，只能在业务上进行指导监督，下级负责人只接受上一级负责人的领导。这种形式的优点是取直线制和职能制两种形式之长，舍二者之短，是一种较好的形式，在单一物流中心的组织结构中得到了比较广泛的应用。直线职能制形式如图 11 - 3 所示。

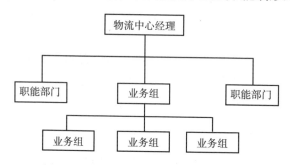

图 11 - 3　直线职能制组织形式管理示意图

4. 事业部组织形式

事业部形式是国外大型企业普遍采用的一种组织机构模式。物流中心作为独立的经济实体也可以采用这种模式。它的特点是按货品类别、经营业务或地区设若干个事业部，实行集中决策下的分散经营和分权管理。事业部是实现经营目标的基本经营单位，具体管理经营活动。这种组织结构的优点是：有利于上层管理者摆脱日常的行政事务，集中进行决策；有利于事业部根据市场变化作出相应的经济决策；有利于组织专业化生产，提高效率。缺点是：由于事业部是一个利益中心，往往只考虑自己的利益而影响相互协作。它适宜于规模大、货品种类多、分布面广的物流中心。事业部组织形式如图 11 - 4 所示。

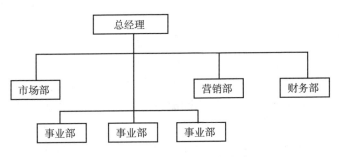

图 11 - 4 事业部组织形式物流中心

5. 网络型物流组织形式

服务于网络型的物流组织形式是目前发展最快的一种模式。物流中心为了更好地服务于客户，在运作方面要尽可能地贴近客户，各分公司有运营决策权。同时为了精简机构，避免决策权力过于分散化，一部分功能实行矩阵型管理。组织机构的扁平化形式也是现代组织机构的发展趋势之一。网络型物流中心组织形式如图 11 - 5 所示。

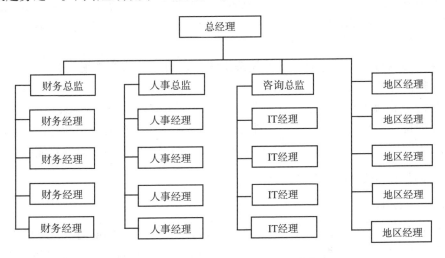

图 11 - 5 网络型物流中心组织形式

11.1.3 物流中心组织结构特点

1. 生产企业物流中心

生产企业物流中心是由企业销售商品的流通需求发展而来的，经过整合材料及零部件采购、原材料管理、产成品库存等功能部门最终形成面对客户，联系内外的物流中心。在国外物流中心的发展及演变过程中，生产企业的物流中心是演变成为第三方物流中心的原始主体。生产企业物流中心的组织结构有以下特点。

（1）生产企业物流中心是由销售部的部分功能分离出来的，所以与公司的销售系统的关系最紧密。

（2）生产企业物流中心作为企业的一部分，其财务、人事等功能不单独存在。

（3）生产企业物流中心一般将企业与物流相关的功能集合在一起，所以兼有原材料的采购功能。

2. 商业企业物流中心

商业企业物流中心是现代商业流通的一种发展趋势。原始的商业由于分散的经营模式和规模的限制，商品多数来源于商业批发。随着商业规模的扩大和连锁商业的兴起，商业企业更愿用自建物流中心的形式来降低商品采购成本。商业企业的物流中心的组织结构有如下特点。

（1）商业企业物流中心是由商品采购部门的部分功能演变而来的，所以很多企业依然将物流中心与采购部门放在一起。

（2）商业企业物流中心随着商业连锁形式的发展，逐渐向着网络化的方向发展，商品采购实行统一管理，而物流组织采取连锁业的物流组织模式。

（3）商业企业物流中心的组织形式与商业规模有相当大的关系。商业规模较小的物流中心易实行直线制组织形式，而大型连锁商业企业易实行职能制组织形式。

3. 第三方物流中心

第三方物流的概念是从 20 世纪 80 年代发展起来的，是为供求方和需求方提供物流服务的独立组织。第三方物流中心的形成发展也与连锁商业的快速兴起分不开。第三方物流中心的组织有如下特点。

（1）第三方物流中心是一个独立的经济组织，它的组织功能必须具备一般企业所应具备的功能，例如财务、人力资源和 IT 等部门。

（2）第三方物流中心是为某一行业或某一连锁业而建立的服务组织，其组织机构的设置体现行业的特点。例如，大型连锁快餐及快速消费品的物流中心采用的是连锁业的物流组织形式，而为蔬菜、水果、鲜花的物流建立的物流中心采用的是直线制的物流组织形式。

11.1.4 物流中心组织分工与职责

1. 内部部门分工

物流中心内部的组织机构，从纵向来看可以划分成若干不同的部门。组织机构应该服从各种经营管理活动的需要，根据各自经营分工的专业、经营对象的技术复杂程度及其品种、经营操作的物质技术装配先进程度、经营规模等具体因素加以权衡，从经营管理的水平加以确定。一般来讲，物流中心的一级部门可以由业务部门、职能管理部门和行政事务部门组成。

1）业务部门

业务部门是直接参加和负责组织物流中心业务活动的部门，包括各个物流业务机构，担负着从货品进入物流中心到按用户要求送达目的地的全部工作，按照不同的业务种类可以分为：仓储管理部、运输管理部、加工部、配送部、包装部、信息部等。物流中心的业务部门是其组织机构的主题。它们的主要任务是直接从事物流的经营、操作，对外建立经济联系，并负责处理经营业务纠纷等，是中心组织机构的主体。业务部门的规模和分工程度直接影响着其他部门的机构设置。

业务部门的组织机构划分和设置，主要有以下四种方法。

（1）根据处理对象的货品类别分设二级业务部门，即设置下级机构分别负责一类或几类货品的全部物流业务。

（2）根据经营业务的不同环节分设二级业务部门，即按入库、保管、出库、运输等不同环节设置机构，分别负责不同的业务内容。

（3）把前两种方法结合起来，就是在货品种类分工的基础上，再把该类货品处理的各个业务环节交由一个二级机构来负责。

（4）根据地理区域范围的划分分设二级业务机构。

2）职能管理部门

职能管理部门是指与业务部门活动有着直接关系，专为业务部门开展工作而提供服务的管理部门。该部门直接承担计划、指导、监督和调节职能，包括计划统计、财务统计、劳动工资、价格等管理，以及在专业技术上给予帮助；按领导的委托向业务部门布置工作，负责收集、整理经营业务信息，是各级领导的参谋机构，不直接从事物流中心的经营活动。物流中心的职能管理部门是按照管理职能及管理工作的复杂性、分工的需要而设置的。

3）行政事务部门

行政事务部门指的是既不直接从事物流业务经营活动，又不直接对经营业务进行指导和监督，而是间接地服务于经营业务和职能管理部门活动的行政事务机构，包括秘书、总务、教育、保卫等机构。它们的主要任务和职责权限是为经营和管理工作提供事务性服务、人事管理、安全保卫和法律咨询等。

以上的各个部门在不同类型的物流中心中会出现不同的组成形式。在生产企业和商业企业的物流中心里，可能不会单独设立行政事务管理部门，而由整个企业或公司对该部分工作进行统一管理；但在第三方物流中心中，由于第三方往往是以物流中心作为运营主体的，所以设立了所有的这三种部门才能正常地开展业务。

2. 各部门职责

1）物流中心的主要职责

独立的第三方物流中心与生产企业和商业企业的物流中心由于地位不同，其主要的职责也有所区别。独立的第三方物流中心作为其他企业供应链中的一环，用规模效益和资源共享的方式提供价值。但作为独立的企业，在供应链中所提供的物流服务是一种交易的关系，不能用职责来划分。生产企业和商业企业的物流中心将企业涉及物流功能的活动进行一体化的协调管理，统一管理企业输入、输出货品和产成品的运输、保管、包装、装卸搬运和物流信息等业务，以加强各物流业务环节之间的协调作业，以及与企业其他各部门之间的业务联系，实现物流合理化，提高企业整体效益。

企业内部物流中心的主要职责有如下几条。

① 制定和完善物流业务管理规程。

② 根据企业总目标的要求，制订本部门的经营目标和物流计划。

③ 监督和协调本部门各业务环节按计划进行日常业务活动。

④ 为实现经营目标和计划任务，制定相应的策略和措施。

⑤ 规划和改进企业物流系统。

⑥ 生产企业的物流中心要注意加强与生产、采购、销售、财务会计等部门的联系，经常交换信息，协调物流活动，商业企业的物流中心要强调同采购、销售、营销、财会等部门的联系。

⑦ 职工培训。

⑧ 发展和巩固与供应商、用户之间的长期友好合作关系。

⑨ 评价计划执行情况。

2）业务部门职责

作为物流中心的业务部门，无论它是第三方物流中心的还是隶属于生产或销售企业的物流中心的业务部门，其基本职责是相同的。以下列出了仓储、运输、存货控制和客户服务部门的典型职责，物流中心根据机构规模和组织复杂性对相应职责进行细化。

（1）仓储部职责。

① 按照货品质量要求接收、检验货品。

② 负责进出货品的装车和卸车工作。

③ 合理存储、保管在库货品，保证货品的存储环境。

④ 按货品出入库顺序要求理货（先进先出，或后进先出）。

⑤ 按照订单要求分拣货品。

⑥ 及时传递货品信息，使相关部门做到快速反应。

⑦ 负责物流中心设备的维护及更新。

（2）运输部职责。

① 按照订单数量运输到达或发出的货品。

② 负责货品的在途质量及安全。

③ 以合理、经济的运输手段运输货品。

④ 合理安排路线，使单位货品的运输距离最佳。

⑤ 负责协调组织社会运输力量，完成物流中心运输能力以外的工作。

⑥ 传递客户信息，保证送回信息反馈及时。

⑦ 在联运方式中，负责货品的中转、交接，文件的完整性传递。

（3）存货控制部职责。

① 客户市场信息的收集整理。

② 物流中心库存货品的订单发出、确认及跟踪。

③ 物流中心安全存货量和最佳订货批量的确定。

④ 供应商的产品及库存信息收集及传递。

⑤ 存货成本最佳的控制。

⑥ 与货品相关的清关、检疫等事项的处理。

⑦ 库存产品的信息更新。

（4）客户服务部职责。

① 客户订单的接收与输入。

② 客户信息的收集与反馈。

③ 客户投诉的处理。

④ 送货实施情况的跟踪与处理。

⑤ 与客户协调订货批量、间隔及提前期，寻求满意方法。

⑥ 客户的定期走访，客户需求的及时跟踪和物流中心运作与客户运作的协调。

3. 主要岗位人员设置及其职能

1）物流中心总经理

负责物流中心整个业务和生产的指挥、管理与协调工作。其职责主要包括如下几个方面。

（1）制订物流中心年度、月度生产经营工作计划，并负责组织实施与督促、检查。

（2）组织协调各生产经营环节和各业务部门间的关系。定期召开生产经营分析会，掌握物流中心的生产经营动态，及时有效地发现、处理和协调生产经营中出现的各类问题，并检查、督促具体落实的情况和效果。

（3）负责业务的开发和客户的管理与协调，了解和掌握存货、仓容、客户及市场的动态变化。

（4）负责物流中心的安全生产和业务质量管理。强化内部管理，杜绝和减少各类事故和差错的发生。

（5）负责审核、签发、授权业务部门提交的业务单证、资料及其变更申请。

2）市场业务员

主要负责业务的接洽、客户的开发与合同的签订。

3）合同管理员

主要负责客户合同及客户档案的管理。其主要职责如下。

（1）对客户合同进行分类、编号和归档管理。

（2）对签订合同时客户提供的预留印鉴、单证式样等进行妥善、严格管理，以便出库时核对和验证。

（3）按照国家标准及业务的需要，制定货物、客户等编码。

（4）建立并不断充实完善客户档案，为有关业务部门和领导及系统内其他单位提供各种客户信息、资料的查询服务。

4）生产调度员

主要负责物流业务部门内部各业务岗位间的组织、协调、指挥和收发货业务当中各种问题的处理。其主要职责如下。

（1）负责对各业务岗位进行管理、指导和协调。

（2）及时、妥善地处理、解决收发货业务中出现的各种特殊情况和问题，经常了解和掌握库存货物的存储、保管情况和质量状况，遇到问题指导和配合理货员及时、妥善处理。

（3）根据业务量大小和缓急合理组织和调配人力、设备。

（4）负责掌握仓容情况，合理安排货物存储和规划。

（5）负责货物存储、保管、装卸、运输当中的有关技术问题的处理，并提供相应的技术指导。

5）业务受理员

主要负责受理客户的收、发货请求，对由物流中心存储出具的有关业务单据进行验证、复核以及打印提供。其主要职责如下。

（1）负责受理客户的收、发货业务。

（2）完成有关业务单证与资料的验证、审核、填制、建档、保管。

（3）主要负责进出库数量的统计、建账和出具各类业务报表。

（4）向有关业务部门以及客户提供所管货物的相关资料和信息查询、咨询。

6）接运员

在货物到达仓储区后，主要负责对货物装载工具封装情况等进行检验，以及完成卸货、收货、发货、代运和货物中转的工作。其主要职责如下。

（1）负责与铁路运输部门（车站）的业务联系（包括有关单据、资料的送取、运输费用结算等），负责经由铁路专用线到达货物的接收与货物发运及专用线营运与管理工作。

（2）负责由汽车运输（包括铁路、公路、水运、航空、邮件等运输形式）到库货物的接收（包括到承运单位或供货单位提货）和出库货物的发运（包括送货到承运单位或直接为客户送货）工作。

（3）负责现场的监装监卸和作业组织。

（4）负责到达、发货物的交接及向有关部门索取、出具有关记录。

（5）负责专用线中转运输业务、专用线的营运与管理工作。

7）理货员

负责完成货物检验和复核，进行仓储区货位安排、码放、备货，并负责完成货物在库保管维护的工作。其主要职责如下。

（1）负责货物的现场收、发、保管、清点、交接工作。

（2）熟悉和掌握库存与仓容情况，合理安排货物存储与堆码。

（3）经常了解和掌握库存货物的保管情况和质量状况，遇到问题要及时通知业务受理员或存货人，并积极配合、妥善处理。

（4）负责库存货物的定期或动态清查、盘点。

（5）负责库房、货场、货区、货位的现场管理，如作业现场的清理，货物标志、货牌的制作等。

（6）负责收发货业务中货物检斤（过磅）、检尺工作；记录和出具计量的结果与凭证。

8）配送业务员

负责处理货物从仓库运往目的地时，运输工具的组织、运输时间安排等事务。其主要职责如下。

（1）主要负责客户委托代运货物的运输计划安排和组织，为客户设计和提供科学合理的物流组织方案。

（2）负责与承运部门、客户间的提、送货等业务联系及有关问题的协调与处理。

（3）负责到车站、码头、机场、邮局提取货物的到货凭证、发货运单、结算单据等单证、资料交业务受理员。

（4）熟悉和掌握各种运输方式的业务规程和要求，了解和掌握社会运输资源、有关信息、收费标准、交通路况等，熟悉和掌握本单位自有运输能力和车辆、设备状况。

9）质量管理员

主要负责对物流中心存储内部货物收发、存储保管、作业和配送运输等各业务环节的工作质量、安全生产等进行监督、检查和考核。其主要职责如下。

（1）制订质量管理计划及质量考核、奖惩办法。

（2）深入作业现场，对货物装卸、搬运、堆码等作业质量进行检查、监督、指导。发现不符合有关质量要求和安全生产规定的，有权当即提出纠正和制止。

（3）负责账物相符（或账卡物三相符）率的检查与考核工作。填制自查、互查考核表，建立质量检查考核档案。

（4）负责处理货损货差事故和货物损益情况。

（5）受理客户提出的有关质量与服务方面的意见和建议，进行跟踪、处理，出具质量事故处理报告。

（6）主动向主管领导提供质量分析报告和建议，积极配合有关部门和岗位，共同改进业务质量。

10）流通加工业务员

负责为客户提供所需的包装或拆箱重装等流通加工作业，进一步提高物流的附加价值。其主要职责如下。

（1）本着节约能源、节约设备、节约人力、节约耗费的原则，根据客户配送的需要进行合理包装和加工。

（2）根据合理运输的需要，进行货物拼装、裁减等操作。

（3）根据客户的需要，进行简单改变包装等措施，形成方便的购买量。

11）代理销售业务员

负责向物流中心存储客户提供销售增值服务，具体完成有关存储货物的销售策划和直销工作。其主要职责如下。

（1）针对物流中心存储货物的特点和区域范围，制定合理有效的营销策略。

（2）具体负责存储货物的销售工作。

（3）负责客户的筛选、客户资料的整理与归类和客户关系维护工作。

（4）负责与客户的资金结算。

12）设备维修员

负责物流中心存储各作业设备的维护和保养，确保其正常运行。其主要职责如下。

（1）了解和遵守设备使用方面的有关制度与规定，熟练和正确掌握各类设备的使用和养护方法。

（2）随时掌握设备的使用状况，进行设备的日常检测和保养，确保设备正常运行。

（3）发现未经法定检定机构检定合格或超过检定使用期限的设备，有权向主管领导反映和拒绝使用。

11.2 物流中心建立绩效评价体系设计

11.2.1 物流中心绩效评价概述

开展绩效评价能正确判断物流中心的实际经营水平，提高经营能力和管理能力，从而增加物流中心的整体效益。物流中心绩效评价是运用数量统计和运筹学方法，采用特定的指标体系，对照统一的评估标准，按照一定的程序，通过定量、定性分析，对物流中心在一定经营期间的经营效益和经营者业绩，作出客观、公平和准确的综合判断。在物流中心绩效评价过程中心，绩效评价指标体系设计是关键。一个设计合理的物流中心绩效评价体系可以使高层管理者判断现有经营活动的获利能力，及时发现尚未控制的领域，有效地配置企业资源。

11.2.2 物流中心绩效评价体系设计原则

1. 客观公正

坚持定量与定性相结合的原则，建立科学、适用、规范的评价指标体系及标准，避免主观臆断。以客观的立场评价优劣，公平的态度评价得失，合理的方法评价业绩，严密的计算评价效益。

2. 责、权、利相结合

物流中心的绩效评价结果产生后，应分析责任的归属。在确定责任时，要明确是否在当事人责权范围内。评价的目的主要是改革绩效，不能为评价而评价，为奖惩而评价，为晋升而评价。此外应该注意评价指标包括的是否为当事人可控事项，只有这样奖惩才能公平合理。

3. 目标与激励

物流中心绩效评价体系的目标设计和激励是必不可少的。目标的实现是很重要的激励机制；另一方面以报酬作为激励也是现代化物流中心不可缺少的有效管理机制。

4. 多层次、多渠道、全方位评价

多方收集信息，实行多层次、多渠道、全方位评价。在实际工作中，可综合运用上级考核、同级评价、下级评价、职员评价等多种形式。

5. 时效与比较

在评价绩效时，数据是最佳的衡量工具，但是如果没有比较的基准数据，再及时的评价也是徒劳的。因此物流中心的盈余或亏损，必须同过去的记录、预算目标、同行业水准、国际水平等进行比较，才能鉴别其优劣。只有将一定的基准数据同被评价企业的经营结果进行比较及分析，物流中心绩效评价才具有实际意义。为了及时了解物流中心营运的效益与业绩，应该及时进行评价。

6. 连贯性

物流中心绩效评价体系的建立要依据连贯性原则，避免设定指标的大起大落和指标定义的变动。

7. 经常化、制度化的评价

物流中心必须明确评价的原则、程序、方法、内容及标准，建立科学合理的绩效评价制度，将正式评价与非正式评价相结合，形成经常化、制度化的评价体系。

11.2.3 物流中心绩效评价指标分析

1. 进出货作业

进货作业是指根据采购单信息，进行卸货、拆箱验收、标示编码、理货与登记入库等一系列作业所构成的工作过程。

出货是将拣选分拣完的商品，做好复核检查，并根据各辆卡车或配送路径将商品搬运到理货区，而后装车待配送。

进出货作业效率化评估指标如下。

1）空间利用率

该指标用于考核站台的使用情况及是否因数量不足或规划不佳造成拥挤或低效。

对于采用进出货站台共用的物流中心，则：

$$站台使用率 = \frac{进出货车次装卸停留总时间}{站台泊位数 \times 工作天数 \times 每天工作时间} \qquad (11-1)$$

对于采用进出货站台分开的物流中心，则：

$$进货站台使用率 = \frac{进货车次装卸停留总时间}{进货站台泊位数 \times 工作天数 \times 每天工作时间} \qquad (11-2)$$

$$出货站台使用率 = \frac{出货车次装卸停留总时间}{出货站台泊位数 \times 工作天数 \times 每天工作时间} \qquad (11-3)$$

2）站台高峰率

$$站台高峰率 = \frac{高峰车数}{站台泊位数} \qquad (11-4)$$

若站台使用率偏高，表示站台停车泊位数量不足，而造成交通拥挤。可采取下列措施。

（1）增加停车泊位数。

（2）为提高效率，要做好时段管理，让进出配送中心的车辆能有序地行驶、停靠、装卸货作业。

（3）增加进出货人员，加快作业速度，减少每辆车停留装卸时间。

若站台使用率低，站台高峰率高，表示虽然车辆停靠站台时间平均不高，站台停车泊位数量仍有余量，但在高峰时间进出货仍存在拥挤现象，此种情况主要是没有控制好进出货时间引起的。关键是要将进出货车辆的到达作业时间岔开。可采取以下措施。

（1）应要求供应商依照计划准时送货，及规划对客户交货的出车时间，尽量降低高峰时间的作业量。

（2）若无法与供应商或客户达成共识分散高峰期流量，则应特别安排人力在高峰时间以保持商品快速装卸搬运。

3）人员负担和时间耗用

该指标用于考核进出货人员工作分配及作业速度，以及目前的进出货时间是否合理。

$$每人每小时处理进货量 = \frac{进货量}{进货人员数 \times 每日进货时间 \times 工作天数} \qquad (11-5)$$

$$每人每小时处理出货量 = \frac{出货量}{出货人员数 \times 每日出货时间 \times 工作天数} \qquad (11-6)$$

$$进货时间率 = \frac{每日进货时间}{每日工作时间} \qquad (11-7)$$

$$出货时间率 = \frac{每日出货时间}{每日工作时间} \qquad (11-8)$$

若进出货人员共用，则以上指标应将进出货量、时间合并加总。

$$每人每小时处理进货量 = \frac{进货量 + 出货量}{进出货人员数 \times 每日进出货时间 \times 工作天数} \qquad (11-9)$$

$$进出货时间率 = \frac{每日进货时间 + 每日出货时间}{每日工作时间} \qquad (11-10)$$

若每人每小时处理进出货量高，且进出货时间率也高，表示进出货人员平均每天的负担不轻，原因出在配送中心目前的业务量过大。可考虑增加进出货人员，以减轻每人的工作负担。若每人每小时处理进出货量低，但进出货时间率高，表示虽然配送中心一日内的进出货时间长，但每位人员进出货负担却很轻。原因是：进出货作业人员过多和商品进出货处理比较繁杂、进出货人员作业效率较低。可采取以下措施。

（1）考虑缩减进出货人员。

（2）对于工效差的问题，应随时督促、培训，同时应尽量想办法减少劳力及装卸次数（如托盘化）。

（3）若每人每小时进出货量高，但进出货时间率低，表示上游进货和下游出货的时间可能集中于某一时段，以致作业人员必须在此段时间承受较高的作业量。可考虑平衡人员的劳动强度和避免造成车辆太多，站台泊位拥挤，采取分散进出货作业时间的措施。

4）设备移动率

评估每台进出货设备承担的工作量是否合理、达标。

$$每台进出货设备每天装卸量 = \frac{进货量 + 出货量}{装卸设备数 \times 工作天数} \tag{11-11}$$

若该指标数值较低，表示设备利用率差，资产过于闲置。应积极开拓业务，增加进出货量；或如果业务工作量不可能扩大，则考虑将部分装卸设备移至他用（出租等）。

2. 存储作业

存储保管是物流中心的主要功能之一，因此设施空间利用情况（面积、容积）、库存效益等方面的指标对物流中心经营者而言非常重要。存储作业的主要责任在于把将来要使用或者要出货的产品做妥善保存；这不仅要善于利用空间，有效地利用物流中心的每一平方米存储面积，而且要加强对库内存货的管理，做到既保证降低商品的缺品率，又不因过多库存而造成呆废料产生。

存储作业系列化的评估指标如下。

1）储区面积率

$$储区面积率 = \frac{储区面积}{物流中心建筑面积} \tag{11-12}$$

一般情况下，物流中心面积除去装卸货站台后，主要包括储区和理货区。而一般来说，理货区约占物流中心建筑面积的30%～50%，储区面积则应占50%～70%左右。

2）保管的面积率

$$保管的面积率 = \frac{可保管面积}{储区面积} \tag{11-13}$$

3）设施空间利用率

$$储位容积使用率 = \frac{存货总体积}{储位总体积} \tag{11-14}$$

$$单位面积保管量 = \frac{平均库存量}{可保管面积} \tag{11-15}$$

$$平均每品项所占储位数 = \frac{货架储位数}{总品项数} \tag{11-16}$$

平均每品项所占储位数若能规划在 0.5　2.0 之间，即使无明确的储位编号，也能迅速存取商品，不至于造成存储、拣货作业人员找寻困难，也不会产生同一品项库存过多的问题。

4）库存周转率

这是考核物流中心货品库存量是否适当、经营绩效的重要指标。

$$库存周转率 = \frac{发货量}{平均库存量} 或 \frac{营业额}{平均库存金额} \qquad (11-17)$$

利用此公式可以评判公司的运营业绩，并可衡量现货存量是否得当。周转率越高，库存周转期越短，表示用较少的库存完成同样的工作，使积压、占用在库存上的资金减少。也就是说，资金的使用率高，企业利润也随货品周转率的提高而增加。

通常可采取下列做法来提高库存周转率。

（1）缩减库存量：通过物流中心自行决定采购、补货的时机及存货量。

（2）建立预测系统。

（3）增加出货量。

5）存货管理费率

该指标用于衡量物流中心每单位存货的库存管理费用。

$$库存管理费率 = \frac{库存管理费用}{平均库存量} \qquad (11-18)$$

应对库存管理费率的内容应逐一检讨分析，寻找问题予以改进。例如，采取尽可能少量、频繁的订货，以减少库存管理费用。一般库存管理费用包括：仓库租金；仓库管理费用（入出库验收、盘点等人事费、警卫费、仓库照明费、空调费温调温控费、建筑物、设备及器具的维修费）；保险费；损耗费（变质、破损、盘损等费用）；货品淘汰费用（流行商品过时、季节性商品换季等造成费用损失）；资金费用（如货品变价损失、机会成本损失等）。

6）呆废货品率

该指标用于测定物流中心货品损耗影响资金积压的状况。

$$呆废货品率 = \frac{呆废料件数}{平均库存量} 或 \frac{呆废料金额}{平均库存金额} \qquad (11-19)$$

此公式用来评价物料或资金积压情况。一般来说，若物流停滞仓库时间超出了其周转期，就可视为呆废料处理。降低呆废货品率的具体措施如下。

（1）验收时力求严格把关，防止不合格货品混入。

（2）检讨存储方法、设备与养护条件，防止货品变质。特别是对货品的有效期管理更应重视。

（3）随时掌握库存水平，特别是滞销品的处置，减少呆废货品积压资金和占用库存。

3. 盘点作业

盘点的主要目的是希望通过盘点，落实目前仓库中货品出入库及保管情况，并由此发现和解决管理及作业中存在的问题，以免造成日后出货更大的损失。

在盘点作业中，以盘点过程中所发现的存货数量不符的情况作为主要评估方向。

盘点作业的评估指标如下。

1）盘点质量

$$盘点数量误差 = 实际库存数 - 账面库存数 \qquad (11-20)$$

$$盘点数量误差率 = \frac{盘点数量误差}{实际库存数} \qquad (11-21)$$

$$盘点品种误差率 = \frac{盘点误差品种数}{实际品种数} \qquad (11-22)$$

当盘点数量误差率高，但盘点品种误差率低时，表示虽发生误差的货品品种减少，但每一发生误差品种的数量却有提高的趋势。

2）平均盘差金额

$$平均每件盘差金额 = \frac{盘点误差金额}{盘点误差量} \qquad (11-23)$$

如果该指标高，表示高价位产品的误差发生率大，可能是公司为实施物品重点管理的结果，对公司运营将造成很不利的影响。因此最好的改善方式是实施商品 ABC 分类管理。

3）盘点误差次数

$$盘点次数比率 = \frac{盘点误差次数}{盘点执行次数} \qquad (11-24)$$

如果该比率逐渐降低，表示不论是货品出入库的精确度或平时存货管理的方式都有很多的进步。

$$平均每品种盘差次数率 = \frac{盘差次数}{盘差品种数} \qquad (11-25)$$

若该比率高，表示盘点发生误差的情况大多集中在相同的品种，此时对这些品种必须提高警觉，要深入寻找导致这些情况出现的原因。

4. 订单处理作业

从接到客户订货开始到准备着手拣货之间的作业阶段，称为订单处理。它包括接单、客户的资料确认、存货查询、单据处理等。

订单处理的评估指标如下。

1）订单分析

通过对日均受理订单数、每订单平均订货数量和平均订货单价的分析，观察每天订单变化情况，以拟订客户管理策略及业务发展计划。

$$日均受理订单数 = \frac{订单数量}{工作天数} \qquad (11-26)$$

$$每订单平均订货数量 = \frac{出货量}{订单数量} \qquad (11-27)$$

$$日均商品单价 = \frac{营业额}{订单数量} \qquad (11-28)$$

2）订单延迟率

该指标用于衡量交货的延迟状况。

$$订单延迟率 = \frac{延迟交货订单数}{订单数量} \qquad (11-29)$$

降低订单延迟率的对策如下。

（1）找出作业瓶颈，加以解决。

（2）研究物流系统前后作业能否相互支持或同时进行，谋求作业的均衡性。

（3）掌握库存情况，防止缺品。

（4）合理安排配送时间。

3）订单货件延迟率

评量物流中心是否应实施客户重点管理，使自己有限的人力、物力做到最有效的利用。

$$订单货件延迟率 = \frac{延迟交货订量}{出货量} \qquad (11-30)$$

为降低此指标值，应考虑实施顾客 ABC 分析，以确定客户重要性程度，而采取重点管理。例如，根据按订单资料，按客户的购买量占物流中心营业额的百分比做客户 ABC 分析。尽可能减少重要客户延迟交货的次数，以提高服务水平。

4）紧急订单响应率

这是分析物流中心快递订单处理能力及紧急插单业务的需求情况。

$$紧急订单响应率 = \frac{未超过12小时出货订单}{订单数量} \qquad (11-31)$$

改善对策：制定快速作业处理流程及操作规程；制定快速送货计费标准等。

5）缺货率

该指标用于衡量存货控制决策是否合理；是否应该调整订购点及订购量的基准。

$$缺货率 = \frac{按单缺货数}{出货量} \qquad (11-32)$$

改善对策：加强库存管理；登录并分析存货异动情况；掌握采购、补货时机；督促供应商送货的准时性等。

6）短缺率

$$短缺率 = \frac{出货短缺数}{出货量} \qquad (11-33)$$

改善对策：注重每位员工、每次作业的质量；做好每一作业环节的复核工作。

5. 拣货作业

每张客户订单都至少包含一项以上的商品，而将这些不同种类数量的商品从物流中心中取出集中在一起，即称为拣货作业。由于拣货作业多数依靠人工配合简单机械化设备，是劳动力密集型的作业。因此，必须重视拣货人员的负担及效率的评估。拣货的时程及拣货的运用策略往往是接单出货时间长短最主要的决定因素，而拣货的精确度更是影响出货质量的重要环节。拣货是物流中心中最复杂的作业，其耗费成本比例不少，因此，拣货成本也是管理人员关心的重点。

拣货作业效率化的评估要素如下。

1）人均作业能力

该指标用于衡量拣货的作业效率，以便找出在作业方法及管理方式上存在的问题。

$$人均每小时拣货品项数 = \frac{订单总笔数}{拣货人员数 \times 每天拣货时数 \times 工作天数} \qquad (11-34)$$

提升拣货效率的方法如下。

（1）拣货路径的合理规划。

（2）储位的合理配置。

（3）确定高效的拣货方式。

（4）拣货人员数量及工况的安排。

（5）拣货的机械化、电子化。

2）批量拣货时间

该指标用于衡量每批次评价拣货所需时间，可供日后分批策略参考。

$$批量拣货时间 = \frac{每日拣货时数 \times 工作天数}{拣货分批次数} \qquad (11-35)$$

批量拣货时间短，表示拣货的反应时间很快，即订单进入拣货作业系统乃至完成拣取所费的时间很短。它特别有利于处理紧急订货。

3）每订单投入拣货成本

$$每订单投入拣货成本 = \frac{拣货投入成本}{订单数量} \qquad (11-36)$$

$$每件商品投入拣货成本 = \frac{拣货投入成本}{拣货单位累计件数} \qquad (11-37)$$

4）拣误率

该指标用于衡量拣货作业质量的指标。

$$拣误率 = \frac{拣取错误笔数}{订单总笔数} \qquad (11-38)$$

降低拣误率的主要措施如下。

（1）选择最合理的拣货方式。

（2）加强拣货人员的培训。

（3）引进条形码、拣货标签或电脑辅助拣货系统等自动化技术，以提升拣货精确度。

（4）改善现场照明度。

（5）检查拣货的速度。

6. 配送作业

配送是从物流中心将商品送达客户处的活动。要研究如何有效地配送（即用适当的配送人员、适合的配送车辆及每趟车最佳运行路径来配合，以实现配送量大、装载率高。因此，人员、车辆及配送时间、规划方式，都是物流中心管理人员在配送方面应该考虑的重点问题）。

因配送造成的成本费用支出及因配送路途耽搁引起的交货延迟，也是必须注意的因素。

配送效率化的主要评估指标如下。

1）人均作业量

该指标用于评估配送人员工作能力及作业绩效。

$$人均作业量 = \frac{出货量}{配送人员数} \qquad (11-39)$$

2）车辆平均作业量

该指标用于衡量车辆的空间利用率。

$$平均每辆车的配送量 = \frac{配送总件数}{自车数量 + 外车数量} \qquad (11-40)$$

3）空驶率

该指标用于衡量车辆的空间利用率。

$$空驶率 = \frac{空车行驶距离}{配送总距离}$$

要减少空驶率，关键是做好"回程顺载"工作；可从"回收物流"着手，例如"容器的回收"（啤酒瓶、牛奶瓶）、"托盘、笼车、拣货周转箱的回收"、"原材料的再生利用"（如废纸板箱）以及退货处理等。

4）车辆运行状况

$$配送车移动率 = \frac{配送总车次}{(自车数量 + 外车数量) \times 工作天数} \qquad (11-41)$$

$$平均每车次配送吨千米数 = \frac{配送总距离 \times 配送总重量}{配送总车次} \qquad (11-42)$$

5）外车比率

该指标用于评估外车使用数量是否合理。

$$外车比率 = \frac{外车数量}{自车数量 + 外车数量} \qquad (11-43)$$

一般使用外雇车辆的原因是为了应付季节性商品和节假日商品与平日形成的旺淡季供货状况的需求。若季节性商品比例较高，表示物流中心淡旺季的出货量的差别很大，应尽量考虑多雇用外车、减少自车的数量。若季节性商品的比例很低，表示物流中心的淡旺季出货量的差别不大，应选择使用自车来提高配送效率。

6）配送成本

$$配送成本比率 = \frac{自车配送成本 + 外车配送成本}{配送总费用} \qquad (11-44)$$

$$每单元货品配送成本 = \frac{自车配送成本 + 外车配送成本}{货品出货总量} \qquad (11-45)$$

$$每次配送成本 = \frac{自车配送成本 + 外车配送成本}{配送总车次} \qquad (11-46)$$

若采用单独运行时的配送成本偏高，应考虑采用共同配送策略，以降低较远距离、较少出货量所造成的过高配送成本。

7）配送延误率

该指标用于考核配送的准点率。

$$配送延迟率 = \frac{配送延迟车次}{配送总车次} \qquad (11-47)$$

往往造成配送延迟率过高的原因是：车辆、设备故障，路况不佳，供应商供货延迟、缺货及拣货作业延迟。

7. 采购作业

由于出货使库存量逐次减少，当库存量降到某一定点（即订货点）时，即应马上采购补充商品。

合理选择订购方式：在采购时应考虑供应商的信用及其商品质量，以防进货发生延迟、短缺，造成整个后续作业的困难。

采购作业效率的评估指标如下。

1）出货品成本占营业额比率

该指标用于衡量采购成本的合理性指标。

$$出货品成本占营业额比率 = \frac{出货品采购成本}{营业额} \qquad (11-48)$$

采取"集中采购"的方式，可以因一次采购量大而获得"数量折扣"，还可以减少采购的手续费。

2）货品采购及管理总费用

该指标用于衡量采购与库存政策的合理性。

$$货品采购及管理总费用 = 采购作业费用 + 库存管理费用 \qquad (11-49)$$

对于单价比较高的货品，其采购次数较多时费用较省；单价较低的货品，一次采购量大较为便宜。

3）进货数量误差率、次品率和延迟率

该指标用于衡量进货准确度和有效率，以配合调整安全库存。

$$进货数量误差率 = \frac{进货误差率}{进货量} \qquad (11-50)$$

$$进货次品率 = \frac{进货不合格数量}{进货量} \qquad (11-51)$$

$$进货延迟率 = \frac{延迟进货数量}{进货量} \qquad (11-52)$$

8. 物流中心经营管理综合指标

1）物流中心坪效

该指标用于衡量物流中心单位面积（每平方米）的营业收入（产值）。

$$物流中心坪效 = \frac{营业额（产值）}{建筑物总建筑面积} \qquad (11-53)$$

2）人员作业能力

该指标用于衡量物流中心的人员单产水平。

$$人员作业量 = \frac{出货量}{物流中心总人数} \tag{11-54}$$

$$人员作业能力 = \frac{营业额}{物流中心总人数} \tag{11-55}$$

改善对策：有效利用省人力化物流机械设备；减少物流中心从业人员，首先考虑削减间接人员，尤其是当直间工比率不高时。

3）直间工比率

该指标用于衡量配送中心作业人员及管理人员的比率是否合理。

$$直间工比率 = \frac{一线作业人数}{物流中心总人数 - 一线作业人数} \tag{11-56}$$

4）固定资产周转率

该指标用于衡量配送中心固定资产的运行绩效，评估所投资的资产是否充分发挥效用。

$$固定资产周转率 = \frac{产值}{固定资产总额} \tag{11-57}$$

5）产出与投入平衡率

该指标用于判断是否维持低库存量，与零库存的差距多大。

$$产出与投入平衡率 = \frac{出货量}{进货量} \tag{11-58}$$

产出与投入平衡率是指进出货件数比率。而如果想以低库存作为最终目标，且不会发生缺货现象，则产出与投入平衡比率最好控制在1左右，而实现整改目标的关键是要切实做好销售预测。

11.2.4　物流中心绩效评价实施步骤

物流中心绩效评价既包括物流企业内部的运作评价，又包括企业外部对企业经营管理的评价。企业内部的运作评价是建立在员工考核基础之上的，是企业日常管理的一部分。而企业外部进行的评价是对企业的管理水平，市场竞争地位的核查。一般要按照正规的评价过程逐步实施，主要包括以下几项内容。

1. 确定评价工作实施机构

1）评价组织机构

由评价组织机构直接实施评价，评价组织机构将负责成立评价工作组，并选聘有关专家组成专家咨询组。如果委托社会中介机构实施评价，应与选定的中介机构签订委托书，然后由中介机构成立评价工作组及专家咨询组。无论由谁来组织实施评价，对工作组及专家咨询组的任务和要求都应明确。

2）参加评价工作的成员应具备的基本条件

（1）熟悉物流中心绩效评价业务，有较强的综合分析判断能力。

（2）具有较丰富的物流管理、财务会计、资产管理及法律等方面的专业知识。专家咨询组的专家还应具有一定的工程技术方面的知识。

（3）专家咨询组的专家应在物流领域中具有高级技术职称，有一定的知名度和相关专业的技术资格。

（4）评价工作主持人员应有长期的经济管理工作经历，并能坚持原则，秉公办事。

2. 制定评价工作方案

由评价工作组根据有关规定制定物流中心评价工作方案，经评价组织机构批准后开始实施，并送专家咨询组的每位专家审核。

3. 收集并整理基础资料和数据

根据评价工作方案的要求及评分的需要来收集、核实及整理基础资料和数据。收集的数据包括以下内容。

（1）选择物流行业同等规模的评价方法及评价标准值。

（2）收集连续三年的会计决算报表、有关统计数据及定性评价的基础材料，并确保资料的真实性、准确性和全面性。

4. 评价计分

运用计算机软件计算评价指标的实际分数，这是物流中心绩效评价的关键步骤。

（1）核实会计决算报表及统计数据，计算定量评价指标的实际值。

（2）根据选定的评价标准，计算出各项基本指标的得分，形成"物流中心绩效初步评价计分表"。

（3）利用修正指标对初步评价结果进行修正，形成"物流中心绩效基本评价计分表"。

（4）根据已核实的定性评价基础材料，参照绩效评价指标参考标准进行指标评价和打分，形成"物流中心绩效评价计分汇总表"。

（5）将"物流中心绩效基本评价计分表"和"物流中心绩效评价计分汇总表"进行校正、汇总，得出综合评价的实际分数，形成"物流企业绩效得分总表"。

（6）根据基本评价的四部分（财务效益、资产营运能力、偿债能力、发展能力得分情况计算各部分的分析系数。

（7）对评价的分数和计分过程进行复核，为了确保计分准确无误，必要时用手工计算校验。

5. 评价结论

将绩效基本评价得分与物流产业中相同行业及相同规模的最高分数进行比较，将财务效益、资产营运能力、偿债能力、发展能力这四部分内容的分析系数与相同行业的比较系数进行对比，对物流中心绩效进行分析判断，形成综合评价结论，并听取物流中心存储有关方面负责人的意见，进行适当的修正和调整。

6. 撰写评价报告

评价报告的主要内容包括评价结果、评价分析、评价结论及相关附件等。评价报告应送专家咨询组征求意见，由评价项目主持人签字后，报送评价组织机构审核认定。

7. 评价工作总结

将评价工作背景、时间、地点、基本情况、结果、工作中的问题及措施、工作建议等汇总成书面材料，建立评价工作档案。同时报送物流中心存储备案。根据行业或企业进行分析和排序，其步骤为确定评价对象、选定评价标准值、收集和核实基础资料、用计算机计算分数和排序、评价分析、撰写并报送评价分析报告。

11.3　物流中心成本控制体系设计

11.3.1　物流成本构成与分类

在物流过程中，为了提供有关服务，开展各项业务活动，必然要占用和消耗一定的活劳动和物化劳动，这些活劳动和物化劳动的货币表现，即为物流成本（Logistics Cost），也称为物流费用。物流成本包括物流各项活动的成本，如货物商品包装、运输、存储、装卸搬运、流通加工、配送、信息处理等方面的成本与费用，这些成本与费用之和构成了物流的总成本。物流成本可按如下方式进行分类。

1. 按物流费用的支付形式分类

按费用的支付形式进行物流成本分类的方法与财务会计统计方法相一致。这种方法将物流费用分为本企业支付的物流费用和他企业支付的物流费用两大项。这两项中的物流费用又可详细分解如下。

（1）材料费。包装材料费、燃料费、消耗工具材料等物品的消耗生成的费用。

（2）人工费。为物流从业人员支出的费用，如工资、奖金、退休金、福利费等。

（3）水电费。水费、电费、燃气费等。

（4）维持费。维修费、消耗材料费、房租、保险费等。

（5）管理费用。组织物流过程花费的各种费用，如差旅费、交际费、教育费、会议费、书报资料费、上网费、杂费等。

（6）特别经费。折旧费等。

（7）委托物流费。包装费、运费、保管费、入出库费、手续费等委托企业外部承担物流业务支付的费用。

2. 按物流活动发生的范围分类

所谓按物流活动发生的范围分类的方法也就是按物流的流动过程进行分类，它把物流成本分为：采购物流成本、生产物流成本、销售物流成本、回收物流成本、废弃物流成本。

3. 按物流功能类别分类

按物流活动所发生的功能类别可以将物流成本分为物流环节成本、信息流通成本、物流管理成本等。物流环节成本包括运输费、仓储费、包装费、装卸费、流通加工费等。信息流通成本指处理物流相关信息发生的费用，包括库存管理、订单处理、客户服务等相关费用。物流管理成本指物流计划、协调、控制等管理活动方面发生的费用。

4. 按物流成本的可见性分类

按物流成本的可见性分类，可分为物流显性成本和物流隐性成本。

（1）物流显性成本。包括：仓库租金，运输费用，包装费用，装卸费用，加工费用，订单清关费用，人员工资，管理费用，办公费用，应交税金，设备折旧费用，设施折旧费用，物流软件费用等。

（2）物流隐性成本。包括：库存资金占用成本，库存积压降价处理，库存呆滞产品成本，回程空载成本，产品损坏成本，退货损失费用，缺货损失费用，异地调货费用，设备设施闲置成本等。

另外，还可以按成本是否具有可控性分类，分为可控成本和不可控成本，以及按物流成本的性态分为变动成本和固定成本等。

11.3.2 物流中心成本特性分析

1. 复杂性

物流中心成本不仅涉及企业运营的多个部门与多个环节，而且各环节中费用组成多样化，既有人工费、管理费、材料费、信息处理费，还有设施、设备、器具的折旧费和利息等。

2. 效益背反性

物流中心成本具有效益背反（也称"交替损益性"）的基本特征。物流中心成本的效益背反性主要指，物流企业在运作过程中物流各功能环节成本高低以彼此为基础，且各功能环节成本彼此间存在着损益的特性。

3. 系统性

物流是一个系统，物流成本同样也具有系统性。在确定物流中心总成本时，应该从系统整体角度出发，考虑影响物流费用的各种因素，综合平衡，依据物流系统总产出或总目标，确定相应的总成本；在控制物流成本时，应从企业价值链出发合理规划物流，通盘考虑，采取措施以谋求总成本的最低化。

4. 模糊性

通过物流成本冰山理论学说，可以得知物流中心成本具有模糊性。物流中心现有统计报表中按物流概念统计的数据极少，大量的数据需要通过估算得出，有些数据甚至无法填写，依据现有会计核算数据得出的物流费用，只是真正发生的物流成本的一部分。

5. 相对性

物流中心成本的相对性是指物流成本的高低是以客户物流服务需求水平为基准。物流中心成本不是面向企业经营成果，而是面向客户的服务过程。客户需求的个性化、多样化，都对物流中心提出新的要求，而这又必然影响到其成本的发生和构成。也就是说，物流中心的成本更大程度上直接取决于客户的需求。由于满足客户需求的过程受到企业资源的限制，所以物流中心必须在成本和客户服务需求之间进行权衡。

6. 间接成本比例大

物流中心的成本费用主要表现为间接费用，直接费用较少，尤其是直接材料，一些物流服务合同几乎不需要花费直接材料。物流中心固定资产数量多、款额大，因此折旧费用及用于维护、保养各种固定资产所耗费的材料、人工等费用较大，同时由于装卸、运输等营运间接费用多及营业费用和管理费用也日益增加，致使物流中心间接成本比重非常大。

7. 较高的企业组织成本

由于我国的物流中心大多采取与生产或销售企业类似的垂直型组织结构形式，导致企业运作组织成本高，反应灵敏度低和物流效率低下，不利于塑造企业的核心竞争能力。

8. 成本分配困难

物流中心成本具有分配困难的特性。由于多客户运作能够使物流中心实现低成本运作，因而物流中心采用多客户的整合策略使得运作的复杂性大大加强；同时物流中心成本是以间接费用为主的成本结构等，使得物流中心进行费用的分配也随之变得很复杂，分配标准的选择是否适当对成本的准确性有很大影响。

11.3.3　物流中心成本计算方法

1. 基于功能的物流成本计算法

基于功能的物流成本计算法是将物流费用按包装、保管、装卸、信息、物流管理等功能进行分类，通过这种方式把握各功能所承担的物流费用，进而着眼于物流不同功能的改善和合理化，特别是算出标准物流功能成本后，通过作业管理，能够正确设定合理化目标。其具体方法为，在计算出不同形态物流成本的基础上，再按功能算出物流成本。当然，功能划分的基准随着企业行业特性的不同而不同，因此，按功能标准控制物流成本时，必须使划分标准与本企业的实际情况相吻合。

按不同功能计算物流成本的特点是在算出单位货品物流成本后，企业管理层计算出各功能物流成本的构成比、金额等之后，将其与往年数据进行对比，从而明确物流成本的增减原因，找出改善物流成本的对策。

2. 基于形态的物流成本计算法

基于形态的物流成本计算法是指将物流成本按支付运费、支付保管费、商品材料费、本企业配送费、人员费、物流管理费、物流利息等支付形态来进行归类。通过这样的管理方法，企业可以很清晰地掌握物流成本在企业整体费用中处于什么位置，物流成本中哪些费用偏高等问题。这样，企业既能充分认识到物流成本合理化的重要性，又能明确控制物流成本的重点在于管理哪些费用。

这种方式的具体方法是，在企业月单位损益计算表"销售费及一般管理费"的基础上，乘以一定的系数得出物流部门的费用。物流部门是分别按"人员系数"、"产量系数"、"面积系数"和"时间系数"等计算出物流费的。一般在此基础上，企业管理层通过比较总销售管理费和物流部门费用等指标，分析增减的原因，进而提出改善物流的方案。

3. 基于适用范围的物流成本计算法

基于适用范围的物流成本计算法是指分析物流成本适用于什么对象，以此作为控制物流成本的依据。例如，可将适用对象按商品类别、地域、客户、负责人等进行划分。当今先进企业的做法是，按分公司营业点来单独核算物流成本，有利于对各分公司或营业点进行物流费用与销售额、总利润的构成分析，从而正确掌握各分支机构的物流管理现状，及时加以改善；按客户分别核算物流成本，有利于全面分析不同客户的需求，及时改善物流服务水准，调整物流经营战略；按商品类别核算物流成本，能使企业掌握不同商品群物流成本状况，合理调配、管理商品。

4. 基于作业的物流成本计算法

基于活动的计算方法主要有作业成本分析法（或活动成本法 Activity-Based Costing），简称 ABC 法，能够计算不同客户或者不同货物的成本。它是以成本动因理论为基础，通过对作业（Activity）进行动态追踪，反映计量作业和成本对象的成本，评价作业业绩和资源利用情况的方法。

物流中心的成本特性决定了物流中心沿用传统成本法很难做到合理、科学、准确的成本核算与控制，因此传统成本核算法在物流企业成本核算中的统治地位发生了动摇，在物流中心实施新的成本核算与管理方法非常必要。

而作业成本法不仅克服了传统成本法的诸多缺陷，更为重要的是作业成本法并不局限于就成本论成本，而是把着眼点与着重点放在成本发生的前因与后果上，以作业为核心，以资源流动为线索，以成本动因为媒介，对所有作业活动进行跟踪。

作业成本法已成为以作业为核心、作业成本计算与作业管理相结合的全面成本管理制度。以作业为基础的作业成本法已被世界公认为是确定和控制物流成本费用最优化、最有前途的方法。同时作业成本法已在欧美发达国家的物流企业得到了相当普遍的重视与应用，且取得了良好的效果。此外，作业成本法作为先进成本计算方法、先进管理方法与先进管理思想相统一的综合管理体系，其应用在很大程度上具有灵活性，并不绝对为企业外部环境条件所限制。一般类型物流中心可以应用作业成本法的先进管理思想如作业管理、过程分析等来改善物流中心管理，还可根据实际需要作为一种辅助手段与工具在某个关键环节、某个部门或整个企业部分应用作业成本法。

11.3.4 物流中心成本一体化控制体系框架设计

1. 物流中心成本一体化控制思路

物流中心成本一体化控制包括了事前、事中和事后对物流成本进行预测、计划、计算、分析、反馈、决策等全过程的系统控制，以达到预期目标。一体化控制有别于局部控制，具有系统性、综合性、战略性的特点，一体化控制的目标是物流系统控制目标的集成，促使物流中心总成本趋向最小化。物流中心成本一体化控制流程如图 11-6 所示。

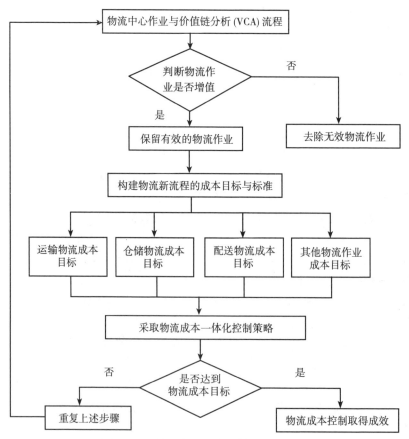

图 11-6 物流中心成本一体化控制流程

从整体系统的角度来进行物流中心成本一体化控制，需要综合协调考虑多个层面的影响因素，通过资源整合和物流系统中各子系统和各环节的有效协同运作，采取循序渐进的控制步骤，才能达到良好的效果。其需要遵循如下思路。

（1）既要考虑采购、仓储、生产和运输等局部环节的物流成本的控制，又要从整体角度来全过程控制物流成本。

（2）既要实现各物流职能部门的资源优化配置，又要实现企业整体物流资源的整合与优化。

（3）既要考虑各部门物流信息的及时处理，又要实现各部门间物流信息的及时传递和充分共享。

（4）既要保证事前物流成本控制的准确预算，又要做好物流运作中的有效监控和物流运作后的及时反馈。

（5）既要通过企业的内部物流运作来优化作业流程和控制物流成本，又要通过与外部的战略合作来降低物流成本。

2. 物流中心成本一体化控制框架

物流中心成本一体化控制的主体是物流管理组织和机构，客体是企业内部的物流费用，即企业经济活动中发生的物流成本。在企业的财务会计中，向企业外部支付的物流费用能够从账面上反映出来，而企业内部消耗的物流费用一般是计入制造成本而难以单独反映。在物流成本控制中，存在不可控因素的限制，使物流成本一体化控制可能并不完全覆盖物流的整个过程，但是企业的各个环节局部的物流成本仍可降低。由于物流成本控制的"效益背反"，有时某个环节的物流成本的局部控制会引起其他环节的物流成本的增加，此时要求从系统角度考虑各物流成本的一体化控制框架。

物流中心成本的一体化控制由物流成本横向控制、物流成本纵向控制和计算机网络控制三部分组成，如图 11-7 所示。计算机网络系统将物流成本的横向、纵向连接起来，形成一个不断优化的物流系统的循环，通过一次次的循环、计算、评价，整个物流系统不断优化，最终找出总成本最低的最佳方案。

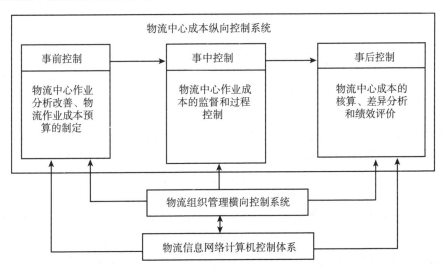

图 11-7　物流中心成本一体化控制框架

1）物流成本系统的纵向控制

物流成本纵向控制主要有物流成本的预测和计划、计算、分析、信息反馈和控制、决策等步骤。

（1）物流成本预测是指在编制物流计划之前对本期物流成本进行分析，寻求降低物流成本的有关技术经济措施。

（2）物流成本分析常用指标对比分析法和成本差异等找差距、查原因、研究成本的实际情况，揭露物流环节中的主要矛盾，提出降低物流成本的具体措施，以保证物流成本的不断降低。

（3）信息反馈控制是在收集、整理、汇总物流过程中，发生的有关成本的各种资料和数据，传输给有关决策部门以供决策，进行预测和计划，把信息传输给有关部门。

（4）物流成本决策是企业根据物流成本信息反馈的结果，结合其他技术和经济因素进行分析研究后，决定采取的行动方针，并进行可行性分析后选择的最佳方案。

2）物流成本系统的横向控制

物流成本的横向控制实质上是物流过程的优化管理。物流过程是一个创造时间性和空间性价值的经济活动过程，必须保证物流各个环节的合理化和物流整个过程的迅速和通畅。物流系统是一个庞大而复杂的系统，对其进行优化可以借助于先进的控制方法和管理手段，将纵向控制和横向控制交织进行。常见的技术手段包括采用数理分析方法和最优化原理来组织物流系统，实现最优组合控制。

（1）运用线性规划，运用模拟技术实现物流系统的最优化。例如，运用线性规划制订最优运输计划，实现物质运输的优化。

（2）运用系统分析技术选择货物的最佳配比和配送路线。实现物质配送优化在物流系统中占有重要地位，配送路线对配送速度、合理利用车辆和配送费用都有直接的影响。目前比较成熟的确定优化配送路线的方法是节约法，也叫节约里程法。

（3）运用存储论确定经济合理的库存量。实现物质存储优化是物流活动的中心环节，需要借助存储论解决进货批量，安全储备及进货时间。

在物流成本横向控制管理中，物流管理组织和物流成本管理人员发挥着重要的作用。合理的物流管理组织和高素质物流成本管理人员配置可以大大提高物流运作效率、降低物流成本。

3）计算机网络控制

计算机网络系统是一个将供应链上的供应商、生产商、零售商和客户连接起来的大系统，利用计算机网络系统进行物流成本控制可以大大提高控制的效率。采购人员根据计算机信息管理系统的功能收集并汇总各机构订货商品的名称和数量，根据供应商的可供商品货源、供货价格、交货期限、供应商的信誉等资料确定供应商并向其下达采购指令。供应商又根据网络中心转来的信息及时安排送货。交易双方不仅可以进行订单和交货的通知，还可以进行订单更改、订单回复、变价通知、提单、对账通知、发票、退货等许多信息的交换。

物流成本的控制策略取决于物流的动态运作模式。因此，从系统的角度，依照企业的特点对物流成本进行分类，确定企业内部不同物流成本的控制指标和控制策略，动态分析物流成本控制。物流成本控制系统最重要的是能适应企业总体战略目标，一个战略性的物流成本控制系统是用于特定的战略要求的，成功的物流成本控制策略应该使物流网络能恰当地为客户服务，并使整个流程中所耗物流成本最小。在考虑物流成本控制的一体化效应时，应该将局部控制和综合控制结合起来，各种控制策略组合以物流总成本最低为控制目标来协调各子系统，将物流总成本分解到各子系统作为目标，通过子系统的优化、集成，最终获得物流总成本最低的物流系统的最优或次优状态。

11.3.5　降低物流中心运作成本思路与策略

1. 降低物流成本的思路

因为物流成本的影响因素十分复杂，各种因素均会直接影响到物流成本的高低，因此，本书从以下几个方面来说明降低物流成本的思路。

1）树立现代物流管理理念

从某种意义来说，提高对物流的认识，树立物流管理新理念应该是我国目前物流成本管理中最迫切需要解决的。在欧美、日本等发达国家，物流观念早已深入人心，而在我国，人们对物流的认识很多还保留在物资流通的观念上，偏重于流通物流，而没有认识到物流的范围并不仅仅是流通领域，还包括生产领域。大多数企业对物流的先进技术和管理方式及其重要性没有概念或概念模糊。

2）加强供应链管理

控制物流成本应该从产品制造到最终用户的整个供应链全过程，来建立健全科学的管理制度，加强物流成本管理。为了降低成本、及时准确地满足客户的差异性需求，供应链管理必须建立在功能强大的信息系统之上，保证信息流、资金流和物流的畅通无阻。

在供应链条件下，物流中心在提高自身效率的同时，需要协调与其他企业及顾客、运输业者之间的关系，提高整个供应链物流活动的效率，简化物流作业程序，减少无序作业和无效搬运，实现供应链物流成本的最小化和整个供应链活动的效率化。

3）加强物流资源整合

为适应不断变化的市场环境的需要，物流中心需要在科学合理的制度安排下，借助现代科技特别是计算机网络技术的力量，以培养企业核心竞争力为主要目标，将企业有限的物流资源与社会分散的物流资源进行无缝化链接。物流资源整合不仅仅是对物流中心和社会原有的物流资源进行重新的优化配置，更重要的是为了使物流中心的运作形态发生根本性的转变，实现传统以职能为中心的管理向现代化资源优化配置为中心的管理的转变。

4）实现共同配送，提高物流规模效率

提高对顾客的物流服务是物流中心确保利益的重要手段，但是，超过必要量的物流服务不仅不能带来物流成本的下降，反而有碍于物流效益的实现。例如，随着多频度、少量化经营的扩大，对配送的要求越来越高，而在这种状况下，如果企业不充分考虑用户的产业特性和运送商品的特性，一味地开展商品的日配送活动或发货的小单位化，无疑将大大增加发货方的物流成本。所以，在正常情况下，为了既保证提高对顾客的物流服务水平，又防止出现过剩的物流服务的情况，企业应当在考虑用户产业特性和商品特性的基础上，与顾客方充分协调，探讨有关共同配送、降低成本等问题。一般来讲，物流量较少，通过物流共同配送可以提高货物装载率，进而削减由于运输过频或装载率较低产生的物流费用。

5）科学管理库存，加速周转，减少隐性成本

库存管理的目的是在满足顾客服务要求的前提下，通过对企业的库存水平进行控制，尽可能降低库存水平、提高物流系统的效率，以强化企业的竞争力。但是，在企业中由于库存角色不同，要求也不同，进行科学库存管理不仅可以降低库存水平，从而减少资金占用和库存维持成本，而且还可以提高顾客的满意度。

另外，大量库存占用了企业有限的资金，降低了产品的周转速度，增加了库存费用，增加了不可预测的风险，同时增加了隐性成本。物流管理的职能就是要控制库存，达到最低库存。最低库存的目标是要将库存水平配置减少到与顾客服务目标一致的最低水平，以实现最低的总物流成本。同时还要利用各种运输工具的有机衔接，运用运输工具的标准化及运输管理的统一化，来减少商品周转、运载过程中的费用和损失，并大大缩短商品在途时间。

6）构筑现代物流管理信息系统

可以通过电子数据交换（EDI）、管理信息系统（MIS）、射频技术（RF）、地理信息系统（GIS）和全球定位系统（GPS）等现代信息技术与信息系统降低企业物流成本。通过这些信息手段将企业订购的意向、数量、价格等信息在网络上进行传输，从而使生产、流通全过程的企业或部门分享由此带来的利益，充分应对可能发生的各种需求，进而调整不同企业间的经营行为和计划，使企业间的协调和合作有可能在短时间内迅速完成，这无疑从整体上控制了物流成本发生的可能性。同时，物流管理信息系统的迅速发展，使混杂在其他业务中的物流成本能被精确地计算出来，也就是说，通过现代管理信息系统的构筑，彻底实现物流成本的降低，而不是向其他企业或部门进行成本转嫁。

7）削减退货成本

退货成本是随着退货产生的一系列的物流费用。如退货商品损伤、货品滞销而产生的费用，以及处理退货商品所需要的人员等各种事务性、管理性费用等。特别是出现退货情况时，一般是由商品提供者承担退货所发生的各种费用，而退货方因为不承担商品退货而产生的损失，容易很随意地退回商品。不仅如此，由于退货商品一般规模较小，也很分散，商品入库、账单处理等业务也都非常复杂。要有效地降低退货成本，重要的是改变企业片面追求销售额的目标战略，在追踪最终需求动向和流通在库的同时，为实现最终需求增加而实施销售促进策略。

8）加强物流管理人才的培养

一个优秀的企业物流运作管理人才能够在企业和社会再生产过程中，根据物质资料实体流动的规律，应用管理的基本原理和科学方法，对物流活动进行计划、组织、指挥、协调、控制和监督，使各项物流活动实现最佳的协调与配合，以降低物流成本，提高物流效率和经济效益。因此，加强物流运作管理人才的培养，是提高物流管理水平、降低物流成本的重要策略。

2. 降低物流成本的策略

对物流成本的管理就是在物流服务目标即在满足一定的客户服务水平与配送成本之间寻求平衡。也就是说，在一定的物流成本下，尽量提高客户服务水平，或在一定的客户服务水平下使物流成本最小。下面着重介绍在一定的客户服务水平下使物流成本减少的五种策略。

1）差异化策略

差异化策略的指导思想是：货物特征不同，客户服务水平也不同。当物流中心拥有多种

货物时，不能对所有货物都按同一标准的客户服务水平来配送，而应按货物的特点、销售水平来设置不同的库存、不同的运输方式及不同的存储地点，忽视货物的差异会增加不必要的配送成本。

2）混合法策略

混合法策略是指配送业务一部分由企业自身完成，另一部分由专业物流公司完成。这种策略的基本思想是，尽管采用纯策略（即配送活动要么全部由企业自身完成，要么完全外包给第三方专业物流公司完成）易形成一定的规模经济，并使管理简化，但由于货物品种多变、销量不等、规格不一，超出一定程度后，采用纯策略的配送方式不仅不能取得规模效益，反而还会造成规模不经济。而采用混合策略，合理安排企业自身完成的配送和外包给第三方完成的配送，能使配送成本最低。

3）合并法策略

合并法策略包含两个层次，一是配载上的合并，二是共同配送上的合并。实行合理地配载，容积大小不同的货物搭配装车，不但可以在载重方面达到满载，而且也充分利用车辆的有效容积，取得最优效果。最好是借助计算机管理系统确定货物配载的最优解。

共同配送也称集中协作配送。它是几个企业联合，集小量为大量，共同利用同一配送设施的配送方式。其标准运作形式是：在中心机构的统一指挥和调度下，各配送主体以经营活动（或以资产为纽带）联合行动，在较大的地域内协调运作，共同对某一个或某几个客户提供系列化的配送服务。

4）延迟策略

传统的配送计划安排中，大多数的库存是按照对未来市场需求的预测量来设置的，这样就存在着预测风险，当预测量与实际需求量不相符时，就出现库存过多或过少的情况，从而增加配送成本。延迟策略的基本思想就是对货物的外观、形状及其生产、组装、配送应尽可能推迟到接到客户订单后再确定。一旦接到订单就要快速反应，因此采用延迟策略的一个基本前提是信息传递要非常快。

5）标准化策略

物流标准化使货物在物流过程中的基本设备统一规范，如使现有托盘标准与各种运输装备、装卸设备标准之间能有效衔接，大大提高了托盘在整个物流过程中的通用性，也在一定程度上促进了货物运输、存储、搬运等过程的机械化和自动化水平的提高，有利于物流配送系统的运作效率，从而降低物流成本。

复习思考题

1. 简述物流中心组织结构设计的原则。
2. 物流中心组织形式主要包括哪些？
3. 简述物流中心组织分工。
4. 物流中心绩效评价体系设计的原则是什么？
5. 物流中心绩效评价指标主要有哪些？
6. 简述物流中心绩效评价的步骤。
7. 简述物流中心成本一体化控制体系。

8. 分析降低物流中心运作成本的思路和策略。

 **案例分析**

国美物流中心运营管理

国美电器在高速的发展中，始终把现代化的物流系统当做企业核心竞争力来建设与规划，在短短20年的实践中，国美电器以最快的速度在全国300多个大中城市成功打造了一个科技化、人才化、现代化的家电流通体系。

最初国美系统是比较原始的前仓后店式，这种方式造成库存分散，仓储与车队不能很好地整合，资源严重浪费。

1998年，国美在中国家电零售行业率先成立了以高度信息化为平台的物流系统，取消门店库房，过渡到集中配送模式，从而实现了车队、仓储资源的优化配置，提高了物流系统的运作效率。2005年10月，国美为了实现服务差异化及更快速地响应市场与顾客需求，加强对物流体系的建设，在总部成立了专业化的物流机构。为搭建物流平台，提高整体供应链的效益，降低运营成本，提升物流管理水平，2007年起，国美募集大量资金，开始在上海、北京、广州、天津、福州等地建立7个区域物流中心。国美建立区域物流中心是一种集成的管理思想和方法，将直接和合作厂家进行物流方面的业务信息对接和整合，从而减少厂商各自传统的物流流程，完善从供应商到最终用户的信息系统、库存仓储、订单配送等多方位的计划与控制。

国美物流中心的工作目标是在维持合理物流成本的基础上，通过提高系统运作效率，增强对终端的快速反应，切实提高顾客服务水平。经过充分的整合，国美物流中心下设项目部、运营管理部、检查培训部三大部门。项目部负责对全国仓储资源进行整合，负责引进物流新技术并规划国美物流系统的发展方向。运营管理部负责全国的商品调拨、市内配送指导、对库存商品进行全程跟踪监督与管理；目前，全国有49个分部物流中心，200多个二级、三级市场外设库构成的庞大健全的物流网络，可高效迅捷地为全国800个销售网点及国美的日均20多万顾客提供周到细致的服务。总部物流中心是全国物流系统的指挥中心，全国各分部物流中心是操作中心，通过总部与分部的无缝连接，形成组织严密、反应迅捷的家电物流体系。

目前，国美在全国200多个大中城市仓储面积70万 m^2，运输车辆最高峰时达18 000多辆。物流从业人员2万人，其中物流专业管理人员200多人。在信息管理上，采取国际最先进的ERP系统，进行物流信息的快速传递，可实现门店销售信息与物流中心实时对接，日最大处理订单15万件。在以后的发展中，国美将继续引进物流新技术，加速推进家电物流现代化建设，把国美物流体系成功打造成为社会化、专业化的家电业物流平台。

案例思考题：

1. 国美物流中心的工作目标是什么？
2. 国美物流中心的组织结构如何设计？
3. 根据国美物流中心的特点，分析流通企业物流中心如何提升运营管理绩效？

第12章

物流中心投资与规划方案评价

本章要点

- 掌握物流中心投资分析内容；
- 理解物流中心规划方案评价内容；
- 掌握物流中心规划评价方法；
- 掌握物流中心项目建议书的编制内容；
- 掌握物流中心项目可行性研究报告编制。

开篇案例

中国轻纺城国际物流中心规划

中国轻纺城国际物流中心占地29.5公顷，总建筑面积24.8万 m^2，由中国轻纺城集团股份有限公司出资组建，项目固定资产投资总额为25 458万元，坐落在浙江省轻纺重镇绍兴县柯桥镇，是绍兴县委、县政府加快推进绍兴县现代物流业发展，优化投资环境，为国际纺织品制造中心和国际纺织品贸易中心的打造提供强有力支撑的重要举措。

中国轻纺城国际物流中心是以国际集装箱物流服务为核心，以联托运和仓储物流服务为两翼，以货运信息交易服务、公司化贸易办公服务为依托和其他三产生活服务功能为辅助的浙江省东部国内一流的生态型现代物流中心，为绍兴县发展现代物流业提供了坚实的物流站场基础设施平台，营造发展现代物流业良好的硬件环境，并逐步运用专业化、系统化的管理，网络化、信息化的手段，使传统的运输、仓储行业向现代物流方向发展，并在此基础上，拓展物流市场，扩大物流范围，奠定中国轻纺城国际物流中心作为绍兴县物流产业龙头的战略地位，从而带动全县乃至全省现代物流产业的全面发展。

根据项目发展目标定位、服务主体及物流中心本身的特点，中国轻纺城国际物流中心的功能，可概括为"以国际集装箱物流服务为核心，以联托运和仓储物流服务为两翼，以货运信息交易服务为依托和其他三产生活服务功能为辅助"，具体地说，包括以下几个方面的功能服务区块：国际集装箱物流服务，联托运物流服务，仓储物流服务，货运信息交易服务，理货物流服务，停车场功能，商务办公服务，汽车旅馆服务，生活服务。

思考题： 分析中国轻纺城国际物流中心项目投资的社会效益。

12.1 物流中心投资分析

在确定物流中心规划布置及运营方案后，必须进行投资成本分析。投资成本内容包括建设投资成本和运营成本两大类。投资成本分析就是对建设投资成本和运营投资成本进行财务可行性、投资效益和投资风险分析，作为决策者和经营管理者投资决策的依据和参考。

12.1.1 建设投资成本分析

建设投资成本分析内容包括：土地成本、土地改造和房屋建筑成本、机械设备成本、开办费和运营初期的投资费用。

1. 土地成本

在计划执行中征用土地为最主要的投资项目，须分析是否为原自有土地、购置土地或租赁地皮。由于其投资金额高，效益评估过程可考虑以不计土地成本的方式进行效益评估，则效益分析部分土地将不作价，如果企业仍须以计入土地成本方式来评估效益，则未来的土地增值效益必须计入，否则就一般物流业的报酬率而言，将较难收回其成本。

2. 土地改造

土地改造包括拆迁工程、地面附着物赔偿、迁移工程、文物勘探、标高测量、地形整理和必要的基础处理等。其中迁移工程是将原有的设施（如道路、坟墓、高压线路、通信电缆和水渠等）按照要求移至规划区域之外。

3. 房屋建筑成本

房屋建筑成本包括区域规划、单体设计、地质勘探、土建工程、安装工程等工程费用和工程监理费用。

4. 设备成本

设备成本包含各类机具设备、仓储设施、搬运设备、信息设备及劳务设备设施等费用。

5. 开办费用

针对物流中心开办规划与设计期间所需的系统规划整合顾问费用、技术引进费用、人事训练与杂项费用。

6. 运营期间投资费用

除初期投资外，因部分设备定期更新及物流中心初期需购置基本存货量所需的流动资金，均为营运期间所需的投资费用。

12.1.2 运营成本分析

一般物流中心运营期间主要支出费用包括：直接人事费用、固定销管费用、变动间接费用、固定间接费用、变动销管费用、建筑折旧、设备折旧、保险费、房屋税、营利事业所得税等。

12.1.3　财务可行性分析

在确定投资方案之前需对企业的财务状况进行分析，以决定投资额度及资金筹措来源，必要时需要寻求合作对象，以集资入股方式筹措资金。这样可以降低风险，但是相对增加经营管理上的不确定性。相关财务分析包括以下几方面。

1) 中长期财务预测

长期财务比率分析，如流动比率分析、速动比率分析、损益预计表、资产负债表等。

2) 事业财务管理策略

分析企业财务管理原则及实际可供运用的自有资金额度，是否可提供固定资产投资计划。

3) 资金调度计划

分析企业未来 5 年的资金来源及运用计划，各期期末现金等。

4) 计划资金来源

分析企业投入多少自有资金或多少百分比的贷款。资金成本率的计算是重点，是衡量计划投资是否具有效益的参考指标，一般企业应定在 12% 以上。

12.1.4　投资效益分析

先预估未来预期收益及其成长率，配合初期投资成本及营运成本计算各年的现金流量，再进行内部报酬率、投资回收年限及净现值的计算。

1) 现金流量计算

一般物流中心初期投资成本较高，须注意期末设备资产残值的预估，若不考虑设备资产残值，则评估结果不易回收，易导致业者因报酬率太低而放弃。

2) 内部报酬率分析

一般计算如不考虑期间收益及运营成本的上涨率，且仅估计整数近似值，则可以用简单公式查表来计算，如加上上述因素，报酬率的计算可配合内差法列表以逐渐逼近的方式求得。

3) 投资回收年限

如考虑期间收益及运营成本的上涨率，并求得较整数近似值更精确的年限值，可配合外差法列表求得。

12.1.5　风险评估分析

针对外部效益、市场风险及不确定因素进行分析，包括以下几个方面。

1) 竞争优劣（SWOT）趋势分析

从竞争者优劣点、未来（潜在）参与者优劣点、业界本身的优劣点及可能的机会点等角度，进行定性的评估比较分析。

2) 工程可行性

依设计、施工及运营可供选择的技术进行探讨，并进行优劣比较分析。

3) 环境接受性

分析工程地点有关的水文、气象、地形、地质及生态环境，及邻近地区的交通状况、人文环境及文化遗址，以避免可能的反弹或阻力，另外须考虑与地方经济发展及政府土地政策的配合性等问题。

4）外部效益及成本

分析计划可能产生的外部效益及成本，及是否可能将之量化并入计划效益，另行计算计划的现值报酬率、净现值及投资收回年限。

5）不确定性分析

就影响本计划投资效益的主要因素，作单变量及多变量敏感性分析。经由敏感性分析，可了解各投资评估因素在不同的变动条件下，效益评估的变动程度，提供经营者决定投资计划时的风险程度参考。

12.2 物流中心规划方案评价

12.2.1 物流中心规划评价概述

在物流中心项目规划与建设过程中，应在市场调查和需求预测的基础上，对提出的各种技术方案进行分析、论证，针对技术上的先进性、生产上的可行性、经济上的合理性，进行综合评价、比较，选择最优方案。因此，在物流中心项目规划过程中要反复进行方案论证工作，即在规划的每一个阶段和每一个层次都要对有关问题进行若干方案的评价和选择。这是规划中全面、综合地进行分析、对比、选择最优方案的重要活动——择优活动。

评价与选择必须明确问题的性质，确定问题的范围。通过对多个方案进行比较，按既定的目标或要求，选择技术先进、生产可行、经济合理的方案。本书前面各部分涉及的物流中心选址方案评价与选择、布置方案的评价与选择、设施总体规划方案的评价与选择、物料搬运系统布置方案的评价与选择等，都需要在各个规划阶段进行方案评价与选择。总之，方案的综合评价是物流中心规划过程中寻求最佳技术、经济方案的决策手段，是物流中心规划的一项重要内容，它贯穿于物流中心规划的每一个环节。

物流中心规划与设计研究的问题都是多因素、多目标的问题，既要考虑问题自身所具有的各种因素，又要考虑各种与之相关的因素；既要达到主要技术经济指标要求，又要满足各种其他相关目标的要求。这就构成了物流中心规划方案评价与选择具备综合性、系统性的特点。

12.2.2 物流中心规划评价内容

为使物流中心规划设计合理科学，节约资金，取得最大经济效益，必须对规划设计方案进行审核和评估。主要评估内容为分析设施规划和设备的配置情况，各物流作业的效率，规划设计能否满足每天发货要求，各站点之间是否有瓶颈现象。此外，规划方案的应急处理能力也是评估内容。

1. 设施评价

1）设施整体布局

- 动线设计（人流和物流）。
- 使用面积（自动仓库、拣取、分类、集货和多功能等区域）。

- 弹性（系统变化、品项和作业量变化、配送点增加）。

2）设施建筑要求

- 面积要求。
- 地板承载能力。
- 地板粗细度。
- 柱间跨度。
- 厂房高度与作业需求限制。

3）设施能力

- 各仓储区面积。
- 集装箱堆场面积。
- 流通加工区面积。
- 收发货站台数。
- 进货暂存区面积。
- 发货暂存区面积。
- 停车场车位数量。
- 年吞吐能力。

2. 设备评价

1）设备能力

- 仓储保管量。
- 拣取能力。
- 堆垛机能力。
- 分类能力。
- 暂存能力。
- 搬运能力。
- 装载能力。

2）保养需求

- 设备维护（厂商服务网点、服务人员素质、服务时效）。
- 一般保养（保养项目与周期、零件备品需求）。

3）故障对策

- 设备故障（设备可靠度、替代设备的弹性、人工替代的弹性）。
- 系统故障（信息存储、即时处理与批次处理、替代系统与断电应对）。

4）搬运的难点

- 仓储作业设备。
- 拣取作业设备。
- 分类输送带设备。
- 发货作业设备。

3. 作业安全与环境评价

1）作业安全

- 作业安全规划。

- 消防设施的布点及距离。
- 保证设备安全的措施。
- 保养维护的方法。

2）工作环境

- 厂房照明度。
- 固体废弃物的回收。
- 废水处理。
- 废气处理。
- 环境美化。
- 员工休息场所。

3）噪声对策

- 居民反映情况。
- 夜间设备操作。
- 夜间作业需求。
- 建筑防噪措施。

4. 运行评价

1）进货

- 进货登录的难易程度。
- 进货堆垛机搬运要求。
- 同时可处理需求。

2）拣取

- 拣取的难易度（A 类物品作业比例、B 类和 C 类物品品项数）。
- 作业特性与防错措施。
- 拣取量增大时的应对措施。

3）分拣

- 作业的准确度。
- 作业的难易度。
- 件数变化的对应处理。

4）发货

- 发货分类信息。
- 发货家数、记入的准确度。
- 发货单的发行和张贴的难易度。
- 集货、发货装载时间。
- 细分类作业的难易度。
- 交货验收程序的难易度。
- 退货处理及分类的难易度。

5）指示媒体的可信度

- 进货、入库指示的难易度和可信度。
- 补充指示的难易度和可信度。

- 拣取指示的难易度和可信度。
- 分类指示的难易度和可信度。
- 发货指示的难易度和可信度。

6）人员计划

- 人数需求。
- 人力需求的结构和比例。
- 特殊时段的工作人数。
- 兼职人员的需求及比例。

5. 费用评价

1）初期成本

- 仓储设备。
- 信息设备。
- 信息系统规划与设计。
- 安全设置工程。
- 试运转调整。
- 开办经费和一般管理费。

2）营运资金

- 设备的营运资金。
- 信息系统的营运资金。
- 库存品的运转资金。

3）单价

- 自动仓库（每一发货口）。
- 拣取单位成本（每一拣货单）。
- 分类单位成本（每一拣货单）。
- 作业区的成本。
- 退货的处理成本。

4）生产能力评估

- 平均面积的保管效率。
- 平均面积的拣取效率。
- 各作业平均每人的处理能力。
- 缺货率、错误率。

12.3　物流中心规划评价方法

12.3.1　定性因素评价方法

1. 优缺点比较法

在初步方案的评价与筛选过程中，由于设计布置方案并不具体，各种因素的影响不易准确确定，此时常采用优缺点比较法对布置方案进行初步评价，舍弃那些存在明显缺陷的布置方案。

为了确保优缺点比较法的说明力，应首先确定出影响布置方案的各种因素，特别是有关人员所考虑和关心的主导因素，这一点对决策者尤其重要。一般做法是编制一个内容齐全的常用的系统规划评价因素点检表，供系统规划人员结合设施的具体情况逐项点检并筛选出需要的比较因素。表 12-1 为评价因素点检表。

表 12-1 物流中心规划方案评价因素点检表

序 号	因 素	点检记号	重要性	序 号	因 素	点检记号	重要性
1	初次投资			16	安全性		
2	年经营费			17	潜在事故的危险性		
3	投资收益率			18	影响产品质量的程度		
4	投资回收期			19	设备的可得性		
5	对生产波动的适应性			20	外购件的可得性		
6	调整生产的柔性			21	与外部运输的衔接		
7	发展的可能性			22	与外部公用设施的结合		
8	工艺过程的合理性			23	经营销售的有利性		
9	物料搬运的合理性			24	自然条件的适应性		
10	机械化自动化水平			25	环境保护条件		
11	控制检查的便利程度			26	职工劳动条件		
12	辅助服务的适应性			27	对施工安装投产进度的影响		
13	维修的方便程度			28	对施工安装队现有生产的影响		
14	空间利用程度			29	熟练工人的可得性		
15	需要存储的物料、外购件数量			30	公共关系效果		

在确定了评价因素以后，应分别对各布置方案分类列举出优点和缺点，并加以比较，最终给出一个明确的结论——可行或不可行，供决策者参考。

2. 加权因素比较法

加权因素比较法的基本思想是把布置方案的各种影响因素，不论是定性的，还是定量的，都划分成等级，并赋予每个等级一个分值，使之定量化，用等级或分值来定量表示该因素对布置方案的满足程度；同时，根据不同因素对布置方案的影响程度，能计算出布置方案的评分值，根据评分值的高低来评价方案的优劣。

1）评价因素的确定

与优缺点比较法一样，加权因素比较法也需要确定评价因素，一般系统规划的要求与目标都应列为评价因素。最常见的评价因素如下。

（1）适应性及通用性。如布置方案适应产品品种、产量、加工设备、加工方法、搬运方式变更的适应能力；适应未来生产发展的能力等。

（2）物流效率。如各种物料、文件信息、人员按照流程的流动效率，有无必需的倒流、交叉流动、转运和长距离运输；最大的物流强度；相互关系密切程度高的作业单位之间的接近程度等。

（3）物料运输效率。如物料运入、运出厂区所采用的搬运路线、方法和搬运设备及容器的简易程度，搬运设备的利用率、运输设备的维修性等。

（4）存储效率。如物料库存（包括原材料库、半成品库、成品库等）的工作效率；库存管理的容易程度；存储物品的识别及防护；存储面积是否充足等。

（5）场地利用率。通常包括建筑面积、通道面积及立体空间的利用程度。

（6）辅助部门的综合效率。如布置方案对公用、辅助管线及中央分配或集中系统（如空压站、变电所、蒸汽锅炉及附属管路等）的适应能力；布置方案与现有生产管理系统和辅助生产系统（如生产计划、生产控制、物料分发、工作统计、工具管理、半成品及成品库存等）有效协调的程度等。

（7）工作环境及员工满意程度。如布置方案的场地、空间、噪声、光照、粉尘、振动、上下班及人力分配等对职工生产和工作效率的影响程度。

（8）安全管理。如布置方案是否符合有关安全规范；人员和设备的安全防范设施（如防火、隔离和急救等），足够的安全通道和出口；废料清理和卫生条件等。

（9）产品质量。如布置方案中的运输设备对物料的损伤；检验面积；检验设备、检验工作站的设置位置等对质量控制的影响等。

（10）设备利用率。如生产设备、搬运设备、存储设备的利用率；是否过多地采用重复设备而忽略了在布置方案时设法对某一设备的共同利用。

（11）与企业长远规划相协调的程度。布置方案与企业长远发展规划、长远厂址总体规划、总体系统规划的符合程度。

（12）其他。如布置方案对建筑物和设备维修的方便程度；保安和保密；节省投资；布置方案外观特征及宣传效果等。

2）确定加权值

依据某一因素与其他因素的相对重要性，来确定该因素的加权值，一般做法是，把最重要的因素确定下来，然后定出该因素的加权值，一般取 10；然后把每个因素的重要程度与该因素进行比较，确定出合适的加权值。

应该指出，加权值的确定应采取集体评定然后求平均值的方式，最终结果应得到大多数参与布置方案评价人员的认可。

3）评价因素评价等级划分

对于每一个评价因素都应独立地评价出该因素对布置方案的满足程度，评价结果一般划分成评价等级。仿照系统布置设计方法，评价等级可划分为 A、E、I、O、U 五个等级，每个等级的含义及评价分值见表 12 - 2。

表 12 - 2　评价等级及分值

等　　级	符　　合	含　　义	评价分值
优	A	近于完美	4
良	E	特别好	3
中	I	达到主要效果	2
尚可	O	效果一般	1
差	U	效果欠佳	0

4）评价结果

针对评价的数个方案（一般取3～5个），确定出评价因素及其加权值，制成评价表。将每个因素对各方案的评价等级及分值填入表中，最终求出各布置方案的各因素评价等级加权和。

5）最佳方案的确定

一般认为某一方案得分高于其他方案20%，则可确认为是主选最佳方案。若比较方案得分比较相近，应对这些方案进行再评价，评价时增加一些因素，并对加权值和等级划分进行更细致的研究，还可以邀请更多的人员参加评价。对于选中的最佳方案还应根据评价表中的数据进行修正。

12.3.2 定量因素评价方法

这项工作主要由工程经济师承担，规划设计人员要密切合作。设施规划方案的比较，可以按各个方案的全部因素（相同和不同的因素）计算各方案的全部经济效益，进行全面对比，也可以仅对不同的因素计算相对经济效益，进行局部对比。经济效益评价的基本方法有：成本比较法和不确定性分析法。

1. 成本比较法

成本比较法是以投入成本比较或经济效益分析等量化数据进行分析评价的一种方法，是一种实用和具有参考价值的方案评价方法。虽然成本结果未必是决策唯一的衡量依据，但大多数的决策评价者都会将它列为一项重要的评价内容。

成本分析比较的方法比较多，首先根据是否考虑资金的时间价值，分为静态法和动态法。

1）静态评价方法不考虑资金的时间价值

静态评价的计算方法比较简单，所以较多应用于方案的初选阶段。静态评价主要有投资回收期法、投资收益率法、差额投资回收期法和计算费用法等。总之，各种静态评价方法都比较简单、直观。

2）动态评价方法则要考虑资金（投资）的时间价值

考虑资金的时间价值，比较符合资金的运动规律，因此动态评价方法更加符合实际。动态评价方法主要有净现值法、净现值率法、差额投资内部收益率法、年值法、年费用比较法（AC法）和年费用现值比较法等细项方法。

2. 不确定性分析方法

评价时资料的有限性，决定了评价的结果具有不确定性，从而给投资决策带来风险。例如，对产品需求、生产销售的预测，以及对投资费用、生产成本、各种价格、实施进度和项目使用寿命的估计，都不可能总是正确无误，因此有必要进行不确定性分析。不确定性分析的方法主要有以下几种。

1）盈亏平衡分析

盈亏平衡分析也称保本分析。项目的盈利与亏损有个转折点，称为盈亏平衡点（BEP）。在这一点上，销售收入等于总成本费用，一般用产品产量（销售量）作为参数进行考察。产量低于盈亏平衡点，无利可得。盈亏平衡点越低，项目盈利的可能性越大，造成亏损的可能性越小。盈亏平衡分析是找到一个平衡点，结合市场调查预测市场能否达到这个销售量水平，也可以从中比较不同方案的优劣。

2）敏感性分析

由于项目方案所依据的数据多数来自预测和估计，当这些数据因条件变化而发生变化时，可能给项目带来风险。敏感性分析就是研究某些不确定性因素（如销售收入、成本、投资、生产能力、价格、寿命、建设期、生产期等）对经济效益评价值（如投资收益率、现值、年值等）的影响程度。

12.3.3　综合评价方法

凡涉及生产系统和物流系统设施规划的问题都是多因素、多目标的问题，不管选址还是布置都是如此。既要考虑系统本身所具有的各种因素，又要考虑各种与之相关的因素；既要达到主要技术经济指标要求，又要满足各种其他相关目标的要求。如果仅仅依靠评价者的定性分析和逻辑判断，缺乏定量分析依据来评价系统方案的优劣，显然是十分困难的。尤其是物流系统的社会经济评价很难作出精确的定量分析。这就要求评价与选择要有综合性、系统性的方法。

随着人们的不断探索，已经有许多综合评价方法，如德尔菲法、层次分析法、数据包络分析方法、模糊综合评判法数量统计方法和计算机仿真法等。

1. 德尔菲法

德尔菲法又名专家意见法，它起源于 20 世纪 40 年代末期，最初由美国兰德公司首先使用，很快就在世界上盛行起来。德尔菲法，是采用背对背的通信方式征询专家小组成员的预测意见，经过几轮征询，使专家小组的预测意见趋于集中，最后作出符合市场未来发挥在那趋势的预测结论。德尔菲法是依据系统的程序，采用匿名发表意见的方式，即团队成员之间不得互相讨论，不发生横向联系，只能与调查人员发生关系，以反复填写问卷，以集结问卷填写人的共识及收集各方意见，可用来构造团队沟通流程，应对复杂任务难题的管理技术。

2. 层次分析法

层次分析法（Analytic Hierarchy Process，AHP）是由美国运筹学家 T. L. Saaty 教授于 20 世纪 70 年代初提出的一种层次权重决策分析方法。它的基本原理是根据具有递阶结构的目标、子目标（准则）、约束条件及部门等来评价方案，采用两两比较的方法确定判断矩阵，然后把判断矩阵中的最大特征根相应的特征向量作为相应的系数，最后综合出各方案各自的权重（优先程度），该方法是一种定性与定量相结合的方法。

3. 数据包络分析方法

数据包络分析方法（Data Envelopment Analysis，DEA）是运筹学、管理科学与数理经济学交叉研究的一个新领域。它是根据多项投入指标和多项产出指标，利用线性规划的方法，对具有可比性的同类型单位进行相对有效性评价的一种数量分析方法。DEA 方法及其模型自 1978 年由美国著名运筹学家 A. Charnes 和 W. W. Cooper 提出以来，已广泛应用于不同行业及部门，并且在处理多指标投入和多指标产出方面，体现了其得天独厚的优势。

4. 模糊综合评判法

模糊综合评判法（Fuzzy comprehensive Assessment）就是应用模糊变换原理和最大隶属度原则综合考虑被评事物或其属性的相关因素，进而对某事物进行等级或类别评价。模糊综合评判法是模糊数学中最基本的数学方法之一，该方法是以隶属度来描述模糊界限的。模糊综合评判方法从多个指标对被评价事物隶属等级状况进行综合性评判，它把被评判事物的变化区间作出划分，一方面可以顾及对象的层次性，使得评价标准、影响因素的模糊性得以体现；另一方面在评价中又可以充分发挥人的经验，使评价结果更客观，符合实际情况。模糊综合评判可以做到定性和定量因素相结合，扩大信息量，使评价精度得以提高，评价结论可信。

5. 数理统计方法

数理统计方法主要是应用其中的主成分分析（Principal Component Analysis）、因子分析（Factor Analysis）、聚类分析（Cluster Analysis）、差别分析（Discriminate Analysis）等方法对一些对象进行分类和评价等。该方法是一种不依赖于专家判断的客观方法，这就可以排除评价中人为因素的干扰和影响，而且比较适宜于评价指标间彼此相关程度较大的对象系统的综合评价。但该方法给出的评价结果仅对方案决策或排序比较有效，并不反映现实中评价目标的真实重要性程度，其应用时要求评价对象的各因素须有具体的数据值。

6. 计算机仿真法

计算机仿真法是指依靠仿真软件对规划方案进行模拟、仿真，从而找出规划方案中的瓶颈，并对方案进行再优化的过程。仿真方法之所以在规划中被广泛接受，其优点是有相对的弹性和直观性，可用于难以建立数学模型的大而复杂的系统。仿真可以在动态和随机环境中，各参数相互作用下，给规划设计、研究、管理决策等人员提供一个清晰而明确的结果。除去技术上的优点外，仿真的基本概念很容易被理解。所以，一个仿真模型相比其他大多数分析和数学模型，对管理层来说更容易作出判断。仿真的主要缺点是开发某些比较复杂的模型既费时又花费昂贵，同时仿真也不一定反映全部重要的事实。仿真的另一缺点是，有些仿真不会产生解决问题的优化方案，而只是为模型的分析提供结果。所以负责任的规划人员要做各种不同情况下的仿真，为的是寻求最好的方案。

12.4 物流中心项目可行性研究

物流中心的规划与建设往往都是大型的工程建设项目，依照我国的法律及国际惯例，工程建设项目必须进行可行性研究。

12.4.1 可行性研究概述

1. 可行性研究的任务

所谓可行性研究，就是针对所提出的工程项目从有关的所有方面进行调查、分析、研究和综合论证，为拟建的工程项目提供科学依据，从而保证所建项目在技术上先进可行、经济上合理有利。

可行性研究中要解决如下问题。为什么要建设这个项目，资源情况如何，市场条件怎样，厂址选在哪里为好，规模大小如何，采用什么样的工艺技术，需要哪些外部条件，预计投资效果如何，成功的概率有多大，等等。所有这些方面都要在可行性研究中进行调查研究和综合论证，得出明确的结论，为投资决策提供依据。

2. 可行性研究的重要性

可行性研究在整个工程项目建设周期中所占的地位是极其重要的。可行性研究工作做得认真、细致、准确，其结论能正确反映客观实际，那么，不但可以避免项目实施过程中的重大方案变动或返工、保证工程建设的可靠性，而且更重要的是可以保证项目建成投产后能够达到预期的经济效果。

如果不做可行性研究，或者可行性研究的结论不准确，那么，不但在项目实施过程中难以保证建设的可靠性，而且在建成投产后，也难以达到预期的经济效果。如果在项目建设之前对资源情况调查研究不够，工厂建成投产后就可能出现原材料供应不足的问题，也就难以维持正常生产。如果厂址选择不当，难以为工厂提供必要的人力、能源及其他条件，工厂势必不能正常生产。如果事前对产品市场情况缺乏认真了解，对产品需求情况缺乏科学预测，工厂建成投产后就可能发生产品滞销等问题，也就难以实现预期的销售收入。无论任何一个方面出乎预料，都会使花费大量资金建设起来的工厂无法正常生产，无法实现预期的经济效益。更有甚者，工厂无法投产，造成投资的完全浪费。

由此可见，可行性研究是决定工程项目成败的重要环节之一，是决定投资命运的重要环节。因此，在国外，非常重视可行性研究，不但把可行性研究作为确定项目、进行下一阶段设计的基础，而且把可行性研究作为贷款筹集资金的依据，作为各有关部门互相签订协议、合同和互相承担责任、建立协作关系的依据，作为向当地政府申请建设执照的依据，作为安排设备研制等工作的依据。

3. 可行性研究的步骤

联合国工业发展组织把一个工程项目从设想到建成投产的项目发展周期的全过程划分为三个时期，即投资前时期、投资时期和生产时期，而投资前时期又分为机会研究、初步可行性研究、详细可行性研究和评价与决策阶段。从广义角度来看，整个投资前时期的工作都属于可行性研究，可以称为广义可行性研究。在整个时期将经历下述四个阶段。

1）机会研究

机会研究又称为投资机会研究。识别投资机会，产生一个初步的投资建议。根据研究时的目标，进行一般机会研究或特定项目的机会研究或者两者同时进行。一般机会研究有：地域研究、部门研究和以资源为基础的研究。特定项目的机会研究，则是将一个项目设想转变成概略的投资建议，即将每种产品的有关数据汇总起来，迅速而经济地确定一项投资的可能性，为项目提供明显的数字依据。机会研究比较粗略，是概略的估计，主要是靠用大指标来进行估计，建设投资与成本的数据往往靠与现有设施对比得到。投资和成本估算的精确度要求在4%　30%以内。

对于大中型项目，机会研究所用时间一般为1　2个月，所需费用约占总投资额的0.1%　1%。机会研究的结果一旦引起投资者的兴趣，就应转入初步可行性研究。

2）初步可行性研究

当机会研究的结果对投资者具有一定吸引力而对工程项目的经济效益仍有怀疑时，就要进行初步可行性研究。初步可行性研究介于机会研究和详细可行性研究之间，它的内容与详细可行性研究相同，主要区别在于获取资料的详细程度和研究深度的不同。经过初步可行性研究，应作出下列结论：①投资机会是否有希望；②是否需要进行详细可行性研究；③对某项关键内容进行辅助研究，如市场调查、实验室试验、中间工厂试验等。初步可行性阶段对建设投资和成本的估算精度要求在 ±20% 以内，一般可用装置能力指数法或因子法估算。进行初步可行性研究，一般需要4　6个月时间，所需费用约占总投资额的 0.25%　1.5%。

3）详细可行性研究

详细可行性研究又称为技术经济可行性研究，是可行性研究的主要阶段。这一阶段主要是对工程项目进行技术经济综合分析并进行多方案比较，为工程项目建设提供技术、经济、商业等方面的依据。

详细可行性研究报告应包括下列内容：项目的背景和历史；产品发展前景预测；市场需求量分析；建设和生产规模的确定；厂址选择比较；原、辅材料及能源、动力的需求量和供应渠道；项目技术方案，工艺流程和设备选型的确定；项目实施计划；财务和经济评价，包括投资估算和资金筹措，生产成本和利润预测，投资回收和偿还方法等。

详细可行性研究一般需耗时 8 个月左右。所需费用约占项目投资的 1%～3%。

详细可行性研究阶段应该得出明确的结论，明确指出项目是否可行。对于可行项目可以推荐一个被认为是最佳的方案，也可以提出数个可行方案，同时列出各方案的利与弊，由决策者决定。

4）评价与决策

详细可行性研究报告应交付投资机构，进行评价，写出评价报告，以决定项目是否继续进行。在我国由计划部门和上级主管部门负责该阶段工作。

综上所述，机会研究和初步可行性研究是为是否决心进行工程项目建设的决策提供科学依据，详细可行性研究则是为如何进行工程项目建设提供科学依据。一般来说，确定一个工程项目，应首先进行机会研究，获得"可行"的结论以后，再进行初步可行性研究；经过初步可行性研究认为可行，就进而转入详细可行性研究阶段。在任何一个阶段，发现项目建设不可行，就要中止后续工作。

12.4.2　项目建议书

1. 项目建议书的作用

在我国基本建设程序中，当一个项目的投资设想成熟后，以项目建议书的形式上报上级主管部门申请立项。

项目建议书一般由部门、地区或企业根据国家经济发展长远规划、经济建设的方针政策、企业的发展规划，在调查研究、收集资料、勘察建设地点和初步分析投资效果的基础上，编制初步的可行性分析报告和正式的项目建议书，上报上级主管部门，请求批准。

项目建议书的主要作用如下。

（1）项目建议书是国家选择建设项目的依据，项目批准后即为立项。

（2）批准立项的项目，可以列入项目前期工作计划，开展可行性研究。

（3）涉及外资的项目，在批准立项后可以开展对外工作。

2. 项目建议书的具体内容

项目建议书是对拟建项目在调查研究的基础上，明确拟建项目的必要性和可能性，查明已具备条件和待落实条件，从项目发展的背景、基础、条件出发，通过初步分析论证而写成的，它的目的在于争取批准立项。这一阶段的工作不需要非常具体，一般对投资估算的精确度为 ±30%，其费用约为投资额的 0.5%～1.0%。

项目建议书应包括下列主要内容。

（1）拟建项目的名称。

（2）拟建项目的内容及必要性和依据。

（3）产品方案、拟建规模和建设地点的初步设想。

（4）拟建项目的水平及其特点。

（5）资源情况、建设条件、协作关系、工艺与设备的初步分析。

（6）投资估算和资金筹措设想。

（7）建设进度、成本费用及各项税收的初步估算。

（8）人员安排。

（9）经济效益和社会效益的初步估算。

（10）结论。

（11）附件。

项目建议书相当于联合国工业发展组织划分的机会研究与初步可行性研究阶段的工作报告，当然是可行项目的初步可行性研究报告。其内容与详细可行性研究基本相同，主要是从宏观上考察项目的必要性和建设条件。一旦项目被批准立项，就要进一步进行详细可行性研究。

12.4.3　可行性研究报告

详细可行性研究常简称为可行性研究，因此，可行性研究报告常特指详细可行性研究报告，即技术经济可行性研究报告。

1. 可行性研究报告的主要内容

1）市场调查与生产规模的确定

从市场出发，是工业项目可行性研究的一个重要特点，通过市场调查，研究拟建项目所生产的产品的销路好坏，经济效益是否可观，并根据调查结果拟定项目的发展方向、建设规模和产品方案。关于市场预测常用平滑预测和回归预测等方法。

2）原材料和技术工艺流程研究

原材料的供应途径和产品生产技术工艺流程是工业项目可行性研究的另一重要内容。研究拟建项目采用什么原材料及供应途径、工艺技术及设备，才能保证建成投产后技术上的先进性，才能确保原材料供应的可靠性。在采用新技术的研究中，还应考虑哪些环节可以采用已掌握的成熟技术，哪些环节需要引进，购买何种专利，还需分析如何掌握引进技术等。

3）厂址与工程条件的研究

工厂所在地区及位置对建成后工厂的生产状况会产生巨大的影响，对工厂的建设过程也有很大影响。可行性研究中，应详细研究资源储量、各种原料的来源、厂址、气象条件、水文地质条件、交通条件、水电动力供应状况、建筑材料、协作区域的合理半径、文化生活设施及三废处理等综合性技术经济比较分析。

4）劳动力

可行性研究报告中还应对劳动力的来源、费用、人员培训、项目实施计划进行细致分析研究，确定合理的建设进度和工厂组织机构。

5）资金和成本研究

建设投资和成本估算是工程项目经济评价的基础。应详细估算建设成本，并要进行资金规划，包括资金来源、资金规划的程序和表格、资金组织、自有资金及利润分配、借贷资金及其还本付息、折旧与残值、税收等内容。

6.）经济效果研究

所谓工程项目的经济评价，也就是预先估算拟建项目的经济利益，它是对项目建设方案进行综合分析的重要步骤，也是取舍项目和方案的决定因素。经济效果分析包括如下内容：对工程项目进行综合分析评价，静态的投资回收率、返还本金期、整个项目的收益额和收益率等。

2. 可行性研究报告的参考格式

可行性研究报告的内容与格式无统一规定，现根据有关资料提供的格式摘录如下，供读者参考。

1）总论

（1）项目的背景与历史。包括项目名称、性质；项目举办地点和厂址；项目建设书的审批机关；项目的社会效益说明；产品在国内外的生产和发展概况。

（2）项目主办单位的情况。包括厂址条件；现有设备与更新计划；现有生产水平；目前经营状况等。

2）项目设想

（1）项目的布局与范围。包括产品名称、规格、技术性能与用途；生产规模（包括分年产量、逐年增加量、生产方案、实施进度安排、可能发展机会等）。

（2）技术工艺流程的选定。技术的内容与来源；可供选择的技术方案的比较与论证；企业技术消化吸收的能力。

（3）设备的选用。按技术方案确定生产所需的设备，辅助设施与仪器、工具；设备的择定与采购计划；设备费用估计、国内外同类设备的价格调查。

（4）土建工程。包括建厂条件、厂址选定；工程建设计划；验收与调试技术条件等。

（5）企业资本。自有资本总额；各投资方投资比例；各方投资内容；借贷资本与成本；偿还方式与期限；各种贷款的来源与形式。

3）市场与销售

（1）需求预测。对当前市场有效需求的规模和构成情况作出估计、项目投产期间的需求预测；对产品市场开拓的估计。

（2）销售预测。产品在市场上价格的调查研究；销售渠道、方式的选择；产品销售可供选择的方案及产品销售可能存在的问题；拟订销售计划；确定产品销售策略与渠道，并根据销售计划和销售战略估算年销售收益，及因市场变化而调整产品价格可能带来的影响。

4）原材料及其投入

（1）原材料和投入的特点。主要材料、辅助材料、维修材料、工厂用品、公用设施、燃料、动力和水的需要量；原材料投入的质量、性能、供应可能性和成本；各种材料的品种、规格、数量、来源、价格及所占比例等。

（2）供应计划。原材料供应方案与比较；运输与存储中的损失；原材料投入的总成本。

5）企业组织结构

（1）企业组织机构的设置。

（2）职工的定员、待遇、雇用和培训。

（3）管理费用的估算。

6）环境保护

调查环境现状，预测项目对环境的影响，提出环境保护和治理的初步方案。

7）实施进度与建议

8）总投资概算

（1）设备投资。设备总金额；资金来源。

（2）基建投资。基建总金额；资金的来源与投放计划。

（3）流动资金。确定流动资金和短期负债最少所需天数；确定流动资金和短期负债各组成部分的周转系数；计算出流动资金需要量；说明流动资金来源。

（4）总投资额。投资前资本支出；固定资产总额及流动资金；资金投放进度计划。

9）生产成本测算

（1）生产总成本。生产成本；行政管理费；销售与分销费；财务成本及折旧。

（2）单位成本。包括固定成本和可变单位成本的计算。

10）财务分析

（1）编制必要的基本情况表。项目实施进度表；项目总投资构成表。

（2）编制财务报表。成本构成与成本分析预算表；产品销售及利润分析表；现金流量表；企业损益表；资金贴现值表。

（3）财务分析。净现值分析；资本回收期分析；内部收益分析；收支分析等。

11）敏感性分析

（1）盈亏临界点的计算。

（2）敏感因素对投资收益的影响分析。

12）社会效应分析

从促进当地居民就业、提升服务水平、促进行业发展、提高城市和区域综合竞争力等层面分析项目的社会效应。

13）综合评价结论

（1）技术方面的评价结论。

（2）经济方面的评价结论。

（3）需要进一步讨论的问题。

可行性研究报告完成以后，由决策部门组织或委托有资格的工程咨询公司或有关专家进行评估。评估报告为项目的最终审批决策提供科学依据。

 复习思考题

1. 物流中心建设投资成本主要包括哪些？

2. 物流中心运营成本主要包括哪些？

3. 物流中心效益、风险如何评估？

4. 简述物流中心规划方案评价内容。

5. 物流中心规划方案评价方法主要有哪些？

6. 物流中心项目建议书应包括哪些内容？

7. 物流中心项目可行性研究报告包括哪些内容？

××冷链物流中心建设项目建议书

1. 总论

1）项目名称：××冷链物流中心建设项目。

2）项目拟建地点：江苏省××市××区。

3）项目建设内容与规模：项目总体规划占地6.7公顷，总建筑面积40 000 m²。冷链物流中心按一次规划、分期建设原则组织实施，并逐步完善冷藏配送车辆、搬运设施设备、信息网络系统、仓储系统、配送系统等配套设施设备。

4）项目建设年限：两年。

2. 项目建设背景、必要性和条件

1）项目建设背景

（1）人们对食品质量的要求逐步提高。

（2）冷链物流市场发展潜力巨大。

（3）国内第三方冷链物流发展滞后。

（4）冷链物流市场国际竞争日趋激烈。

2）项目建设的必要性

（1）满足农产品冷链物流需求，促进农产品业发展。

（2）满足速冻食品冷链物流需求，促进速冻食品业发展。

（3）满足冷饮业冷链物流需求，促进冷饮业发展。

（4）满足连锁超市冷链物流需求，促进连锁经营业发展。

（5）促进区域物流业结构调整，推动冷链物流发展。

（6）促进农民增收，推进社会主义新农村建设。

（7）有利于完善区域冷链产业链条，扩大生产规模。

3）项目建设的条件分析

（1）区位条件。

（2）交通条件。

（3）市场优势。

3. 建设规模

项目拟建设总面积4万 m²，拟建设仓储区、物流控制中心、停车场、综合服务中心等功能区。项目的开发建设，将商流、物流、信息流、资金流融为一体，将冷链市场交易功能、运输、仓储、配送、流通加工等功能融于一体。项目建成后，××冷链物流中心将发展成为服务江苏、安徽、上海、河南、山西、陕西、东北等多个省市的专业化区域冷链物流中心。

4. 设施布置及工程方案

基于物流分析和非物流分析，确定各作业间综合关系，建立综合接近程度排序表，进而得出各区域的作业单位位置相关图。将占地面积与建筑空间几何形状结合到作业单元位置相关图上，形成作业单元面积相关图。最后，根据物流动线分析及地形、地块等实际条件，修正得出物流中心设施布置方案，如图 12 - 1 所示。

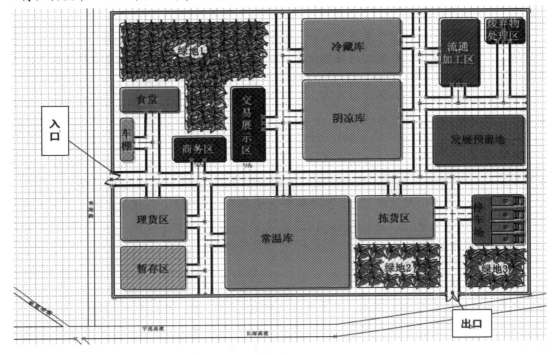

图 12 - 1 ××冷链物流中心平面布置

建筑物结构采用钢筋混凝土结构与混合结构。

面积方案：新建冷库 10 000 m²，普通仓库 12 000 m²，综合交易楼 8 000 m²，其他附属设施 5 000 m²，停车场面积 5 000 m²；并对物流中心道路、公用配套设施、绿化等基础设施进行建设。

5. 环境保护、节能和消防措施

1）编制依据

2）环境质量现状

3）污染源及防治措施

4）绿化

5）环境影响评价

6）节能措施

7）消防措施

6. 项目实施进度计划

项目建设期两年，具体实施进度计划如下：

2013 年 3 月~7 月，完成项目可行性报告论证；

2013 年 8 月~12 月，完成项目报批、设计规划；

2014 年 1 月~9 月，完成土建工程；

2014 年 10 月~12 月，完成设备购置；

2015年1月~3月，项目验收并投产。

7. 项目组织机构与劳动定员

1）企业组织机构

成立项目领导小组，相关董事会成员为领导组成员，负责指导项目立项、投资安排、资金筹措、工程设计及监理等重大问题的决策，领导小组下设办公室，具体负责项目的日常业务工作。

项目建成后，建立相应的组织机构，包括规划发展部、市场服务部、信息服务部、物流运作部、财务部、综合管理部等。

2）人员编制

项目建成投产后，按行业劳动定员标准，拟定职工总人数290人，其中生产管理、企业管理人员30人，仓库、配送、装卸搬运、流通加工等工人260人。在管理层面上，设办公室、业务部、仓储部、配送部、后勤财务部和质检部等6个科室，一线职工做到各个工种人员配齐，确保高效运转。

3）实施进度安排

8. 投资估算及资金筹措

1）投资估算

项目总投资额为12 826万元，其中建设投资10 026万元，流动资金2 800万元。

项目建设投资包括：土地购置费816万元，建筑工程费4 110万元，运输车辆购置费2 300万元，机器设备投资2 000万元，电子信息设备投资800万元。

2）资金筹措

项目资金来源分为为自筹资金和银行贷款两大部分，其中自筹资金为9826万元，银行贷款3000万元。

9. 效益分析

1）经济效益

项目的建设，能提升公司对冷冻品、冷藏品的运输、储存和配送核心能力，同时能拓展公司业务，为区域内农副产品的销售提供市场交易平台，扩大企业城市物流配送及区域配送的范畴，更好地服务于区域内相关企业和城镇居民生活。本项目投产后，正常年份营业收入将达5 845.84万元，年平均利润1 696.31万元，上交国家税收增加885.97万元。

2）社会效益

项目建成后，将扩大冷链物流中心冷冻区、冷藏区的仓储规模，每年冷藏品、冷冻品储存量可达16万t，普通农副产品仓储年储存量可达16万t，可大大提高冷链物流中心吞吐能力，扩大冷链物流中心服务范围，实现规模化经营。项目建成后可更好地服务于农副产品生产企业和流通企业，将发展成为服务周边多个省市的专业化区域冷链物流中心。

通过建立新型现代冷链供应链，组成集采购、储运、配送、零售和售后服务于一体的销售流通体系，直接联系农副产品生产者与消费者，把农副产品从生产地到零售的中间过程集中在冷链物流中心内部完成，能有效减少流通环节，节省流通费用，提升农副产品的价值，真正做到让利于农、减轻农民负担、促进农民增收。项目建成后预计可带动农户30 000户，带动基地6 000公顷，为农民每年增加收益上亿元。

项目建成后将在运输、仓储、装卸、搬运、配送、信息、财务、管理等方面提供直接岗位 290 个。同时可扩大冷链物流中心服务范围，带动冷链交易市场的建设，将促进 3 000 个左右冷链销售点和直营店的建设，为乡镇居民、下岗职工和失业人员提供的间接岗位约 6 000 个，将在维护社会稳定、促进社会和谐、繁荣区域经济、提高城镇居民生活质量等方面发挥重要促进作用。

此外，项目建成后，将采取先进的市场经营理念、现代供应链管理手段和先进的共同化、集约化配送方式，提高冷链供应、配送效率，更好满足区域冷制品、农副产品生产需求，帮助区域内广大农村提高农业生产效益，向广大城镇居民、餐饮企业、批发市场提供质优价廉的冷冻冷藏制品、农副产品和便利周到的物流服务。

10. 结论

经以上分析，该项目规划科学，建设规模合理，建设方案可行，建设条件具备，资金来源可靠，经济上具有合理性，管理上具有科学性，同时具有较高的经济效益和社会效益。因此，建议实施××冷链物流中心项目。

案例思考题：

1. 分析项目建议书的编制该注意什么？

2. 项目建议书中的效益分析主要包括哪些内容，如何开展效益分析？

3. 企业可以采取什么措施来提高项目建议书的编制质量？

参 考 文 献

[1] 陈虎. 物流配送中心管理［M］. 北京：北京大学出版社，2011.

[2] 徐贤浩. 物流配送中心规划与运作管理［M］. 武汉：华中科技大学出版社，2008.

[3] 贾争现. 物流配送中心规划与设计［M］. 北京：机械工业出版社，2009.

[4] 汝宜红，田源，徐杰. 配送中心规划［M］. 北京：北方交通大学出版社，2007.

[5] 冯耕中，李毅学，华国伟. 物流配送中心规划与设计［M］. 西安：西安交通大学出版社，2011.

[6] 陈子侠，张芮，陈颢. 物流中心规划与设计［M］. 北京：高等教育出版社，2005.

[7] 王转. 配送中心运营与管理［M］. 北京：中国电力出版社，2009.

[8] 刘昌祺. 物流配送中心拣货系统选择及设计［M］. 北京：机械工业出版社，2005.

[9] 黄静云. 自动化立体仓库一本通［M］. 北京：中国财富出版社，2010.

[10] 胡彪，高延勇，孙萍. 物流配送中心规划与经营［M］. 北京：电子工业出版社，2008.

[11] 刘俐. 现代仓储管理与配送中心运营［M］. 北京：北京大学出版社，2008.

[12] 田奇. 仓储物流机械与设备［M］. 北京：机械工业出版社，2008.

[13] 王国文. 仓储规划与运作［M］. 北京：中国物资出版社，2009.

[14] 殷延海. 配送中心规划与管理［M］. 北京：高等教育出版社，2009.

[15] 林自葵. 物流信息系统管理［M］. 北京：中央广播电视大学出版社，2008.

[16] 王丰. 现代物流配送管理［M］. 北京：首都经济贸易大学出版社，2008.

[17] 金跃跃，刘昌祺. 物流储存分类机械及实用技术［M］. 北京：中国财富出版社，2012.

[18] 赵燕伟，张景玲，王万良. 物流配送的车辆路径优化方法［M］. 北京：科学出版社，2013.

[19] 朱华. 配送中心管理与运作［M］. 北京：高等教育出版社，2003.

[20] 韩伯领，苏顺虎. 铁路现代物流中心综合发展规划理论与应用［M］. 北京：中国财富出版社，2010.

[21] 张丽. 物流系统规划与设计［M］. 北京：清华大学出版社，2014.

[22] 张树山. 物流管理信息系统［M］. 北京：国防工业出版社，2014.

[23] 李安华. 物流系统规划与设计［M］. 成都：四川大学出版社，2006.

[24] 戢守峰. 现代设施规划与物流分析［M］. 北京：机械工业出版社，2013.

[25] 程国全，柴继峰，王转，王华. 物流设施规划与设计［M］. 北京：中国物资出版社，2005.

[26] 姚城. 物流配送中心规划与运作管理［M］. 广州：广东经济出版社，2004.

[27] 张晓川. 物流配送系统规划［M］. 北京：中国水利水电出版社，2007.

［28］周凌云. 物流中心管理信息系统的分析与设计［J］. 铁道物资科学管理，2004（4）：
　　　27－29.

［29］江宏. 邮政物流重要枢纽：北京邮区中心局［J］. 物流技术与应用，2002（3）：26－32.

［30］冯芬玲，景莉，杨柳文. 基于改进SLP的铁路物流中心功能区布局方法［J］. 中国铁
　　　道科学，2012，33（2）：121－128.

［31］张运. 物流中心综合规划中的政府职责［J］. 中国储运，2008（1）：103－104.

［32］尹军琪. 物流中心规划与实施过程中的关键问题［J］. 物流工程与管理，2009，31（10）：
　　　76－78.

［33］中国货架网摘. 冈村横滨物流中心［N］. http://www.chinaforklift.com,2004－09－12.

［34］姜帆，徐寿松，李荣. 冷思考长三角"物流中心热"［N］. 青岛新闻网，2005－11－08.

［35］赵延峰. 互联网经济时代背景下国家物流中心体系设计［J］. 综合运输，2014（1）：
　　　39－45.

［36］潘金龙. 简易快速的物流中心规划方法［J］. 物流技术与应用，2009（9）：99－101.

21 世纪高等学校物流管理与物流工程规划教材

中国标准书号	书　名	定价（元）	出版日期	作　者
978-7-5121-0975-9	物流运输管理	37.00	2011.12	张　理
978-7-5121-0840-0	国际物流实务	30.00	2011.12	张　清
978-7-5121-0785-4	物流优化技术	23.00	2011.11	刘华琼
978-7-5121-1928-4	物流系统规划与设计（第2版）	33.00	2014.06	邵正宇
978-7-5121-0046-6	物流信息系统	33.00	2011.10	姜方桃　李　洋
978-7-5121-0614-7	物流装备与运用	49.00	2011.07	范钦满
978-7-5121-0620-8	物流学	25.00	2011.07	张　敏
978-7-5121-0614-7	物流系统仿真	33.00	2011.07	张智勇
978-7-5121-0474-7	现代物流管理	36.00	2011.03	何开伦
978-7-5121-0492-1	物流营销实务	35.00	2011.02	侯　旻
978-7-5121-0491-4	物流电子商务	36.00	2011.02	罗　慧　周小琼
978-7-5121-1927-7	物流中心规划与设计（第2版）	45.00	2014.06	周凌云
978-7-5121-1926-0	物流成本分析与控制（第2版）	29.00	2014.06	赵　钢
978-7-5121-0478-5	集装箱运输管理理论与实务	35.00	2011.02	林敬松
978-7-5121-0479-2	现代物流管理	35.00	2011.02	洪家祥
978-7-5121-0394-8	配送中心管理理论与实务	26.00	2011.02	程洪海
978-7-5121-0359-7	物流英语	23.00	2010.11	张　瑛
978-7-5121-0753-3	现代物流学	23.00	2010.11	乐小兵
978-7-5121-0975-9	仓储规划与管理	37.00	2012.05	刘云霞